서철원 박사 성경 주석 시리즈

히브리서

ΠΡΟΣ ΕΒΡΑΙΟΥΣ

AD HEBRAEOS

| **서철원** 지음 |

쿰란출판사

머 리 말

히브리서는 하나님의 성육신이신 예수 그리스도가 피 흘리심으로 모든 죗값을 갚으셨다는 진리를 선포합니다. 그리스도의 피 흘리심만으로 우리는 의 곧 구원을 얻었습니다. 이 큰 구원을 버리고 율법준수로 돌아가면 구원이 불가능합니다.

이 진리를 더욱 잘 밝히기 위해서 그리스도의 구속사역으로 믿는 자의 모든 죄가 하나님 앞에서 완전히 속량되었음을 히브리서가 가르칩니다. 그리스도인들이 율법준수로 돌아가면 안 되고 구원이 불가능함을 히브리서는 밝힙니다. 히브리서는 율법제도 아래에서 설립된 제사로는 죄용서가 안 됨을 신학적 근거로 제시합니다. 그리스도의 흠 없는 몸은 하나님이 마련하신 참 속죄제물임을 강조합니다. 그리스도의 구속사역으로 죄가 완전히 제거되고 용서되었으므로 구약의 제사제도는 아무 소용이 없음을 강조합니다.

바울의 강조대로 율법준수로 구원을 얻으려고 하는 것은 그리스도에게서 끊어짐을 뜻합니다. 곧 그리스도의 피 흘리심만이 인류의 죄를 완전히 해결한 유일한 제사입니다. 그래서 우리는 예수 그리스도만을 믿고 그만을 의지합니다. 율법을 지키는 것도 불가능하지만 율법준수를 해서 그리스도의 구속사역을 보충해야 한다는 주장은 전혀 부당합니다. 그리스도는 피 흘리심으로 모든 구원을 다 이루셨습니다.

히브리서는 그리스도인들이 율법준수로 돌아가지 않고, 오직 예수 그리스도만 믿어야 구원받음을 가르치는 귀한 성경입니다. 우리는 성경의 가르침에 부착해야 하고, 사람들의 의견에 매이면 안 됩니다.

그리스도는 피 흘리심으로 완전하고 영원한 구원을 이루셨습니다. 다른 말이 더 필요할까요? 율법준수로 구원이 가능하고 구원을 보충하여 완전하게 한다고 하는 주장은 하나님의 구원경륜을 허는 것이고 하나님을 대적하는 것입니다.

본 히브리서 주석을 잘 교정해준 아내 김정순과 편집을 잘 해주신 편집부장 오완과 이 책을 출판해주신 이형규 사장님께 깊이 감사를 표합니다.

2024년 1월

주석자 서 철 원

차 례

서 론

1. 히브리서의 주된 강조점

히브리서는 그 시작에서부터 그리스도의 복음의 지고성 (至高性)으로 시작한다. 그리스도의 최상성을 강하게 강조하므로 모든 면에서 그리스도의 탁월성이 크게 인각되었다. 그리스도의 절대적인 지상권에는 천사들이나 어떤 인간 존재도 도전할 수가 없다. 족장들이나 모세나 아론이나 여호수아나 하늘의 어떤 천사라도 그리스도의 지상권 (至上權)에는 도저히 도전할 수가 없다.

1.1. 창조 중보자가 구속 중보자로서 구속 완성

비록 그리스도가 성육신하여 구원사역을 이루었어도 그는 본래가 하나님의 아들이시고 창조 중보자이시다 (히 1:2; 2:8-10). 그러므로 어떤 피조물도 그리스도의 탁월함에 이를 수가 없다. 그리스도가 하나님의 아들이고 창조 중보자이기 때문에 (히 1:2) 그의 구속사역이 완전하여 천지를 다 구속하였음을 강조하는 것으로 (히 1:3) 처음 부분을 시작한다.

1.2. 예수, 영원한 대제사장

히브리서의 중심 강조점은 그리스도가 완전한 대제사장으로 속죄제사를 완성하였다는 진리이다 (히 4:14-10:18). 그러므로 그리스도 대제사장의 탁월성은 비교할 수 없다.

하나님의 아들이 대제사장이 되어 속죄를 완성하였기 때문에 구약의 제사제도가 도저히 할 수 없는 것을 완전히 성취하였다는 진리이다. 신약의 모든 성경이 그리스도가 제물로서 구속사역을 완성하였음을 강조한다. 그러나 히브리서만 그리스도는 대제사장이고 제물로서 완전한 속죄제사를 이루었음을 강조한다. 예수 대제사장은 레위 제사장과 비교할 수 없으므로 그리스도께서 이룩하신 속죄제사는 완전하여 레위 제사제도가 하지 못한 속죄를 완전히 이루었다. 그리스도 대제사장이 자기의 몸과 피로 제물을 삼아 속죄제사를 하였으므로 완전한 속죄를 이루었다. 레위 제사제도로는 도저히 이룰 수 없는 일이었다 (히 8:1-10:18).

1.3. 하나님의 얼굴 앞에서 속죄제사의 완성

그리스도의 속죄제사는 하나님의 얼굴 앞에서 드리므로 죄를 완전히 해결하였다는 진리이다 (히 9:11-24). 이 진리를 밝힌 성경은 히브리서뿐이다. 모든 신약의 저자들이 그리스도의 구속사역이 골고다에서 피 흘리고 부활하므로 다 이루어졌다고 하는데 히브리서만 그리스도의 구속사역이 하나님의 얼굴 앞에서 이루어졌기 때문에 완전한 속죄가 이루어졌음을 강조한 것이다.

1.4. 그리스도는 자기의 구속사역으로 구약백성들도 구원하셨다 (히 11:40)

구약백성들이 구원을 얻은 것은 모세가 세운 제사제도로 이루어진 것이 결코 아니다. 구약백성들도 하나님의 아들 그리스도의 속죄제사로 구원을 얻었다. 구약제사는 신약에서 이루어진 하나님의 아들 대제사장의 속죄제사의 예표이고 그림자일 뿐이었다. 그리스도의 피의 공효 없이는 구약백성들이 결코 영원한 구원에 이를 수 없었다.

그러므로 구약의 율법과 제사제도가 그리스도의 법과 제사에 비교하면 아무런 효력이 없음을 강조하고 있다. 하나님의 아들 대제사장 예수 그리스도의 구속사역만이 모든 죄를 없이하고 완전한 구속을 이루었다.

따라서 히브리서 저자는 율법의 폐지를 단호하게 반복한다 (히 7:12, 18, 19; 8:7-13; 9:10; 10:8, 9). 율법과 옛 언약의 폐지를 이렇게 강력하게 주장하는 성경은 신약에 없었다.

1.5. 예수 그리스도가 사람으로서 새 인류의 조상임을 밝힌다 (히 2:13-14)

히브리서의 다른 강조점은 구속을 이루신 하나님의 아들 대제사장 예수가 새 인류의 조상이라는 진리이다. 하나님의 아들은 인류를 구원하기 위해서 성육신하실 뿐만 아니라 새 인류의 조상이 되기 위해서 성육신하셨다는 진리이다. 범죄한 백성을 돌이켜 하나님의 백성으로 삼아 그들을 새 인류로 삼으신다. 그러기 위해서 하나님의 아들이 사람의 육신에 동참하시므로 새 인류를 자기의 자녀로 갖게 되었다.

성경 전체 특별히 신약에서 예수 그리스도, 하나님의 아들이 육신을 입어 새 인류의 조상이 되심을 말한 성경은 히브리서뿐이다.

1.6. 그리스도가 체결한 새 언약이 모든 언약을 완성하였다

또 그리스도가 죽기 직전 제자들과 맺은 언약을 새 언약이라고 하여 첫 언약과 구약 모든 언약의 성취임을 강조하므로 새 언약이 말할 수 없이 탁월함을 말한다 (히 8:6-13; 9:11-24; 12:18-29). 새 언약이 모든 언약의 성취임을 강조한 것이 히브리서의 특이한 점이다. 히브리서 저자는 모세 언약과 견주어 그리스도의 새 언약이 비교할 수 없이 탁월함을 강조한다. 옛 언약의 핵심은 제사제도인데 그리스도의 제사장직이 레위 제사직과 비교할 수 없이 뛰어남을 말한다. 그리스도는 창조주요 영원한 하나님의 아들로서 대제사장이므로 완전한 속죄를 하였기 때문이다 (히 4:14-7:28). 그러므로 새 언약이 모든 언약을 성취하고 또 비교할 수 없이 탁월함을 강조한다.

1.7. 히브리서는 히브리 그리스도인들이 유대교로 되돌아가면 안 된다는 것을 강하게 주장하고 천명한다

히브리서는 히브리 그리스도인들이 핍박받는 그리스도인으로 남기보다 유대교로 돌아가기를 바라는 무리들 때문에, 다시 유대교로 돌아가면 안 된다는 것을 강조하기 위해서 작성되었다고 보아야 한다 (히 10:39). 유대교로 돌아가는 것을 막고 예수 믿는 믿음을 굳게 붙잡기를 권하려고 히브리서를 쓰고 있다.

이 목적으로 히브리서는 그리스도의 비교할 수 없는 탁월성을 강조한다. 레위 제사제도에서는 속죄가 불가능하다. 레위 제사는 그리스도의 속죄제사의 예표이고 그림자일 뿐이다. 속죄를 이룰 수 없었던 레위 제사제도는, 그리스도의 제사가 완전한 속죄, 영원한 속죄를 이루므로 폐지되었다고 명시한다. 레위 제사제도만 폐지된 것이 아니고, 제사제도가 세워진 옛 언약도 폐지되었음을 강조한다 (히 8:6-13; 9:11-24; 12:18-19 등).

그리스도의 제사가 레위 제사보다 비교할 수 없이 탁월한 이유는 새 언약 아래서 인류를 완전히 구속한 대제사장이 하나님의 아들이고, 그 몸을 제물로 삼아 완전한 속죄제사를 하였기 때문이다 (히 4:14-7:28).

레위 제사로는 속죄를 이룰 수 없었던 근본이유는 짐승의 살과 피로 제사했기 때문이다 (히 9:12-13; 10:4; 13:11-14). 속죄제사의 제물은 사람의 몸과 피여야 한다. 그것도 흠 없는 몸과 피여야 한다. 그리스도는 성령으로 잉태하였으므로 죄의 오염과 전가가 전혀 없었다.

또 그리스도가 십자가에서 속죄제사를 하시고 하늘의 성소 곧 하나님의 얼굴 앞에 나타나시므로 (히 9:24) 속죄를 완수하셨다. 레위 대제사장은 1년에 한 번 유월절 경절에 어린양의 살과 피로 제사하였지만, 땅 위의 지성소에서 제사한 것뿐이다.

하나님이 받으시는 제사는 율법을 따라 드리는 제사가 아니고, 믿음으로 드린 제사이다. 하나님이 받으시는 제사는 다 믿음으로 드린 제사였다 (히 11:1-12). 하나님이 아벨의 제사를 받으신 것은, 하나님의 구속경륜을 믿음으로 제사하였기 때문이다. 가인의 제사를 하나님이 받지 않으신 것은, 믿음으로 드리지 않고 율법을 따라서 제사했기 때문이다. 물론 악을 행했기 때문이기도 하다. 그러므로 율법 아래로 돌아가면 안 된다.

완전한 그리스도의 제사로 신약의 백성만 구원받은 것이 아니고, 구약백성의 구원도 예수 그리스도의 제사로 결정되었다 (히 11:40).

그리스도의 제사와 레위 제사를 비교하여 내린 결론은 레위 제사로는 결코 죄용서를 받을 수 없다. 한 번 유대교로 돌아가면 에서의 경우처럼 결코 속죄와 영생을 받을 수 없다. 에서가 구원 은혜에서 탈락한 후에는 아무리 회개하고 울어도 소용이 없었다 (히 11:20; 12:16-17). 그러므로 일시적인 안위를 위하여 유대교로 돌아가면 안 되고, 처음 믿음을 끝까지 붙잡아야 구원에 이른다고 강조한다 (히 3:12-14).

그리스도만이 완전하고 영원한 제사를 하여 완전한 속죄를 하였으니 그리스도와 비길 존재가 전혀 없다고 강조한다.

그리스도는 하나님의 아들이요, 창조 중보자요, 영원한 대제사장이므로 그보다 높은 존재는 없다. 모세는 그리스도의 종으로 일하였고 (히 3:2-6; 8:5; 11:24-26), 유대교에서 창조 중보자로 알려진 천사들도 다 그리스도에 의해서 창조되었다 (히 1:4-7, 14).

2. 그리스도의 지상권 (至上權) 전개

히브리서는 그리스도의 절대적인 지상권을 주장하고 증명하는 것으로서 전체 편지를 관통한다. 그뿐만 아니라 그리스도의 비교할 수 없는 탁월성을 주장함으로 편지를 시작한다.

2.1. 그리스도의 말씀의 탁월성

옛 언약에서 하나님은 선지자들을 통하여 말씀하셨다. 선지자들을 통하지 않고는 백성들에게 직접 말씀하지 않으셨다. 구약 족장들 곧 조상들에게 말씀하실 때는 여러 부분과 여러 방식으로 말씀하셨다. 예언과 꿈과 환상과 사건들과 그 해석으로 말씀하셨다 (히 1:1). 하나님 자신이 직접 말씀하지는 않으셨다.

그런데 마지막 날에 마지막 말씀을 하나님이 아들을 통하여 직접 말씀하셨다. 아들이 말씀하신 것은 바로 하나님 자신이 말씀하신 것이다. 그러므로 그리스도의 계시가 구약의 모든 계시보다 비교할 수 없이 탁월하다.

하나님의 아들은 선지자들이 못하는 마지막 말씀을 하셨다. '하나님이 세상을 이처럼 사랑하사 독생자를 주셨으니 이는 누구든지 그를 믿으면 멸망하지 않고 영생을 얻게 하려 하심이라' (요 3:16). 범죄함으로 다 죽게 되었지만 하나님의 아들을 믿으면 멸망하지 않고 모든 죄를 용서받아 영생에 이르게 됨을 말씀하셨다.

옛 언약에서 주어진 모든 계시보다 그리스도가 얼마나 탁월한지를 말한다 (히 1:1-3). 따라서 그리스도는 구약에서 계시를 매개했던 천사들보다 비교할 수 없이 탁월하시다 (히 1:4-2:18).

그러면 당연히 모세보다 그리스도는 비교할 수 없이 뛰어나시다 (히 3:1-9). 유대인들은 하나님으로부터 율법을 받아 전달한 모세의 권위를 무엇보다 높은 것으로 생각하고 있다.

이에 대해서 히브리서 저자는 하나님의 말씀을 직접 말씀하신 그리스도가 말로 할 수 없이 뛰어나심을 말하고 있다.

2.2. 하나님의 아들로서 창조주가 구속주가 되셨다 (히 1:1-3)

그리스도의 탁월성 제시는 그리스도가 하나님의 아들로서 만물을 창조하시므로 상속자가 되셨는데, 그가 마지막 말씀을 하신 것이다. 이로써 구약의 모든 계시보다 그리스도가 가져온 말씀이 비교할 수 없는 탁월성을 가짐을 말한다 (히 1:1-2).

그리스도가 선지자들보다 뛰어남을 가지시는 것은 그가 하나님의 아들이고 만물의 창조주이고 상속자이며 하나님의 본체의 형상이시기 때문이다. 그런 하나님의 아들이 만물의 섭리주이시다 (히 1:2-3).

이런 하나님의 아들이 세상을 구원하는 사역을 하시어 타락 전의 상태로 돌리시고 위엄의 우편에 앉으시어 세상을 다스리신다 (히 1:3).

2.3. 그리스도는 육신을 입고도 천사보다 비교할 수 없이 탁월하시다 (히 1:4-14)

그리스도는 육신을 입고 맏아들로 세상에 오셨다. 그때에도 천사들이 그에게 경배하였다. 또 그들은 그의 시중을 드는 존재였다. 천사들은 부리는 영들이었고 그리스도는 만물의 창조주로서 그들의 주님이시다 (히 1:4-14).

유대인들은 하나님이 천사를 매개해서 창조하셨다고 믿어서 천사숭배의 경향을 갖고 있었다. 이런 일은 있을 수 없다는 것을 히브리서는 강조한다.

그러나 하나님의 아들은 육신을 입으셨어도 천사들의 경배를 받는 하나님이시다.

2.4. 하나님의 아들, 그리스도가 완전한 구원을 이루셨다 (히 2:1-4)

구원은 하나님의 아들이 친히 이루셨다. 그러므로 구약의 율법 아래에서의 제사와는 비교도 안 되는 것임을 하나님 자신이 직접 증거하셨다 (히 2:1-4).

하나님의 아들이 친히 이루신 구원은 구약의 짐승의 살과 피로 드려진 제사와는 비교할 수 없다.

2.5. 만물의 창조주가 만물의 경배를 받고 다스리신다 (히 2:5-10)

만물을 복종케 하는 아들이 만물을 구원하는 일을 하셨다. 그러므로 천사로 매개된 율법과는 비교될 수가 없다.

그러나 구원을 이루는 일을 위하여 육신을 입어 고난 받았으므로 천사보다 조금 못하게 되었으나 결국 만물이 다 그에게 복종한다 (히 2:5-10).

2.6. 하나님의 아들이 사람을 구원하기 위해 육신이 되어 오셨다 (히 2:14-18)

범죄한 자들이 육신을 입은 존재들이므로, 구원자도 육신을 입고 오셔서 그들을 구원하심으로 죄와 죽음에서 우리를 해방하셨다. 천사들을 구원하러 오신 것이 아니고 아브라함의 후손들을 구하러 오셨다. 따라서 육신을 입고 형제로 오셔서 고난 받으시되 대제사장으로서 죄를 속량하셨다. 하나님의 아들 구세주는 율법처럼 엄위로우시기만 한 것이 아니라 백성들의 어려움을 그의 육신으로 담당하셨다 (히 2:14-18).

2.7. 그리스도는 아들이고 모세는 종이다 (히 3:1-6)

유대인들에게 그 권위가 비교할 수 없이 높은 모세가 하나님의 아들 그리스도의 종이란 사실이다. 하나님의 아들은 창조주이시고 모세는 피조물이고 종일 뿐이다.

하나님의 아들 그리스도는 우리 믿음의 사도이고 대제사장이시다. 그는 아들로서 일하셨고, 모세는 종으로 일하였다 (히 3:1-6). 히브리서의 특이점은 우리의 구주이신 이가 우리의 믿음을 일으키신 사도이시며, 대제사장이시라고 한 점이다 (히 3:1).

율법으로 사는 사람들에게는 율법보다 더 높은 권위도 없고, 그 율법을 전달한 모세보다 더 큰 권위도 없다. 그런 모세가 그리스도의 종으로 일하였다는 것을 히브리서는 강조한다.

2.8. 모세의 백성에게는 하나님이 노하셨으나, 그리스도의 백성은 영원한 안식을 누린다 (히 3:7-19)

모세가 인도하여 낸 이스라엘 백성에게는 하나님이 40년간 노하시어 용서하지 않았으므로 안식에 들어가지 못하였다. 그러나 그리스도를 믿는 사람들은 그 믿음 때문에 영원한 안식을 누리게 된다 (히 3:7-19).

2.9. 여호수아는 안식을 줄 수 없었고 그리스도의 복음을 받은 자들은 영원한 안식에 이른다 (히 4:1-11)

여호수아가 준 안식은 일시적이어도 그런 안식에도 들어가지 못한 사람들이 많았다. 그러나 그리스도를 믿는 자들은 확실하게 안식에 들어가서 하나님의 안식에 동참한다 (히 4:1-11). 이스라엘 백성들에게 땅을 배분하여 안식을 준 여호수아보다 그리스도가 더 탁월할 뿐만 아니라 그가 준 안식은 창조주가 누린 안식과 같은 것이다 (히 4:1-13). 그리스도는 영원한 안식을 백성들에게 주셨다.

2.10. 하나님의 아들 대제사장이 하늘에 오르시다 (히 4:14-16)

우리에게 큰 대제사장이 있는데 그는 속죄사역을 마치고 하늘에 오르신 하나님의 아들 예수이시다. 그리스도는 영원한 대제사장으로서 하늘 성소에 들어가셨다 (히 6:13-20).

예수 대제사장은 레위 계통의 대제사장이 아니라 멜기세덱의 반차를 따라서 된 영원한 대제사장이므로 하늘 성소에 직접 들어가셨다 (히 6:13-20).

그러나 그는 대제사장으로 속죄사역만 마친 것이 아니라 대제사장으로서 우리의 연약함을 함께 나누신다 (히 4:14-16).

2.11. 속죄를 이루신 대제사장은 멜기세덱 대제사장의 반차를 좇은 영원한 대제사장이시다 (히 5:1–10)

대제사장은 전체 백성을 위해서 일 년에 한 번 속죄제사를 한다. 그 대제사장은 사람들 가운데서 뽑았으므로 흠과 죄가 있는 자들이었다. 그러나 그리스도는 육신을 입어 대제사장이 되었지만, 영원한 구원의 근원이 되신 영원한 대제사장이시다. 예수 대제사장이 영원한 대제사장인 것은 그가 하나님의 영원한 아들이시기 때문이다 (히 5:1-10). 영원한 하나님이 대제사장으로서 완전한 속죄를 이루셨다.

옛 언약의 계명과 제사가 무익하므로 멜기세덱보다 더 높은 영원한 대제사장을 세우셨다 (히 7:1-28).

멜기세덱은 아브라함에게서 10의 1조를 받은 대제사장이다. 그러므로 족장 아브라함보다 더욱 탁월하다. 그런 멜기세덱의 반차를 따라 유다지파에서 한 대제사장을 세우시되 갈리지 않는 영원한 대제사장으로 세우셨다. 그 대제사장은 육신을 입었어도 영원한 대제사장이요 하늘보다 더 높으신 대제사장이 되셨다. 그리하여 단번에 완전한 속죄제사를 이루셨다 (히 7:1-28).

2.12. 새 언약의 중보자 대제사장은 참 장막에서 제사하고 보좌 우편에 앉으신 제사장이다 (히 8:1–13)

이전 성전과 성막은 하늘의 성전의 그림자에 불과하다. 그런데 우리의 대제사장은 하늘의 성소에서 곧 하나님의 얼굴 앞에서 속죄제사를 드려 완전한 속죄를 이루셨다. 그리고 그 구속주는 보좌 우편에 앉아 만물을 다스리신다. 왜냐하면 옛 언약보다 더 탁월한 새 언약의 중보자이시기 때문이다. 옛 언약은 낡아져서 폐해졌지만 새 언약은 사람들을 완전히 하나님의 백성으로 삼기 때문이다 (히 8:1-13).

히브리서의 특이점은 하나님의 아들 대제사장이 하나님의 얼굴 앞에서 속죄제사를 하여 속죄를 완성하신 것이다 (히 9:24).

2.13. 땅 위의 성막과 성전은 하늘 성소의 그림자일 뿐이다 (히 9:1–11)

첫 언약에서도 하나님을 섬기는 예법을 따라서 성소와 지성소에서 제사하였다. 그런 성소와 지성소도 하늘의 성소의 그림자일 뿐이다. 성소와 지성소가 지시하는 참 하늘의 성소 곧 하나님 얼굴 앞에서 속죄제사를 드려 제사를 완수하셨다.

이런 땅 위의 성소에서 드린 제사는 양심을 온전하게 할 수가 없었다. 그리스도만이 하늘 성소에서 제사하여 양심을 온전하게 하셨다 (히 9:1-11). 곧 예수 대제사장은 그의 속죄제사로 백성들이 죄의식과 죄책의식에서 완전히 벗어나게 하셨다.

2.14. 예수 대제사장의 완전한 제물과 속죄 (히 9:11–28)

레위제사장 아래서는 염소와 황소의 피로 제물을 바쳐드려 속죄제사를 하였다. 이런 짐승의 살과 피로 드린 제사로는 죄를 전혀 해결할 수 없었다. 그러나 그리스도는 하늘의 장막에서 자기의 거룩한 피를 제물로 삼아 제사하므로 속죄를 완전히 이루셨다. 그리고 하늘의 성소에 들어가셨다.

그리스도의 제사가 이렇게 확실하고 분명하게 죄를 완전히 속할 수 있었던 것은 성령으로 거룩하게 된 자기의 피를 제물로 바쳤기 때문이다. 성령으로 거룩하게 된 피라고 하는 것은 성령으로 그의 몸이 잉태되어 출생하였음을 지시한다. 그리하여 그는 완전한 속죄를 이루셨다. 이 거룩한 제사로 죄만 해결한 것이 아니라 양심을 죽은 행실에서 깨끗하게 하고 살아 계신 하나님을 바르게 섬길 수 있게 만들었다. 이로써 그리스도를 믿는 자들이 영원한 기업을 상속하게 되었다.

그뿐만 아니라 그리스도께서 속죄사역을 이루시고 하늘 성소 곧 아버지의 얼굴 앞에 나타나셔서 그의 속죄사역을 보고함으로 속죄사역을 완전하고 거룩하게 완성하셨다 (히 9:24). 그리스도의 속죄제사가 아버지의 얼굴 앞에서 바쳐지므로 속죄가 완전히 이루어졌다.

더구나 구약의 제사는 반복적으로 드리고 해마다 대제사장이 드리되 그리스도는 한 번의 제사로 완전한 속죄를 하시므로 반복적인 제사를 할 필요가 전혀 없어졌다. 구약제사는 죄를 해결하는 완전한 제사가 아니어서 늘 반복적으로 드렸고 죄도 없이하지 못하였다. 그러나 새 언약의 중보자가 드린 제사는 하늘의 성소까지도 완전하게 하였다 (히 9:11-28).

히브리서의 특별한 점은 그리스도가 대제사장이고 제물이라는 진리를 밝힌 것이다. 구약의 제사에서는 제사장이면 제물일 수 없고, 제물이면 제사장일 수 없는데 예수 대제사장은 그의 인격으로는 대제사장이고, 그 몸으로는 제물이 되어 완전한 속죄를 하신 것이다. 이것은 신구약 전체에서 히브리서에만 나와 있는 진리이다.

여기서 하늘 성소까지 깨끗하게 완전하게 하였다고 한 것은 모세가 처음 성막을 세우고 짐승의 피로 성막을 깨끗하게 한 것에 비춰서 한 말이다 (출 24:6-8).

2.15. 그리스도 대제사장은 하나님의 얼굴 앞에서 속죄제사를 완성하셨다 (히 9:11–24; 10:1–18)

율법 아래서 드린 제사는 참 제사가 되지 못하고 그 그림자이므로 제사하는 자들을 온전하게 할 수 없었다. 오히려 짐승의 살로 드린 제사는 죄를 없이하지 못하여 해마다 지은 죄를 생각나게 하는 일만 하였다. 황소와 염소의 피는 죄를 없이하지 못하는 부족한 제사였다.

그러나 예수 그리스도는 자기 몸을 단번에 제물로 바쳐드리므로 완전한 속죄를 하였다. 그리스도는 반복적인 제사를 한 것이 아니고 그의 몸을 제물로 삼아 드렸으므로 단 한 번의 제사로 온전하게 하여 영원한 제사를 한 것이다. 속죄만 온전하게 이루신 것이 아니고 거룩하게 된 자들까지 영원히 온전하게 만들었다. 그리하여 완전한 속죄가 이루어졌으니 더 이상 구약의 제사처럼 제사를 할 필요가 없어졌다.

레위제사장 아래서 드린 구약제사와 얼마나 큰 차이를 갖는가? 구약제사는 그림자이고 모형이었다. 그러나 그리스도의 제사는 참 제사이고 영원한 제사이므로 완전한 속죄와 완전한 거룩을 이루었다 (히 10:1-18).

그리스도의 제사가 완전한 속죄제사여서 죄를 완전히 해결한 것은 그리스도가 속죄제사를 아버지의 얼굴 앞에서 바쳐드렸기 때문이다. 구약의 모든 제사는 돌과 나무로 지은 집에서 드려졌으므로 그 제사를 하나님이 받으셨다는 증거가 전혀 없다. 그러나 그리스도의 제사는 아버지의 얼굴 앞에서 드려졌으므로 완전한 속죄여서 죄가 아버지의 얼굴 앞에서 완전히 해소되었다 (히 9:11-24). 세상의 어떤 제사가 제사를 받으시고 죄를 용서해주실 아버지 하나님 앞에서 드려질 수 있는가? 그리스도는 속죄제사로 바쳐드린 그 몸을 가지고 아버지 얼굴 앞에 나타나시므로 완전한 속죄를 이루셨다. 그러므로 어떤 경우에도 그리스도의 피 흘리심을 믿는 자들에게는 죄를 물을 수 없게 되었다.

세상의 어떤 제사가 이런 무한한 공효를 드러낼 수 있는가?

히브리서 기자는 사도요한을 이어서 참으로 탁월한 신학자이다.

2.16. 그리스도의 제사는 백성으로 하나님께 직접 나아갈 수 있는 길을 열었다 (히 10:19–25)

예수 그리스도가 제물로 드린 그의 피를 힘입어 사람들이 담대히 하나님의 성소에 나아갈 수 있게 되었다. 구약제사는 도저히 바라지도 못하고 할 수도 없는 일을 그리스도의 제사가 이루어냈다. 그리스도께서 그의 육체로 모든 사람으로 하여금 아버지께 직접 나아갈 수 있게 만드셨다.

더구나 그의 피로 양심이 깨끗하게 되었고 몸도 씻어졌으니 하나님께 온전한 마음으로 나아갈 수 있게 되었다 (히 10:19-25).

2.17. 그리스도의 속죄제사 이후에는 죄를 사하는 제사가 더 이상 필요가 없다 (히 10:26–31)

그리스도의 속죄제사 후에 의도적으로 죄를 범하면, 그리스도의 피를 범하는 것이 되므로 더 이상 용서가 있을 수 없고 심판만 기다린다. 이런 큰 제사 후에는 다른 용서받을 수 있는 길이 없으므로 이 제사를 믿어 용서받은 사람들은 다시는 죄지을 생각을 하지 말아야 한다 (히 10:26-31).

완전한 속죄제사가 드려졌으므로 하나님은 예루살렘 성전을 강제적으로 헐어버리셨다. 제사장들도 다 죽게 하시므로 성전제사가 다시 계속되지 못하게 하셨다.

그뿐만 아니라 그리스도의 완전한 속죄제사 이후에는 다른 속죄제사가 더 이상 있을 수 없게 되었다.

2.18. 그리스도의 제사로 영원한 산업을 상속받았으니 뒤로 물러가면 안 된다 (히 10:32-39)

그리스도의 큰 제사로 완전히 깨끗해져서 하늘의 영원한 기업을 상속받게 작정되었다. 그런데도 뒤로 물러가서 믿음을 떠나면 영원한 형벌만 있고 다른 개선책이 있을 수 없다. 그러므로 이 큰 상속을 믿음으로 기다려 받아야 한다 (히 10:32-39).

유대교로 돌아가고 싶은 마음이 많은 유대인들로 유대교로 돌아갈 수 없는 당위를 제시하고 있다.

2.19. 믿음이 영원한 상속에 이르는 길이므로 믿음을 굳게 붙들어야 한다 (히 11:39-40)

구약의 선지자들과 족장들은 받지도 못한 약속을 바라고 믿음으로 살았다. 그러나 그리스도를 믿는 자들은 영원한 상속을 받을 자들이므로 믿음으로 잘 참고 기다려서 하늘의 상속을 받아야 한다. 이렇게 큰 구원을 우리에게 주시므로 구약의 성도들과 족장들도 온전한 구원에 이르게 하셨다. 즉 그리스도의 구속사역 없이는 구약 백성들이 결코 구원에 이르지 못한다 (히 11:39-40).

히브리서도 로마서와 갈라디아서처럼 믿음만이 구원에 이르는 길임을 강조한다.

2.20. 그리스도는 자기의 피로 세운 새 언약의 중보자이시다 (히 12:24-29)

완전한 그리스도의 피로 세워진 언약이 새 언약이다. 그리스도와 제자 간에 맺은 언약을 히브리서는 합당하게 새 언약이라고 지목한다. 이 언약으로 백성 회복이 완료되었으므로 하늘들도 다 정화되고 재조직될 것이다. 이 새 언약이 첫 언약의 성취이고 완성이다. 이 새 언약으로 구원이 완성되었다. 그리스도 재림 시 하늘도 진동하지만, 우리가 새 언약으로 받을 나라는 흔들림이 없는 영원한 나라이다 (히 12:24-29).

그리스도를 새 언약의 중보자라고 제시하여, 그리스도가 하나님 아버지를 대표하여 언약을 체결하셨음을 밝혔다.

2.21. 영원하신 대제사장 예수 그리스도가 백성을 거룩하게 하려고 고난 받고 피 흘리셨다 (히 13:8-20)

대제사장 예수 그리스도가 친히 그 몸을 제물로 드리므로 완전한 제사를 하였다. 그 대제사장은 고난 받아 죽으시므로 백성들을 죄에서 속량할 뿐만 아니라 거룩하게 하셨다 (히 13:8-20).

히브리서는 이렇게 복음의 핵심을 담고 있다. 신약의 다른 책이 담지 못한 깊은 진리를 제시하여 밝히고 있다.

그러므로 히브리서가 정경으로 채택된 것은 당연한 일이다.

3. 저자 문제

히브리서는 그 시작과 마침에서 저자 자신을 밝히지 않는 서신이다. 사도 요한도 그의 편지들 특히 요한일서에 저자를 표기하지 않았다. 요한은 자기의 편지에서 인사도 하기 전에 하나님의 성육신의 신비에 몰두하였다. 히브리서도 인사를 하기 전에 하나님의 아들의 성육신과 구속사역의 완성을 그 시작점으로 삼았다.

3.1. 바울, 일차적인 후보

바울이 히브리서의 저자로 오래도록 인정되어 왔다. 히브리서에 바울의 신학이 많이 들어 있는 것이 사실이다. 그리고 편지 마지막에 형제 디모데가 놓인 것을 알라고 말하고, 놓여난 후에 합하게 되면 편지를 받는 사람들을 가서 볼 것을 말하고 있다 (히 13:23). 이것은 히브리서 저자와 바울의 동역자들과의 연관을 말해준다. 그러나 히브리서가 무라토리온 경 (Muratorian Canon)에 들어 있는 바울서신 전집에 포함되지 않았다.

그러나 동방교회에서는 히브리서를 바울의 서신으로 여기는 경향이 강하였다. 알렉산드리아의 클레멘트 (Klement of Alexandria)는 히브리서를 바울의 저작으로 여겼다 (Eusebios, HE, vi. 14). 이 견해를 클레멘트는 자기의 선생인 판테노스 (Pantainos of Alexandria)로부터 받은 것으로 보인다. 4세기 콘스탄티노폴리스의 대주교였던 크리소스토모스 (Johannes Chrysostomos, 354-407)도 바울을 히브리서의 저자로 확신하였다. 아우구스티누스 (354-430)는 히브리서를 바울의 저작으로 인정하였다가 중간기에는 무명의 저자로 지목하였다. 아우구스티누스는 바울 저작권과 정경성을 구분하였다.

오리게네스 (Origenes)도 히브리서의 사상은 바울의 것이지만 그 문체는 바울의 것이 아니라고 보았다. 그러면서도 매우 유명한 경구를 덧붙였다. '누가 히브리서를 썼는지는 하나님만이 그 진실을 아신다' (τις δε ο γραφας την επιστολην, το μεν αληθες Θεος οιδεν; Eusebios, HE vi, 25. 11-14)라고 하였다.

히브리서 2:3을 보면 저자가 바울일 수 없다고 해야 바르다. '이 구원은 처음에 주로 말씀하신 바요 들은 자들이 우리에게 확증한 바니'. 바울 자신은 직접 주를 보았고 주로부터 직접 계시를 받았다고 하였다 (갈 1:12; 고전 9:1; 15:8). 따라서 저자는 2세 그리스도인이라고 해야 맞다. 왜냐하면 그 저자는 주를 직접 보지 못하였고 듣지 못하였기 때문이다.

그래서 칼빈은 바울이 히브리서의 저자라는 것을 부정한다. 히브리서가 정경임에는 아무런 이의가 있을 수 없다고 하였다. 그리스도의 제사장직을 높이고 그 희생의 효력과 존엄성을 강조한 책이 성경 어디에도 없다는 것을 강조하였다. 히브리서의 정경성을 시비하는 것은 사탄의 계교로 된 것이라고 하였다.

바울이 저자인데 유대인들에게 미워함을 받기 때문에 바울이 자기 이름을 감추었다는 것도 전혀 적합하지 않다고 칼빈은 보았다. 이어서 히브리서의 가르침과 문체가 바울이 저자가 아니라는 것을 보여준다고 하였다.

본 필자가 보기로도 히브리서 13:23에 '디모데가 놓인 것을 알라 그가 오면 함께 가서 독자들을 보리라'고 하였다. 이것은 디모데가 바울의 처형 후에 로마 옥에 있다가 놓여난 것으로 보아야 한다. 그러면 저작 연대가 그렇게 늦다고 할 수 없다.

히브리서가 성전을 언급하지 않고 성막만을 말하기 때문에 성전 파괴가 일어난 70년 이후 특히 80년이나 85년에 저작되었다고 보는 경향이 많다.

3.2. 사도 바나바, 두 번째 후보

어떤 사람들은 사도 바나바를 히브리서의 저자로 간주하였다. 바울이 저자가 아니라면 바나바를 가장 적합한 저자로 인정하였다. 2세기 말엽 텔툴리아누스 (Tertullianus)도 바나바를 히브리서의 저자로 인정하였다. 아마도 바나바를 저자로 보는 견해는 소아시아 지역에 있는 몬타누스파 (Montanists)에게서 나온 것으로 보는 경향도 있다.

그러나 동시대 로마교회는 히브리서를 바울의 저술로 받지 않았다. 치프리아누스 (Cyprianus)도 3세기 중엽에 히브리서를 받아들이지 않았다. 서방교회에서는 힐라리우스 (Hilarius, c.315-367)가 처음으로 히브리서를 받아들였고, 그를 이어서 히에로노무스와 아우구스티누스가 히브리서를 받아들였다.

바나바를 히브리서의 저자로 보는 근거는 그가 레위인으로서 성전예식을 잘 알았기 때문인 것으로 본다. 또 바나바가 위로의 아들(행 4:36)로 사도들에게 알려졌고, 히브리서가 자기의 말을 위로의 말(히 13:22)이라고 하였으니 바나바를 가장 적합한 저자 후보로 여기게 된 근거로 작용하였다.

여기 히브리서의 저자가 사도행전에 나오는 바나바라면, 그는 제2세대 그리스도인이 아님이 확실하다 (히 2:3). 바나바는 처음 교회가 모였을 때 밭을 팔아 사도들에게 그 값을 주므로 교회가 함께 어려움을 나눌 수 있었다 (행 4:36-37). 또 바울이 주 예수를 믿어 복음을 전할 때, 바나바가 바울을 사도들에게 소개하므로 안심하고 그를 제자로 받을 수 있게 해 준 사람이다 (행 9:26-29).

또 바나바는 첫 전도여행 시에 바울과 동행하였으므로 바울의 신학을 익히 잘 알고 전달할 수 있는 사람이었다 (행 13:1-15:39). 이것을 종합하면 바나바는 히브리서 저작자로 가장 적합한 인물로 여겨진다.

그러나 바나바가 히브리서를 저작하였다는 재료가 너무도 희박하다는 것이 바나바 저작권을 확실하게 인정하지 못하게 하는 점이다.

또 바나바 서신이 바나바의 이름으로 돌아다녔는데, 이 서신에도 성전에 대한 가르침과 레위예식들에 대해서 말하고 있다. 그러나 바나바 서신이 그 영적인 이해가 낮고 전개도 히브리서에 비교할 수 없이 저급하다고 할 수 있다. 이것이 두 저작의 저자를 바나바로 일치시키는 데 주저하게 하는 점이다.

그래서 바나바 서신이 실제로 바나바의 저작이라면 히브리서 저자와 일치시키기 어려운 점으로 여겨진다.

3.3. 로마의 클레멘트, 세 번째 후보

히브리서와 클레멘트의 서신 간에 평행절들이 있는 것이 클레멘트를 공동저자로 보게 한다. 혹은 클레멘트가 히브리서를 희랍어로 번역하였다고 보는 견해도 있다. 그러나 신학적 사상의 차이가 그런 공동저자라는 주장을 하기는 부족한 것으로 보인다.

오히려 클레멘트는 히브리서를 앞에 놓고 고린도에 보내는 편지를 쓰면서 히브리서를 인용하였다고 해야 옳다. 클레멘트는 고린도인들에게 보내는 편지를 1세기 마지막에 썼다. 그러므로 클레멘트의 편지보다 약 30년 정도 앞서 히브리서가 쓰였다고 하는 것이 정당하다.

오리게네스 이후에 동방교회는 히브리서를 정경으로 그리고 저자를 바울로 여겼다. 그래서 체스터 베아티 파피루스 (Chester Beatty papyrus, P46)에서는 히브리서가 로마서 다음 순서로 바울서신들에 들어 있다.

3.4. 누가의 번역

바울이 히브리어로 편지를 쓰고 누가가 희랍어로 번역하였다고 보는 견해도 있다. 알렉산드리아의 클레멘트는 주장하기를 바울이 먼저 히브리어로 써놓은 편지를 누가가 희랍어로 옮겼다고 여겼다. 이 견해는 13세기 토마스 아퀴나스도 주장한다.

이에 대한 증거로 누가의 글들과 히브리서 간의 유사성을 든다. 특히 사도행전에 나오는 스데반의 연설과 히브리서가 말하는 히브리 역사를 그 증거로 든다. 그렇지만 누가가 스데반의 연설을 작성하였다면 모르거니와 단지 그의 연설을 기록만 했다면 그렇게 주장할 수 없다.

이 견해에 거슬러서 히브리서는 처음부터 희랍어로 기록되었다고 칼빈은 주장한다. 히브리서가 집중하는 언약개념을 위해서 편지의 저자는 70인경을 참조하였지 히브리어 성경본문을 직접 인용한 것이 아니라고 본다.

3.5. 아볼로, 네 번째 후보

종교개혁 때 루터와 에라스무스와 칼빈은 히브리서가 바울의 저작임을 부인하였다. 그러나 루터는 아볼로가 히브리서를 썼다고 주장하였다. 그래서 루터파는 이 주장을 많이 따르기도 하였다.

이 주장을 지지하는 증거로 다음의 사항들을 예로 들었다. 아볼로가 바울과 친숙하였으므로 그의 영향을 많이 입었을 것이라고 보았다. 더욱이 그 저자가 구약성경에 능통한 것과 (행 18:24) 또 디모데와 접촉한 것 (딛 3:13) 등을 예로 든다.

아볼로가 히브리서 저자로 적합한 후보라고 할 수 있는 것은 그가 제2세대 그리스도인이기 때문이다 (행 18:24-28). 아볼로는 아굴라와 브리스길라에게서 복음을 배웠다 (행 18:26). 또 후에는 바울의 동역자가 되므로 바울에게서 복음을 배운 사람이다 (딛 3:13; 고전 16:12; 4:6).

또 알렉산드리아의 유대교의 특색도 히브리서에 드러나 있다고 할 수 있다. '능욕을 지고 영문 밖으로 그에게 나아가자'와 '여기는 영구한 도성이 없고 오직 장차 올 것을 찾나니' (히 13:13-14).

아볼로가 알렉산드리아 출신인데 (행 18:24), 그가 히브리서를 기록하였다면 후대 알렉산드리아의 교부들이 우리의 도시의 아들이 성경을 기록하였다고 기림을 표하였을 것이다. 그러나 그런 증거들은 후대에 나타나지 않았다.

그러나 위의 예들은 아볼로를 히브리서의 저자로 삼기에는 너무도 부족하고 확실한 증거가 되지 못한다. 또 고대교회가 전혀 아볼로를 저자로 언급하지도 않았다. 더구나 아볼로가 필론의 사상을 깊이 알았다고도 할 수 없다.

근세에 이르러 윌리엄 램지 (Sir William Ramsay)는 전도자 빌립 (Philip)을, 하르낙 (Adolf Harnack)은 아굴라의 부인 브리스길라 (Priscilla, Πρισκιλλα)를 히브리서의 저자로 추천하지만 받아들일 만한 근거도 약하고 고대교회에서 아무런 언급도 하지 않는 사람들이다.

결론은 오리게네스가 말한 대로 히브리서를 누가 썼는지 그 진실은 하나님만이 아신다고 해야 바르다.

4. 히브리서를 처음 받은 사람들

히브리서에는 '히브리인들에게' (Προς Εβραιους)가 붙어 있다. 이 제목은 오래되었음이 확실하다. 그러나 이 제목이 처음 히브리서를 받은 사람들로 단정하기는 어렵다. 그렇다고 그 제목이 독자들과 무관하게 작성되었다고 보기도 어렵다.

4.1. 유대 그리스도인들

히브리서에 붙은 제목에 비추어서 처음 편지를 받은 자들이 그리스도를 믿는 유대인들로 지목할 수 있다.

히브리서는 유대 그리스도인들을 배경으로 가졌기 때문에 구약성경을 광범위하게 인용하고 활용하고 있다. 특히 편지를 받는 사람들이 레위 제사의식을 잘 알고 있는 것으로 전제한다.

또 그리스도가 고난 받아야 할 필요성을 강조하고 레위 제사직이 대체되어야 할 이유들을 밝히고 있다. 또 새 언약의 약속이 그리스도 안에서 성취된 것을 강조한다. 또 아브라함의 후손들을 붙들어 주려고 한다는 것을 강조하므로 독자들이 아브라함의 후손들임을 보여준다.

히브리서의 저자는 옛적 유대인들을 자기와 독자들의 조상으로 말한다 (히 1:1; 3:9). 그러므로 이들 편지를 받는 사람들이 믿음으로 된 이방 그리스도인들이라고 할 수가 없다. 옛 백성들에게 하나님의 말씀이 왔다는 것을 보면 더욱이 그러하다 (히 1:1). 히브리서 3:9에서는 이스라엘 조상들이 광야시대 때에 하나님을 시험한 것을 인용하여 말한 것을 보면 (시 95편), 편지를 읽는 사람들이 출생 유대인들이었다고 볼 수 있다. 또 히브리서 13:13 '능욕을 지고 영문 밖으로 그에게 나아가자'라고 한 것을 보면 구약의 군대용어를 그대로 사용하고 있다. 이것도 독자들이 유대 그리스도인들임을 암시한다. 이렇게 인용한 모든 내용들이 예표로서 이방 그리스도인들에게 응했다고 말할 수도 있다.

또 히브리서 2:3에 의하면 '처음 주가 말씀한 구원을 직접 들었고, 들은 자들에게서 주의 구원을 들었다'고 하는 말씀은 유대 그리스도인들에게 해당한다고 말할 수 있다. 혹 이 부분은 이방인들이 전도받아서 한 것이라고 할 수 있다. 그러나 바울의 경우만 보아도 주께서 지상에 계실 때 그의 구원의 말씀을 직접 들은 자가 아니다. 이방 그리스도인들은 바울의 전도로 주 예수를 믿은 자들이었다. 그러므로 주께서 직접 가르치신 말씀과 증거들을 듣고서 전해 준 사람들은 처음 제자들과 70명과 또 함께 따르며 말씀을 받은 사람들이었다.

히브리서의 수납자들이 유대 그리스도인들이면 이들이 어디에 살았겠는가? 예루살렘은 아닐 것이다. 왜냐하면 70년이 이르기 전에 그리스도인들은 펠라 (Pella)로 피신하였다. 그러므로 히브리서가 70년 이후에 쓰였다면 예루살렘에 유대 그리스도인들이 살았다고 할 수 없다.

그러면 알렉산드리아에 살던 사람들을 생각할 수 있다. 알렉산드리아에는 많은 유대인들이 살았고, 복음이 애굽에 51/53년 (혹은 45년)에 전파되어 많은 그리스도인들이 나왔다고 할 수 있다. 그래도 이탈리아에서 온 사람들이 인사한다고 한 것 (히 13:24)과 디모데가 옥에서 놓여났으니 오면 곧 가서 보리라고 한 것 (히 13:23)을 보면, 아마도 로마에 사는 유대 그리스도인들을 지칭하는 것으로 볼 수 있다. 이들이 아마도 이방 그리스도인들과는 따로 믿음생활을 하였던 것으로 볼 수 있다.

4.2. 이방 그리스도인들

그런데 히브리서의 문장이 너무 세련되어 있어서 이방 그리스도인들을 대상으로 했다는 주장이 있고, 히브리서 전체가 꼭 유대 그리스도인들을 목적지로 곧 대상으로 삼아 썼다고 할 수 없다고도 주장한다.

히브리서가 70인경을 성경으로 인용하고 썼다는 것은 꼭 유대 그리스도인만을 상대한 것이 아니라고 말할 수 있다. 이방 그리스도인들도 70인경을 성경으로 사용했으니 그것만을 가지고는 유대 그리스도인들을 상대해서 편지를 썼다고 할 수 없다는 것이다. 더구나 이방인들이 믿음을 가졌다가 살아 계신 하나님에게서 떨어지는 것을 배도라고 경고한 것을 보면 (히 3:12) 이방 그리스도인들을 대상으로 했다고도 본다. 또 히브리서 저자는 유대교를 말하지 않고 구약을 상대했으니 유대인들만을 상대했다고 단정할 수 없다는 것이다.

이에 대해서 이방인들과 유대인들을 함께 대상으로 삼았다는 주장도 제기되었다.

4.3. 결론: 히브리 그리스도인들

히브리서의 첫 독자들은 누구인가? 히브리서의 본문은 그리스도의 대제사장직의 탁월성을 말한다. 또 구약의 모든 제도와 인물들과 비겨서 그리스도의 계시와 구속사역의 완전함을 말한다. 따라서 히브리 그리스도인들을 대상으로 삼았다고 보아야 한다. 구약과 연관하여 모든 것을 전개하는 것을 보면, 독자들이 히브리 그리스도인들이었다고 보는 것이 합당하다.

특히 그리스도의 구속이 '아브라함의 자손을 붙들어 주려 하심이라' (히 2:16)고 한 것을 볼 때 독자들이 히브리 그리스도인들이었다고 추론할 수 있다.

특히 유대인들이 그리스도인이 되어 핍박을 받아 마음이 흔들려 있는 것을 보고 '고난의 큰 싸움에 참은 것을 생각하라'고 하였다

(히 10:32-33).

이것은 네로 핍박 때도 유대인들은 당하지 않은 핍박을 그리스도인들이 됨으로 당한 것으로 보인다. 또 '너희가 죄와 싸우되 아직 피 흘리기까지는 대항하지 아니하고' (히 12:4)라고 한 것도 네로의 핍박으로 죽임 당하는 데는 이르지 않았음을 말한 것으로 보인다.

이로써 결론할 수 있는 것은 편지를 받은 첫 독자들이 히브리계 그리스도인들이었다고 말할 수 있다.

5. 히브리서 저작의 동인

히브리계 그리스도인들이 핍박을 받으므로 마음이 흔들려서 다시 유대교로 돌아가려고 하는 마음을 가진 것을 보고 그리스도의 구속사역이 얼마나 탁월한지를 밝힌다. 이런 큰 구원에서 떨어져 나가면 하나님의 아들을 십자가에 다시 못 박는 것이므로 유대교로 돌아가서는 예수 믿음으로 돌아올 수 없다고 밝히고 있다 (히 2:3; 6:4-6; 10:26-29, 31). 그러므로 하나님의 아들 주 예수 그리스도와 그의 구속사역을 믿는 믿음에서 떨어지지 않게 하기 위해서 이 편지를 썼다고 보아야 한다 (히 13:22).

6. 편지의 저작 시기

6.1. 70AD 이후

통상 히브리서의 저작 시기를 예루살렘의 파괴 이후로 본다. 예루살렘의 성전이 파괴되었기 때문에 성막에서의 제사의식을 말하고 성전제사를 말하지 않는 것으로 보기 때문이다.

로마의 클레멘트가 고린도서를 쓴 때가 95AD이므로 그 전에 편지가 쓰였을 것으로 보아 80-85AD를 정당한 연대로 삼는다.

6.2. 66/68AD

그러나 성전제사 혹은 성막제사가 아직도 진행되고 있는 것으로 편지를 전개하므로 (히 9:6-9; 7:8; 13:10), 성전제사가 아직도 진행될 때 편지를 썼다고 볼 수 있다. 그러면 70년 이전에 히브리서가 기록되었다고 보는 데 무게를 둘 수 있다.

히브리서 13:23에 디모데가 석방되었다는 것을 보면 바울이 순교당할 때 디모데도 함께 옥에 있다가 바울이 죽은 후에 놓여난 것으로 보는 것이 합당하다. 또 히브리서가 성전파괴의 참상을 전혀 말하지 않는 것을 보아서 70AD 전에 편지가 쓰인 것으로 보인다. 또 히브리서 12:4에 아직 피 흘리기까지 투쟁하지 않았다고 한 것을 보아 네로에 의한 대대적인 핍박이 일어나기 전으로 볼 수 있다.

따라서 바울의 순교와 예루살렘 성전 파괴 사이에 이 성경이 기록되었다고 보아야 한다. 그 해는 66/68AD가 적합하다.

히브리서

ΠΡΟΣ ΕΒΡΑΙΟΥΣ

제 1 장

구원사역을 완수하신
그리스도가 하나님의 아들이시다

히브리서

ΠΡΟΣ ΕΒΡΑΙΟΥΣ

하나님의 아들, 만유의 후사; 구속사역을 완수: 1:1-3

■ **히 1:1** 옛적에 선지자들로 여러 부분과 여러 모양으로 우리 조상들에게 말씀하신 하나님이 (한글개역)

1:1 Πολυμερῶς καὶ πολυτρόπως πάλαι ὁ θεὸς λαλήσας τοῖς πατράσιν ἐν τοῖς προφήταις (GNT)

히 1:1 여러 부분과 여러 방식으로 옛적에 하나님이 선지자들로 우리 조상들에게 말씀하신 후에 (주석자의 역)

1. 구약에서는 하나님이 선지자들로 말씀하셨는데 마지막 날에 아들로 하나님이 친히 말씀하셨으니 신약의 계시가 구약의 계시보다 높고 뛰어남을 강조하기 위해서 첫 말을 시작한다.

2. 구약에서는 하나님이 선지자들을 통하여 백성에게 자기의 뜻과 구원경륜을 알리셨다.

3. '여러 부분과 여러 방식으로 말씀하신 것'은 하나님이 선지자들을 통하여 꿈과 예언과 해석과 기적들과 사건들의 진행으로 하나님의 뜻 곧 하나님의 구원경륜을 알리심을 말한다.

4. '옛적'은 모세를 통하여 말씀하시고 율법을 주신 이후 구약 전체의

기간을 말한다.

5. 사람의 구원이기 때문에 하나님이 사람들을 선지자로 세우셔서 모든 인류와 이스라엘 백성에게 말씀하셨다.

6. '말씀하신 후에'라고 옮길 수 있는 것은 단순과거 분사형을 사용하고 있기 때문이다.

7. '선지자들을 통하여 여러 부분과 여러 방식으로 말씀하셨다'고 하는 것은 아들로 궁극적인 구원의 말씀을 하시고 구원을 이루시기 위해서 사전에 예비하신 것을 말한다.

8. 그리스도를 통해서 온 말씀과 그의 구원이 너무나 크기 때문에 구약의 계시 말씀과 비교할 수 없다고 주장한다.

그리스도로 온 말씀은 하나님이 직접 말씀하신 것이다. 구원도 하나님이 직접 이루셨으니 신약의 계시와 구원이 구약의 경우와 비교할 수 없이 탁월함을 말한다.

■ 히 1:2 이 모든 날 마지막에 아들로 우리에게 말씀하셨으니 이 아들을 만유의 후사로 세우시고 또 저로 말미암아 모든 세계를 지으셨느니라

1:2 ἐπ' ἐσχάτου τῶν ἡμερῶν τούτων ἐλάλησεν ἡμῖν ἐν υἱῷ, ὃν ἔθηκεν κληρονόμον πάντων, δι' οὗ καὶ ἐποίησεν τοὺς αἰῶνας·

히 1:2 이 날들 마지막에 하나님이 아들로 우리에게 말씀하셨는데, 이 아들을 만물의 상속자로 세우셨고 또 그로 말미암아 세계를 지으셨습니다.

1. 신약에 와서 아들로 하나님 자신이 직접 말씀하셨으니 신약의 계시와 구원이 구약의 계시와 구원과 비교할 수 없음을 말하려고 한다.

2. 구약의 족장들과 조상들에게는 선지자들로 말씀하셨는데 우리에게

는 하나님이 아들로 직접 말씀하셨다.

3. 아들로 말씀하신 것은 하나님 자신이 말씀하신 것을 뜻한다.

아들이 아버지의 실체의 형상이므로 아들이 말한 것은 아버지가 말한 것과 동등하다.

4. '이 날들'은 하나님이 선지자들로 말씀하시던 구약시대를 말한다.

5. '이 날들 마지막'은 선지자들이 말씀하던 날들 후 곧 메시아 시대를 말한다.

6. 신약의 신자들이 구약의 조상들보다 얼마나 큰 특권을 누리고 있는지는 말로 표현할 수 없다고 강조한다.

구약 백성들은 그림자와 예표 아래 살았다. 신약시대는 구약의 예언이 성취되었으므로 실재 아래 산 것이다.

구약 백성들은 달빛과 별빛 아래 살았고 신약 백성들은 태양빛 아래 산 것과 같다.

7. 신약의 백성들은 하나님 자신으로부터 직접 말씀을 받았음을 말한다.

그리스도 자신이 하나님의 가르치심을 받으리라는 말씀을 자기에게 적용하여 자기가 하나님이심을 강조하였다 (요 6:45-46).

8. 구약의 족장들에게는 선지자들로 말씀하신 하나님이 우리에게는 아들로 직접 친히 말씀하셨으니 이 얼마나 비교할 수 없는 특권인가?

9. 아들은 창조 중보자이시다.

하나님은 아들로 하늘과 땅을 다 창조하셨다. 그러므로 실제 창조주는 아들 하나님이심을 말한다.

10. 즉 하나님은 아들로 말미암아 세계를 창조하시고 모든 만물을 다 아들의 소유가 되게 하셨다.

곧 아들이 세계의 상속주이심을 말한다. 하나님은 아들로 세계를 창조하셨기 때문에 그 아들을 만물의 상속자로 삼으셨다. 따라서 창조된 모든 세계는 다 아들의 소유이다. 다시 말하면 아들 하나님이 세계를 창조하시고 이 세계를 자기의 소유로 정하셨음을 말한다.

11. 구속사역을 이루시기 전에도 본래 아들이 세계를 창조하신 창조주이심으로 만물이 다 아들의 소유였다.

창조는 하나님의 첫 사역이고, 구원은 창조와 타락 후의 일임을 말한다.

12. 아들이 만물을 창조하신 창조주이시기에 그 아들 하나님이 직접 구원사역을 하셔야 했음을 말하고자 한다.

창조주가 자기의 창조를 구속하기 위해서 구속주가 되셨다. 곧 구속주는 창조주이심을 말한다.

■ **히 1:3** 이는 하나님의 영광의 광채시요 그 본체의 형상이시라 그의 능력의 말씀으로 만물을 붙드시며 죄를 정결케 하는 일을 하시고 높은 곳에 계신 위엄의 우편에 앉으셨느니라

1:3 ὃς ὢν ἀπαύγασμα τῆς δόξης καὶ χαρακτὴρ τῆς ὑποστάσεως αὐτοῦ, φέρων τε τὰ πάντα τῷ ῥήματι τῆς δυνάμεως, δι᾽ αὐτοῦ καθαρισμὸν τῶν ἁμαρτιῶν ποιησάμενος ἐκάθισεν ἐν δεξιᾷ τῆς μεγαλωσύνης ἐν ὑψηλοῖς,

히 1:3 그는 하나님의 영광의 광채이시며, 그의 본체의 형상이시라. 그의 권능의 말씀으로 만물을 붙드시며 죄들을 깨끗하게 하시고 높은 곳에 계신 엄위의 우편에 앉으셨습니다.

1. 아들이 하나님의 계시자이시므로 아들에게서 모든 계시가 오고, 하나님의 영광도 아들로 말미암아 나타났으므로 아들을 '하나님의 영광의 광채'라고 표현하였다.

2. 아들 자신이 아버지의 영광의 광채이시므로 자신을 세상의 빛이라고 하셨다 (요 8:12).

3. 세상에 오는 모든 빛은 아들에게서 오고 그 빛은 하나님의 영광의 광채에서 온다.

처음 창조 시에 나타난 빛도 아들을 통하여 나타난 아버지의 영광의 광채로 이루어졌다.

4. 아들이 아버지의 영광의 광채라고 하므로 반사된 빛이 아니고 참 빛이셔서 니카야 신경대로 '빛에서 나온 빛'이시다.

그러므로 세상에 온 모든 하나님의 빛은 아들에게서만 온다.

5. 하나님은 자신의 모든 것을 다 아들로 나타내신다.

하나님은 아들로만 자신의 영광을 나타내신다. 아버지의 영광이 아들에게서는 아버지의 영광의 반사로 나타난다. 그래서 '영광의 광채'라고 표기하였다.

6. 이것은 아들이 하나님으로서 영광이 없다는 것이 아니고, 하나님의 영광이 아들을 통해서 나타나므로 그 영광이 아들에게서 영광의 광채로 표현된다.

7. 아들이 아버지의 실체의 형상이시라는 것은 아들이 아버지의 실체이심을 말한다.

8. 크리소스토모스 (Chrysostomos)는 실체를 위격으로 번역하였다. 그래서 아들이 아버지의 인격의 형상으로 표기되었다. 곧 아들이 아버지의 형상이 된다.

9. 휘포스타시스 (ὑπόστασις)는 아버지의 현시에서 보면 인격이라고 해야 하지만, 히브리서 저자가 히브리서를 쓸 때는 위격이기보다 글자대로 실체라고 보았다. 따라서 실체로 이해해야 맞다.

10. 본문의 휘포스타시스를 위격으로 본다면, 아들이 아버지의 위격의 형상이 된다. 그러면 아들이 아버지의 형상이 되므로 아들을 인격으

로 보기가 어렵게 된다.

11. 아들 하나님은 하나님 자신의 실체에서 나오셨다. 그러므로 실체가 동일하여 아버지와 아들은 한 하나님이시다.

이 본문에 근거하여 아다나시오스는 아버지와 아들이 한 실체이고 동일하며 분할불가하기 때문에 한 하나님이라고 주창하였다.

12. 아들이 아버지의 실체의 형상인 것은 아들의 인격에서 아버지를 보기 때문에 아들을 아버지의 실체의 형상이라고 하였다.

13. 그의 권능의 말씀으로 만물을 붙드시는 것은 만물을 창조할 때도 말씀으로 창조하셨듯이, 만물을 유지하고 지키시는 것도 말씀의 능력으로 함을 말한다. 곧 창조주만이 창조를 유지하신다.

14. 아들이 실제 창조주이시다.

아들 하나님이 아버지의 작정대로 만물을 창조하셨다. 실제로 아들이 만물을 창조하셨으니 실제 창조주이시다. 아버지는 만물 창조 작정을 하셨으므로 창조주로 인정받으신다. 아들은 말씀으로 만물을 창조하셨고 또 말씀으로 붙드신다.

15. 창조주가 만물을 붙들고 지키시는 것은 만물을 다스리심을 말한다.

창조주가 만물을 붙드시는 것은 그의 창조주로서의 말씀의 권능으로 만물을 다스리심을 말한다.

16. 그의 권능의 말씀으로 만물을 붙드신다는 것은 크리소스토모스의 말대로 절대적인 권위로 만물을 다스리심을 말한다.

말씀만 하심으로 만물이 다 순종한다.

17. 만물을 권능의 말씀으로 붙드심은 창조주의 권세로 다스리심을 말한다.

만물을 수고 없이 창조하셨듯이, 다스릴 때도 아무런 제약 없이 다스리심을 말한다.

18. 죄들을 깨끗하게 하심은 그리스도께서 피 흘리심으로 사람들의

죄를 제거하셨다. 죄를 용서하심은 구원사역을 다 이루신 것을 말한다.

19. 피가 죄를 속하도록 하나님이 정하셨으므로 (레 17:11) 그리스도께서 피 흘리심으로 세상 모든 사람들의 죄를 속량하셨다.

20. 하나님을 반역하여 하나님과 원수가 되었으므로 죽을 수밖에 없었는데, 창조주가 자기의 창조를 다시 돌이키기 위해서 사람이 되시고 피 흘리시어 반역을 무효화하셨다. 그리하여 사람들이 하나님과 화해하고 다시 하나님의 백성이 되었다.

21. 엄위는 하나님을 지시한다.

22. 엄위의 우편에 앉으심은 아버지의 통치를 집행하심을 뜻한다. 아들이 통치의 집행 혹은 수행자이다.

구속사역을 이루어내시므로 인류를 다시 자기의 백성으로 다스리고 소유하게 되셨음을 말한다.

23. 엄위의 우편에 앉으심은 아버지의 통치를 집행하심이어서 크리소스토모스의 해석처럼 아버지와 동일한 영광을 가지신 것을 말한다.

24. 성육신하셔서 낮아지셨고 십자가의 고난을 받으셨던 아들이 아버지의 통치를 집행하시므로 아버지와 같은 영광과 권세를 가지시게 되었음을 말한다.

천사들은 아들의 피조물: 1:4-14

■ **히 1:4** 저가 천사보다 얼마큼 뛰어남은 저희보다 더욱 아름다운 이름을 기업으로 얻으심이니

1:4 τοσούτῳ κρείττων γενόμενος τῶν ἀγγέλων, ὅσῳ διαφορώτερον παρ' αὐτοὺς κεκληρονόμηκεν ὄνομα.

히 1:4 그가 천사들보다 뛰어나심은 그들보다 더 아름다운 이름을 상속받으셨기 때문입니다.

1. 아들은 천사들의 창조주이시므로 천사들보다 비교할 수 없게 탁월하시다.

천사들은 다 아들의 피조물이다. 그러므로 창조주는 영적 피조물들보다 비교할 수 없게 뛰어나시다.

2. 아들이 아들로서 받은 이름은 천사들이 아무리 높은 등급이어도 아들 그리스도와 비교할 수 없다.

3. 유대인들은 천사를 통해서 율법이 주어졌다고 보기 때문에 천사들 특히 천사장들을 더욱 높이 본다.

그러나 그런 존재들도 다 아들의 피조물이다. 아들과 피조물 간에 비교는 성립할 수 없다.

4. 더 아름다운 이름은 아들이 구속사역을 이루시므로 받은 위엄을 말한다.

비록 아들이 피조물을 구원하기 위해서 사람이 되셨지만 성육신으로 구원을 이루셨으니 구속주의 이름은 천사들이 부림 받는 영으로서 갖는 이름과 비교할 수 없음을 말한다.

■ **히 1:5** 하나님께서 어느 때에 천사 중 누구에게 네가 내 아들이라 오늘날 내가 너를 낳았다 하셨으며 또 다시 나는 그에게 아버지가 되고 그는 내게 아들이 되리라 하셨느뇨

1:5 Τίνι γὰρ εἶπέν ποτε τῶν ἀγγέλων· Υἱός μου εἶ σύ, ἐγὼ σήμερον γεγέννηκά σε, καὶ πάλιν· Ἐγὼ ἔσομαι αὐτῷ εἰς πατέρα, καὶ αὐτὸς ἔσται μοι εἰς υἱόν;

히 1:5 천사들 중 누구에게 어느 때에 하나님이 말씀하시기를 너는 내 아들이라 내가 오늘 너를 낳았다 하셨고 또 다시 나는 그에게 아버지가 되고 그는 내게 아들이 되리라 하셨습니까?

1. 하나님은 아들을 낳으셨고 그리하여 아버지가 되셨다.

2. 그 아들은 아버지 하나님과 구분되지만 실체에 있어서는 동일하시다.

3. 하나님은 아들을 친히 낳으셨다.

의지로 낳으신 것이 아니고 실체를 따라 낳으시므로 아버지와 동일한 하나님이시다. 친히 아들을 낳으신 것은 아버지의 실체에서 본성대로 나오심을 말한다. 아버지가 아들을 낳았다는 것은 아버지의 객관화가 아들이 되심을 말한다. 하나님이 자기를 객관화하시면서 자기의 모든 신성과 성품을 다 넣으심을 말한다. 하나님의 자기 객관화이므로 아들이라고 칭한다.

오리게네스는 아버지가 의지로 아들을 낳았다고 주장하였다. 의지로 낳은 것은 창조된 것을 말하므로 아들의 출생이 아니다.

4. 그러므로 아들을 향하여 '너는 내 아들'이라고 하나님이 선언하셨다.

여기 '너는 내 아들이라 내가 오늘 너를 낳았다'고 한 것은 아들이 사람으로 출생하심에 관해서 하신 말씀이다.

5. 아들이 사람의 모양으로 오셨어도 하나님의 아들로서 인격이 동일하므로 하나님의 아들로서 출생하신 것이다.

6. '오늘'이라고 한 말씀은 아들이 사람으로 출생하신 시간을 지시한다.

크리소스토모스는 '오늘'을 육체와 관련하여 말씀하셨다고 제시하여 같은 의미를 전달한다.

343년 세르디카 공회의에서 논란이 되었던 마르켈로스 (Markellos)도 아들이 육체로 나심의 때를 지시하는 것으로 해석하였다.

7. 하나님의 아들이 사람으로 출생하시므로 오늘 내가 너를 사람이 되게 하셨다고 말한 것이다.

아들을 세상에 보내시기 때문에 '오늘 내가 너를 낳았다'고 말씀하신 것이다. 혹은 '오늘 내가 당신을 세상에 보냅니다'라는 말로 바꿀 수 있다.

8. 천사는 아들의 피조물이므로 천사를 아들로 삼을 수 없다.

9. 천사는 큰 직임을 가지고 사람들에게 보냄 받았지만 피조물이므로 세상에 보낼 때 내가 너를 낳았다고 하나님이 말씀하신 적이 없다.

하나님은 천사들 중 아무에게도 '너는 내 아들이라 내가 너를 오늘 낳았다'고 말씀하신 적이 없다.

10. 오직 아들이 세상에 오시되 육체로 오시기 때문에 '오늘 내가 너를 낳았다'고 말씀하시므로 하나님의 친아들이 세상에 오심을 밝히고 선언하신 것이다.

11. 벵겔은 '천사 중 누구에게'를 성경에서 천사들에게는 그런 말씀 곧 '오늘 내가 너를 낳았다'고 말씀하신 적이 없는 것에서 끌어왔다고 제시하였다. 합당한 제시이다.

■ **히 1:6** 또 맏아들을 이끌어 세상에 다시 들어오게 하실 때에 하나님의 모든 천사가 저에게 경배할지어다 말씀하시며

1:6 ὅταν δὲ πάλιν εἰσαγάγῃ τὸν πρωτότοκον εἰς τὴν οἰκουμένην, λέγει· Καὶ προσκυνησάτωσαν αὐτῷ πάντες ἄγγελοι θεοῦ.

히 1:6 또 맏아들을 세상으로 들어오게 하실 때에 이르시되 하나님의 모든 천사들은 그를 경배하라고 말씀하셨습니다.

1. 아들의 탁월성이 얼마나 높은지를 다시 밝히고 있다.

2. 하나님이 맏아들로 세상에 들어오게 하실 때에, 모든 천사들은 아들을 경배하라고 하셨다.

아들은 모든 피조물들 특히 천사들의 경배를 받으시는 하나님이심을 선언하신 것이다.

3. 맏아들로 세상에 들어오게 하실 때는 아들로 사람이 되어 사람의 형상으로 세상에 오심을 말한다.

하나님의 아들이 맏아들이 되신 것은 그의 성육신으로 사람들과 같은 피에 동참하심이요 또 구속사역으로 많은 형제들을 갖게 된 것을 말한다 (히 2:13-14).

4. 사람의 형상으로 세상에 오셔도 아들은 하나님으로서 경배 받으실 권세를 잃은 것이 전혀 아니다.

사람 모양으로 세상에 오셨어도 그는 하나님이시므로 천지만물과 하나님의 보좌를 호위한 천사들도 다 그를 경배해야 한다.

5. 천사들은 하나님을 섬기도록 창조되었으므로 아들 창조주를 경배하는 것은 당연하다.

천사들 중에서는 천사장이라 하더라도 그 천사장을 향하여 그를 경배해야 한다고 말할 수 없다. 천사는 피조물이기 때문이다.

6. 하나님만 천사들의 경배를 받으시는데, 아들이 육체로 오셨어도 하나님으로 오셨으니 천사들이 그를 경배해야 마땅하다.

육체로 오셨기 때문에 천사들이 몰라볼 수 있으므로 아들 하나님을 경배하라고 명하신 것이다.

7. 하나님이 육체로 오신 신비는 천사들도 잘 알 수 없었으므로 천사들도 살펴보기를 원하는 것이라고 하였다 (벧전 1:12).

8. 예수 그리스도께서 광야에 계실 때 천사들이 그를 섬겼다 (마 4:11; 막 1:13).

십자가를 지시기 직전에도 천사가 하늘에서 내려와 그리스도를 섬겼다 (눅 22:43).

9. 천사들의 경배를 받으시는 아들은 육체의 상태에서도 하나님이심에는 아무런 변동이 없다는 것을 강조하고 있다.

■ **히 1:7** 또 천사들에 관하여는 그는 그의 천사들을 바람으로, 그의 사역자들을 불꽃으로 삼으시느니라 하셨으되

1:7 καὶ πρὸς μὲν τοὺς ἀγγέλους λέγει· Ὁ ποιῶν τοὺς ἀγγέλους αὐτοῦ πνεύματα, καὶ τοὺς λειτουργοὺς αὐτοῦ πυρὸς φλόγα·

히 1:7 그러나 천사들에 관하여 말씀하시기를, 그는 그의 천사들을 바람으로 삼으시고 그를 섬기는 자들을 불꽃으로 삼으셨다고 하셨습니다.

1. 아들에 관하여는 모든 천사들은 그를 경배하라고 명하신 하나님이 천사들에 관하여는 그런 말을 전혀 하지 않고 섬기는 자들이라고 하셨다.

2. 이 본문은 시편 104:4의 인용이다.

'바람으로 자기 사자를 삼으시며 구름으로 자기 수레를 삼으시고 바람 날개로 다니시며.'

3. 히브리서 1:7은 LXX 시편 104:4의 본문에서 글자대로 인용하였다.

4. '그의 천사들을 바람으로 삼으셨다'는 것은 주께서 천사들에게 명하시어 사람들에게 보내실 때 그들이 바람처럼 빨리 온 것을 말한다.

이로써 천사들은 하나님처럼 편재할 수 없음을 표현한다. 천사들은 순간에 어떤 일정한 장소에 도달할 수 없음을 말한다.

다니엘 10:13 천사장 가브리엘에 대하여, '바사국 군이 21일 동안 나를 막았으므로 내가 거기 바사국 왕들과 함께 머물러 있더니 군장 중 하나 미가엘이 와서 나를 도와주므로'라고 한 것을 보면 천사장 가브리엘도 사람 군대에 의해서 막혔음을 보여준다.

5. 그런 문자적인 뜻보다 천사는 하나님께서 바람처럼 쓰시는 종이라는 뜻이라고 이해해야 합당하다.

창조주 하나님 앞에 천사들도 바람과 같은 별 가치가 없는 피조물일 뿐이다.

6. '그의 섬기는 자들을 불꽃으로 삼으셨다'는 것은 하나님이 자기의 뜻을 집행하실 때 천사들로 일을 빨리 진행하게 하심을 표현한다.

또 소돔과 고모라 심판 때처럼 천사들로 불을 사용하여 심판하심을 표현한다. 불꽃은 일시적인 현상이다. 천사들도 임시적으로 일함을 보여준다.

7. 이런 존재인 천사를 숭배하는 것이 불가함을 강하게 제시하고 있다.

아들의 영원한 왕권과 공의로운 통치: 1:8-9

■ **히 1:8** 아들에 관하여는 하나님이여 주의 보좌가 영영하며 주의 나라의 홀은 공평한 홀이니이다

1:8 πρὸς δὲ τὸν υἱόν· Ὁ θρόνος σου ὁ θεὸς εἰς τὸν αἰῶνα τοῦ αἰῶνος, καὶ ἡ ῥάβδος τῆς εὐθύτητος ῥάβδος τῆς βασιλείας σου.

히 1:8 아들에 관하여는 하나님이여 당신의 보좌는 영영하며 공평의 홀이 당신의 나라의 홀이니이다.

1. 이 본문은 시편 45:6 LXX (70인경)에서 글자대로 인용한 것이다. 또 시편 102:12, 27과 연결되어 있다고 볼 수 있다.

즉 '여호와여 주는 영원히 계시고 주의 기념 명칭은 대대에 이르리

이다' '주는 여상하시고 주의 연대는 무궁하리이다'와 연결되어 있다고 할 수 있다. 이 시편은 그리스도의 영원한 주권을 선포하고 있다.

2. 이 본문의 70인경 번역을 글자대로 우리말로 번역하면 '주 (당신)의 보좌'라고 한 것은 영원히 하나님으로 계심을 말한다.

그러나 하나님을 호격으로 인정하여 '주의 보좌는 영영하며 공평의 홀이 주의 나라의 홀이니이다'라고 해야 합당하다.

3. 칼빈의 지적대로 유대인들은 이 본문을 그리스도의 신성을 증명하는 것으로 보지 않으려고 한다. 그래서 '당신의 보좌가 하나님이시다'라고 LXX이 번역하였다. 이 번역은 부당하고 본래 본문을 바꾸는 것이다. 이 번역의 주장은 말이 되지 않는다.

4. 하나님에 정관사가 붙어있으니 그리스도가 하나님 자신이심을 말한다. 예우적인 호칭이 결코 아니다.

이 성경은 아레오스 (아리우스)와 다른 이단들을 정면에서 논박한다. 주 (당신)의 보좌가 영영하면 그리스도는 영원히 하나님이심을 지시한다.

5. 천사들은 불꽃이고 바람과 같지만 그리스도는 하나님이시므로 그의 나라가 영원하다.

6. 또 그리스도가 다스리는 홀은 칼빈의 지적대로 복음이다.

그리스도가 십자가에서 피 흘리심으로 백성들을 죄와 죽음에서 구출하여 영원히 그들을 다스리신다. 이것이 그리스도가 영구히 다스리는 홀임을 뜻한다.

7. 공평의 홀은 믿음을 따라 사는 자들을 영원히 살게 하시고, 믿지 않는 자들을 멸망에 이르도록 작정하심을 말한다.

8. 공평의 홀은 부자에 대해서 가난한 자들을 홀대하지 않는 것으로 이해하지만, 여기서는 복음의 관점에서 이해해야 한다.

공평의 홀은 복음을 믿는 것과 믿지 않는 것을 기준하여 심판이 집행되는 것으로 이해해야 한다.

■ **히 1:9** 네가 의를 사랑하고 불법을 미워하였으니 그러므로 하나님 곧 너의 하나님이 즐거움의 기름을 네게 부어 네 동류들보다 승하게 하셨도다 하였고

1:9 ἠγάπησας δικαιοσύνην καὶ ἐμίσησας ἀνομίαν· διὰ τοῦτο ἔχρισέν σε ὁ θεός, ὁ θεός σου, ἔλαιον ἀγαλλιάσεως παρὰ τοὺς μετόχους σου·

히 1:9 네가 의를 사랑하고 불법을 미워하였으니 이 때문에 하나님 곧 너의 하나님이 너를 기쁨의 기름으로 발라 네 동류들보다 높게 하셨도다.

1. 9절은 그리스도의 공의로운 행함과 가르침을 말한다.

그의 지상에 사는 동안 불의와 불법을 미워하고 의를 사랑하고 의의 길로 행하도록 제자들을 가르치셨다. 제사장과 서기관 등 지도자들의 불의를 크게 나무라셨다.

2. 그래서 제자들에게 너희는 먼저 그의 나라와 그의 의를 구하라고 명하셨다 (마 6:33).

3. 예수 그리스도를 하나님이 성령으로 기름 바르셨기 때문에 그리스도의 직임에 이르렀다.

사람이 왕의 자리에 이를 때 기름 바름으로 왕이 되었으므로 기쁨을 누린다.

그리스도는 성령으로 한량없이 기름 발라서 지상의 모든 왕들보다 탁월하게 되셨다. 모든 왕들의 왕이시기 때문이다. 그러므로 하나님 나라의 왕으로서 기쁨을 누린다.

4. '동류들보다 높게 하셨다'고 한 것은 다윗과 솔로몬보다 더 탁월하게 되심을 말한다.

5. 성령으로 기름 부음 받아 그리스도가 되셨으니 그의 왕권이 영원무궁하다.

감람기름을 발라 왕이 된 자들은 일정한 기간만 통치한다. 그러나 그리스도는 성령으로 기름 부음 받아 하나님 나라의 왕이 되셨으니 그의 통치가 영원무궁하다.

아들의 창조 중보직과 영원성: 1:10–14

■ **히 1:10** 또 주여 태초에 주께서 땅의 기초를 두셨으며 하늘도 주의 손으로 지으신 바라

1:10 καί· Σὺ κατ᾽ ἀρχάς, κύριε, τὴν γῆν ἐθεμελίωσας, καὶ ἔργα τῶν χειρῶν σού εἰσιν οἱ οὐρανοί·

히 1:10 또 주여 태초에 당신이 땅의 기초를 놓으셨으며 하늘들도 당신의 손으로 만든 것들입니다.

1. 아들이 창조 중보자이심을 천명한다.

아버지의 창조 작정을 따라 아들이 하늘과 땅을 처음으로 지으셨다.

2. 땅의 기초를 놓았다는 것은 땅을 지으심을 말한다.

땅의 기초를 놓았다고 하는 것은 확실한 설계에 따라 땅을 지으셨음을 말한다.

3. 하늘들이 주의 손이 만든 것들이라고 하므로 하늘과 땅과 만물을

아들이 창조 중보자로서 지으셨음을 말한다.

4. 하늘들을 복수로 사용하므로 하늘의 별들과 영들의 세계도 다 아들 창조주가 만들었음을 말한다.

물질세계와 영적 세계도 아들이 무에서 창조하셨다.

5. 히브리서 1:8-12은 시편 102:25-27을 글자대로 인용하여 그리스도에게 적용한 것이다.

그러므로 그리스도가 피조물이 아니고 하나님의 영원한 아들이심을 증명한다.

6. 아들 그리스도는 창조주이시므로 모든 영적 피조물과도 비길 수 없다는 것을 강조한다.

아들 하나님은 창조주로서 천체세계뿐 아니라 영적 존재들도 다 만드신 전능하신 하나님이심을 반복적으로 강조하고 있다.

■ **히 1:11** 그것들은 멸망할 것이나 오직 주는 영존할 것이요 그것들은 다 옷과 같이 낡아지리니

1:11 αὐτοὶ ἀπολοῦνται, σὺ δὲ διαμένεις· καὶ πάντες ὡς ἱμάτιον παλαιωθήσονται,

히 1:11 그것들은 망할 것이나 오직 주는 언제나 계실 것이요 모든 것들은 옷과 같이 낡아질 것입니다.

1. 피조물들은 영원히 존속할 수가 없다.

그러므로 피조물들은 망할 것이다. 또 종말에 변화될 것이다.

2. 그러나 창조주는 영존하시고 늘 계신다.

창조주는 변함이 없으시다. 창조주는 스스로 계시므로 필연적으로 존재하시고 영원히 존재하신다.

3. 그뿐만 아니라 하나님의 신실하심은 다함이 없고 변함이 없어서 끝까지 미쁘심을 말한다.

하나님의 미쁘심 때문에 우리가 범죄함에도 불구하고 구원에 이른다.

- **히 1:12** 의복처럼 갈아입을 것이요 그것들이 옷과 같이 변할 것이나 주는 여전하여 연대가 다함이 없으리라 하였으나

  1:12 καὶ ὡσεὶ περιβόλαιον ἑλίξεις αὐτούς, ὡς ἱμάτιον καὶ ἀλλαγήσονται· σὺ δὲ ὁ αὐτὸς εἶ, καὶ τὰ ἔτη σου οὐκ ἐκλείψουσιν.

  히 1:12 주께서는 그것들을 겉옷처럼 말을 것이요 그것들은 옷처럼 바뀔 것입니다. 그러나 주는 같으실 것이요 주의 연대는 그치지 않을 것입니다.

1. 주께서 지으신 피조물들이라고 단번에 없어지거나 낡아지는 것은 아니다.

옷을 입으면 낡아져서 바꾸듯이 피조물들도 쓰는 대로 낡아질 것이다. 겉옷을 입어서 낡아지면 돌돌 말아서 버린다. 피조물도 다 쓰면 낡아서 없어질 것을 말한다.

2. 이 본문이 뜻하는 것은 별들과 하늘의 빛을 내는 것들이 수명을 다하면, 새로운 별들이 일어나도록 역사하실 것임을 말한다.

3. 모든 만물은 다 바뀌어도 만물을 만드신 주는 영원하시고 미쁘시므로 변치 않으심을 말한다.

모든 피조물들은 수명이 정해져 있지만 창조주는 언제나 같으시고 변하지 않으신다.

4. 그의 백성들에게 하신 약속은 어떤 경우에도 변치 않으시고 지켜내

심을 말한다.

더욱이 하나님의 영존하심처럼 하나님의 미쁘심이 영원하고 불변할 것임을 함께 강조하고 있다.

5. 그의 계심이 영원함을 당신의 연대는 그치지 않을 것이라고 하였다.

■ **히 1:13** 어느 때에 천사 중 누구에게 내가 네 원수로 네 발등상 되게 하기까지 너는 내 우편에 앉았으라 하셨느뇨

1:13 πρὸς τίνα δὲ τῶν ἀγγέλων εἴρηκέν ποτε· Κάθου ἐκ δεξιῶν μου ἕως ἂν θῶ τοὺς ἐχθρούς σου ὑποπόδιον τῶν ποδῶν σου;

히 1:13 어느 때에 천사들 중 누구에게 내가 네 원수들로 네 발등상이 되게 하기까지 내 우편에 앉았으라 하셨습니까?

1. 유대인들이 천사들을 숭배하고 매우 높여서 거의 신적 존재로 생각하는 것에 대해서, 그것이 부당함을 밝히고 있다.

2. 천사들 중 아무에게도 너는 내 우편에 앉아 있으라고 말하지 않으셨다는 것이 이 구절의 핵심 강조점이다.

오직 하나님의 아들만이 아버지의 보좌 우편에 앉으실 수 있음을 강조한다.

3. 보좌 우편에 앉으심은 지으신 만물을 다스림을 뜻한다.

하나님의 아들은 창조주로서 자기가 지은 모든 만물을 다스리고 인도하신다.

4. '네 원수들'은 구속사역을 방해한 모든 영적 피조물들을 말한다.

또 유대민족의 지도자들과 이방 세력들도 그리스도의 구속사역을 반대하고 저항하였다.

5. 로마의 권력은 그리스도를 십자가에 못 박는 일에 도구가 되었고 또

복음의 전파를 막고 박해하였다.

그리하여 반역한 인류가 다시 하나님의 백성으로 돌아갈 수 없도록 사력을 다하였다.

6. 이 모든 적대 세력들이 그의 발등상이 된다고 하는 것은 결국 그리스도의 왕권과 구속역사에 다 굴복함을 말한다.

원수들을 발등상이 되게 하는 것은 동양의 군주들이 적군과 싸워 그들을 쳐부수고 그 왕들과 두목들을 발로 밟아 누른 것에서 그 유비를 구해왔다.

7. 엄위의 보좌 우편에 앉는 것뿐만 아니라 원수들을 그의 발등상으로 삼는 것은 다 그리스도, 창조주요 구속 중보자에게만 타당한 일이다.

8. 천사를 높이고 숭배하는 유대인들에게 그들의 오류를 완전히 깨뜨리기 위해서 이렇게 그리스도와 천사를 대조해서 말하고 있다.

■ **히 1:14** 모든 천사들은 부리는 영으로서 구원 얻을 후사들을 위하여 섬기라고 보내심이 아니뇨

1:14 οὐχὶ πάντες εἰσὶν λειτουργικὰ πνεύματα εἰς διακονίαν ἀποστελλόμενα διὰ τοὺς μέλλοντας κληρονομεῖν σωτηρίαν;

히 1:14 모든 천사들은 섬기는 영들로서 구원을 상속할 자들을 위하여 섬기라고 보냄 받은 자들이 아닙니까?

1. 천사들은 보좌에 앉거나 경배 받을 수 있는 자들이 결코 아니다.

2. 천사들은 하나님을 섬기도록 지어진 영들이다.

3. 천사들은 예수 그리스도의 구속을 상속받기로 되어 있는 사람들을 섬기라고 보내진 영들이다.

4. 본래는 하나님을 섬기도록 지어진 존재들이 천사이지만 예수 그리

스도의 구속을 믿어 하나님의 아들들이 된 자들까지 섬기도록 하나님이 정하셨다.

5. 이런 천사들을 어찌 경배 받아야 할 존재들로 높이고, 하나님의 우편에 앉을 수 있는 자로 여길 것인가?

천사들을 통치의 대행자로 여기면 결코 안 되는 것을 말하고 있다.

6. 천사들은 아무리 높아도 구원 얻은 백성들을 섬기는 영들일 뿐이다.

그러므로 부당하게 천사들을 높이는 것은 그리스도의 구속사역에서는 생각할 수도 없는 일이다.

7. 주 예수를 믿어 구원 얻은 자들은 천사들의 섬김을 받는 영광스런 하나님의 자녀들이다.

8. 구속을 이루신 그리스도는 창조주 하나님이시다.

그러므로 모든 천사들은 창조주 하나님, 그리스도를 경배하고 섬길 뿐이다. 천사들은 경배의 대상이 될 수 없다.

9. 이렇게 천사들과 그리스도를 비교하여 말하는 것은 천사숭배 혹은 천사를 높이는 경향이 많은 유대인들에게 그들의 그릇된 천사숭배와 천사 높임을 깨뜨리기 위해서이다.

히브리서

ΠΡΟΣ ΕΒΡΑΙΟΥΣ

제 2 장

아들로 이룬 큰 구원을 등한히 여기면 용서받을 길이 없다;
아들 하나님은 우리를 구원하기 위해서 사람이 되셨으므로
한낱 사람으로만 착각하면 안 된다

히브리서

ΠΡΟΣ ΕΒΡΑΙΟΥΣ

이 큰 구원을 소홀히 여기면 안 된다: 2:1–4

■ **히 2:1** 그러므로 모든 들은 것을 우리가 더욱 간절히 삼갈지니 혹 흘러 떠내려갈까 염려하노라

2:1 Διὰ τοῦτο δεῖ περισσοτέρως προσέχειν ἡμᾶς τοῖς ἀκουσθεῖσιν, μήποτε παραρυῶμεν.

히 2:1 그러므로 우리는 들은 것들을 더욱 붙잡아서 결코 떠내려가지 않게 해야 합니다.

1. 지금 히브리서의 독자들인 유대 그리스도인들에게 구원의 복음을 소홀히 하면 결코 안 된다고 말하고 있다.

들은 복음의 내용을 굳게 붙잡아야 한다. 굳게 붙잡는 것은 계속해서 복음을 선포함으로 이루어진다.

2. 복음선포를 소홀히 하면 떠내려가게 된다.

복음선포가 계속되지 않으면 믿음의 내용이 무엇인지 모르게 된다. 그리하여 그리스도의 구원을 별 것이 아닌 것으로 여겨서 유대교의 구원의 길이 더 나은 것으로 생각하게 된다.

신약의 그리스도인들에게도 동일하다. 복음선포를 계속하지 않으

면, 세상적인 축복선사나 다른 종교의 구원제시와 별로 다를 것이 없는 것으로 여기게 된다.

3. 우리가 받은 복음은 하나님의 아들의 구원이다.

■ **히 2:2** 천사들로 하신 말씀이 견고하게 되어 모든 범죄함과 순종치 아니함이 공변된 보응을 받았거든

2:2 εἰ γὰρ ὁ δι᾽ ἀγγέλων λαληθεὶς λόγος ἐγένετο βέβαιος, καὶ πᾶσα παράβασις καὶ παρακοὴ ἔλαβεν ἔνδικον μισθαποδοσίαν,

히 2:2 천사들로 하신 말씀도 굳게 되어 모든 어김과 불순종이 공평한 형벌을 받았습니다.

1. 히브리서 저자에 의하면 구약 시작부터 하나님의 계시가 천사들을 통해서 전달되었다는 것이다.

모세를 중보자로 하여 전달된 십계명과 율법도 천사들을 통해서 주셨다.

2. 천사들은 창조주 하나님의 피조물이어서 하나님에 비긴다면 바람과 불꽃에 불과하다 (히 1:7).

3. 그런데도 그런 천사들을 통해서 주신 십계명과 율법을 범하고 불순종하면 그에 맞게 형벌을 받았다.

4. 그러면 하나님의 아들 자신이 이룩하신 구원을 소홀히 하고 중대한 것이 아니라고 하여 그냥 떠내려가게 하면 다시 구원과 영생에 이를 수가 없다.

5. 율법을 받은 후에는 한 가지 계명을 어겼어도 반드시 제사하여 죄를 속함 받아야 했다.

그렇지 않으면 백성 중에서 끊어졌다. 율법은 그렇게 엄정하여 용

서나 봐주는 것이 없었다.

6. 그런데 하나님은 아들로 마지막 말씀, 마지막 구원을 이루시고 말씀해주셨다.

7. 이렇게 하나님의 아들, 그리스도의 피 흘리심을 배척하면 다시는 속죄하는 제사도 없고 용서도 없다.

그리스도의 제사가 마지막 속죄제사이기 때문에 그 제사를 부정하면 다시 용서받을 제사가 없음을 말한다.

■ **히 2:3** 우리가 이같이 큰 구원을 등한히 여기면 어찌 피하리요 이 구원은 처음에 주로 말씀하신 바요 들은 자들이 우리에게 확증한 바니

2:3 πῶς ἡμεῖς ἐκφευξόμεθα τηλικαύτης ἀμελήσαντες σωτηρίας, ἥτις, ἀρχὴν λαβοῦσα λαλεῖσθαι διὰ τοῦ κυρίου, ὑπὸ τῶν ἀκουσάντων εἰς ἡμᾶς ἐβεβαιώθη,

히 2:3 우리가 이같이 큰 구원을 소홀히 여기면 어찌 피할 수 있을 것입니까? 이 구원은 처음에 주로 말씀하셨고 들은 자들이 우리에게 확증하였습니다.

1. 천사들의 매개로 주어진 제사제도나 율법제도를 범해도 용서받지 못하였는데, 하물며 하나님의 아들이 대제사장이 되사 친히 이루신 구원을 소홀히 여기면 영원한 형벌을 피할 길이 없다.

반역죄로 죽게 된 자들을 불쌍히 여기사 아들을 보내어 반역죄를 무효화하고 그 죗값을 지불하셨는데, 이 큰 구원을 소홀히 여기면 다시는 용서받을 길이 없다.

2. 주님 자신이 제자들과 유대백성들에게 자기의 구원을 직접 말씀하셨다.

3. 구원사역을 직접 이루시고 그것을 보여주시며 설명하셨다.

그리스도께서 부활하시기 전이라 유대백성들과 제자들이 그리스도의 성육신을 잘 이해할 수가 없었다.

부활 후에야 제자들과 소수의 믿는 자들이 성육신과 그의 부활을 이해할 수 있었다. 그냥 말씀하시고 설명하신 것이 아니라 구약성경으로 자기의 구원사역을 증명하셨다.

4. 이 구원의 목격자들이요, 직접 가르침 받은 제자들이 우리 믿는 자들에게 전해주었다.

전해주기만 한 것이 아니라 사실로 그러하다는 것을 확증하였다.

5. 그러므로 예수 그리스도가 하나님의 아들로서 사람이 되셔서 십자가에서 피 흘리고 부활하시므로 그의 구원사역을 확증하셨다.

이 구원진리는 어길 수 없고, 부인할 수 없는 진리이다.

6. 믿든지 믿지 않든지 간에 마지막 날에 다 이 구원사역을 인정하지 않을 수 없게 될 것이다.

7. 히브리서 2:4이 구원진리를 확증해 주고 있다.

■ **히 2:4** 하나님도 표적들과 기사들과 여러 가지 능력과 및 자기 뜻을 따라 성령의 나눠주신 것으로써 저희와 함께 증거하셨느니라

2:4 συνεπιμαρτυροῦντος τοῦ θεοῦ σημείοις τε καὶ τέρασιν καὶ ποικίλαις δυνάμεσιν καὶ πνεύματος ἁγίου μερισμοῖς κατὰ τὴν αὐτοῦ θέλησιν;

히 2:4 하나님도 표적과 기적과 여러 가지 능력들과 자기의 뜻을 따라 성령을 나눠주심으로써 함께 증거하셨습니다.

1. 하나님도 이 구원의 도를 증거하시고 확고하게 하셨다.

2. 복음전도자들에게 표적과 기적들과 여러 가지 능력을 행하게 하시므로 복음의 도를 확실하게 증거하시고 세우셨다.

3. 하나님은 전도자들로 방언도 하게 하시고, 병든 자들을 예수 그리스도의 이름으로 고치게 하시고, 죽은 자도 예수 그리스도의 이름으로 살리게 하셨다.

아무도 할 수 없는 기적과 표적들을 하나님이 복음전도자들로 행하게 하셨다.

4. 무엇보다 가장 중요한 하나님의 증거 사역은 믿는 자들과 복음전도자들에게 성령을 주시므로 그 복음의 도를 확실한 진리로 믿게 하신 것이다.

복음이 전파될 때 성령이 듣는 자들의 마음에 역사하여 구원의 복음을 가장 확실한 진리로 믿고 받아들이게 하셨다.

5. 아무리 기적과 표적들을 행해도 성령이 듣는 자들의 마음에 역사하지 않고서는 복음의 도를 받아들이고 믿을 수가 없다.

6. 성령은 복음의 진리를 확증하시고, 사람들로 십자가의 도를 믿게 역사하는 분이시다.

7. 성령을 전도자에게 주시고 그 영으로 일하게 하신 이도 하나님과 그리스도이시다.

그리스도 중보자의 영광과 그의 구속사역: 2:5-18

천사와 만물이 그리스도에게 복종하는 것이 지금은 밝히 드러나지 않았다. 그는 오히려 구원을 위해 고난 받으셨다.

■ **히 2:5** 하나님이 우리의 말한 바 장차 오는 세상을 천사들에게는 복종케 하심이 아니라

2:5 Οὐ γὰρ ἀγγέλοις ὑπέταξεν τὴν οἰκουμένην τὴν μέλλουσαν, περὶ ἧς λαλοῦμεν·

히 2:5 하나님이 천사들에게는 장차 올 세상을 복종시키지 않으셨는데, 그것에 관해서 우리가 지금 말하고 있습니다.

1. 오는 세상을 그리스도에게 복종시키는 것은 구원 이후 마지막에 될 일이다.

2. 만물은 그리스도의 창조물이므로 그가 소유주이시다.

그러므로 만물은 그리스도에게만 전적으로 복종할 것이다. 육신을 입으신 그리스도에게 온 세상이 복종할 것이다.

3. 그리스도에게 복종할 세상이 천사들에게 복종한다고 생각하는 것은 대단히 잘못된 생각이다.

구약에서 하나님은 앞으로 올 세상이 천사들에게 복종한다는 것을 한 번도 말씀하신 적이 없다.

■ 히 2:6 오직 누가 어디 증거하여 가로되 사람이 무엇이관대 주께서 저를 생각하시며 인자가 무엇이관대 주께서 저를 권고하시나이까

2:6 διεμαρτύρατο δέ πού τις λέγων· Τί ἐστιν ἄνθρωπος ὅτι μιμνῄσκῃ αὐτοῦ, ἢ υἱὸς ἀνθρώπου ὅτι ἐπισκέπτῃ αὐτόν;

히 2:6 오직 누가 어디에 증거하여 말하기를 사람이 무엇이기에 주께서 그를 기억하시며 인자가 무엇이기에 그를 돌보십니까?

1. 이 본문은 시편 8:4-6의 인용이다.

이 본문은 사람에 대해서 말한 것이지만 LXX은 메시아적으로 해

석 번역하였다.

2. 이 본문을 히브리서 저자는 LXX에서 인용하여 그리스도에게 적용하였다.

이 적용으로 시편 8:4-6이 메시아의 예언이 되었다.

3. 따라서 히브리서 2:6-9은 시편의 인용이면서 글자대로 그리스도에게서 성취되었음을 강조한다.

4. 그러나 아직은 만물이 그리스도에게 다 복종하는 것은 아니라는 것을 강조한다.

5. 하나님이 기억하고 돌보시는 이는 사람이 되신 중보자이시다.

6. 아담에게 처음 창조의 통치권이 부여되어 있었다 (창 1:26-28).

그러나 범죄로 말미암아 이 통치권이 사람의 아들이 된 중보자에게 위임되었음을 말하고 있다.

7. 인자가 되신 중보자가 만물을 온전히 통치하신다.

그러므로 하나님이 늘 그를 기억하고 돌보셔서 그의 구속사역으로 우주의 통치권이 확립되도록 하신다.

■ **히 2:7** 저를 잠깐 동안 천사보다 못하게 하시며 영광과 존귀로 관 씌우시며

2:7 ἠλάττωσας αὐτὸν βραχύ τι παρ᾽ ἀγγέλους, δόξῃ καὶ τιμῇ ἐστεφάνωσας αὐτόν,

히 2:7 그를 잠깐 동안 천사들보다 못하게 하시고 영광과 존귀로 관 씌우셨습니다.

1. 하나님의 아들 그리스도가 만유를 회복하기 위해서 오셨을 때 사람의 형상으로 오셨다.

육체를 입으셨으니 천사들보다 못하시게 되었다.

2. '잠깐 동안'은 육체를 입고 오셔서 십자가에 고난 받고 부활하시기 전까지를 말한다.

3. 그러나 부활로 하나님으로 현시되셨으니 그의 낮아지심이 영구적인 것이 아니고, 천사들보다 조금 혹은 얼마 동안만 못하게 되신 것이다.

4. 그리스도가 하나님의 아들로서 부활하셔서 만유를 통치하시게 되었으니 영광과 존귀로 관을 씌우신 것이다.

5. 부활 전에는 아무도 그리스도를 하나님으로, 창조주로 알 수 없었다.

6. 부활로 천지의 대주재가 되셨다 (마 28:18; 빌 2:10-11).

그러므로 모든 피조물들이 다 예수의 이름에 무릎 꿇는다 (빌 2:10). 이것이 중보자가 영광과 존귀로 관 씌움 받는 것이다.

■ **히 2:8** 만물을 그 발 아래 복종케 하셨느니라 하였으니 만물로 저에게 복종케 하셨은즉 복종치 않은 것이 하나도 없으나 지금 우리가 만물이 아직 저에게 복종한 것을 보지 못하고

2:8 πάντα ὑπέταξας ὑποκάτω τῶν ποδῶν αὐτοῦ· ἐν τῷ γὰρ ὑποτάξαι τὰ πάντα οὐδὲν ἀφῆκεν αὐτῷ ἀνυπότακτον. νῦν δὲ οὔπω ὁρῶμεν αὐτῷ τὰ πάντα ὑποτεταγμένα·

히 2:8 주께서 만물을 그의 발 아래 복종케 하셨습니다. 그에게 만물을 복종케 하심에 있어서 하나도 그에게 복종하지 않는 것이 없게 하셨습니다. 그러나 지금 우리가 만물이 그에게 복종한 것을 아직 보지 못합니다.

1. 만물을 천사들에게 복종하게 하는 것이 아니라 창조 중보자와 구속 중보자에게 완전히 복종하게 작정하셨다.

이 일은 구속이 완성되었을 때 현시된다.

2. 만물이 그리스도에게 복종하도록 작정되었으므로 그리스도에게 복종하는 일에 아무 존재도 예외가 될 수 없다.

특히 천사들과 사탄과 사탄의 무리들이 다 그리스도에게 복종한다. 예외가 없다.

3. 물리적 세계의 만물들도 다 그리스도의 소유가 되었고 그에게 복종한다.

그러므로 그리스도에게 복종하지 않을 존재는 아무것도 없다 (빌 2:10-11).

4. 그러나 지금은 만물이 다 그리스도에게 복종하고 있는 것을 보지 못한다.

아직 심판이 이루어지지 않았으므로 만물과 모든 사람들과 영적 존재들이 그리스도의 심판을 확정적으로 받은 것이 아니다.

5. 최종판정은 그리스도의 재림과 심판 때 이루어진다.

이때 그리스도의 판정에서 벗어날 존재란 없다.

■ **히 2:9** 오직 우리가 천사들보다 잠깐 동안 못하게 하심을 입은 자 곧 죽음의 고난 받으심을 인하여 영광과 존귀로 관 쓰신 예수를 보니 이를 행하심은 하나님의 은혜로 말미암아 모든 사람을 위하여 죽음을 맛보려 하심이라

2:9 τὸν δὲ βραχύ τι παρ᾽ ἀγγέλους ἠλαττωμένον βλέπομεν Ἰησοῦν διὰ τὸ πάθημα τοῦ θανάτου δόξῃ καὶ τιμῇ ἐστεφανωμένον, ὅπως χωρὶς θεοῦ ὑπὲρ παντὸς γεύσηται θανάτου.

히 2:9 우리가 잠깐 동안 천사들보다 못하게 되신 이 곧 죽음의 고난으로 말미암아 영광과 존귀로 관 쓰신 예수를 봅니다. 이렇게 하심은 하

나님의 은혜로 모든 사람들을 위해서 죽음을 맛보려고 하심이었습니다.

1. 천사들은 육을 입지 않았으므로 죽지 않으나 그리스도 예수는 육을 입으시고 구원 중보자가 되셨으므로 죽음에 이르렀다. 죽음으로 죗값을 다 갚으셨다.

죽으시고 고난 받으셨으니 그 면에서는 천사들보다 못하다고 말할 수 있다.

2. 예수 그리스도는 대속적 죽음을 죽으셨지만, 천사들은 영적 존재이므로 죽음을 당하지 않았다.

죽으신 면에서 천사보다 못하다고 한 것이다. 이렇게 죽음을 당하셨으므로 잠깐 동안 천사들보다 못하게 되셨다.

3. 십자가의 죽음은 치욕 중의 치욕이다. 그러나 주 예수는 십자가의 죽음으로 많은 사람들을 죄와 죽음에서 구출하여 하나님의 백성이 되게 하셨다.

4. 예수는 십자가의 죽음으로 하나님의 창조경륜을 이루어드리므로 하나님이 많은 백성을 가지시게 만들었다. 그것이 영광을 입으신 것이다.

5. 예수 그리스도는 죽었지만 부활하여 생명의 주가 되시므로 영광과 존귀를 입으셨다.

6. 그리스도의 십자가 이후에는 모든 사람들이 죽고 사는 것이 그리스도를 통해서 결정된다.

천사는 이 구속사역을 알릴 수는 있고, 살펴보기는 원하였지만 이런 영광을 결코 누릴 수 없었다.

주 예수만이 사람들의 죽고 사는 것을 결정한다. 그러므로 예수 그리스도가 육신을 입으시고도 영광과 존귀로 관을 쓰신 것이다.

7. 예수 그리스도가 하나님의 백성 될 많은 사람들을 위해서 고난을 당하셨다.

8. 죽음을 맛보는 것은 실제로 죽음을 당하므로 죽음의 고통과 그 모든 과정을 다 당하신 것을 말한다.

9. 그리스도가 죽음을 맛보므로 죽음을 파괴하고 그 죽음의 세력인 죄의 힘을 파괴하셨다.

이렇게 하여 죄와 죽음에 매여 있는 사람들을 해방하셨다.

- **히 2:10** 만물이 인하고 만물이 말미암은 자에게는 많은 아들을 이끌어 영광에 들어가게 하시는 일에 저희 구원의 주를 고난으로 말미암아 온전케 하심이 합당하도다

  2:10 Ἔπρεπεν γὰρ γὰρ αὐτῷ, δι᾽ ὃν τὰ πάντα καὶ δι᾽ οὗ τὰ πάντα, πολλοὺς υἱοὺς εἰς δόξαν ἀγαγόντα τὸν ἀρχηγὸν τῆς σωτηρίας αὐτῶν διὰ παθημάτων τελειῶσαι.

  히 2:10 만물이 위하고 만물이 말미암는 그에게 많은 아들들을 영광으로 이끄는 일에 있어서 그들의 구원의 주를 고난들로 말미암아 온전하게 하는 것이 그에게 합당합니다.

1. 많은 사람들을 구원하시는 구원의 주를 고난으로 온전하게 하신다고 제시한다.

2. '고난들'이라고 하므로 공적인 활동부터 십자가상의 죽음까지 많은 고난을 받으심을 말한다.

3. 이렇게 인성을 입으신 구주가 많은 고난을 통하여 세상의 구원을 완성하심에 있어서 주를 온전하게 하셨다고 하는 뜻이다.

보통 사람들은 많은 고난을 통하여 인격이 파괴된다. 그러나 세상의 구주는 그 많은 고난을 통하여 특별히 죽음에까지 이른 고난으로 세상을 완전하게 구원하셨다.

4. 고난을 통하여 세상 구원을 완성하심으로 그의 소임을 다하셨으니 구원의 주가 완전하게 된 것이다.

5. '만물이 위하고 만물이 말미암는'이라고 한 것은 바울에게 나타난 창조주 공식을 그대로 표현한 것이다.

이 공식으로 그리스도, 하나님의 아들이 바로 창조주이심을 밝히고 있다. 만물은 창조주를 위해 존재하고 그로 말미암아 존재하게 되었다.

6. 그리스도가 창조한 만물은 물리적인 세계 전체와 영적 세계 곧 모든 천사들과 천군들과 영적 존재들을 말한다.

7. 만물은 그리스도를 찬양하고 경배하기 위해서 창조되었고 존재하게 되었다.

8. 아들의 구속사역으로 구원된 자들은 다 하나님의 아들들이다.

9. 이들은 죄와 죽음으로 영원히 멸망하게 되어 있으므로 구원의 주가 피 흘려야 그 죄가 속해져서 영생과 영광에 이를 수 있다.

이 일을 위해서 하나님의 아들이 피 흘리는 고난을 받으셨다.

■ **히 2:11** 거룩하게 하시는 자와 거룩하게 함을 입은 자들이 다 하나에서 난지라 그러므로 형제라 부르시기를 부끄러워 아니하시고

2:11 ὅ τε γὰρ ἁγιάζων καὶ οἱ ἁγιαζόμενοι ἐξ ἑνὸς πάντες· δι' ἣν αἰτίαν οὐκ ἐπαισχύνεται ἀδελφοὺς αὐτοὺς καλεῖν,

히 2:11 거룩하게 하시는 이와 거룩하게 된 자들이 모두 하나에서 나왔습니다. 이 때문에 그는 그들을 형제들이라 부르기를 부끄러워하지 않으십니다.

1. '거룩하게 하시는 이'는 하나님의 아들 그리스도를 말한다.

그리스도만이 범죄자들로 하여금 죄를 벗고 깨끗하게 하실 수 있는 유일한 분이다.

2. 하나님의 아들이 그의 인격에 사람의 육을 취하여 사람이 되어 피 흘리심으로 사람들을 죄에서 깨끗하게 하셨다.

죄에서 깨끗하게 하심이 거룩하게 하심이다.

3. 하나님의 아들이 육체를 입으심으로 사람들을 죄와 죽음에서 구원해내셨다.

4. 깨끗한 자들은 주 예수의 피 흘리심을 믿으므로 죄를 용서 받아 깨끗하게 된 자들이다.

스스로 깨끗하게 된 것이 아니고 하나님의 아들의 피가 죄와 허물들을 제거하므로 깨끗하게 되었다.

5. 사람들을 죄와 허물들에서 깨끗하게 하실 수 있는 이는 오직 하나님의 아들 구세주뿐이시다.

6. 둘이 하나에서 나왔다고 하는 것은 하나님의 아들이 인간의 육신을 입으심을 말한다.

7. 구원받은 사람들은 본래 아담의 후손들로 났다. 그런데 거룩하게 한 이는 성령의 역사로 인간본성을 입으셨다.

하나님의 아들이 우리와 동일한 인간본성을 입었어도 크리소스토모스의 주장대로 둘 간의 차이는 크다.

그 교부의 말대로 그냥 심오한 거리가 아니라 창조주와 피조물의 거리를 그대로 유지한다고 해야 합당하다.

8. 하나님이 인간본성을 입으시므로 자기의 피로 구속받은 자들을 '형제들'이라고 부르셨다.

실제로 형제들이라고 부른 것이 마태복음 25:40에 '너희가 여기 내 형제 중에 지극히 작은 자'라고 하였고, 마가복음 3:35에 '누구든지 하나님의 뜻대로 하는 자는 내 형제요 자매요 모친이니라'라고 하여 믿는 자들을 형제들이라고 불렀으며, 요한복음 20:17에 '너는 내 형제들에게 가서 이르되'라고 하여 제자들을 형제들로 불렀다.

9. 창조주가 피조물을 형제들이라고 부르는 것이 그의 인격에 합당하지 않지만 인간본성을 같이 입었기 때문에 거룩하게 된 피조물들을 형제들이라고 부르셨다.

10. 하나님이 인간본성을 입으시는 것도 헤아릴 수 없는 일이지만 그 입은 인간본성 때문에 자기 피에 의해서 구원 얻은 자들을 형제라고 부르는 것도 말로 할 수 없는 겸손이다.

- **히 2:12** 이르시되 내가 주의 이름을 내 형제들에게 선포하고 내가 주를 교회 중에서 찬송하리라 하셨으며

  2:12 λέγων· Ἀπαγγελῶ τὸ ὄνομά σου τοῖς ἀδελφοῖς μου, ἐν μέσῳ ἐκκλησίας ὑμνήσω σε·

  히 2:12 말씀하시기를 내가 주의 이름을 내 형제들에게 선포하고 내가 회중 가운데서 주를 찬송하리라 하셨으며,

1. 하나님의 아들이 인간본성을 입고 오셔서 사람들 가운데서 하시는 일을 예언하고 있다.

이 본문은 시편 22:22 LXX의 글자대로의 인용이다.

2. 하나님의 아들이 사람의 본성을 입고 사람들 가운데 서셨다.

그리하여 하나님이 믿는 자들과 제자들을 형제들이라고 부르셨다.

3. 형제들에게 하나님의 이름을 선포하셨다.

하나님의 이름을 선포한 것은 창조주이신 이가 아들을 보내셔서 세상을 죄와 죽음에서 구원하시는 구주라고 알리신 것이다.

4. 곧 하나님의 이름을 선포하는 것은 그의 인격과 사역을 알리심이다.

하나님이 창조주이신데 구속주가 되시어 세상을 구원하기 위해서 아들을 세상에 보내셨다는 것을 알리심이다 (요 3:16; 6:35-40, 44-51, 57-58).

5. 하나님을 아버지로 말함이 주의 이름을 선포한 것이다 (요 2:19; 3:16-18; 4:23-24; 5:19-26, 37-45; 6:37-40, 44-46, 65; 8:18-19, 38, 49, 54; 10:25-30, 32-38; 12:27-28, 49-50; 14:7-20; 17:1-26).

6. 그리스도께서 하나님을 아버지로 계시하신 이후에 사람들이 하나님을 아버지로 부르게 되었다.

주 예수가 하나님을 아버지라고 부른 첫 사람이다 (막 14:36).

7. 하나님을 아버지로 계시함은 아버지와 아들을 함께 말함이다.

8. 회중 가운데서 주를 찬송할 것이라고 한 것은 구원 얻은 백성들로 구원의 하나님을 찬송하게 함을 말한다.

회중은 그리스도의 속죄사역으로 구원 얻은 백성들을 뜻한다.

그러므로 구원 얻은 백성은 찬송을 많이 해야 한다. 여호와는 백성의 찬송 중에 거하시기 때문이다.

9. 그리스도로 구속받은 백성들은 그리스도의 구원은혜를 인해서 하나님을 찬송하는 것을 생활의 법으로 삼는다.

이 본문은 시편 22:22 다윗이 어려움을 당할 때 노래한 시인데 구원받은 후에 안전하게 되어 백성들 가운데서 하나님을 찬송할 것을 말하고 있다.

10. 그러나 그리스도 자신이 다윗처럼 찬송한 것은 아니다.

그리스도는 찬송 받으실 분이시기 때문이다.

■ **히 2:13** 또 다시 내가 그를 의지하리라 하시고 또 다시 볼지어다 나와 및 하나님께서 내게 주신 자녀라 하셨으니

2:13 καὶ πάλιν· Ἐγὼ ἔσομαι πεποιθὼς ἐπ' αὐτῷ· καὶ πάλιν·

Ἰδοὺ ἐγὼ καὶ τὰ παιδία ἅ μοι ἔδωκεν ὁ θεός.

히 2:13 또 다시 내가 그를 의뢰하리라 하시고 또 다시 보라 나와 및 하나님이 내게 주신 자녀들이라 하셨습니다.

1. 이 본문은 이사야 8:17 LXX의 글자대로 인용이다.

2. 이 본문의 전반부 '내가 그를 의뢰하리라'라고 한 부분은 해석하기 어렵다.

3. 히브리어 본문에서는 '내가 야곱의 집으로부터 자기의 얼굴을 가리시는 여호와를 기다린다'고 되어 있기 때문이다.

4. '내가 그를 신뢰하리라' 혹은 '의뢰하리라'고 한 것은 육신을 입고 있는 동안 간절히 기도한 것을 말한다.

겟세마네 동산에서 마지막 기도할 때도 간절한 기도를 하여 아버지께 전적으로 의지하였다.

5. 십자가상에서 마지막 기도 '아버지여 내 영혼을 아버지 손에 부탁하나이다'라고 기도한 것도 육신을 입으신 상태에서 전적으로 아버지께 내어 맡긴 것을 말한다 (눅 23:46).

6. 이렇게 아버지만을 전적으로 의뢰한 것을 히브리서 3:2은 '저가 자기를 세우신 이에게 충성하시기를'이라고 표현하였다.

7. '하나님께서 내게 주신 자녀들'이라고 한 것은 주 예수께서 자기의 피 흘리심으로 회복한 백성들을 말한다.

그리스도께서 피 흘리심으로 백성을 얻었는데 그 백성을 자녀들이라고 하였으니 그리스도가 새 인류의 조상이 되심을 말한다.

8. 자녀들을 가진 이는 아버지이다. 이 진리를 바울은 그리스도를 '마지막 아담'이라고 표현하였다 (고전 15:45).

9. 예수 그리스도가 아버지가 될 수 있는 것은 첫 아담처럼 후손들을

낳아서가 아니고, 그의 피로 속량하여 자기의 백성을 삼았기 때문이다.

육체적인 핏줄의 연관이 아니고 흘리신 피로 속량하였으니 낳은 것과 같다.

10. '하나님이 내게 주신 자녀들'이라고 한 것은 아버지께서 그리스도의 피 흘리심으로 그들을 구원하시니 그들은 그리스도의 피로 난 자들이 되었기 때문이다.

곧 그리스도의 피로 구속받은 자들이 그리스도의 자녀가 되도록 하나님께서 그리스도의 소유로 정하심을 말한다.

■ **히 2:14** 자녀들은 혈육에 함께 속하였으매 그도 또한 한 모양으로 혈육에 함께 속하심은 사망으로 말미암아 사망의 세력을 잡은 자 곧 마귀를 없이 하시며

2:14 Ἐπεὶ οὖν τὰ παιδία κεκοινώνηκεν αἵματος καὶ σαρκός, καὶ αὐτὸς παραπλησίως μετέσχεν τῶν αὐτῶν, ἵνα διὰ τοῦ θανάτου καταργήσῃ τὸν τὸ κράτος ἔχοντα τοῦ θανάτου, τοῦτ' ἔστι τὸν διάβολον,

히 2:14 자녀들은 피와 살을 나누었으므로 그도 또한 한 가지로 피와 살에 참여하신 것은 죽음의 권세를 가진 자 곧 마귀를 없이하려고 하심이었습니다.

1. 하나님의 아들이 성육신하여 사람의 피와 살을 가지심은 인류의 일원이 되시기 위해서이다.

2. 범죄한 인류를 구원하기 위해서 사람으로 오셔야 하기 때문에 사람의 본성 곧 피와 살로 오셨다.

3. 창조주가 사람의 살과 피를 가지시므로 새 인류의 조상이 되실 수

있었다.

4. 죗값은 사람이 치러야 하므로 하나님의 아들이 피와 살을 가진 사람이 되셨다.

사람의 죄이므로 사람의 자리에서 사람의 죗값을 치르셨다.

5. 인류의 일원이 되고 새 인류의 조상이 되시므로 하나님의 아들은 사람의 자리에서 죗값을 치를 법적인 권리를 갖게 되었다.

6. 죗값을 치름으로 그리스도는 죄의 세력을 깨뜨려 흩으셨다.

죄의 세력이 궤멸되므로 죄의 세력의 힘인 죽음을 깨뜨리셨다.

7. 죄로 인해 죽음뿐인 세상에 구주이신 그리스도가 죽음을 정복하심으로, 죄의 장본인이 되어 죽음을 도입한 마귀의 세력을 멸하셨다.

8. 이렇게 죗값을 치러 죄의 세력을 궤멸하므로 죽음의 법을 깨뜨리셨다. 그러므로 죄로 인해 죽음을 주재하던 마귀가 쫓겨나게 되었다.

이 일을 그리스도는 살과 피를 입은 상태에서 이루어내셨다.

■ **히 2:15** 또 죽기를 무서워하므로 일생에 매여 종노릇하는 모든 자들을 놓아 주려 하심이니

2:15 καὶ ἀπαλλάξῃ τούτους, ὅσοι φόβῳ θανάτου διὰ παντὸς τοῦ ζῆν ἔνοχοι ἦσαν δουλείας.

히 2:15 또 사는 동안 죽음의 두려움에 매여 종노릇하는 모든 자들을 놓아주려고 하심이었습니다.

1. 죗값을 치르므로 죄의 세력을 궤멸하여 그리스도는 죽음을 제거하셨다.

이로써 죽음의 공포에서 믿는 사람들을 해방하셨다. 그뿐만 아니라 죽음의 공포에 사는 자들을 안위하셨다.

2. 믿는 자들은 죽은 후에 멸망하는 것이 아니라 영생과 부활을 기다리게 되었다.

그러므로 믿는 자들만이 죽음 앞에서 평안히 죽을 수 있게 되었다.

3. 믿는 자들만을 위해서 그리스도께서 죽음의 두려움에서 해방하셨다고 하는 것은 히브리서 2:16에 아브라함의 자손이라고 한 것에서 분명하다.

4. 모든 사람들이 다 죽는 것을 싫어하고 미워한다.

죽음이 인간본성에 필수적이 아니고 우연적으로 이루어졌기 때문에 곧 죄에 대한 저주로 이루어졌으므로, 모든 사람들이 죽음을 무서워한다. 또한 죽는 것을 그렇게도 서러워하고 괴로워한다.

5. 죄로 인해 죽음이 인간세계로 들어왔으므로 죽음이 인간본성에 어긋나는 것임을 직감하며 살고 있다.

죄 때문에 죽음이 들어왔으므로 죽음에 직면하여 창조주를 만나 죄에 대한 책임을 보고하도록 정해졌음을 본능적으로 알므로 사람들이 죽음을 무서워한다.

6. 그러므로 죽지 않는 길이 있으면 기어코 그 길로 가려고 한다.

7. 죄 때문에 그리스도를 믿지 않는 모든 사람들이 다 죽게 되어 있어서 공포에 눌려 산다.

사람들이 죽음에 대해서 갖는 두려움은 죽을 때까지 계속되고, 주님이 재림하실 때 그런 두려움이 끝이 난다. 각 사람의 자리가 정해진 대로 배정되었기 때문이다.

■ 히 2:16 이는 실로 천사들을 붙들어 주려 하심이 아니요 오직 아브라함의 자손을 붙들어 주려 하심이라

2:16 οὐ γὰρ δήπου ἀγγέλων ἐπιλαμβάνεται, ἀλλὰ σπέρματος Ἀβραὰμ ἐπιλαμβάνεται.

히 2:16 분명 그는 천사들을 붙들어 주려고 하심이 아니라 아브라함의 씨를 붙들어 주려고 하십입니다.

1. 하나님의 아들이 성육신하심은 타락한 천사들을 돌이키려고 하심이 아니고, 아브라함의 씨 곧 하나님의 택하신 백성들을 구원하여 영생을 주시기 위함이다.

2. 아브라함의 씨는 육신적인 아브라함의 씨 중에서 믿는 자들을 뜻한다.

또 아브라함의 씨는 주 예수 그리스도를 믿어 구원에 이르도록 작정된 자들을 말한다. 아브라함의 핏줄로 태어난 자들만을 말하지 않는다.

3. 죽음의 두려움에서 벗어나서 영생에 이를 자들은 오직 주 예수를 믿는 자들뿐이다.

4. 붙들어 주는 것은 죽게 된 자들을 살아나도록 도우심을 말한다.

■ **히 2:17** 그러므로 저가 범사에 형제들과 같이 되심이 마땅하도다 이는 하나님의 일에 자비하고 충성된 대제사장이 되어 백성의 죄를 구속하려 하심이라

2:17 ὅθεν ὤφειλεν κατὰ πάντα τοῖς ἀδελφοῖς ὁμοιωθῆναι, ἵνα ἐλεήμων γένηται καὶ πιστὸς ἀρχιερεὺς τὰ πρὸς τὸν θεόν, εἰς τὸ ἱλάσκεσθαι τὰς ἁμαρτίας τοῦ λαοῦ·

히 2:17 그러므로 그가 모든 면에서 형제들과 같이 되심이 마땅한 것은 그가 하나님을 대하여 자비롭고 충성된 대제사장이 되어 백성의 죄를 속량하시려고 함이었습니다.

1. 하나님의 아들이 사람의 살과 피에 동참하심으로 완전한 사람이 되셨다. 그것이 형제들과 같이 되심을 말한다.

2. 하나님의 아들이 모든 면에서 형제들과 같이 되심은 그가 사람으로서 자라고, 모든 고난을 당하시고 죽음과 고통에 이름을 말한다.

3. 이렇게 완전한 사람이 되심은 백성의 죄를 속량하는 대제사장이 되시기 위해서이다.

하나님은 제사장이 되실 수 없다. 사람만이 제사장이 된다.

4. 하나님의 아들이 사람이 되신 것은 하나님께 속죄제사를 드리는 대제사장이 되시기 위해서였다.

그러므로 세례 요한은 하나님이 사람이 되신 예수를 '세상 죄를 지고 가는 하나님의 어린양'이라고 선언하였다 (요 1:29). 구약 레위 제사장이 드린 양이 아닌 그 양이 예표하고 지시한 진짜 하나님의 속죄제물 어린양이신 예수 그리스도이시다.

5. 죄는 하나님께 대한 반역죄였으므로 하나님께로 속죄가 이루어져야 한다.

6. 사람이 하나님께 범죄하였으므로 죗값을 지불하는 속량이 이루어져야 한다.

죄짓는 것은 하나님께 대항해서 이루어진 것이므로 다윗은 '내가 주께만 범죄하였다'고 고백하였다 (시 51:4).

7. 인간본성에서 하나님을 대항한 죄를 속량하려고 하나님의 아들이 사람이 되어 대제사장이 되셨다.

8. 대제사장은 모든 백성의 죄를 위하여 속죄제사를 한다.

그리스도를 처음부터 대제사장이라고 한 이유가 바로 이것이다. 곧 온 백성의 죄를 속량하셨기 때문이다.

대제사장과 달리 제사장은 개인들의 죄를 위해서 속죄제사를 한다.

9. 대제사장이 일 년에 한 번 모든 백성의 죄를 지고 지성소에 들어가

서 속죄제사를 한 것은 예수 그리스도, 대제사장의 단 한 번의 제사로 세상의 모든 죄를 속량하심을 예표한 것이다.

10. 하나님의 아들이 대제사장이 되셔서 모든 백성의 죄를 속량하셨다.

■ 히 2:18 자기가 시험을 받아 고난을 당하셨은즉 시험 받는 자들을 능히 도우시느니라

2:18 ἐν ᾧ γὰρ πέπονθεν αὐτὸς πειρασθείς, δύναται τοῖς πειραζομένοις βοηθῆσαι.

히 2:18 그 자신이 시험을 받아 고난을 당하셨은즉 시험 받는 자들을 능히 도우실 수 있습니다.

1. 하나님의 아들이 육체 안에 계실 때 많은 시험을 받으셨다.

처음 40일 금식 후 시험 받으면서 고난을 당하셨다. 마지막 시험은 십자가를 질 것인지 아닌지 하는 시험이었다.

2. 십자가를 지지 않으면 몸은 고난 받지 않고 죽지 않는다.

그러면 대제사장으로서 세상에 오신 목적을 이룰 수 없게 된다.

3. 십자가를 지면 극심한 고난을 받아 죽게 된다.

구주도 인류의 일원인 한 죽는 것을 좋아할 수 없었다.

4. 그러나 십자가를 질 것인지 거부할 것인지의 시험을 이기셨다.

그리하여 십자가형의 고난을 받아 죽으므로 세상 구속의 사역을 성취하게 되었다.

5. 마침내 십자가를 지고 험한 죽음을 죽으시므로 세상에 오신 목적을 이루어 세상을 구원하셨다.

6. 그리스도인들은 때때로 많은 시험을 받는다.

시험 받을 때 그리스도인들은 전적으로 그리스도만을 의지해야 한다.

7. 그리스도인들이 시험과 환난을 당하는 것은 우리 자신을 의지하지 않고 하나님만 의지하도록 하기 위해서 일어나는 것이다.

8. 그리스도께서 친히 시험을 받으셨으므로 우리가 시험 받을 때 우리를 도우신다.

시험 받을 때 그리스도인들은 그리스도만을 의지해야 한다.

9. 그리스도께서 시험 받는 자들을 도우신다는 것을 기억하면, 혼자 시험을 당하는 것으로 여겨서 절망하지 않게 되고 시험에 넘어지지 않고 일어서서 이겨낼 수 있다.

10. 그리스도인들이 당하는 큰 시험은 배도에 이르도록 유혹하고 핍박하는 시험이다.

그러나 그런 시험을 이길 수 있는 것은 그리스도께서 시험 당하는 그리스도인들을 은혜로 붙드시고 도우시기 때문이다.

히브리서

ΠΡΟΣ ΕΒΡΑΙΟΥΣ

제 3 장

대제사장 그리스도가 모세보다 월등히 탁월;
이 믿음을 굳게 할 것을 권함

히브리서

ΠΡΟΣ ΕΒΡΑΙΟΥΣ

■ **히 3:1** 그러므로 함께 하늘의 부르심을 입은 거룩한 형제들아 우리의 믿는 도리의 사도시며 대제사장이신 예수를 깊이 생각하라

3:1 Ὅθεν, ἀδελφοὶ ἅγιοι, κλήσεως ἐπουρανίου μέτοχοι, κατανοήσατε τὸν ἀπόστολον καὶ ἀρχιερέα τῆς ὁμολογίας ἡμῶν Ἰησοῦν,

히 3:1 그러므로 하늘의 부르심에 동참한 거룩한 형제들이시여, 우리 믿음고백의 사도이시며 대제사장이신 예수를 깊이 생각하시오.

1. '그러므로'라고 말씀을 시작하는 것은 시험당하는 믿는 자들이 시험을 너무 염려할 필요가 없다는 것을 말하기 위해서이다.

2. 예수 그리스도가 우리 믿음고백의 사도라고 시작한다.

이 믿음고백을 하게 하신 이가 바로 예수 그리스도 자신이시다. 예수 그리스도 자신이 우리 믿음고백을 선포하고 가르치셨다. 이 복음의 도를 따라서 주 예수 자신을 믿게 하셨다. 그리고 그가 바로 우리로 믿음고백을 하게 하셨다. 따라서 그가 우리 믿음고백의 사도이시다.

3. 본래는 예수 그리스도가 우리 믿음고백의 대상이시다.

4. 사도는 본래 주 예수 그리스도의 복음을 전파하도록 세워진 제자들

이다.

5. 예수를 우리 믿음고백의 대제사장이라고 한 것은 우리를 죄와 죽음에서 그의 피로 사시어 이 믿음고백을 가능하도록 만드셨기 때문이다.

6. 구약의 대제사장은 온 백성의 죄를 용서하시도록 속죄제사를 바쳐드렸다. 그리하여 백성들을 하나님과 화해시켰다.

7. 예수 대제사장은 참 대제사장으로서 완전한 속죄를 이루셔서 백성들을 완전하게 구원하셨다.

그리고 하나님의 백성으로 돌아갈 뿐만 아니라 하나님의 자녀로까지 올리셨다. 이 대제사장이 믿는 자들을 하나님과 화해시켜 백성으로 남도록 하신다.

8. 이런 속죄제사를 하여 완전한 구속을 이루신 예수 대제사장에 대하여 히브리서 전체가 다루고 있다 (히 4:14; 6:20; 7:26; 8:1; 9:11).

9. 이런 예수 대제사장은 우리를 구속하시므로 우리의 믿음고백을 가능하게 만드셨다. 그러므로 우리 믿음고백의 대제사장이시다.

10. 하늘의 부르심은 하늘에서 음성을 발하셔서 부르셨다는 것이 아니다.

우리를 부르신 이가 하늘에서 땅으로 오셨기 때문에 하늘의 부르심이다. 아들의 입에서 나온 부르심을 하늘의 부르심으로 말한다.

11. 이 하늘의 부르심에 동참하게 된 것은 전적으로 우리를 부르신 주 예수 그리스도께서 구속사역을 성취하시고 그 구원으로 부르셨기 때문이다.

12. 하늘의 부르심은 하나님을 모시고 영원히 사는 영생으로의 부르심을 말한다.

13. 그러므로 믿음을 가진 자들은 믿음고백의 주를 늘 생각하고 깊이 생각하는 삶을 살아야 한다.

14. 이 구원의 신비가 얼마나 큰지를 알고서 감사하며 살도록 해야 한다.

■ 히 3:2 저가 자기를 세우신 이에게 충성하시기를 모세가 하나님의 온 집에서 한 것과 같으니

3:2 πιστὸν ὄντα τῷ ποιήσαντι αὐτὸν ὡς καὶ Μωϋσῆς ἐν τῷ οἴκῳ αὐτοῦ.

히 3:2 그는 자기를 세우신 이에게 충성하시기를 모세가 온 집에서 충성한 것과 같이 하셨습니다.

1. 하나님 아버지가 아들 예수 그리스도를 대제사장으로 세우셨다.

하나님은 아들로 세상을 구원하기로 작정하시고 아들을 세상의 구주 곧 죄를 속량하는 대제사장으로 세우셨다.

2. 아버지와 아들은 같은 하나님이셔도 아들 하나님은 자기를 대제사장으로 세우신 아버지에게 온전히 충성하여 제사장의 직임을 다 수행하셨다.

3. 아들 자신이 사람이 되시어 사람의 죗값을 지불하기 위하여 죽기까지 하셨으니 온전한 충성을 다 하신 것이다.

4. 대제사장으로서 세상의 모든 죄과를 다 지시고 죽으므로 백성들을 구원해내셨으니 이런 충성이 다시없다.

구약의 대제사장들은 백성들의 죄를 속량하지 못하였다. 그러나 신약의 대제사장은 자기 몸을 제물로 바쳐드리므로 백성들의 죄를 온전히 속량하셨으니 이렇게 충성된 제사장이 없다. 자기 몸을 바쳐서까지 온전한 제사를 하여 죄를 속량하셨으니 자기의 직임을 다 하였다. 참으로 충성된 제사장이시다.

5. 대제사장으로서 아들 하나님은 죽기까지 하여 제사장의 직임을 다 하고 백성을 속량하시어 그들을 자기의 백성으로 곧 자기의 집으로 삼으셨다.

그러므로 이런 충성된 대제사장은 예수 대제사장 한 분뿐이시다.

6. 하나님이 본래 거주하시기로 하신 집이 자기의 백성이기 때문이다.

하나님은 그의 창조경륜대로 그의 백성들 가운데 거하기로 하셨다. 그러나 백성이 반역하므로 하나님의 백성이기를 거부하여 하나님의 집이 될 수가 없었다. 주 예수 대제사장이 그의 죽음으로 백성들을 속량하여 반역죄를 무효화하시므로 하나님의 창조경륜을 이룰 수 있게 되었다.

7. 모세는 그리스도 하나님의 아들이 구속할 백성을 위해서 일하였으니 하나님의 집에서 충성스럽게 일한 종이다.

이스라엘에서 구주가 나시게 되어 있다. 그러므로 백성을 위해서 일한 것은 그 백성에게서 나올 구주를 위해서 곧 그리스도를 위해서 일한 것이다.

8. 이스라엘이 애굽에서 구출되어 하나님의 백성으로 구성되고 존속해야 그리스도께서 그 백성에게 오실 수 있었다.

9. 모세는 그리스도께서 이스라엘을 통하여 세상에 오시도록 그 백성의 존속을 위해 일하였으니 그의 집에서 충성한 것이다.

■ **히 3:3** 저는 모세보다 더욱 영광을 받을 만한 것이 마치 집 지은 자가 그 집보다 더욱 존귀함 같으니라

3:3 πλείονος γὰρ οὗτος δόξης παρὰ Μωϋσῆν ἠξίωται καθ' ὅσον πλείονα τιμὴν ἔχει τοῦ οἴκου ὁ κατασκευάσας αὐτόν·

히 3:3 예수가 모세보다 더 큰 영광을 받으시기에 합당한 것은 마치 집을 지으신 이가 집보다 더 큰 존귀를 가지시는 것과 같습니다.

1. 민수기 12:7에서 하나님이 모세가 온 집에서 충성한 것을 밝히셨다.

'내 종 모세와는 그렇지 아니하니 그는 나의 온 집에 충성됨이라.'

2. 여기서 모세는 종으로 지목되었다.

모세는 온 이스라엘에서 충성하였지만 그는 종이었다.

3. 온 집은 이스라엘을 말한다.

4. 모세는 이스라엘이 애굽에서 구출되어 하나님의 백성으로 세워지는 일에 돕는 일을 하였다.

5. 이스라엘을 하나님의 집으로 세우시는 이는 하나님이셨다.

하나님이 이스라엘을 애굽에서 구출하시고 피를 뿌린 의식으로 깨끗하게 하셔서 자기의 백성으로 삼으셨다. 이 일을 하실 때 하나님은 모세를 자기의 돕는 자로 세우셨다.

6. 그러나 사람들이 온전한 하나님의 백성이 되는 길은 그리스도의 피로 구속받는 길이다.

짐승의 피로는 사람의 죄를 속량할 수가 없으므로, 그리스도의 피 뿌림만으로 사람들의 죄가 씻어지고 깨끗해진다. 그리하여 하나님의 백성이 된다. 짐승의 피를 뿌린 예식은 그리스도의 피 흘리심을 예표하는 의식일 뿐이다.

7. 이렇게 백성들을 죄와 허물과 죽음에서 구출하여 그들을 자기의 백성으로 곧 자기의 집으로 삼으신 이는 아들 하나님이시다.

그러므로 집을 세우신 이는 아들 하나님이시다. 이 하나님의 아들은 자기 집에 종으로 일한 모세와 비길 수가 없다. 그 탁월하심이 비교할 수가 없다. 이 점을 히브리서 저자가 처음부터 끝까지 강조한다.

8. 그리스도는 하나님의 백성을 세우시는 이시다. 그가 구속한 백성을 하나님이 거주할 집으로 세우셨다.

모세는 하나님의 집을 세우는 일에 준비하는 자 곧 종으로 일하였다. 집주인이신 아들 하나님이 가지시는 영광은 모세의 영광과 비교가 되지 않는다.

9. 아들 하나님은 주인이시고 모세는 그의 종이다.

모세를 종으로 세우신 이의 영광은 모세가 갖는 영광과 비교할 수도 없다. 하나님의 종은 그의 종이기 때문에 영광을 갖는다.

- **히 3:4** 집마다 지은 이가 있으니 만물을 지으신 이는 하나님이시라

  3:4 πᾶς γὰρ οἶκος κατασκευάζεται ὑπό τινος, ὁ δὲ πάντα κατασκευάσας θεός.

  히 3:4 모든 집은 어떤 이에 의해서 지어지지만 만물을 지으신 이는 하나님이십니다.

1. 하나님의 집을 말한다면, 집이 무엇이며 집을 지으신 이가 누구이신지를 말해야 한다.

집은 지은 사람이 있어야 생겨난다. 하나님의 집도 지으신 이가 있다.

2. 그 하나님의 집을 지으신 이가 바로 아들 하나님이시다.

집을 지으신 이는 아들 하나님으로서 그냥 하나님의 백성만을 만들어내신 이가 아니라 만물을 지으신 창조주임을 먼저 말하고 있다.

3. 만물을 만드신 이 곧 창조주가 바로 하나님의 집도 지으셨다.

하나님의 집은 하나님이 피 흘리시므로 구출해낸 구속받은 백성들이다.

- **히 3:5** 또한 모세는 장래에 말할 것을 증거하기 위하여 하나님의 온 집에서 사환으로 충성하였고

  3:5 καὶ Μωϋσῆς μὲν πιστὸς ἐν ὅλῳ τῷ οἴκῳ αὐτοῦ ὡς θεράπων εἰς μαρτύριον τῶν λαληθησομένων,

히 3:5 또한 모세는 하나님의 온 집에서 종으로 충성하여 장래 말해질 것들을 증거하였습니다.

1. 모세는 이스라엘의 최대 지도자이고 영도자이었지만 하나님의 집의 관점에서 보면 그는 종이었다.

모세는 노예와 같은 종은 아니지만 시중드는 종이었다.

2. 모세가 하나님의 온 집에서 충성하였다는 것은 이스라엘을 하나님의 백성으로 세우는 일을 잘 도왔다는 것이다.

3. 하나님은 모세를 중보자로 세우시고 이스라엘과 언약을 체결하셔서 그들을 자기의 백성으로 삼으셨다.

언약체결에 모세는 체결자가 아니라 체결이 이루어지도록 섬겼다. 곧 모세는 하나님이 시키시는 대로 행하여 하나님이 이스라엘과 언약을 체결하도록 섬겼음을 말한다.

4. 온 이스라엘이 빠짐없이 하나님과의 언약체결에 동참하였다.

그것이 모세가 하나님의 온 집에서 충성하였음을 말한다.

5. 모세가 그렇게 하나님과 이스라엘의 언약체결을 섬긴 것은 장차 그리스도께서 새 인류와 맺으실 언약 곧 새 언약을 준비하는 것이었다.

6. 장차 말해질 모든 것들은 이스라엘을 통하여 그리스도께서 오시고 그리스도께서 피 흘리시므로 모든 인류를 모아 하나님의 백성 삼으실 것을 미리 준비한 것을 말한다.

이스라엘의 존립 없이는 그리스도가 오실 통로가 열리지 않기 때문이다.

■ **히 3:6** 그리스도는 그의 집 맡은 아들로 충성하였으니 우리가 소망의

담대함과 자랑을 끝까지 견고히 잡으면 그의 집이라

3:6 Χριστὸς δὲ ὡς υἱὸς ἐπὶ τὸν οἶκον αὐτοῦ· ὅς οἶκός ἐσμεν ἡμεῖς, ἐὰν τὴν παρρησίαν καὶ τὸ καύχημα τῆς ἐλπίδος κατάσχωμεν.

히 3:6 그러나 그리스도는 그의 집 위에 아들로서 충성하였으니 우리가 소망의 담대함과 자랑을 끝까지 굳게 붙잡으면 우리는 그의 집입니다.

1. 아들은 집과 그 속에 있는 모든 것을 상속받은 자이다.

그리스도는 하나님의 아들이므로 하나님의 집을 다 소유한다.

2. 그런데 그리스도가 아들로서 특이한 것은 그냥 아버지의 소유를 상속받는 것이 아니라 집을 만들어서 자기의 소유로 삼으신다.

그리스도가 하나님의 아들로서 집을 만들어 자기의 소유로 삼으신다는 것은 그가 피 흘려 백성들을 죄와 죽음에서 구원해내어 자기의 백성으로 삼으시는 것을 말한다.

3. 아들로서 충성한 것은 백성들을 죄에서 속량해내어 자기의 소유로 삼으심이니 얼마나 큰 충성인지를 말하고 있다.

4. 모세는 이스라엘로 하나님의 백성이 되도록 한 언약체결을 섬겼다.

모세는 이스라엘을 자기의 소유로 삼을 수 없었다. 단지 백성의 한 사람으로서 이스라엘이 하나님의 백성이 되도록 온 힘을 다하여 섬겼을 뿐이다.

5. 그리스도는 아들로서 자기의 백성을 만들어 자기의 소유로 삼기 위해서 십자가에서 죽기까지 제사장으로서 직임을 다하였으므로 크게 충성한 것이다.

6. 우리의 소망은 우리가 영원히 살아서 하나님의 백성이 되어 하나님을 섬기는 것을 말한다.

이 영생의 소망을 끝까지 굳게 붙들어야 한다.

7. 이 소망을 잃지 않아야 시험을 이겨내고 영생의 문에 들어갈 수 있다.

8. 소망의 자랑은 영생하는 것과 영생하므로 하나님의 백성이 되어 하나님을 섬기는 것이다.

영원히 하나님을 섬기는 이 일이 얼마나 큰 자랑인가?

9. 이 소망을 가진 자들을 하나님은 자기의 백성으로 삼으시고 자기의 거처하는 집으로 삼으신다.

10. 이 소망을 끝까지 붙잡지 않으면 시험을 만날 때 낙심하여 하나님의 집에서 떨어져 나간다.

시험을 만난 유대 그리스도인들이 배도하여 하나님의 백성 됨에서 떨어져 나가는 것을 막기 위하여 저자는 힘쓰고 강조하고 있다.

11. 이것이 소망을 끝까지 붙잡는 자들이 하나님의 집이라고 말한 이유이다.

하나님의 백성 되는 것은 종말에 이루어진다. 그때까지 많은 환난과 시험을 만나는 것을 말하고 있다.

12. '그의 집'이라고 한 것을 골로새서 1:13에는 '아들의 나라로 옮기심'이라고 표현하였다.

- **히 3:7** 그러므로 성령이 이르신 바와 같이 오늘날 너희가 그의 음성을 듣거든

  3:7 Διό, καθὼς λέγει τὸ πνεῦμα τὸ ἅγιον· Σήμερον ἐὰν τῆς φωνῆς αὐτοῦ ἀκούσητε,

  히 3:7 그러므로 성령이 말씀하신 것같이 오늘 너희가 그의 목소리를 듣거든,

1. '오늘 너희가 그의 목소리를 듣거든'이란 말씀은 시편 95:7-11의 요약 인용이다.

시편 95:7에는 '오늘날 그 음성 듣기를 원하노라'라고 되어 있다. 이 시편의 말씀은 이스라엘의 광야생활 때 하나님의 말씀과 계명을 어그러뜨린 상황과 대비해서 말씀하신 것이다.

2. 이 말씀이 시편 95편에 나와 있지만 성령의 말씀으로 제시하므로 그리스도 하나님의 아들이 강생하여 가르치실 때를 예언하고 있다.

여기 '그의 음성을 듣거든'이라고 한 것은 하나님의 아들이 사람으로 나타나서 말씀하실 때 백성들이 잘 들을 것을 권면하는 말씀이다.

3. 광야에서 이스라엘이 살 때는 사사건건 말썽을 부리고 말씀을 잘 듣지 않았지만, 아들이 직접 말씀하실 때는 잘 듣도록 미리 권면하고 있다.

이 말씀은 하나님의 아들이 오셔서 말씀하실 때, 말씀을 잘 들어 구원을 얻고 멸망하지 않도록 성령이 미리 예언하여 권면하신 것이다.

4. '오늘날' 혹은 '오늘'은 하나님의 아들이 육신을 입고 세상에서 백성들을 가르치실 때를 말한다.

'그의 음성'은 하나님의 아들이 사람의 목소리로 가르치신 것을 말한다.

5. 하나님의 아들이 직접 말씀하시는 것은 하나님이 모세에게 말씀을 주어서 말씀하신 것과 전혀 차원이 다르다.

그러므로 유대인들은 아들 하나님의 가르치심을 잘 들어야 했다.

6. 이스라엘은 모세가 하나님의 말씀하신 것을 듣고서 말하였기 때문에 백성이 그의 말을 인정했지만, 하나님의 아들이 직접 말씀하시므로 백성이 믿지 못하였다.

■ **히 3:8** 노하심을 격동하여 광야에서 시험하던 때와 같이 너희 마음을

강퍅하게 하지 말라

3:8 μὴ σκληρύνητε τὰς καρδίας ὑμῶν ὡς ἐν τῷ παραπικρασμῷ, κατὰ τὴν ἡμέραν τοῦ πειρασμοῦ ἐν τῇ ἐρήμῳ,

히 3:8 광야에서 시험의 날에 반역하던 것처럼 여러분의 마음을 강퍅하게 하지 마세요.

1. 이스라엘이 광야에 살 때는 불평이 많았다.

이스라엘이 여호와 하나님을 믿지 않고 반역을 반복한 것은 광야에서 살기 시작한 때부터 이루어졌다.

2. 모세가 이스라엘을 중보하여 하나님의 백성으로서 언약을 체결한 후에, 언약체결의 중보자인 모세가 40일간 사라졌다고 여호와 하나님을 버리고 반역하였다.

3. 모세가 시내산으로 올라가 40일 동안 하나님 앞에 있으면서 십계명과 율법을 받아왔다.

그때 모세가 사라졌다고 송아지를 만들어 자기들을 애굽에서 구출해낸 하나님이라고 섬기므로 반역을 시작하였다 (출 32:1-20).

4. 가나안에 정탐꾼들을 보냈더니 그곳에는 아낙자손들이 있으므로 자기들이 다 칼에 망한다고 불평하였다.

이때에도 여호와 하나님의 권능과 약속을 믿지 않고 배반하였다 (민 13:1-14:39).

5. 이스라엘이 신 광야에 이르러 만나만 먹고 고기를 먹지 못한다고 불평하고 원망하였다.

그들은 하나님의 출애굽 시 기적적인 역사를 무시하고 애굽에 있던 때가 더 좋았다고 불평하였다 (출 16:1-20; 민 16:1-20).

6. 고라와 그 일당 250명이 모세와 아론만 제사장 직분을 행한다고

불평하고 하나님을 대적하였다.

그리하여 광야에서 땅이 무너져 내리며 그들을 삼켜서 망하였다 (민 16:1-17:13). 모세와 아론에 대항한 것은 그들을 세우신 하나님께 도전하고 무시하는 일이었다. 그러므로 그 일은 반역이었다.

7. 신 광야에서 물이 없다고 온 백성이 하나님을 원망하고 모세와 다투었다 (출 17:1–7; 민 20:2–13).

광야로 인도하신 하나님은 백성들로 물이 없어 목말라 죽게 하실 것이 아니었다. 선한 길을 내실 것이었지만 백성들은 하나님을 원망하여 우리를 죽게 하려고 여기로 인도했다고 불평하였다. 이 때문에 모세와 백성 간에 큰 다툼이 일어났다. 이것이 므리바 물 사건이다.

8. 광야에서 만나만 먹고 고기를 먹지 못해서 힘을 잃어 다 죽게 되었다고 하나님과 모세에 대하여 불평이 많았다 (민 21:4–9).

9. 광야생활이 다 끝나고 가나안에 입성하기 직전에 이스라엘은 우상숭배로 하나님을 또 배반하였다.

싯딤에 이르러 백성이 모압 여인들과 음행을 범하였고, 그 신들을 섬기는 데 동참하여 바알브올을 경배하였다 (민 25:1-8).

10. 만나를 먹으며 구름기둥과 불기둥의 인도를 받아도 괴로움이 크다고 불평하였다.

그들은 하나님이 명하신 대로 하지 않았다. 마음을 강퍅하고 비뚤어지게 하여 하나님의 말씀을 들으려고 하지 않았다. 하나님의 기적적인 구출 사건들을 자기들의 눈으로 보면서도 여호와를 믿지 않고 반역만 반복하였다.

11. 그러나 하나님의 아들이 나타나서 가르치실 때는 가나안에 정착하여 평안히 잘 살고 있었다.

비록 외국의 압제 아래 살고 있었지만 생존의 문제는 없었다.

그러므로 광야에서 하나님에 대해서 불평하고 원망하듯 그렇게 마음을 닫지 말라고 권하고 있다.

12. 하나님의 아들의 가르침을 잘 들어야 할 것을 말하고 있다.

■ **히 3:9** 거기서 너희 열조가 나를 시험하여 증험하고 사십 년 동안에 나의 행사를 보았느니라

3:9 οὗ ἐπείρασαν οἱ πατέρες ὑμῶν ἐν δοκιμασίᾳ καὶ εἶδον τὰ ἔργα μου

히 3:9 거기서 너희 조상들이 나를 검증하려고 시험하여 사십 년 동안 나의 행한 일들을 보았느니라.

1. 하나님이 실제로 자기들 가운데 계시는지 여부와 여호와 하나님이 물이 없는 데로 인도하신 이유를 알기 원하였다.

그래서 하나님을 원망하고 시험하였다.

2. 출애굽기 17장과 민수기 20장에 물 없는 광야로 인도되어 목이 갈해 죽을 만큼 되었을 때 하나님을 원망하여 하나님의 진노를 격발하였다.

3. 백성들이 물 때문에 아우성일 때 하나님은 모세로 하여금 지팡이로 반석을 치게 하여 물이 바위에서 솟아나오게 하셨다 (출 17:3-7; 민 20:2-12).

온 백성과 가축들이 그 물을 넘치게 마셔 목 갈함을 채우고 해소하였다.

4. 또 민수기 16-17장에서는 고라의 무리들이 반역을 일으켜 모세와 아론의 자손들로만 여호와 하나님을 섬기는 제사장직을 하게 함에 대해서 하나님을 시험하였다.

이 시험 때 하나님은 아론의 마른 가지에서 꽃이 피고 잎이 나게

하고 열매를 맺게 하시므로 아론과 그의 자손들만 하나님을 섬기는 제사장으로 뽑으셨음을 증명하셨다.

5. 민수기 12장에서는 아론과 미리암이 불평할 때 하나님이 직접 응답하셨다.

모세만이 하나님과 직접 대화함을 시기하고 불평할 때 하나님은 미리암으로 문둥병이 들었다가 다시 깨끗하게 하셨다.

6. 이런 권세와 능력으로 하나님이 친히 이스라엘 백성을 애굽에서 구출하신 것은 자기의 백성 삼으시려는 뜻임을 분명히 증명해 보이셨다.

■ **히 3:10** 그러므로 내가 이 세대를 노하여 가로되 저희가 항상 마음이 미혹되어 내 길을 알지 못하는도다 하였고

3:10 τεσσεράκοντα ἔτη· διὸ προσώχθισα τῇ γενεᾷ ταύτῃ καὶ εἶπον· Ἀεὶ πλανῶνται τῇ καρδίᾳ· αὐτοὶ δὲ οὐκ ἔγνωσαν τὰς ὁδούς μου·

히 3:10 그러므로 내가 이 세대를 노하여 말씀하기를 그들은 항상 마음이 홀림을 받아 내 길을 알지 못하였다 하셨고,

1. 이스라엘은 하나님이 큰 기적과 이적들로 애굽에서 구출하신 민족이다.

아브라함과 이삭과 야곱에 약속하신 것을 이루어 큰 민족으로 만드셨다. 이스라엘은 아브라함과 이삭과 야곱과 맺은 언약 때문에 하나님이 자기의 백성으로 삼으신 족속이다.

2. 그러므로 아브라함과 이삭과 야곱에게 하신 약속대로 이스라엘을 가나안에 정착시키심은 그 민족에게서 세상을 구원할 구주가 나오시도록 하신 예비 조치들이었다.

3. 이스라엘의 마음이 홀린 것은 자기들 중에 하나님이 계신다는 것을 믿지 못하고 의심한 것이다 (민 14:20-24; 출 17:7).

4. 하나님은 큰 권능의 사역들로 이스라엘을 애굽에서 구출하셨다.

이스라엘 백성은 광야생활 기간에 하나님을 믿지 못하였다. 홍해에서도 완전한 구출을 하셨고, 식량이 떨어졌을 때도 만나를 먹이셨다. 그런데도 조금 부족하면 의심하고 하나님의 약속을 믿지 않은 것이 마음이 홀린 것이다.

5. 하나님의 규례와 법을 믿고 실행하여 그대로 살지 못하고, 하라는 것은 하지 않고 하지 말라고 한 것은 행하였다.

하나님의 큰 역사를 보고도 믿지 못하고 자기들의 필요가 충족되지 않으면 늘 불평하고 원망하였다.

6. 이스라엘은 육에 속한 사람들이었다.

신령한 하늘의 복을 알지 못하여 육적 욕구충족이 당장 이루어지지 않으면 늘 불평하고 하나님을 원망하였다. 하나님의 인격의 엄위를 무시하고 반역하였다.

이스라엘은 애굽에서 400년간 종노릇하며 살던 때 익힌 생활의 법과 생활습관을 버릴 수가 없었다.

7. '내 길을 알지 못한다'고 한 것은 하나님의 선한 작정과 인도를 보아도 깨닫지 못하여 하나님의 말씀을 무시하고 그의 인격의 엄위를 무시한 것을 말한다.

8. 그러므로 하나님이 이들에게 진노하셨다.

결국 출애굽한 세대들은 광야에서 다 쓰러져서 가나안에 들어가 땅과 집을 받을 수가 없었다.

■ **히 3:11** 내가 노하여 맹세한 바와 같이 저희는 내 안식에 들어오지 못하리라 하셨다 하였으니

3:11 ὡς ὤμοσα ἐν τῇ ὀργῇ μου· Εἰ εἰσελεύσονται εἰς τὴν κατάπαυσίν μου.

히 3:11 내가 노하여 맹세한 대로 그들은 나의 쉬는 곳에 들어오지 못할 것이라고 하셨습니다.

1. 이스라엘이 들어갈 안식은 영원한 안식이 아니라 그들이 방황을 멈추고 들어가 쉴 가나안 땅을 말한다. 그들 대부분은 들어가지 못하였다.

그들은 하나님의 인격을 무시하고 불평과 원망을 하여 하나님을 믿지 않았다. 하나님이 그들을 광야에서 다 넘어지게 하시고 가나안 땅에 들이지 않기로 하셨다 (민 14:21-23).

2. 하나님의 맹세대로 갈렙과 여호수아 외에는 아무도 가나안에 들어가서 평안히 쉬지 못하였다 (민 13:13-14:38).

그 세대는 애굽에서 모세의 인도로 나온 백성들을 말한다. 그 후손들은 가나안에 정착하여 안식을 누렸다. 광야의 방황을 멈추고 종노릇한 것을 멈추게 되었다.

3. 광야로 나온 이스라엘이 하나님의 인격을 완전히 무시하고 하나님의 약속을 믿지 않았으므로 그들을 다 광야에서 죽어 사라지게 하셨다 (민 14:30-34).

하나님은 노하신 맹세를 이루기 위해서 이스라엘을 40년간 광야에서 지내게 하셨다. 그들은 다 광야에서 죽어 묻히고 가나안에 들어갈 수 없었다.

■ 히 3:12 형제들아 너희가 삼가 혹 너희 중에 누가 믿지 아니하는 악심을 품고 살아 계신 하나님에게서 떨어질까 염려할 것이요

3:12 βλέπετε, ἀδελφοί, μήποτε ἔσται ἔν τινι ὑμῶν καρδία

πονηρὰ ἀπιστίας ἐν τῷ ἀποστῆναι ἀπὸ θεοῦ ζῶντος,

히 3:12 형제들이시여 여러분은 조심하여 믿지 않는 악한 마음을 가진 어떤 사람들처럼 살아 계신 하나님에게서 떨어지지 않도록 조심하시오.

1. 광야 세대의 이스라엘의 근본 죄는 하나님의 말씀과 그의 인격을 믿지 않는 것이었다.

하나님의 말씀을 믿지 않으므로 하나님의 권능의 큰 사역들을 경험하고 보아도 하나님이 함께 계시지 않는다고 판정하고 망령되이 행동하였다.

2. 지금은 은혜의 시대이다.

하나님이 아들을 보내시어 반역한 인류를 다시 돌이키시기 위해서 십자가에서 피 흘리시어 죗값을 갚게 하시므로 사람들을 구원하셨다.

3. 그러나 하나님의 말씀과 사도들의 전파를 믿지 않으면 하나님의 아들의 십자가의 죽고 부활한 사건을 하나님의 일로 여기지 않게 된다.

그러므로 광야시대 이스라엘처럼 하나님의 말씀과 사도들의 선포를 믿지 않으면 배도하게 되어서 하나님에게서 떨어져나가게 된다.

4. 믿지 않는 이스라엘이 광야에서 멸망당한 것처럼 지금도 하나님의 말씀과 사도들의 선포를 믿지 않으면 결국 멸망에 이를 뿐이다.

악한 마음을 갖고 그리스도의 구속사역을 하나님의 사역으로 믿지 않으면 하나님을 반역한 것이 된다.

5. 옛날 광야시대에 이스라엘이 했던 것처럼 하지 말고 하나님의 말씀을 굳게 붙들어야 한다.

■ **히 3:13** 오직 오늘이라 일컫는 동안에 매일 피차 권면하여 너희 중에

누구든지 죄의 유혹으로 강팍하게 됨을 면하라

3:13 ἀλλὰ παρακαλεῖτε ἑαυτοὺς καθ' ἑκάστην ἡμέραν, ἄχρις οὗ τὸ Σήμερον καλεῖται, ἵνα μὴ σκληρυνθῇ τις ἐξ ὑμῶν ἀπάτῃ τῆς ἁμαρτίας·

히 3:13 오직 오늘이라 일컫는 동안에 날마다 서로 권면하여 여러분 중 아무나 죄의 속임에 의해 강퍅하게 되지 않게 하시오.

1. 사람은 주 예수를 믿어 그리스도인이 되므로 새사람이 되었다.

그러나 믿는 사람 안에 옛사람이 새사람과 함께 있어서 옛사람이 자기의 법대로 역사한다. 시간과 때만 있으면 옛사람은 자기의 욕망을 드러내어 욕망을 이루어내려고 한다.

2. 그러므로 죄의 욕망으로 끌려가지 않도록 늘 서로 권면해야 한다.

죄의 욕망이 역사하여 육체적 욕구를 이루도록 유인하고 유혹한다.

3. 그리스도인들도 옛사람의 욕망을 기뻐하고 좋아하여 그것을 이루는 데 생각을 모은다.

육체의 욕망을 이루면 영광이 올 줄로 착각한다. 죄가 속이기 때문에 그리스도인으로서의 바른 판단이 서지 않게 된다.

4. 그럴 때 권면이 오면 그런 육적 생각이 잘못된 줄을 알게 된다.

날마다 서로 권면하여 죄의 속임에 넘어가지 않아야 한다.

5. 죄의 속임은 다음과 같다. 곧 죄의 욕망을 이루면 영광과 만족이 올 줄로 착각하도록 하는 죄된 판단을 말한다.

죄의 유혹을 받으면 그 죄의 욕망을 이루려고 하는 마음을 갖게 된다. 그리하여 그리스도인으로서의 의식이 없어진다. 그래서 죄의 욕망을 이루도록 마음이 끌리는 것이 마음이 강퍅하게 되는 것이다.

■ **히 3:14** 우리가 시작할 때에 확실한 것을 끝까지 견고히 잡으면 그리스도와 함께 참예한 자가 되리라

3:14 μέτοχοι γὰρ τοῦ Χριστοῦ γεγόναμεν, ἐάνπερ τὴν ἀρχὴν τῆς ὑποστάσεως μέχρι τέλους βεβαίαν κατάσχωμεν.

히 3:14 우리가 첫 확신을 끝까지 굳게 붙삽으면 그리스도에게 참여한 자들이 될 것입니다.

1. 우리는 처음 주 예수를 믿었을 때 그가 하나님의 아들이심과 또 십자가에 죽고 부활하심으로 나를 구원하셨다는 것을 굳게 믿었다.

이 믿음을 굳게 붙잡으면 우리는 확실한 구원 곧 영생과 영광을 얻을 것이다. 처음 믿음을 끝까지 붙들어야 그리스도의 구원 곧 영생과 그의 영광에 이른다.

2. 그리스도교는 믿음에서 믿음에 이르는 종교이므로 (롬 1:17), 믿음에 굳게 서야 마침내 목표에 도달한다.

■ **히 3:15** 성경에 일렀으되 오늘날 너희가 그의 음성을 듣거든 노하심을 격동할 때와 같이 너희 마음을 강퍅하게 하지 말라 하였으니

3:15 ἐν τῷ λέγεσθαι· Σήμερον ἐὰν τῆς φωνῆς αὐτοῦ ἀκούσητε, Μὴ σκληρύνητε τὰς καρδίας ὑμῶν ὡς ἐν τῷ παραπικρασμῷ.

히 3:15 성경에 이른 것처럼 오늘 여러분이 그의 목소리를 듣거든 반역할 때 하던 것처럼 여러분의 마음을 강퍅하게 하지 마시오.

1. 마음 곧 심장에 생명의 자리가 있다.

마음을 굳게 하여 낙심하거나 생명을 포기하지 않으면 위험한 경

우들에서도 결코 죽지 않는다.

2. '오늘 그의 목소리를 듣는 것'은 하나님의 아들이 사람의 모양으로 오셔서 유대 백성들에게 말씀을 가르치실 때를 말한다.

3. 이스라엘이 광야 40년간 많은 반역과 반항을 하였다.

광야 때에는 하나님이 모세를 통해서 말씀하셨다.

4. 그러나 주 예수 곧 하나님의 아들이 직접 말씀하시는 때는 그의 목소리를 듣고 그의 가르침대로 믿어야 함을 말한다.

주 예수의 직접적인 말씀에 영원한 구원과 멸망이 결정되기 때문이다.

5. 하나님의 아들의 말씀을 들으려고 하지 않으면 영원한 멸망만이 있음을 지적하고 있다.

이 본문은 시편 95:7-8의 요약 인용이다. 7절에서는 '너희가 오늘날 그의 음성 듣기를 원하노라' 하였고, 시편 95:8에서는 '너희 마음을 강퍅히게 말지어다'를 인용하였다.

그러나 시편 95:7-11이 이 인용의 실제 내용이다. 이스라엘이 므리바에서 물 때문에 하나님을 크게 원망하였다. 이 사건이 민수기 20:1-13에 자세히 기록되어 있다. 맛사는 므리바의 다른 표기이다.

6. 또 정탐꾼들이 가나안 상황을 보고한 후에 이스라엘이 하나님을 반역하였다 (민 13:25-14:38). 약속하신 가나안에 들어가는 것을 거부하며 하나님의 약속을 전혀 믿지 않았다.

7. 민수기 16-17장에서는 고라와 그 무리들이 아론과 그의 자손들만이 제사장직을 가지게 된 것을 반항하여 하나님께 크게 대항하였다 (민 16:1-17:13).

이런 반역들에도 불구하고 백성들이 죄를 용서받아 생명이 보존되었다.

8. 아들이 말씀하신 것은 하나님이 이스라엘에게 하신 마지막 말씀이

다. 왜냐하면 아들이 하나님 자신이기 때문이다.

아들이 직접 말씀하신 후에는 두 번 다시 말씀하시는 법이 없으므로 아들의 말을 듣기를 거부하면 죽음뿐이고, 용서나 제2의 기회는 없다.

9. 그러므로 하나님은 선지자를 통하여 미리 말씀하셔서 아들 때에는 마음을 강퍅하게 하지 말라고 하셨지만, 결코 하나님의 아들의 말씀을 받아들이지 않았다.

마음을 강퍅하게 하는 것은 하나님의 약속과 구원의 말씀을 전혀 받아들이려고 하지 않는 자세를 말한다.

10. 하나님의 마지막 말씀을 거부하였으므로 이스라엘은 멸망밖에는 다른 길이 전혀 없게 되었다.

따라서 이스라엘은 하나님의 구원 밖으로 세워졌다. 그리고 민족은 멸망하였다.

■ 히 3:16 듣고 격노케 하던 자가 누구뇨 모세를 좇아 애굽에서 나온 모든 이가 아니냐

3:16 τίνες γὰρ ἀκούσαντες παρεπίκραναν; ἀλλ᾽ οὐ πάντες οἱ ἐξελθόντες ἐξ Αἰγύπτου διὰ Μωϋσέως;

히 3:16 듣고 반역한 자들이 누구입니까? 모세로 말미암아 애굽에서 나온 모든 자들이 아닌가요?

1. 하나님의 말씀을 듣고도 반역한 자들은 애굽에서 종살이하다가 모세의 손을 통하여 애굽에서 나온 자들이었다.

이스라엘은 종의 신분으로 4백여 년을 애굽에서 살았지만 하나님의 손의 큰 역사로 출애굽하고 홍해를 무사히 건넜던 백성들이었다.

2. 그들은 여호와의 말씀을 듣지 않기로 함으로 하나님께 반역하였다.

모든 백성이 큰 기적적인 구출을 경험하고도 하나님의 능력과 인격을 전혀 믿지 않았다. 하나님을 믿지 않고 반역하므로 광야에서 다 넘어지고 가나안에 들어갈 수 없었다.

■ **히 3:17** 또 하나님이 사십 년 동안에 누구에게 노하셨느뇨 범죄하여 그 시체가 광야에 엎드러진 자에게가 아니냐

3:17 δὲ τίσιν προσώχθισεν τεσσεράκοντα ἔτη; οὐχὶ τοῖς ἁμαρτήσασιν, ὧν τὰ κῶλα ἔπεσεν ἐν τῇ ἐρήμῳ;

히 3:17 또 하나님이 사십 년 동안 누구에게 진노하셨습니까? 범죄하여 그 죽은 몸들이 광야에서 엎드러진 자들에게 아닙니까?

1. 이스라엘의 범죄는 하나님의 말씀을 듣고도 믿지 않는 것이었다.

이스라엘이 날마다 범죄한 것은 아니지만 분명히 믿고 의지해야 할 때 하나님의 말씀을 전혀 믿지 않았다.

2. 출애굽 이후 모든 위기의 상황에서 하나님은 큰 기적을 행하셔서 완전한 구원을 이루셨다.

그러나 그다음 단계에서 하나님의 약속의 말씀이 자기들의 판단에 어긋난다고 여겨지면 하나님의 말씀을 믿지 않았다.

3. 그것은 반역이었다. 이런 반역이 40년간 진행되었다.

그러므로 그들은 꿈에도 그리던 가나안 땅에 들어갈 수가 없고 광야에서 죽어 넘어졌다. 그들은 가나안을 자기들의 소유로 주시겠다고 한 약속의 말씀을 믿지 못해서 하나님의 능력을 전혀 의지하지 않았다.

4. 불을 만지듯 뜨겁게 하나님의 기적적인 구원을 경험하고도 다음 단

계에서 인간적인 계산과 판단만 하고 하나님의 능력과 인격을 전혀 믿지 못하였다.

그리하여 애굽에서 나온 20세 이상 모든 남녀가 다 광야에서 죽어 넘어졌다.

이 본문은 민수기 14:29 '너희 시체가 이 광야에 엎드러질 것이라'는 말씀을 인용한 것이다.

■ **히 3:18** 또 하나님이 누구에게 맹세하사 그의 안식에 들어오지 못하리라 하셨느뇨 곧 순종치 아니하던 자에게가 아니냐

3:18 τίσιν δὲ ὤμοσεν μὴ εἰσελεύσεσθαι εἰς τὴν κατάπαυσιν αὐτοῦ εἰ μὴ τοῖς ἀπειθήσασιν;

히 3:18 또 하나님이 누구에게 맹세하셔서 그의 안식에 들어오지 못한다고 하셨습니까? 믿지 않는 자들에게 하신 것이 아닙니까?

1. 이스라엘의 가장 큰 죄는 하나님을 믿지 않는 것이었다.

이스라엘은 믿지 않으므로 멸망하였다.

하나님은 믿지 않는 이스라엘 백성이 가나안에 들어가서 편히 쉬며 사는 것을 거부하셨다. 하나님을 믿지 않았기 때문이다.

2. 그리스도의 구속사역 이후에 모든 사람들이 범한 큰 죄도 주 예수 그리스도를 하나님의 아들로, 세상의 구주로 믿지 않는 것이다.

주 예수를 믿지 않는 모든 사람들이 다 멸망 당할 것이다. 그리스도 이후에는 그를 믿지 않는 모든 인류가 다 죽을 것이다.

3. 하나님을 믿지 않는 것은 그의 인격을 무시하는 것이므로 결코 구원에 이르지 못한다.

이 본문 3:18은 민수기 14:22-23을 그대로 인용하여 밝힌 것이다.

■ **히 3:19** 이로 보건대 저희가 믿지 아니하므로 능히 들어가지 못한 것
이라

3:19 καὶ βλέπομεν ὅτι οὐκ ἠδυνήθησαν εἰσελθεῖν δι' ἀπιστίαν.

히 3:19 또 우리가 보건대 그들은 믿지 않았기 때문에 들어갈 수가 없게 되었습니다.

1. 이스라엘은 하나님을 믿지 않았기 때문에 가나안에 들어갈 수 없게 되었다.

이스라엘이 가나안으로 안 들어간 것이 아니라 들어갈 수 없게 되었다. 하나님의 말씀을 믿지 않았기 때문이다.

2. 하나님은 믿음으로 말미암아 구원하기로 하셨기 때문에, 믿지 않는 자들은 결코 구원받지 못하게 정해졌다.

히브리서

ΠΡΟΣ ΕΒΡΑΙΟΥΣ

제 4 장

이스라엘은 믿지 않으므로 다 죽었으니,
큰 대제사장 예수를 굳게 믿어야만 산다

히브리서

ΠΡΟΣ ΕΒΡΑΙΟΥΣ

믿지 않으므로 안식에 들어가지 못하였다: 4:1–6

■ **히 4:1** 그러므로 우리는 두려워할지니 그의 안식에 들어갈 약속이 남아 있을지라도 너희 중에 혹 미치지 못할 자가 있을까 함이라

4:1 Φοβηθῶμεν οὖν μήποτε καταλειπομένης ἐπαγγελίας εἰσελθεῖν εἰς τὴν κατάπαυσιν αὐτοῦ δοκῇ τις ἐξ ὑμῶν ὑστερηκέναι·

히 4:1 그러므로 비록 그의 안식에 들어갈 약속이 남아 있다고 하더라도 여러분 중에서 누군가 미치지 못할까 봐 우리는 두려워해야 할 것입니다.

1. 비록 이스라엘은 하나님의 쉼에 들어가지 못하였지만, 우리에게는 하나님의 영원한 안식에 들어갈 약속이 있으므로 그냥 안식에 들어갈 수 있다고 보면 안 된다고 주장하고 있다.

그렇기 때문에 믿지 않아도 하나님의 영원한 안식에 들어갈 수 있다고 잘못 판단하면 안 된다는 것을 강조하고 있다.

2. 비록 약속은 남아 있어도 믿지 않으면 그 약속을 받을 수 없다는 것을 강조한다.

이 안식에 들어갈 약속이 남아 있으므로, 그리스도를 믿지 않아도 된다고 잘못 생각하면 안 된다는 것을 강조한다.

■ **히 4:2** 저희와 같이 우리도 복음 전함을 받은 자이나 그러나 그 들은 바 말씀이 저희에게 유익되지 못한 것은 듣는 자가 믿음을 화합지 아니함이라

4:2 καὶ γάρ ἐσμεν εὐηγγελισμένοι καθάπερ κἀκεῖνοι, ἀλλ᾽ οὐκ ὠφέλησεν ὁ λόγος τῆς ἀκοῆς ἐκείνους, μὴ συγκεκερασμένους τῇ πίστει τοῖς ἀκούσασιν.

히 4:2 저희들에게 복음이 전파된 것같이 우리도 복음을 전파 받았으나 그 들은 말씀이 그들에게 아무런 유익이 되지 못한 것은 그들이 믿음으로 들은 자들과 합하지 못하였기 때문입니다.

1. 지금 히브리서 저자는 2세 그리스도인으로서 편지를 쓰고 있다.

히브리서 저자는 복음을 처음 목격자들로부터 들었다. 지금 히브리서 저자와 함께 있는 사람들은 믿음을 잘 지키고 있지만, 다른 유대인들은 처음 증인들의 증거를 믿음으로 받아들이지 않았다.

2. 들은 복음의 내용을 믿음으로 받아들여 처음 증인들과 함께 해야 했다. 그러나 그들은 그렇지 않았다.

믿지 않은 유대인들에게 복음의 말씀이 아무런 효험이 없게 되었다. 그래서 그들은 그냥 율법 아래 있었다. 그 유대인들은 구원과는 상관이 없어서 멸망으로 귀결하였다.

3. 아들이 직접 말씀하신 이후에는 율법 아래 있는 것은 멸망에 이르는 길일뿐이다.

예수 그리스도의 복음으로만 구원에 이른다는 진리를 유대인들

은 가볍게 여겼다.

■ **히 4:3** 이미 믿는 우리들은 저 안식에 들어가는도다 그 말씀하신 바와 같으니 내가 노하여 맹세한 바와 같이 저희가 내 안식에 들어오지 못하리라 하셨다 하였으나 세상을 창조할 때부터 그 일이 이루었느니라

4:3 εἰσερχόμεθα γὰρ εἰς κατάπαυσιν οἱ πιστεύσαντες, καθὼς εἴρηκεν· Ὡς ὤμοσα ἐν τῇ ὀργῇ μου, Εἰ εἰσελεύσονται εἰς τὴν κατάπαυσίν μου, καίτοι τῶν ἔργων ἀπὸ καταβολῆς κόσμου γενηθέντων,

히 4:3 이미 믿는 우리들은 그의 안식에 들어갑니다. 그가 말씀하신 대로 내가 노함으로 맹세하여 그들은 내 안식에 들어오지 못하리라. 그렇지만 그 일들은 세상의 창조 때부터 이루어졌습니다.

1. 이 성경은 시편 95:11 '내가 노하여 맹세하기를 저희는 내 안식에 들어오지 못하리라 하였도다.' '그렇지만 그 일들은 세상 시작부터 이루어졌다'는 본문의 인용이다.

이 본문에 그들은 결코 내 안식에 들어오지 못하리라고 번역하도록 할 부정사가 없다.

2. 현대 모든 성경은 다 그들은 결코 내 안식에 들어오지 못하리라고 번역하였지만, 라틴어 본문에만 히브리어 본문대로 부정하는 말을 넣지 않았다.

칼빈도 그의 주석에서 그들은 결코 내 안식에 들어오지 못하리라고 번역하였다.

3. 광야에서 이스라엘 백성들이 하나님의 말씀을 믿지 않은 것은 그의 인격의 엄위와 권위를 무시한 것이다.

그러므로 여호와 하나님이 그들을 가나안에 들이지 않기로 맹세하셨다. 따라서 그들은 다 광야에서 죽어 넘어지고 그 후손들만 가나안에 들어갔다.

정탐꾼들이 백성들에게 가나안의 상황을 보고하였을 때, 이스라엘 백성은 가나안을 주시겠다는 여호와의 말씀을 믿지 않았다. 따라서 여호와는 그들을 가나안에 들이지 않기로 맹세하셨다.

믿지 않았던 이스라엘 백성은 가나안에 들어갈 수 없어서 광야에서 다 죽었다. 믿는 우리들은 단지 예수 믿음 때문에 하나님의 안식에 들어간다.

4. 민수기 14:11에 '이 백성이 어느 때까지 나를 멸시하겠느냐 내가 그들 중에 모든 이적을 행한 것도 생각하지 아니하고 어느 때까지 나를 믿지 않겠느냐'라고 말씀하셨다.

5. 민수기 14:22-23에서도 이스라엘이 가나안에 들어가지 못하리라고 맹세하 셨다.

'나의 영광과 애굽과 광야에서 행한 나의 이적을 보고도 이같이 열 번이나 나를 시험하고 내 목소리를 청종치 아니한 그 사람들은 내가 그 조상들에게 맹세한 땅을 결단코 보지 못할 것이요 또 나를 멸시하는 사람은 하나라도 그것을 보지 못하리라'고 하셨다.

여호와의 말씀을 거부한 자들은 믿지 않았기 때문에 결코 가나안에 들어가서 편안히 쉬는 것을 허락받지 못하였다.

6. 그러면 하나님의 아들로 직접 말씀하신 것을 믿지 않는 자들은 하나님의 영원한 안식에 들어가지 못할 것은 너무도 명백하고 확실하다.

영원한 안식에 들어가는 것은 오직 주 예수를 믿는 믿음으로만 된다.

7. '그 일들이 세상 시작부터서 이루어졌다는 것'은 하나님은 아들을 믿는 자들만을 구원하여 영원한 안식에 들어가도록 하신 작정이 창조 때

부터 이루어졌음을 말한다.

하나님의 아들을 믿는 믿음으로만 영원히 죽게 된 자들이 영원한 생명에 들어간다.

■ **히 4:4** 제칠일에 관하여는 어디 이렇게 일렀으되 하나님은 제칠일에 그의 모든 일을 쉬셨다 하였으며

4:4 εἴρηκεν γάρ που περὶ τῆς ἑβδόμης οὕτως· Καὶ κατέπαυσεν ὁ θεὸς ἐν τῇ ἡμέρᾳ τῇ ἑβδόμῃ ἀπὸ πάντων τῶν ἔργων αὐτοῦ,

히 4:4 제칠일에 관하여는 어디에 이렇게 말씀하셨습니다. 하나님은 제칠일에 그의 모든 일들을 쉬셨다고 하였습니다.

1. 이 본문은 창세기 2:2의 인용이다.

이 본문은 하나님이 창조사역을 다 이루시고 안식일에 쉬심을 말한다.

2. 창조사역을 다 이루신 후에 하나님은 또 다른 세계를 창조하시지 않았다. 모든 창조의 일을 쉬셨다.

창조주는 창조사역을 마치고 쉬시므로 인류도 그 쉼에 동참하게 부르셨다.

3. 그러므로 창조 후 첫 안식에 모든 창조물들도 참여하였다.

하나님의 창조 후 안식에 동참한 것은 아담과 하와가 모든 만물과 함께 하나님을 찬양하고 경배하므로 그 본래 존재목적을 다한 것을 말한다.

4. 그리스도의 구속사역 후에 사람이 하나님의 안식에 동참한다는 것은 인생의 모든 수고를 그치고 영생에 이름을 말한다.

■ **히 4:5** 또 다시 거기 저희가 내 안식에 들어오지 못하리라 하였으니

4:5 καὶ ἐν τούτῳ πάλιν· Εἰ εἰσελεύσονται εἰς τὴν κατάπαυσίν μου.

히 4:5 또 다시 거기서 그들은 내 쉼에 들어오려면 이라고 하셨다.

1. 이 본문에는 히브리서 4:3에서처럼 부정사가 없다.

현대어 번역 대부분이 그들이 들어오지 못하리라고 번역하였다. 그러나 흠정역과 불가타 (Vulgata) 곧 라틴어 성경은 '그들이 들어오려면'이라고 문자대로 번역하였다.

그러나 문맥으로 보아서는 부정의 뜻을 담고 있기 때문에 그렇게 번역하였다고 본다.

2. 이 본문이 뜻한 것은 복음을 전달받았어도 믿지 않는 유대인들은 영생에 들어갈 수 없다는 것을 증거하고 있다.

3. 영원한 안식에 들어가려면 주 예수를 믿어야만 되는 것을 강조하고 있다.

■ **히 4:6** 그러면 거기 들어갈 자들이 남아 있거니와 복음 전함을 먼저 받은 자들은 순종치 아니함을 인하여 들어가지 못하였으므로

4:6 ἐπεὶ οὖν ἀπολείπεται τινὰς εἰσελθεῖν εἰς αὐτήν, καὶ οἱ πρότερον εὐαγγελισθέντες οὐκ εἰσῆλθον δι' ἀπείθειαν,

히 4:6 그러면 그 쉼에 들어갈 자들이 남아 있지만, 먼저 복음을 전파받은 자들은 믿지 않음으로 들어가지 못하였습니다.

1. 복음은 유대인들에게 먼저 전파되었다.

주 예수는 복음을 직접 유대인들에게 전하셨다. 또 오순절에도 복음은 오직 유대인들에게만 전파되었다. 사도들의 전도를 받은 몇만 명 정도의 유대인들만 구원을 얻어 영원한 쉼에 이르렀다.

2. 그러나 사도 바울이 주의 교회를 핍박하다가 주 예수를 믿은 이후에는 유대인들이 복음을 듣고도 전혀 믿으려고 하지 않았으므로 구원에서 완전히 제거되었다.

3. 그러나 유대인들 중에서 아직도 믿을 사람이 남아 있을 것임을 말한다.

적은 수이더라도 유대인들이 주 예수를 믿어서 영원한 생명에 들어갈 것이 정해진 일이다.

4. 여기서 하나님이 내신 구원은 오직 믿음으로 말미암아 영원한 안식에 들어감을 말한다.

영생은 모든 수고와 고통과 죽음을 벗어나서 영원히 사는 것이므로 쉼이라고 말하고 있다.

하나님의 영원한 안식에 들어가도록 예수 믿음을 잘하라: 4:7-11

■ **히 4:7** 오랜 후에 다윗의 글에 다시 어느 날을 정하여 오늘날이라고 미리 이같이 일렀으되 오늘날 너희가 그의 음성을 듣거든 너희 마음을 강퍅하게 말라 하였나니

4:7 πάλιν τινὰ ὁρίζει ἡμέραν, Σήμερον, ἐν Δαυὶδ λέγων μετὰ τοσοῦτον χρόνον, καθὼς προείρηται, Σήμερον ἐὰν τῆς φωνῆς αὐτοῦ ἀκούσητε, μὴ σκληρύνητε τὰς καρδίας ὑμῶν·

히 4:7 다시 어떤 한 날을 오늘이라고 정하시고 다윗으로 말미암아 오

랜 후에 말씀하셨습니다. 미리 말씀하신 것같이 오늘 너희가 그의 목소리를 듣거든 너희 마음을 강팍하게 하지 말라고 하셨습니다.

1. 이 본문의 인용은 시편 95:7-8에서 발췌 인용한 것인데, 출애굽기 17:1-7 므리바 사건에서 유래되었다.

광야시절과 가나안에 들어와서 살 때도 여호와의 목소리를 듣지 않고 마음이 강팍해져서 믿지 않았다.

2. 다윗으로 말미암아 말씀하셨다는 것은 시편 95편을 다윗의 시로 인정하고 한 말씀이다.

그러나 이 시편에 다윗에 대한 표기는 없지만 다윗의 시로 이스라엘이 다 인정하였음을 말한다.

3. 마지막에 하나님이 그의 아들을 통하여 직접 이스라엘에게 한 번 더 말씀하실 것이다.

이때는 아들 하나님의 목소리로 직접 말씀하시므로 이 말씀하신 이 마지막 말씀을 하심이다. 이 말씀을 거부하면 다른 구원의 길이 없음을 말한다.

4. 그러나 이스라엘은 선지자 다윗의 예언을 거부하였다.

이스라엘은 정치적인 메시아만을 고집하므로 죄와 죽음에서 구출해 주실 고난의 종 그리스도를 거부하였다. 따라서 이스라엘은 배척되었고 이방인들이 그 자리에 들게 되었다.

■ **히 4:8** 만일 여호수아가 저희에게 안식을 주었더면 그 후에 다른 날을 말씀하지 아니하셨으리라

4:8 εἰ γὰρ αὐτοὺς Ἰησοῦς κατέπαυσεν, οὐκ ἂν περὶ ἄλλης ἐλάλει μετὰ ταῦτα ἡμέρας.

히 4:8 만일 여호수아가 그들에게 안식을 주었더라면 하나님이 그 후에 다른 날을 말씀하지 않았을 것입니다.

1. 여호수아는 가나안 땅을 정복하여 400년 애굽에서 종살이하던 이스라엘에게 땅과 집을 배분하였다.

이스라엘은 40년 간의 광야 떠돌이 생활을 그치고 처음으로 쉼을 얻었다. 그러나 단번에 모든 이스라엘 지파들이 땅을 다 배분받은 것은 아니었다.

2. 그러므로 여호수아가 이스라엘에게 준 안식은 전체에 미치지 못하였다.

여호수아가 이스라엘에게 안식을 주었다는 말은 르우벤과 갓과 므낫세 반 지파를 요단 동쪽 자기들이 받은 땅으로 돌려보내면서 한 말씀이었다.

'너희 하나님 여호와께서…말씀하신 대로 너희 형제에게 안식을 주셨으니' (수 22:4).

3. 여호수아가 안식을 주었다고 말한 것은 그의 정복전쟁으로 땅을 배분할 수 있었기 때문에 한 말이다.

여기서 말한 안식은 일단 가나안 정복이 대충 마쳐졌음을 말한 것이다.

4. 또 이스라엘이 약속받은 안식은 가나안 땅에서 살 동안 받은 안식이었다.

이스라엘은 가나안에 살면서도 여러 차례 안식을 얻지 못하고 압제와 노예생활을 반복하였다. 그러므로 이스라엘이 가나안에서 받은 안식은 영원한 안식이 아니었다.

5. 주 예수를 믿는 자들에게만 영원한 안식이 마련되었음을 말한다.

■ 히 4:9 그런즉 안식할 때가 하나님의 백성에게 남아 있도다

4:9 ἄρα ἀπολείπεται σαββατισμὸς τῷ λαῷ τοῦ θεοῦ·

히 4:9 그런즉 안식이 하나님의 백성에게 남아 있습니다.

1. 여호수아가 영원한 안식을 이스라엘에게 줄 수 없었다. 영원한 안식은 앞으로 올 것이다.

이 안식은 예수 그리스도의 피 흘리심으로 획득되었다.

2. 칼로 정복해서 얻은 땅에서 사는 것은 영원한 안식이 아니고, 하나님의 아들의 피로써 얻은 안식이 영원한 안식이다.

이 쉼은 이스라엘의 핏줄로서 난 사람들에게만이 아니라 모든 믿는 자들에게 타당하다.

■ 히 4:10 이미 그의 안식에 들어간 자는 하나님이 자기 일을 쉬심과 같이 자기 일을 쉬느니라

4:10 ὁ γὰρ εἰσελθὼν εἰς τὴν κατάπαυσιν αὐτοῦ καὶ αὐτὸς κατέπαυσεν ἀπὸ τῶν ἔργων αὐτοῦ ὥσπερ ἀπὸ τῶν ἰδίων ὁ θεός.

히 4:10 그의 안식에 이미 들어간 자는 하나님이 자기의 일을 쉬심같이 자기의 일을 쉬었습니다.

1. 주 예수를 믿고 죽은 자는 이미 하나님의 영원한 안식에 들어갔다.

주의 품에 있는 자들은 세상에서 하는 모든 수고와 죄와의 투쟁을 쉬게 되었다. 더 이상 투쟁과 수고가 없다.

2. 앞으로 죽어서 주의 품으로 가는 모든 사람들도 다 세상에서의 수고와 투쟁을 그치고 영원히 안식할 것이다.

하나님의 품으로 간 자들은 세상의 모든 수고와 고난을 그치므로 영원한 안식을 누릴 것이다.

■ 히 4:11 그러므로 우리가 저 안식에 들어가기를 힘쓸지니 이는 누구든지 저 순종치 아니하는 본에 빠지지 않게 하려 함이라

4:11 σπουδάσωμεν οὖν εἰσελθεῖν εἰς ἐκείνην τὴν κατάπαυσιν, ἵνα μὴ ἐν τῷ αὐτῷ τις ὑποδείγματι πέσῃ τῆς ἀπειθείας.

히 4:11 그러므로 우리가 저 안식에 들어가도록 힘쓸 것은 누구든지 믿지 않음의 본에 빠지지 않도록 하려고 함입니다.

1. 저 안식은 영원한 안식이다. 하나님께서 그리스도의 피로 조성하신 영원한 안식이다.

그 안식은 그리스도의 피로 말미암아 죄와 죽음에서 벗어나 누리는 영원한 안식이다.

2. 영원한 안식에 들어가도록 힘써야 한다. 그 힘쓰는 것은 주 예수의 구원을 확실하게 믿는 것을 말한다. 이스라엘은 가나안에 들어갈 때 여호수아의 정복을 따라 함께 열심히 싸웠다.

3. 주 예수를 믿는 믿음을 소홀히 하면 믿지 않음에 빠지게 된다.

그러면 영원한 안식에 들어가는데 그냥 뒤따라 들어가는 식으로 될 수 없고, '주 예수님, 내가 주를 믿습니다'라고 믿음고백을 힘써 반복하여야 한다. 믿음을 소홀히 하면 믿지 않아도 영생에 들어갈 줄로 착각하게 만드는 결과를 가져온다.

하나님의 말씀의 능력 앞에 가려줄 것이 아무것도 없다: 4:12–13

■ **히 4:12** 하나님의 말씀은 살았고 운동력이 있어 좌우에 날선 어떤 검보다도 예리하여 혼과 영과 및 관절과 골수를 찔러 쪼개기까지 하며 또 마음의 생각과 뜻을 감찰하나니

4:12 Ζῶν γὰρ ὁ λόγος τοῦ θεοῦ καὶ ἐνεργὴς καὶ τομώτερος ὑπὲρ πᾶσαν μάχαιραν δίστομον καὶ διϊκνούμενος ἄχρι μερισμοῦ ψυχῆς καὶ πνεύματος, ἁρμῶν τε καὶ μυελῶν, καὶ κριτικὸς ἐνθυμήσεων καὶ ἐννοιῶν καρδίας·

히 4:12 하나님의 말씀은 살아 있고 힘이 있어서 양쪽 날선 모든 칼보다 더 쪼개며 혼과 영과 관절과 골수 안까지 찌르고 심장의 생각과 뜻을 판단합니다.

1. 이 절에서는 하나님의 말씀이 얼마나 큰 역사를 하는지에 대해 밝히고 있다.

하나님의 말씀은 하나님의 생각과 판단의 표현이므로 사람의 판단과 생각이 도저히 이르러가지 못할 경지에까지 이른다.

하나님의 말씀은 만물을 창조하는 말씀이므로 살아 있고 힘이 강한 말씀이다. 하나님의 말씀이 힘이 있다고 하는 것은 말씀이 한번 이르면 능히 말씀하신 내용대로 이루어지는 것을 말한다.

2. 하나님의 말씀이 살아 있다고 한 것은 하나님의 말씀이 죽은 자들을 살리는 권세를 가지고 있음을 말한다.

3. 하나님의 말씀이 양쪽 날선 칼보다 더 쪼갠다고 하는 것은 사람 속에 감추어지고 덮어 놓은 생각과 계획을 밝히 드러내주는 것을 말한다.

하나님의 말씀은 사람을 지으신 창조주의 말씀이므로 사람 속에

깊이 감춰진 생각을 다 드러내고 밝히는 태양과 같음을 말한다.

4. 혼은 영혼을 지칭하며 활동과 생명의 주체를 표현한다.

따라서 혼은 일을 계획하고 집행하는 기능을 한다. 영은 영혼의 지성적인 면을 가리킨다.

지성은 사물들을 알아보고 행동과 그 행동의 선악의 정도와 유익을 판별하는 기능을 행사한다.

5. 하나님의 말씀이 혼을 쪼갠다는 것은 그 속에 계획하고 집행하려고 정해놓은 과정들을 다 밝힌다는 말씀이다.

영을 쪼갠다고 하는 것은 지성이 하는 모든 기능들과 그 목표하는 것들 곧 자기 이익을 위해서 잘못 알고 있는 기능을 행사하는지를 밝히는 것을 말한다.

6. 관절과 골수 안은 사람의 가장 깊은 곳으로 도저히 쉽게 접근할 수 없는 신체부위를 말한다.

관절과 골수 안까지 찌른다고 하는 것은 하나님의 말씀은 사람의 가장 깊은 곳이라도 도달하지 못하는 곳이 없음을 말한다. 즉 아무리 깊은 곳이라도 하나님의 말씀을 피해서 감출 곳이 되지 못함을 말한다.

7. 심장은 사람의 생명이 자리한 곳이다.

심장에서 나온 생각과 뜻이 삶을 결정한다. 죄도 심장에 자리한다.

8. 심장의 생각과 뜻을 판단한다고 하는 것은 하나님의 말씀이 그 사람의 삶의 목표와 방향이 무엇이며 하나님의 뜻과 어떻게 어긋나게 진행되는지를 다 밝혀주는 것을 말한다.

하나님의 말씀이 사람에게 이르러 역사하면 어떤 것도 숨기거나 감출 수 없고 모든 것을 다 밝히 드러낸다. 곧 생각과 작정의 시작부터 진행까지를 다 밝혀낸다.

■ **히 4:13** 지으신 것이 하나라도 그 앞에 나타나지 않음이 없고 오직 만물이 우리를 상관하시는 자의 눈앞에 벌거벗은 것같이 드러나느니라

4:13 καὶ οὐκ ἔστιν κτίσις ἀφανὴς ἐνώπιον αὐτοῦ, πάντα δὲ γυμνὰ καὶ τετραχηλισμένα τοῖς ὀφθαλμοῖς αὐτοῦ, πρὸς ὃν ἡμῖν ὁ λόγος.

히 4:13 창조물은 하나라도 그의 앞에 숨긴 것이 없고 만물은 우리가 상관할 이의 눈앞에 벌거벗었고 다 드러납니다.

1. 하나님의 말씀 앞에 숨길 것이 아무것도 없다.

하물며 만물을 창조하신 창조주 앞에 감출 것이 있겠는가? 어떤 사람도 그 마음의 생각과 고안을 하나님 앞에서는 감출 수가 없다.

2. 벗은 것은 그 있는 모양대로 다 드러내는 것을 말한다.

그러므로 창조주 앞에는 감추거나 숨길 것이 아무것도 없어서 다 밝히 드러남을 말한다.

큰 대제사장 예수 앞에 담대히 나가라: 4:14–16

■ **히 4:14** 그러므로 우리에게 큰 대제사장이 있으니 승천하신 자 곧 하나님 아들 예수시라 우리가 믿는 도리를 굳게 잡을지어다

4:14 Ἔχοντες οὖν ἀρχιερέα μέγαν διεληλυθότα τοὺς οὐρανούς, Ἰησοῦν τὸν υἱὸν τοῦ θεοῦ, κρατῶμεν τῆς ὁμολογίας·

히 4:14 그러므로 우리는 하늘들을 통해 가신 큰 대제사장 곧 하나님의 아들 예수를 가졌으니 우리는 믿음고백을 굳게 붙잡아야 합니다.

1. 여기서 저자는 구속사역을 마치고 하늘을 통하여 하나님의 보좌로 가신 큰 대제사장을 말한다.

큰 대제사장이라고 한 것은 많은 대제사장들 중에서 구속사역을 완전히 이루신 이는 하나님의 아들 예수뿐이기 때문이다. 예수를 큰 대제사장이라고 한 것은 대제사장으로서 구속사역을 이루신 예수가 레위지파에 속한 대제사장이 아니라 하나님의 아들로서 대제사장 직임을 다하셨기 때문이다.

2. 세상 구속을 완전히 이룬 대제사장 예수는 하나님의 아들로서 이보다 더 큰 대제사장은 없다.

제사장과 대제사장은 사람 가운데서 골라 세웠는데, 예수만이 하나님 곧 하나님의 아들로서 대제사장이 되셨기 때문에 큰 대제사장이다.

3. 그러므로 예수를 하나님의 아들로서 고백하는 믿음을 끝까지 붙들어야 한다.

■ **히 4:15** 우리에게 있는 대제사장은 우리 연약함을 체휼하지 아니하는 자가 아니요 모든 일에 우리와 한결 같이 시험을 받은 자로되 죄는 없으시니라

4:15 οὐ γὰρ ἔχομεν ἀρχιερέα μὴ δυνάμενον συμπαθῆσαι ταῖς ἀσθενείαις ἡμῶν, πεπειρασμένον δὲ κατὰ πάντα καθ' ὁμοιότητα χωρὶς ἁμαρτίας.

히 4:15 우리는 우리의 연약함을 동정하지 못하시는 대제사장을 가진 것이 아니고, 모든 면에서 우리와 같이 시험을 받으신 대제사장이나 죄는 없으십니다.

1. 우리의 대제사장은 사람으로서 대제사장이 아니고 하나님의 아들로서 대제사장이시다.

하나님의 아들이지만 사람이 되셨으므로 우리의 연약함을 잘 아는 제사장이시다. 우리의 연약함을 동정하실 뿐만 아니라 우리가 당하는 시험도 당하셨다.

2. 사람은 시험을 받으면 범죄하는 데 이르지만 하나님의 아들 대제사장은 시험 받으셨어도 결코 죄로 넘어가지 않으셨다.

우리의 연약함을 다 이해하시는 대제사장이므로 우리의 실수와 범죄와 넘어짐을 고백할 때, 우리가 연약하여 범죄하였음을 잘 이해하고 우리를 용서하고 다시 일으켜 세우시는 대제사장이시다. 책망과 꾸짖음으로 낙심하여 일어설 수 없게 뒤로 물러서게 하시는 것이 아니라 우리의 모든 연약함을 다 이해하고 다시 붙드심을 말한다.

■ **히 4:16** 그러므로 우리가 긍휼하심을 받고 때를 따라 돕는 은혜를 얻기 위하여 은혜의 보좌 앞에 담대히 나아갈 것이니라

4:16 προσερχώμεθα οὖν μετὰ παρρησίας τῷ θρόνῳ τῆς χάριτος, ἵνα λάβωμεν ἔλεος καὶ χάριν εὕρωμεν εἰς εὔκαιρον βοήθειαν.

히 4:16 그러므로 도움이 필요할 때에 담대함으로 은혜의 보좌에 나아가 불쌍히 여김을 받고 은혜를 얻읍시다.

1. 우리의 모든 연약함을 동정하시고 친히 시험도 받으신 대제사장이 앉아 계시는 은혜의 보좌로 나아가야 한다.

우리의 연약함과 어려움을 잘 아시므로 주저하거나 망설이지 말고 담대히 보좌 앞으로 나아가서 은혜를 구해야 한다.

2. 은혜의 보좌에는 우리를 위해서 죽어 우리를 구속하신 대제사장이

앉아 계신다.

3. 우리의 연약함을 아시므로 우리를 기꺼이 도우려고 하신다.

우리의 연약함을 말하고 도움을 구하려고 할 때, 과연 이런 경우에도 주의 도움을 구해야 하는가 망설일 수 있다.

우리의 대제사장은 모든 연약함을 아시고 시험도 받으셨으므로 우리의 간구를 다 들으신다.

4. 우리가 도움을 필요로 할 때마다 주저하지 말고 담대히 보좌로 나아가 도움과 은혜를 구해야 한다.

주는 죄인들에게 은혜와 불쌍히 여기심을 베푸시므로 도움이 필요할 때마다 주께 담대히 나아가서 구해야 한다. 담대히 나아가는 것은 주저하거나 망설이지 않고 주실 것을 굳게 믿고 나아가는 것을 말한다.

5. 불쌍히 여김은 죄로 인해 비참한 자리에 이른 자들에게 호의를 베푸심을 말한다.

은혜는 죄인에게 내리시는 하나님의 사랑이다.

히브리서

ΠΡΟΣ ΕΒΡΑΙΟΥΣ

제 5 장

멜기세덱의 반차를 좇은 대제사장

히브리서

ΠΡΟΣ ΕΒΡΑΙΟΥΣ

대제사장의 직임과 자격: 5:1-4

■ **히 5:1** 대제사장마다 사람 가운데서 취한 자이므로 하나님께 속한 일에 사람을 위하여 예물과 속죄하는 제사를 드리게 하나니

5:1 Πᾶς γὰρ ἀρχιερεὺς ἐξ ἀνθρώπων λαμβανόμενος ὑπὲρ ἀνθρώπων καθίσταται τὰ πρὸς τὸν θεόν, ἵνα προσφέρῃ τεδῶρά καὶ θυσίας ὑπὲρ ἁμαρτιῶν,

히 5:1 사람 가운데서 취해진 대제사장마다 하나님께 속한 일에 사람을 위하여 세워져서 예물과 속죄제사를 드립니다.

1. 대제사장은 사람들 가운데서 뽑아서 사람들의 죄과와 허물에 대해 속죄제사를 위해서 세워진다.

대제사장은 백성들의 죄를 속량하기 위해서 제물을 바쳐 드리는 제사장으로 세워진 직분자이다. 그러므로 대제사장은 백성을 위해 속죄제사를 하나님께 바쳐드리므로 하나님과 백성을 화해시킨다.

2. 예물로 감사예물과 서원예물과 십일조 등을 드린다.

3. 죄를 위한 제사는 짐승의 살과 피로 드리는 제사이다.

이런 일을 해온 대제사장들은 다 큰 대제사장 예수를 예표하였다.

그러므로 구약의 대제사장들은 제사를 드려 속죄를 할 수 없었다.

4. 구약의 제사는 단지 예수 대제사장의 참된 속죄제사에 대한 예표로서만 일하였으므로 실제로 죄를 속량할 수 없었다.

■ 히 5:2 저가 무식하고 미혹한 자를 능히 용납할 수 있는 것은 자기도 연약에 싸여 있음이니라

5:2 μετριοπαθεῖν δυνάμενος τοῖς ἀγνοοῦσι καὶ πλανωμένοις ἐπεὶ καὶ αὐτὸς περίκειται ἀσθένειαν,

히 5:2 그런 대제사장이 무식하고 그릇 가는 자들을 용납할 수 있는 것은 그 자신도 연약함에 싸여 있기 때문입니다.

1. 사람들 중에서 뽑은 대제사장은 보통 사람과 같았다.

이런 대제사장은 완전한 속죄제사를 할 수 없는 제사장이다.

그러므로 현저히 잘못하는 사람들과 알지 못하는 자들도 받아들여 제사를 드린다. 대제사장들도 백성들이 범하는 동일한 죄들을 범하였다.

2. 대제사장도 하늘의 신비에 대해서는 잘 알 수가 없어서 자기의 제사로 백성의 죄가 다 속량되는 줄로 알았다.

하늘의 신비는 하나님의 아들, 대제사장의 몸을 드린 제사로만 모든 죄가 완전히 속해지는 것이다.

■ 히 5:3 이러므로 백성을 위하여 속죄제를 드림과 같이 또한 자기를 위하여 드리는 것이 마땅하니라

5:3 καὶ δι' αὐτὴν ὀφείλει, καθὼς περὶ τοῦ λαοῦ, οὕτως καὶ περὶ αὐτοῦ προσφέρειν περὶ ἁμαρτιῶν.

히 5:3 이러므로 백성의 죄를 위해서 제사를 드리는 것과 같이 자신의 죄를 위해서도 제사를 드리는 것이 마땅합니다.

1. 대제사장은 백성의 죄를 속량하기 위해서 세워진 제사장이다.

사람 가운데서 뽑은 대제사장은 백성 중의 하나일 뿐이어서 백성들이 범하는 동일한 죄를 범하므로 자기의 죄를 위해서도 속죄제사를 드려야 했다.

2. 대제사장은 자기의 죄를 위해서 먼저 제사한 후에 백성의 죄를 위해서 제사할 수 있었다.

대제사장이 자기의 죄를 위해서 제사하고 백성의 죄를 위해 제사하는 것은 레위기 9:7에 명기되어 있고, 레위기 16:6에는 아론도 자기와 자기 식구들을 위해서 속죄제사를 드려야 했다.

3. 대제사장이 자기 자신의 죄를 위해서 속죄제사를 드린다는 것은 그의 속죄제사로 죄를 온전히 해결할 수 없는 제사장임을 암시하고 있다.

■ **히 5:4** 이 존귀는 아무나 스스로 취하지 못하고 오직 아론과 같이 하나님의 부르심을 입은 자라야 할 것이니라

5:4 καὶ οὐχ ἑαυτῷ τις λαμβάνει τὴν τιμήν, ἀλλὰ καλούμενος ὑπὸ τοῦ θεοῦ, καθώσπερ καὶ Ἀαρών.

히 5:4 또 이 존영은 아무나 스스로 취하지 못하고 아론과 같이 하나님의 부르심을 받은 자가 합니다.

1. 사람들 가운데서 뽑아 백성을 위해서 속죄제사를 하기 위해 먼저 자기 자신을 위한 제사를 드려야 하는 대제사장도 아무나 하지 못한다.

오직 대제사장과 제사장 직임을 하도록 배정된 레위지파 사람들

만이 할 수 있었다.

2. 출애굽기 28:1에 하나님은 아론과 그의 자손들만이 제사장의 직분을 행하도록 명하셨다.

이 때문에 레위지파가 아닌 다른 지파 사람들은 대제사장과 제사장을 할 수가 없었다.

고라와 그의 무리들이 범죄한 것도 (민 16:1-35) 여호와 하나님이 지목한 지파의 자손들만 제사장이 될 수 있는데도, 자기들이 그 직분을 주장하고 행사하려고 하였기 때문이다.

하나님의 아들 대제사장도 하나님이 세우셨다: 5:5–10

■ **히 5:5** 또한 이와 같이 그리스도께서 대제사장 되심도 스스로 영광을 취하심이 아니요 오직 말씀하신 이가 저더러 이르시되 너는 내 아들이니 내가 오늘날 너를 낳았다 하셨고

5:5 Οὕτως καὶ ὁ Χριστὸς οὐχ ἑαυτὸν ἐδόξασεν γενηθῆναι ἀρχιερέα, ἀλλ᾽ ὁ λαλήσας πρὸς αὐτόν· Υἱός μου εἶ σύ, ἐγὼ σήμερον γεγέννηκά σε·

히 5:5 이와 같이 그리스도도 스스로 대제사장 되는 영광을 갖지 못하였고, 그에게 말씀하신 이가 이르시기를, 당신은 내 아들이요 내가 오늘 당신을 낳았다고 하셨습니다.

1. 대제사장은 하나님이 친히 세우신다.

2. 그리스도는 하나님의 아들이어도 스스로 대제사장 되지 못하고 아버지가 그를 대제사장으로 세우셨다.

그리스도도 대제사장 되도록 자신을 영화롭게 하지 못하였다고 한 것은 대제사장으로 세워진 것이 죄를 해결하는 직임이므로 이 직분이 큰 영광의 직분임을 밝히고 있다.

3. 하나님의 아들이 아버지에 의해 성령으로 기름 부음 받아 대제사장으로 세워졌다. 성령으로 기름 부음이 대제사장으로 세워진 의식이었다.

'너는 내 아들이라 내가 오늘 너를 낳았다'라고 말씀하신 것은 그를 대제사장 곧 그리스도로 세우심을 표현한 것이다.

4. '내가 오늘 너를 낳았다'라고 말씀하신 것은 영원한 아들의 출생을 말하는 것이 아니고 사람으로 나심을 말한다.

이 본문의 말씀은 시편 2:7의 예언이다.

5. 그것은 아들이 사람이 되신 후 하나님 나라의 제사장 왕으로 임직되신 임직식을 말한다.

하나님의 아들 그리스도는 이 임직식 후에 백성을 위해서 속죄제사를 할 수 있었다.

6. 오늘 내가 당신을 낳았다고 한 말씀은 하나님의 아들이 사람이 되셔서 출생하신 것만을 지시하는 것이 아니라 죽은 후 부활하신 것을 지시한다.

7. 세례 요한에게 세례 받고 성령으로 기름 부어져서 그리스도는 하나님 나라의 왕 곧 왕적 대제사장이 되신 것을 말한다.

■ **히 5:6** 또한 이와 같이 다른 데 말씀하시되 네가 영원히 멜기세덱의 반차를 좇는 제사장이라 하셨으니

5:6 καθὼς καὶ ἐν ἑτέρῳ λέγει· Σὺ ἱερεὺς εἰς τὸν αἰῶνα κατὰ τὴν τάξιν Μελχισέδεκ,

히 5:6 그가 다른 곳에서 말씀하시기를 당신은 멜기세덱의 반차를 좇

아 영원히 제사장이라고 하신 것같이

1. 이 다른 곳은 시편 110:4를 말한다. '너는 멜기세덱의 반차를 좇아 영원한 제사장이라 하셨도다'라고 한 말씀의 글자대로 인용이다.

멜기세덱은 창세기 14:18에 지극히 높으신 하나님의 제사장이었다고 나온다.

2. 창세기 14:20에 멜기세덱은 아브라함에게서 얻은 것의 십분의 일을 받고 사라진 후 다시는 성경에 등장하지 않았다.

멜기세덱은 처음 성경에 나타날 때 족보법을 따라서 누구의 아들인지를 표기하지 않았고, 얼마나 살다가 죽었는지도 말하지 않고 있다. 따라서 족보법상으로 그는 낳은 날도 없고, 죽지도 않았고, 아직도 하나님의 대제사장으로 남아 있다.

3. 그리스도는 레위지파로 나지 않았고 유다지파로 났으므로 제사장의 법으로는 대제사장 될 수 있는 자격이 없다.

그러므로 멜기세덱의 반차를 따라서 대제사장이 되었으므로 멜기세덱처럼 영원한 제사장이 되었다.

4. 예수 그리스도는 하나님의 영원한 아들이므로 그의 대제사장 직분도 영원하다.

그리스도의 속죄제사가 영원까지 유효하기 때문이다.

■ **히 5:7** 그는 육체에 계실 때에 자기를 죽음에서 능히 구원하실 이에게 심한 통곡과 눈물로 간구와 소원을 올렸고 그의 경외하심을 인하여 들으심을 얻었느니라

5:7 ὃς ἐν ταῖς ἡμέραις τῆς σαρκὸς αὐτοῦ δεήσεις τε καὶ ἱκετηρίας πρὸς τὸν δυνάμενον σῴζειν αὐτὸν ἐκ θανάτου μετὰ κραυγῆς ἰσχυρᾶς καὶ δακρύων προσενέγκας καὶ εἰσακουσθεὶς ἀπὸ τῆς εὐλαβείας,

히 5:7 그는 그의 육체로 계신 날들에 자기를 죽음에서 구원하실 수 있는 이에게 부르짖었고, 눈물로 간구와 소원을 드렸으며, 그의 경외하심으로 들으심을 얻으셨습니다.

1. 예수 그리스도는 본성적으로 하나님의 아들이시지만 속죄제사를 수행하는 것을 위임받았다.

속죄제사를 하되 자기 몸을 제물로 드려서 속죄제사를 드리도록 작정되었다. 인성으로는 죽음에 이르는 것이 말로 할 수 없는 공포요 전율이었다.

2. 십자가에서 죽는 죽음을 앞에 놓고 살았기 때문에 속죄제사를 온전히 할 수 있도록 하나님 아버지께 늘 기도하였다.

죽음을 직접 마주하게 되었을 때에 그리스도는 간절히 기도하고 간구하였다 (막 14:36-39; 마 26:39-44; 눅 22:42-46).

3. 눈물과 땀으로 기도하였고 아빠 아버지라고 부르짖어 기도하였다 (막 14:36).

속죄 제물로 죽는 예수 그리스도는 그의 인성에 있어서 죽음 후에 부활에 이르므로 온전한 속죄를 할 수 있도록 간구하였다.

4. 이 일을 히브리서 저자는 크게 부르짖음과 눈물로 간구하였다고 기록하고 있다.

하나님만이 사람을 죽음에서 살리실 수 있기 때문에 두려움으로 기도하였다. 그리스도의 마지막 기도는 십자가상의 죽음으로 구원을 이루게 정하신 아버지께 아뢰는 기도였다.

5. 그 후 부활하시므로 속죄사역을 완수하셨다.

■ **히 5:8** 그가 아들이시라도 받으신 고난으로 순종함을 배워서

5:8 καίπερ ὢν υἱός, ἔμαθεν ἀφ' ὧν ἔπαθεν τὴν ὑπακοήν,

히 5:8 그는 아들이셔도 그가 당하신 고난들로 순종함을 배워서

1. 하나님의 아들이 사람이 되시므로 고난을 당하셨다.

많은 고난들을 당하셨다. 그 고난은 죽음에까지 나아가도록 작정된 고난이었다. 아들은 아버지가 작정하신 죽음에 이르기까지 순종하여 나아갔다.

2. 하나님의 아들은 아브라함이 아들을 죽여 제사 드리는 그 순종을 친히 이루셨다.

하나님의 아들이 사람의 아들이 되시어 자기를 죽음으로 작정한 하나님 아버지께 순종하셨다.

3. 하나님이신 이가 사람이 되시어 죽기까지 순종하여 사람이 할 수 있는 순종의 최정상을 이루셨다.

이렇게 죽음에까지 이른 순종으로 세상을 완전히 구원하셨다.

■ **히 5:9** 온전하게 되었은즉 자기를 순종하는 모든 자에게 영원한 구원의 근원이 되시고

5:9 καὶ τελειωθεὶς ἐγένετο πᾶσιν τοῖς ὑπακούουσιν αὐτῷ αἴτιος σωτηρίας αἰωνίου,

히 5:9 온전하게 되시어 자기를 순종하는 모든 자들에게 영원한 구원의 근원이 되셨고

1. 하나님의 아들이 죽음에까지 순종하므로 완전한 구원의 근원이 되

셨다.

죽음에까지 나아가는 순종을 하셨으니 완전한 순종을 하신 것이다. 죽음으로의 작정을 순종하는 것은 더 이상 바랄 수 없는 완전한 순종의 경지이다.

2. 이렇게 죽음에까지 나아가므로 속죄제사가 완전히 성취되었다.

그리스도가 죽음으로 구원을 온전히 이루셨으므로 모든 믿는 자들에게 영원한 구원을 주시게 되었다.

3. 죽고 부활하시므로 완전한 구원을 이루어놓으신 그리스도에게서만 영원한 생명과 영광이 나오게 되었다.

사람이 죽지 않고 영생하는 것은 오직 주 예수 그리스도를 믿는 믿음뿐이다.

4. 그를 순종하는 자들은 그를 믿는 모든 자들을 말한다.

그러므로 주 예수를 믿는 자들은 모두 영생과 영원한 구원을 얻는다.

- **히 5:10** 하나님께 멜기세덱의 반차를 좇은 대제사장이라 칭하심을 받았느니라

  5:10 προσαγορευθεὶς ὑπὸ τοῦ θεοῦ ἀρχιερεὺς κατὰ τὴν τάξιν Μελχισέδεκ.

  히 5:10 하나님께서 멜기세덱의 반차를 따른 대제사장이라고 부르셨습니다.

1. 멜기세덱은 창세기 14:18-20에 처음 출현한다.

성경은 멜기세덱이 누구의 아들이고, 언제 나서 얼마를 살다가 죽었는지를 밝히지 않는다. 따라서 족보법상으로 멜기세덱은 죽지

않았고, 지금도 하나님의 대제사장이다.

2. 레위 제사장은 20세에서 50세까지 30년간 제사장직을 감당하다가 은퇴한다.

3. 그러나 멜기세덱의 반차를 따라 대제사장이 되신 예수는 영원한 대제사장이다.

예수 대제사장은 단 한 번의 속죄제사로 모든 죄를 다 속량하였고 그 속죄의 효력은 영원하다.

4. 예수 대제사장으로 말미암아 구원이 정해졌음을 밝히기 위해서 하나님이 다윗을 통하여 시편 110:4에 주 예수가 멜기세덱의 반차를 따른 영원한 대제사장임을 미리 말씀하셨다.

5. 하나님 아버지 앞에 모든 성도들이 모였을 때 주 예수가 대제사장으로서 아버지 앞에 계시기 때문에, 죄에 대한 책임을 성도들이 추궁 받지 않고 영원히 평안하게 하나님 앞에서 지낼 수 있게 되었다.

독자들의 영적 성장이 더딤으로 멜기세덱의 반차를 따른 대제사장에 대해 설명하기 어렵다: 5:11-14

■ **히 5:11** 멜기세덱에 관하여는 우리가 할 말이 많으나 너희의 듣는 것이 둔하므로 해석하기 어려우니라

5:11 Περὶ οὗ πολὺς ἡμῖν ὁ λόγος καὶ δυσερμήνευτος λέγειν, ἐπεὶ νωθροὶ γεγόνατε ταῖς ἀκοαῖς·

히 5:11 멜기세덱에 관하여는 우리에게 할 말이 많으나 여러분의 듣는 것이 둔하므로 해석하기 어렵습니다.

1. 아직 성전제사가 계속될 때이므로 레위 제사장과 레위 대제사장만 알고 있는데, 또 다른 계통의 대제사장이 있다는 것을 알아야 함을 강조하고 있다.

멜기세덱이 족보법상으로 영원한 대제사장이라는 것이지, 하나님의 아들 대제사장처럼 실제적으로 영원하다는 것은 아니다. 그러므로 레위 대제사장직과 비교하여 말할 때 멜기세덱은 족보법상으로만 영원한 대제사장일 뿐이다.

2. 그러나 영원한 하나님의 아들은 본성으로 영원한 아들이신고로 그 직임이 갈리지 않아서 영원한 대제사장으로 계신다.

이런 설명도 잘 알아듣지 못하므로 그냥 '멜기세덱의 반차를 따르는 대제사장'이라고만 말하는 것으로 그친다.

■ **히 5:12** 때가 오래므로 너희가 마땅히 선생이 될 터인데 너희가 다시 하나님의 말씀의 초보가 무엇인지 누구에게게 가르침을 받아야 할 것이니 젖이나 먹고 단단한 식물을 못 먹을 자가 되었도다

5:12 καὶ γὰρ ὀφείλοντες εἶναι διδάσκαλοι διὰ τὸν χρόνον, πάλιν χρείαν ἔχετε τοῦ διδάσκειν ὑμᾶς τινὰ τὰ στοιχεῖα τῆς ἀρχῆς τῶν λογίων τοῦ θεοῦ, καὶ γεγόνατε χρείαν ἔχοντες γάλακτος, οὐ στερεᾶς τροφῆς.

히 5:12 때가 되었으므로 여러분은 마땅히 가르치는 자들이 되어야 할 것이지만, 다시 누군가가 하나님의 말씀의 기초를 가르쳐야 하게 되었으니 젖이나 먹고 단단한 음식은 먹지 못하는 자들이 되었습니다.

1. 지금 이 편지의 독자들은 믿은 지 상당한 세월이 되었음을 말한다.

그간에 배운 믿음의 내용들이 많으므로 선생이 될 만한 시간이

되었다. 그러나 다른 처음 믿는 자들을 가르칠 수 있는 단계에 도달하지 못하였다.

2. 믿기는 하지만 믿음의 단련을 받지 못해서 아직도 처음 단계의 믿음의 지식 상태에 머물러 있다.

믿음의 초보를 다시 가르쳐주어야 할 형편에 놓여 있다. 그래서 젖이나 먹는 아주 처음 단계의 믿음의 지식과 상태에 있다.

3. 가르치는 자는 하나님의 구원경륜과 아들이 영원한 대제사장 직임으로 세상을 구원하는 일을 이루어내었음을 알고 가르칠 수 있는 자가 되는 것을 말한다.

단단한 음식을 먹는 것은 자기의 믿음을 활용하여 판단하고 행동할 수 있는 상태를 말한다.

4. 이런 그리스도인들에게 히브리서 저자는 깊은 신학적 지식을 전달한다.

히브리서의 수신자들은 레위 제사직분만 알므로 멜기세덱의 반차를 따라서 영원한 대제사장이 되신 그리스도의 대제사장 직분을 잘 이해하지 못하고 있다.

■ **히 5:13** 대저 젖을 먹는 자마다 어린아이니 의의 말씀을 경험하지 못한 자요

5:13 πᾶς γὰρ ὁ μετέχων γάλακτος ἄπειρος λόγου δικαιοσύνης, νήπιος γάρ ἐστιν·

히 5:13 젖을 먹는 자마다 어린아이여서 의의 말씀을 경험하지 못합니다.

1. 의의 말씀은 무엇을 지시하는지 알기가 쉽지 않다.

크리소스토모스는 의의 말씀은 행동을 지시하는 것으로 해석한다. 또 한편 그는 의의 말씀을 그리스도의 높은 교리를 말하는 것으로 해석한다.

2. 벵겔도 의의 말씀을 그리스도의 교리를 말하는 것으로 이해하고 있다.

그러면 히브리서가 지금 강조하는 것 곧 하나님의 아들이 영원한 대제사장으로서 구속사역을 완성하신 것을 지시한다고 보는 것이 적합하다.

3. 어린아이는 아직 배운 말씀대로 행동하고 살아갈 수 있는 상태가 되지 못한다.

젖으로 사는 어린아이는 믿으면 구원받는다는 것 정도만을 알고 있다. 그래서 그리스도께서 어떤 방식으로 구원사역을 다 이루셨는지를 알지 못하는 사람을 말하는 것으로 이해해야 한다.

■ **히 5:14** 단단한 식물은 장성한 자의 것이니 저희는 지각을 사용하므로 연단을 받아 선악을 분변하는 자들이니라

5:14 τελείων δέ ἐστιν ἡ στερεὰ τροφή, τῶν διὰ τὴν ἕξιν τὰ αἰσθητήρια γεγυμνασμένα ἐχόντων πρὸς διάκρισιν καλοῦ τε καὶ κακοῦ.

히 5:14 단단한 음식은 다 자란 사람들의 것이요 그들은 지각을 사용하여 단련을 받아 선과 악을 분별하는 자들입니다.

1. 어린아이들은 죽이나 젖이나 우유로 만든 가볍고 부드러운 음식을 먹는다.

다 자란 사람은 그런 음식으로는 자기 몸을 지탱하고 움직여서 살 힘을 얻을 수 없다.

2. 믿음의 세계에서도 젖이나 죽 같은 음식은 다 자란 사람에게는 힘이 안 된다.

믿음의 세계에서도 어린아이들은 이제 믿은 지 얼마 되지 않아서 믿음의 깊은 도리를 바르게 알 수 없는 자들을 말한다. 이런 어린 믿음을 가진 사람은 선과 악을 판단하기가 어렵다.

3. 믿음의 삶을 오래하여 단련된 사람은 하나님의 말씀에 근거하여 선과 악을 판단할 수 있다.

사람관계에서 선과 악을 판단할 때 하나님의 말씀에 따라서 할 때는 분별력을 필요로 한다.

4. 사람 사이에 선과 악을 판단하는 일이 참으로 어렵다.

히브리서

ΠΡΟΣ ΕΒΡΑΙΟΥΣ

제 6 장

믿는 자들에게 하나님의 약속은 확실하다

히브리서

ΠΡΟΣ ΕΒΡΑΙΟΥΣ

완전한 데로 나아가라: 6:1-3

■ **히 6:1** 그러므로 우리가 그리스도 도의 초보를 버리고 죽은 행실을 회개함과 하나님께 대한 신앙과

6:1 Διὸ ἀφέντες τὸν τῆς ἀρχῆς τοῦ Χριστοῦ λόγον ἐπὶ τὴν τελειότητα φερώμεθα, μὴ πάλιν θεμέλιον καταβαλλόμενοι μετανοίας ἀπὸ νεκρῶν ἔργων, καὶ πίστεως ἐπὶ θεόν,

히 6:1 그러므로 우리가 처음 믿을 때 받은 그리스도의 말씀을 뒤로 하고 완전한 데로 나아가되, 죽은 행실들에서 돌이킴과 하나님에 대한 믿음의 터를 놓지 말 것이며

1. 그리스도인의 믿음은 자라가야 한다.

처음 믿을 때 세례문답의 처음 내용에 해당하는 과거 행실들에서 돌이킴과 주 예수 그리스도를 믿음으로 하나님을 믿는 것임을 배우고, 부활 후에 심판이 있고 영원한 생명을 얻는 것을 배운다.

2. 죽은 행실들에서 돌이키는 것은 믿음의 첫 시작이다.

우리가 믿기 전에 행하던 모든 일은 다 죽음에 이를 일들이었다. 믿은 후에는 그런 죽은 행실들을 반복하면 안 된다.

3. 주 예수를 믿는 것이 곧 하나님을 믿는 것임을 대부분 잘 모른다.

믿으면서 하나님의 구원 작정과 섭리를 배워서 믿음에 굳게 서야 한다.

4. 하나님의 구원 작정 중에서 가장 중요한 것은 하나님의 아들이 사람이 되어 십자가에서 인류의 죗값을 치르므로 세상을 구원하신다는 진리이다.

하나님의 구원 작정과 그 집행 과정을 아는 것은 완전함에 이르는 지름길이다.

■ **히 6:2** 세례들과 안수와 죽은 자의 부활과 영원한 심판에 관한 교훈의 터를 다시 닦지 말고 완전한 데 나아갈지니라

6:2 βαπτισμῶν διδαχὴν ἐπιθέσεώς τε χειρῶν, ἀναστάσεώς τε νεκρῶν καὶ κρίματος αἰωνίου.

히 6:2 세례들과 손을 얹는 것과 죽은 자들이 다시 살아남과 영원한 심판에 관한 가르침의 터를 다시 놓지 말아야 할 것입니다.

1. 여기서 세례들을 복수로 쓴 것은 유대인들이 요한의 회개의 세례를 받고 주 예수를 믿음으로 또 세례를 받았기 때문이다.

그래서 아직도 요한의 세례와 예수 믿을 때 받는 세례가 같은 것인 줄로 알고 있음을 지적하고 있다. 한국교회에도 물세례만은 별로 감흥이 없어서 물세례 후에 제2의 세례, 불세례, 성령세례 등이 있는 줄로 생각한 것과 같다.

2. 이 본문은 예수 그리스도의 이름으로 세례 받아야 구원 얻은 자들이 됨을 말하고 있다.

3. 교회에서 세례 줄 때 손을 얹는다. 또 사람을 복음전도자로 세울 때 손을 머리에 얹어 세운다.

병든 사람들을 낫게 할 때에도 손을 얹고 기도하였다. 이렇게 손을 얹는 일이 많으므로 손을 얹어서 일이 해결되는 줄로 알게 되었음을 말하고 있다.

4. 주님이 다시 오실 때, 죽은 자들이 다시 살아날 것임을 처음 믿을 때 배웠다.

또 믿지 않는 자들은 심판을 받아서 영원한 형벌을 받는다는 것도 믿고 세례 받을 때 배운 도리이다.

5. 믿는 자들은 믿을 때 영원한 심판에 대해서 배웠다.

그래서 믿는 사람들도 최종 심판을 받아서 그의 영원한 삶이 결정되는 것으로 알고 있지만, 믿는 자들은 믿을 때 의롭다고 하는 선언을 받았으므로 마지막 심판 때 결코 심판 받지 않는다.

이미 믿어서 의롭다함을 선언 받은 사람들은 심판 때 다시 새로운 심판을 받는 것이 아니다. 믿을 때 받은 의롭다는 선언이 최종적 칭의 선언이다. 탈락한 자들은 하나님의 예정한 자가 아니라고 보아야 한다.

6. 이런 모든 것들이 처음 주 예수를 믿을 때 가르침 받은 도리들이다.

믿는 자들이 처음 믿은 후에 믿음이 흔들려서 왔다 갔다 하다가 다시 믿음의 초보로 돌아가는 것은 믿음의 터를 다시 놓는 일이다.

7. 여기에 머물지 말고 더 높은 진리 곧 포괄적인 구원경륜의 이해로 나아가야 한다.

하나님의 구원경륜의 큰 뜻은 사람들을 다시 살려 영생과 영광에 이르도록 작정하신 것을 말한다.

8. 크리소스토모스는 완전한 데로 나아가는 것을 깨끗한 삶을 사는 것으로 이해하였다.

또 그는 그리스도의 시작의 말씀을 믿음으로 보고 그것을 깨끗한 삶의 터전으로 삼았다.

■ **히 6:3** 하나님께서 허락하시면 우리가 이것을 하리라

6:3 καὶ τοῦτο ποιήσομεν ἐάνπερ ἐπιτρέπῃ ὁ θεός.

히 6:3 하나님께서 허락하시면 이것도 우리가 할 것입니다.

1. 초보적인 믿음의 단계에서 더 높은 단계로 나아가는 일은 쉽게 되는 일이 아님을 보여준다.

2. 하나님께서 바른 깨달음을 주시면 하나님의 구원경륜을 이해할 수 있다.

또 하나님의 말씀을 바르고 깊게 이해한 사람이 가르치면 쉽게 이 경륜을 이해할 수 있다.

3. 하나님이 허락하셔야 이것을 할 수 있다고 하는 것은 은혜의 역사도 하나님의 주권적인 사역임을 보여준다.

더 큰 진리의 지식에 이르는 것은 전적으로 하나님이 허락하셔서 성령이 역사하심으로 할 수 있다는 것을 보여준다.

구원 은혜를 맛보고 타락한 자들은 돌이킬 수 없다: 6:4–6

■ **히 6:4** 한 번 비침을 얻고 하늘의 은사를 맛보고 성령에 참예한 바 되고

6:4 Ἀδύνατον γὰρ τοὺς ἅπαξ φωτισθέντας γευσαμένους τε τῆς δωρεᾶς τῆς ἐπουρανίου καὶ μετόχους γενηθέντας πνεύματος ἁγίου

히 6:4 한번 비침을 받고 하늘의 선물을 맛보고 성령에 참여하게 되었고

1. 복음을 믿고 세례 받은 자는 한 번 비췸을 받은 자이다.

예수 그리스도가 하나님의 아들이심과 그의 구속사역을 알았으므로 세례 받았으니 그는 믿음의 도리에 대해 깨달음을 가진 자이다. 그러므로 죄악의 어두움에서 벗어나 진리의 빛에 이른 사람이 된 것을 말한다.

2. 하늘의 선물은 구원 얻으므로 오는 기쁨을 말한다.

혹은 크리소스토모스의 해석대로 죄용서를 받음이라고 할 수 있다. 구원받는 것과 죄를 용서받는 것은 같은 것을 지시하므로 동일한 내용이라고 할 수 있다. 곧 구원 얻음으로 오는 구원의 기쁨을 누리게 된 것을 말한다.

3. 필립 휴즈 (Philip E. Hughes)는 하늘의 선물을 맛보는 것은 성찬에 참여함으로 말한다.

맛보다는 말은 곧 혀로 맛보는 것으로 성찬에 참여하여 주의 몸과 피를 받아 주의 구원을 확신한 경우를 말하는 것으로 볼 수 있다.

그러나 결국은 죄용서로 오는 기쁨을 누리는 것으로 보는 것이 정당하다.

4. 성령에 참여한 자가 되는 것은 성령의 깨닫게 하심과 구원의 기쁨을 받아 누리게 되는 것을 말한다.

■ **히 6:5** 하나님의 선한 말씀과 내세의 능력을 맛보고

6:5 καὶ καλὸν γευσαμένους θεοῦ ῥῆμα δυνάμεις τε μέλλοντος αἰῶνος,

히 6:5 또 하나님의 선한 말씀과 오는 세상의 능력들을 맛보고

1. 하나님의 선한 말씀은 복음을 뜻한다.

복음은 하나님이 아들로 세상을 구원하신 것을 지시한다.

2. 오는 세상의 능력들은 부활을 알리는 경험들을 말한다고 볼 수 있다.

오는 세상의 능력은 새롭게 하는 능력을 지시한다고 해야 합당하다. 곧 복음의 능력을 말한다.

■ **히 6:6** 타락한 자들은 다시 새롭게 하여 회개케 할 수 없나니 이는 자기가 하나님의 아들을 다시 십자가에 못 박아 현저히 욕을 보임이라

6:6 καὶ παραπεσόντας, πάλιν ἀνακαινίζειν εἰς μετάνοιαν, ἀνασταυροῦντας ἑαυτοῖς τὸν υἱὸν τοῦ θεοῦ καὶ παραδειγματίζοντας.

히 6:6 타락한 자들은 다시 회개에 이르도록 새롭게 할 수 없습니다. 그들은 스스로 하나님의 아들을 다시 십자가에 못 박고 욕을 보이기 때문입니다.

1. 복음을 받아들여 세례 받고 온갖 구원의 은사들을 맛본 사람들은 복음의 도에서 떨어져나가면 다시 돌이킬 수 없다.

그들은 복음을 받아들일 때 회개하고 믿었다. 그리고 믿음으로 모든 하늘의 은사들을 누렸다. 그런데 믿음에서 떨어져나가면 다시 돌이키는 것이 불가능하다.

2. 회개는 성령이 마음을 새롭게 하고 깨닫게 하시므로 믿음이 일어나서 죄를 뉘우치는 것을 말한다.

그런 성령의 역사과정과 믿음과 구원의 능력을 맛보고서 떨어져나간 사람들은 다시 돌이켜 믿음으로 돌아갈 수가 없다.

3. 그들은 자기들의 구원의 원천을 부정하기 때문에 다시 주 예수를 믿는 믿음으로 돌아가는 회개를 할 수가 없다.

처음 믿음을 버리고 업신여기는 것은 그리스도의 피 흘려 이루

신 구속사역을 짓밟는 일이다.

4. 그리스도의 피 흘리심을 부정하는 것은 십자가 이전의 상태로 돌아가는 것이다.

그리스도께서 죄 때문에 피 흘리셔서 죗값을 지불하셨다. 그런데 그의 피 흘리심을 부인하면 이전의 죄용서가 무효가 된다.

5. 그런데도 다시 회개하여 돌이킨다면, 이미 흘린 피가 무효가 되었으므로 다시 그리스도께서 피 흘리셔야 함이 된다.

그리스도를 다시 십자가에 못 박는 것은 십자가에 달리시어 당한 모욕과 모독과 저주를 다시 당하게 하는 것이 된다. 이것처럼 큰 욕과 저주가 없다.

6. 이렇게 큰 구원은혜를 배척한 자들은 다시 돌이켜 하나님의 구원에 동참하는 자들이 될 수 없다.

이 본문은 칼빈의 설명대로 이런 믿음은 일시적인 믿음이고, 핑계하지 못하도록 하기 위해서 하나님께서 일시적으로 믿음에 동참하도록 하였다는 것을 보여주는 말씀이다 (마 13:5 참조).

7. 믿음에서 떨어지는 것은 일시적인 떨어짐을 말하는 것이 아니라 완전히 믿음에서 떨어지는 것을 말한다.

곧 유대교로 돌아가는 것은 단번에 받은 은혜에서 떨어지는 것을 말한다. 이런 사람들에게 죄용서가 없음을 말한다.

땅이 제 일을 다 하지 못함으로 저주를 받는다: 6:7-8

■ **히 6:7** 땅이 그 위에 자주 내리는 비를 흡수하여 밭 가는 자들의 쓰기에 합당한 채소를 내면 하나님께 복을 받고

6:7 γῆ γὰρ ἡ πιοῦσα τὸν ἐπ' αὐτῆς ἐρχόμενον πολλάκις ὑετόν, καὶ τίκτουσα βοτάνην εὔθετον ἐκείνοις δι᾽ οὓς καὶ γεωργεῖται, μεταλαμβάνει εὐλογίας ἀπὸ τοῦ θεοῦ·

히 6:7 땅이 그 위에 자주 오는 비를 마시고 밭 가는 자들을 위해 쓰기에 적합한 채소를 내면 하나님으로부터 복을 받습니다.

1. 7, 8절은 구원은혜와 구별되는 창조세계로 눈을 돌린다.

하나님은 창조 시에 채소와 곡식과 나무의 열매들을 사람과 동물의 먹이로 정하셨다 (창 1:29-30).

2. 땅은 본래 사람이 먹고 살 채소와 곡식과 과일을 잘 내야 소임을 다하는 것이다.

하나님은 땅으로 그 소임을 다하도록 땅 위에 비를 자주 내리게 정하셨다.

3. 하나님이 사람을 위해서 이렇게 역사하시므로 땅은 창조주로부터 받은 소임을 다 감당해야 한다.

이렇게 하므로 땅은 하나님으로부터 복을 받아 계속 기름져서 채소와 곡식을 내게 된다.

- **히 6:8** 만일 가시와 엉겅퀴를 내면 버림을 당하고 저주함에 가까와 그 마지막은 불사름이 되리라

  6:8 ἐκφέρουσα δὲ ἀκάνθας καὶ τριβόλους ἀδόκιμος καὶ κατάρας ἐγγύς, ἧς τὸ τέλος εἰς καῦσιν.

히 6:8 그러나 땅이 가시와 엉겅퀴를 내면 쓸모없어서 저주에 가깝게 되고 그 마지막은 불사름에 이릅니다.

1. 땅이 비를 자주 받아 마시고 또 땅을 갈아주지만, 곡식과 채소를 내지 못하고 가시와 엉겅퀴를 내면 아무런 쓸모가 없는 땅이 된다.

그런 경우에 땅은 저주 받은 땅이 된다. 그렇게 반복되면 더 이상 필요가 없는 땅이 되므로 불살라 농사하기를 포기하게 된다. 이런 경우 땅이 저주를 받게 된다.

2. 9절 이하에 나오는 말씀에 비추어서 보면 이 절은 사람들이 하나님의 말씀과 은혜를 늘 받고도 가시와 엉겅퀴 곧 죄악들만을 생산하면 믿는 자들로서는 아무 쓸모가 없어서 결국 저주를 받은 자들이 되고, 불살라 없어지는 자들이 되는 것을 가리킨다고 할 수 있다.

3. 유대교로 돌아가는 것은 수없이 은혜를 받고서 한 일이므로 불살라지는 것밖에 없다고 한 것이다.

믿음의 덕을 많이 드러냈으니 믿음과 참음으로 약속을 받으라: 6:9–12

■ **히 6:9** 사랑하는 자들아 우리가 이같이 말하나 너희에게는 이보다 나은 것과 구원에 가까운 것을 확신하노라

6:9 Πεπείσμεθα δὲ περὶ ὑμῶν, ἀγαπητοί, τὰ κρείσσονα καὶ ἐχόμενα σωτηρίας, εἰ καὶ οὕτως λαλοῦμεν·

히 6:9 사랑하는 자들이여 우리가 이렇게 말하나 당신들에 관하여는 구원을 가져오는 더 나은 것을 확신합니다.

1. 우리가 이렇게 말하는 것이라고 하는 것은 7, 8절의 말씀을 말한다.

하나님의 구원은혜에서 탈락한 사람들이 있지만 지금 이 편지를 받는 유대인들은 구원을 확실하게 소유하고 있음을 보여주는 열매

들을 맺고 있다.

2. 그러므로 다른 유대인들처럼 믿음에서 떨어져서 멸망에 이를 것이 결코 아니고 영생과 영광에 이를 것이 확실하다는 것을 말하고 있다.

■ **히 6:10** 하나님이 불의치 아니하사 너희 행위와 그의 이름을 위하여 나타낸 사랑으로 이미 성도를 섬긴 것과 이제도 섬기는 것을 잊어버리지 아니하시느니라

6:10 οὐ γὰρ ἄδικος ὁ θεὸς ἐπιλαθέσθαι τοῦ ἔργου ὑμῶν καὶ τῆς ἀγάπης ἧς ἐνεδείξασθε εἰς τὸ ὄνομα αὐτοῦ, διακονήσαντες τοῖς ἁγίοις καὶ διακονοῦντες.

히 6:10 하나님이 그의 이름을 위하여 당신들이 나타낸 일과 사랑을 잊어버리실 만큼 불의하지 않으십니다. 여러분은 성도들을 섬겼고 섬기고 있습니다.

1. 지금 편지를 받아 읽고 있는 독자들이 선행과 사랑으로 성도들을 섬겼고 지금도 섬기고 있다.

이들은 하나님의 이름 때문에 그렇게 하였다. 하나님이 이런 선행과 사랑을 넘겨다보고 아무런 일도 아닌 것처럼 잊어버리시는 것이 아니라는 것을 밝히고 있다.

2. 하나님은 행한 대로 갚으시는 의로운 분이시므로 성도들을 위해서 베푼 사랑과 선행을 기억하고 갚으실 것이라고 밝히고 있다.

그리스도인들은 성도들을 섬길 때 그들의 어려운 형편을 도와 그들의 삶을 꾸려갈 수 있게 한다. 자기들도 어려운 형편에 그렇게 하기 때문에 이것이 그리스도인들의 사랑이다.

3. 우리 그리스도인들이 하는 선행은 상을 받기 위해서 하는 것이 아

니고 사랑의 하나님의 은혜의 역사에 의해 선행을 하지만 하나님은 그것을 사람들의 일로 쳐서 갚으시는 것을 말한다.

선행과 사랑으로 어려운 성도들을 섬기는 자들에게 더 큰 은혜를 내리실 것임을 말한다.

■ **히 6:11** 우리가 간절히 원하는 것은 너희 각 사람이 동일한 부지런을 나타내어 끝까지 소망의 풍성함에 이르러

6:11 ἐπιθυμοῦμεν δὲ ἕκαστον ὑμῶν τὴν αὐτὴν ἐνδείκνυσθαι σπουδὴν πρὸς τὴν πληροφορίαν τῆς ἐλπίδος ἄχρι τέλους,

히 6:11 우리가 간절히 원하는 것은 여러분 각 사람이 동일한 열심을 나타내어 끝까지 소망의 확실성에 이르기를 바랍니다.

1. 그리스도인들이 바라는 소망은 영생과 구원에 확실하게 이르는 것이다.

그런 큰 구원에 이르기 때문에 그 소망에 대해서 열심을 갖는 것이 필요하다. 소망에 대해서 열심이 없으면 자연히 그 소망에 대해서 열의가 없어져서 현세의 삶에만 만족하고 살게 된다. 그러면 마침내 영생의 소망을 소홀히 하게 된다.

2. 열심을 가지고 소망에 부착하면 그 소망이 얼마나 큰지를 보여주게 된다.

■ **히 6:12** 게으르지 아니하고 믿음과 오래 참음으로 말미암아 약속들을 기업으로 받는 자들을 본받는 자 되게 하려는 것이니라

6:12 ἵνα μὴ νωθροὶ γένησθε, μιμηταὶ δὲ τῶν διὰ πίστεως καὶ μακροθυμίας κληρονομούντων τὰς ἐπαγγελίας.

히 6:12 게으른 자들이 되지 말고 믿음과 오래 참음으로 말미암아 약속들을 상속받은 자들을 본받는 자들이 되게 하려 함입니다.

1. 영광의 소망을 힘 있게 바라면 게으른 자가 될 수 없다.

영광의 소망에 대해 열심이 없으면 게으르게 되어 소망에 관해 무관심하게 되고, 그리스도인으로서 덕을 드러내는 데도 게을리하게 된다.

2. 약속들을 받으려면 믿음을 굳게 하고 소망을 간절히 바라야 한다.

구약의 성도들은 하나님의 약속을 굳게 믿고 참아 기다리므로 약속을 성취 받았다. 신약의 성도들도 구약의 성도들처럼 믿음을 굳게 하고 간절히 소망함으로 마침내 하나님이 이루어주셨다.

3. 아브라함, 이삭, 야곱과 다른 족장들이 다 그렇게 믿음에 굳게 서고, 소망을 굳게 하여 마침내 하나님의 약속을 성취 받았다.

이런 성도들의 믿음의 발자취를 따라야 하고, 당장 영생의 영광에 이르지 않는다고 믿음을 게을리하면 안 된다.

■ **히 6:13** 하나님이 아브라함에게 약속하실 때에 가리켜 맹세할 자가 자기 보다 더 큰 이가 없으므로 자기를 가리켜 맹세하여

6:13 Τῷ γὰρ Ἀβραὰμ ἐπαγγειλάμενος ὁ θεός, ἐπεὶ κατ' οὐδενὸς εἶχεν μείζονος ὀμόσαι, ὤμοσεν καθ' ἑαυτοῦ,

히 6:13 하나님이 아브라함에게 약속하실 때 걸어서 맹세할 자가 더 큰 이가 없으므로 자기 자신으로 맹세하여

1. 여기 하나님이 맹세하신 것은 창세기 22:16에 아브라함이 이삭을 제사한 후에 하신 맹세의 말씀을 말한다.

맹세는 통상 자기보다 더 큰 이를 걸어서 맹세한다. 그러나 아브라함에게 복을 주시기 위해서 맹세하실 때에 하나님은 걸어서 맹세할 이가 없으므로 자기 자신을 걸어서 맹세하셨다.

2. 하나님은 창조주이시고 하나님으로서는 한 분이시므로 다른 존재를 걸어서 맹세할 수가 없었다.

하나님이 자기의 신실성을 걸어서 아브라함에게 하신 맹세를 다 이루시겠다고 하셨다. 이 맹세를 이루어 하나님은 자기의 아들로 아브라함의 씨로 나게 하셨다.

■ **히 6:14** 가라사대 내가 반드시 너를 복주고 복주며 너를 번성케 하고 번성케 하리라 하셨더니

6:14 λέγων· Εἰ μὴν εὐλογῶν εὐλογήσω σε καὶ πληθύνων πληθυνῶ σε·

히 6:14 말씀하시기를 내가 반드시 너를 복주고 복주며 너를 많게 하고 많게 하리라 하셨습니다.

1. 아브라함의 이삭 제사를 받으신 후 하나님은 아브라함에게 큰 복을 주셨다.

이삭의 씨가 많아져서 큰 민족을 이루도록 하겠다고 하셨다 (창 22:17). 이스라엘의 씨가 많아져서 출애굽 할 때 적어도 3백만 내지 5백만은 나왔다고 볼 수 있다.

2. 하나님이 아브라함에게 약속하신 복은 아브라함의 씨로 말미암아 천하 모든 민족들이 구원에 이르도록 하시겠다고 하신 것이다.

3. 이 약속을 하나님이 이루시어 자기 아들을 아브라함의 후손으로 나게 하셨다 (마 1:1).

아브라함에게 하신 약속이 이루어져 하나님의 아들이 십자가에서 피 흘리시므로 세계 만민을 구원하셨다.

■ **히 6:15** 저가 이같이 오래 참아 약속을 받았느니라

6:15 καὶ οὕτως μακροθυμήσας ἐπέτυχεν τῆς ἐπαγγελίας.

히 6:15 이와 같이 아브라함이 오래 참아 그 약속을 받았습니다.

1. 아브라함이 하나님의 약속을 믿으므로 오래 참았다.

아브라함의 아들, 이삭이 나이 들어 에서와 야곱을 낳은 후 야곱을 자기의 상속자로 세웠다.

2. 야곱이 12 아들들을 낳으므로 한 민족을 이룰 기초를 마련하였다.

이로써 아브라함의 씨가 큰 민족을 이루게 되었다. 이렇게 한 민족을 이루고 왕국을 세우므로 그 민족을 통해서 하나님의 아들 그리스도가 오셔서 세상을 구원하게 되었다.

3. 이렇게 오랜 세월을 거쳐서 아브라함에게 하신 하나님의 약속이 이루어졌다.

■ **히 6:16** 사람들은 자기보다 더 큰 자를 가리켜 맹세하나니 맹세는 저희 모든 다투는 일에 최후 확정이니라

6:16 ἄνθρωποι γὰρ κατὰ τοῦ μείζονος ὀμνύουσιν, καὶ πάσης αὐτοῖς ἀντιλογίας πέρας εἰς βεβαίωσιν ὁ ὅρκος·

히 6:16 사람들은 자기보다 더 큰 자를 걸어 맹세하는데 이 맹세는 저희들의 모든 다투는 일에 마지막 확정입니다.

1. 사람들은 통상 맹세할 때 자기보다 더 큰 자를 걸어서 맹세한다.

이 절은 칼빈이 밝힌 대로 자기들에게는 합당한 권위가 없기 때문이다.

2. 구약 백성에게 분쟁이 났을 때 하나님의 이름으로 맹세하였던 일이 빈번하였음을 알 수 있다.

그래서 칼빈은 하나님의 이름으로 맹세하는 것이 그리스도인들에게 합당하다고 제시하였다.

3. 그러나 주님은 도무지 맹세하지 말라고 하셨다 (마 5:33-37).

통상 맹세하는 자들이 거짓으로 맹세하기 때문에 맹세를 전적으로 금하셨다.

4. 출애굽기 22:11에 보면 나귀나 소나 양을 맡았다가 죽으면, 맡은 사람이 손을 대지 않았다고 밝히기 위해 여호와로 맹세하였다.

이 말씀에 근거해서 시비가 생겨 판정하기 어려울 때 여호와의 이름을 걸어 맹세하면, 다투는 일에 마지막 판정이 되어 그 사람의 주장을 정당한 것으로 여겼음을 알 수 있다. 즉 하나님의 이름으로 맹세할 경우 그 사람의 무죄를 확정하는 것이 된다.

5. 이 본문에서 더 큰 자는 하나님으로 이해하는 것이 전제되어 있다.

그러면 초대교회에도 그리스도인들이 하나님의 이름으로 맹세하는 일이 자주 일어났음을 말해준다.

6. 시비를 가릴 수 없을 때 하나님의 이름으로 맹세하여 그런 일을 하지 않았다고 하면 그 사람의 주장을 정당한 것으로 인정하는 것을 말한다.

하나님의 이름으로 맹세하였기 때문에 더 이상 추궁이 불가능한 경우에 그 맹세대로 판정하고 인정함을 말한다.

■ **히 6:17** 하나님은 약속을 기업으로 받는 자들에게 그 뜻이 변치 아니함을 충분히 나타내시려고 그 일에 맹세로 보증하셨나니

6:17 ἐν ᾧ περισσότερον βουλόμενος ὁ θεὸς ἐπιδεῖξαι τοῖς κληρονόμοις τῆς ἐπαγγελίας τὸ ἀμετάθετον τῆς βουλῆς αὐτοῦ ἐμεσίτευσεν ὅρκῳ,

히 6:17 하나님은 약속을 받을 자들에게 자기의 뜻이 변치 아니함을 더 강하게 보이시기를 원하셨습니다. 그 일에 맹세로 보증하셨습니다.

1. 하나님이 약속을 상속받을 자들에게 맹세하신 것은 아브라함이 이삭을 하나님께 제물로 바친 후에 하셨다.

하나님은 아브라함과 이삭에게 약속을 확실하게 하기 위해서 자기 자신을 걸어 맹세하셨다 (창 22:16-18).

2. 하나님은 미쁘시므로 맹세하실 필요가 전혀 없다.

그의 말씀이 진리이고 하나님은 말씀하시면 반드시 지키시고 이루시기 때문이다.

3. 그러나 연약한 사람들이 맹세하기 때문에 하나님도 자기 자신을 걸어 맹세하시므로 아브라함과 이삭에게 하신 약속을 반드시 이룰 것임을 보이셨다.

그 약속이 얼마나 확실하며 굳게 작정된 것임을 밝히기 위해서 맹세하셨다.

4. 아브라함과 이삭은 이 약속을 믿어서 믿음의 조상이 되었고, 세상을 구원할 구세주의 조상이 되었다.

- 히 6:18 이는 하나님이 거짓말을 하실 수 없는 이 두 가지 변치 못할 사실을 인하여 앞에 있는 소망을 얻으려고 피하여 가는 우리로 큰 안위를 받게 하려 하심이라

6:18 ἵνα διὰ δύο πραγμάτων ἀμεταθέτων, ἐν οἷς ἀδύνατον

ψεύσασθαι θεόν, ἰσχυρὰν παράκλησιν ἔχωμεν οἱ καταφυγόντες κρατῆσαι τῆς προκειμένης ἐλπίδος·

히 6:18 하나님이 거짓말하실 수 없는 두 가지 일들로 말미암아 앞에 있는 소망을 붙잡으려고 피하여 가는 우리로 큰 위로를 받게 하려고 하심입니다.

1. '하나님이 거짓말할 수 없는 두 가지 일들로 말미암아'는 우리말로 번역하여서는 본문의 뜻을 바르게 표현하기 어렵다. 그러나 우리 어법상 다른 번역도 어렵다.

여기 두 가지 변치 못할 일들은 하나님의 약속과 맹세를 말한다.

2. 하나님은 약속만 하셔도 반드시 이루시는 분이다.

하나님이 이 약속에 맹세까지 하셨으니 지키지 않아서 그의 약속이 거짓으로 변하는 일은 없다.

그런데 하나님의 약속을 믿지 못하고 다른 데로 넘어간다는 것은 곧 유대교로 돌아가거나 이방종교로 가는 것으로서 하나님을 모독하는 것이 된다.

3. 하나님이 아들로 말미암아 우리를 죄와 죽음에서 구원하시기 위해서 약속하시고 맹세까지 하셨다.

그러므로 우리가 이 믿음을 굳게 잡으면 하늘의 소망 곧 영생과 영광에 이른다.

4. '앞에 있는 소망'이라고 한 것은 우리가 주 예수를 믿는 날부터 하나님의 약속을 바라고 살기 때문에 영생의 약속이 늘 우리 앞에 있다는 것이다.

이 소망을 가지고 있는 동안에도 우리는 큰 위로를 받는다. 왜냐하면 이 약속은 반드시 이루어질 것이기 때문이다.

5. 우리가 피하여 가는 것은 죄를 피하는 것을 말한다.

우리가 죄를 짓고 있는 형편에서는 이 약속을 기대할 수 없기 때문이다.

- **히 6:19** 우리가 이 소망이 있는 것은 영혼의 닻 같아서 튼튼하고 견고하여 휘장 안에 들어가나니

6:19 ἣν ὡς ἄγκυραν ἔχομεν τῆς ψυχῆς, ἀσφαλῆ τε καὶ βεβαίαν καὶ εἰσερχομένην εἰς τὸ ἐσώτερον τοῦ καταπετάσματος,

히 6:19 우리가 이 소망을 가진 것은 튼튼하고 굳센 영혼의 닻을 가짐과 같아서 휘장 안으로 들어가는 것입니다.

1. 하나님의 구원 약속에 맹세가 함께 있으므로 이 약속을 힘입어서 휘장 안에까지 들어가는 것을 말한다.

휘장 안으로 들어가는 것은 지성소로 들어가는 것을 말한다.

지성소는 하나님께 제사 드리는 곳이었다. 일 년에 한 번 대제사장이 모든 백성의 죄를 담당하여 하나님 앞에 제사하는 곳이었다. 그러므로 휘장 안으로 들어가는 것은 하나님의 보좌로 직접 나아가는 것을 말한다.

2. 우리가 갖는 소망은 그리스도로 말미암아 하나님 앞에서 영원히 사는 것이다.

3. 우리의 영생을 위해 하나님이 아들을 세상에 보내사 세상을 구원하실 것임을 아브라함과 이삭에게 알리셨다.

이 약속을 하실 때 하나님 자신을 걸으셨다. 그러므로 이 약속이 확실하고 굳건한 약속이어서 변경될 수 없다.

4. 하나님의 약속대로 하나님의 아들이 사람이 되어 오시어 십자가에

서 피 흘리셨다.

아들로 피 흘리게 하시고 우리에게 영생을 약속하셨다.

5. 이 절은 배가 항구에 정박하여도 편안한 데 닻을 내렸으니 흔들리고 떠내려 갈 리가 전혀 없다는 말씀이다.

위 본문은 우리가 하나님의 보좌 앞으로 가서 영생을 누릴 것이 확실함을 보장하는 말씀이다.

영혼이 닻을 내린 것은 하나님의 보좌 앞에 우리 구주가 계심으로 확실하게 보장하심을 말한다.

■ **히 6:20** 그리로 앞서 가신 예수께서 멜기세덱의 반차를 좇아 영원히 대제사장이 되어 우리를 위하여 들어가셨느니라

6:20 ὅπου πρόδρομος ὑπὲρ ἡμῶν εἰσῆλθεν Ἰησοῦς, κατὰ τὴν τάξιν Μελχισέδεκ ἀρχιερεὺς γενόμενος εἰς τὸν αἰῶνα.

히 6:20 거기로 우리 앞서 가신 예수께서 우리를 위하여 멜기세덱의 반차를 따라 영원히 대제사장이 되시어 들어가셨습니다.

1. 예수 그리스도께서 아버지의 보좌 앞으로 가시므로 우리의 구원을 영원히 보장하신다.

예수 그리스도는 레위 반차를 따른 대제사장이 아니라 멜기세덱의 반차를 따라 영원한 대제사장이 되셔서 아버지의 얼굴 앞에 나타나셨다 (히 9:24).

2 우리의 영혼이 갈 곳은 바로 하나님의 보좌이다. 그곳으로 예수 그리스도께서 대제사장으로 앞서 가셨으니 우리의 죄를 하나님 앞에서 완전히 속량하신 것이다.

3. 레위 반차를 따른 대제사장은 땅 위의 성막과 성전에서만 제사하

고, 하나님의 보좌 앞에 나아갈 수가 없었다.

4. 멜기세덱의 반차를 좇은 대제사장은 영원한 제사장이므로 하나님의 보좌 앞에 담대히 나아갈 수 있었다.

영원한 대제사장 예수는 자기의 찢기신 몸을 가지고 하나님의 보좌 앞으로 가셨으니 그의 피를 가지고 하나님의 보좌 앞 참 지성소로 들어가신 것이다.

5. 흠 없는 그의 몸인 제물을 가지고 하나님의 보좌 앞으로 대제사장 예수가 들어가셨으니 보좌 앞에서 완전한 속죄를 이루신 것을 말한다.

6. 우리의 대제사장 예수가 하나님의 보좌 앞으로 가심으로 우리가 그곳으로 갈 길을 여신 것이다.

예수 그리스도 우리의 대제사장이 보좌 앞에 계시니 우리의 영혼이 그곳에 닻을 내림이어서 죄에 대한 불안과 근심 없이 평안하게 영원히 살 수 있게 되었다.

히브리서

ΠΡΟΣ ΕΒΡΑΙΟΥΣ

제 7 장

영원한 대제사장 예수

히브리서

ΠΡΟΣ ΕΒΡΑΙΟΥΣ

■ **히 7:1** 이 멜기세덱은 살렘 왕이요 지극히 높으신 하나님의 제사장이라 여러 임금을 쳐서 죽이고 돌아오는 아브라함을 만나 복을 빈 자라

7:1 Οὗτος γὰρ ὁ Μελχισέδεκ, βασιλεὺς Σαλήμ, ἱερεὺς τοῦ θεοῦ τοῦ ὑψίστου, ὁ συναντήσας Ἀβραὰμ ὑποστρέφοντι ἀπὸ τῆς κοπῆς τῶν βασιλέων καὶ εὐλογήσας αὐτόν,

히 7:1 이 멜기세덱은 살렘 왕이요 지극히 높으신 하나님의 제사장이라 그가 여러 임금들을 쳐부수고 돌아오는 아브라함을 만나 그에게 복을 빌었습니다.

1. 멜기세덱은 창세기 14:18에 처음 나온다. 아무런 사전 제시나 설명도 없이 처음으로 나타났는데 하나님의 제사장과 살렘 왕으로 나온다.

2. 학가다 (Haggada: 유월절에 읽도록 배정된 정열, 특히 출애굽기)에는 멜기세덱이 노아의 아들과 일치되었다.

학가다에 의하면 아담부터 레위 제사직이 정해지기까지 제사는 맏아들의 손으로 바쳐드렸다. 므두셀라가 죽자 제사장의 옷이 노아에게로 넘어갔고, 노아가 홍수 후 제사 드릴 때 (창 8:20) 그 옷이 셈에게로 넘어갔다.

3. 그러면 노아의 아들 셈이 멜기세덱의 이름으로 아브라함을 만났고

그에게 빵과 포도주를 주었다는 것이 된다.

Strack-Billerbeck의 주석은 아무런 근거도 없이 학가다에 나타난 유대인들의 이해를 제시한 것이라고 할 수 있다.

4. 히브리서 저자는 셈에 대해서 잘 알므로 멜기세덱이 셈과 같은 사람이라고 밝혔을 것이다.

그런데 히브리서 7:3에 '아비도 없고 어미도 없고 족보도 없고 시작한 날도 없고 생명의 끝도 없어'라고 한 것을 보면 멜기세덱을 셈과 결코 일치시킬 수 없는 것으로 보인다.

단지 멜기세덱이 하나님의 제사장으로서 아브라함보다 높은 사람이라는 것만 말하고 있다 (히 7:7).

5. 칼빈은 창세기 14:18 주석에서 멜기세덱과 셈을 일치시키는 것에 동의할 수 없다고 하였다.

만일 셈이 멜기세덱이라면 아브라함이 가나안에 들어오자마자 조상을 찾아가 인사하였음이 틀림없다. 셈이 가나안으로 이주해왔고 예루살렘 근처에 살았다면, 아브라함이 자기의 조상에게 인사하였을 것이 틀림없는데 모세에게서 그런 것을 전혀 얻을 수 없다고 하였다.

6. 멜기세덱은 아브라함 당시 예루살렘 왕이었다. 또 하나님의 대제사장이었다. 지극히 높으신 하나님은 아브라함이 섬기는 여호와와 일치됨을 바르게 알 수 있다.

7. 살렘과 예루살렘을 일치시키는 일에는 별 이의가 없다고 본다.

살렘은 샬롬에서 나온 단어로 보아야 한다. 멜기세덱은 예루살렘의 왕으로서 평화의 왕이었다. 참 평화의 왕이신 주 예수를 예표한다. 멜기세덱은 의의 왕이므로 참 의의 왕이고 의의 태양인 그리스도를 예표한다.

멜기세덱이 참으로 평화의 왕이고 평화의 왕의 예표인 것은 그가 온전한 의의 왕이기 때문이다.

8. 그의 이름이 멜기세덱인 것은 하나님을 바르게 섬기므로 '의의 왕' 이란 칭호를 얻었다고 본다.

멜기세덱이 의의 왕이란 이름을 얻은 것은 율법을 지킴과는 아무 상관이 없고 전적으로 하나님을 믿으며 그를 섬겼기 때문이다. 이방세계에서 홀로 하나님을 섬긴 자라고 할 수 있다.

9. 지극히 높으신 하나님의 제사장이라고 하므로 천지의 창조주이신 하나님을 섬기는 제사장이다.

10. 창세기 14:18에 멜기세덱이 떡과 포도주를 가지고 나와서 아브라함과 그의 종들에게 준 것은 제사할 때 하나님께 드린 포도주와 떡을 가지고 나와서 아브라함에게 준 것임을 알 수 있다. 막 제사하고서 아브라함을 축복하였으니 하나님의 약속이 이루어지도록 하였다.

11. 멜기세덱의 경우에서 알 수 있는 것은 하나님이 아브라함을 부르시기 전에 고대세계에서도 창조주 하나님을 섬기는 자들이 남아있었음을 알 수 있다.

- **히 7:2** 아브라함이 일체 십분의 일을 그에게 나눠 주니라 그 이름을 번역한즉 첫째 의의 왕이요 또 살렘 왕이니 곧 평강의 왕이요

  7:2 ᾧ καὶ δεκάτην ἀπὸ πάντων ἐμέρισεν Ἀβραάμ, πρῶτον μὲν ἑρμηνευόμενος βασιλεὺς δικαιοσύνης ἔπειτα δὲ καὶ βασιλεὺς Σαλήμ, ὅ ἐστιν βασιλεὺς εἰρήνης,

  히 7:2 아브라함이 모든 것에서 십분의 일을 그에게 나눠주었습니다. 첫째로 그의 이름을 옮기면 의의 왕이요 또 살렘의 왕이니 곧 평화의 왕입니다.

1. 아브라함이 호바까지 쫓아가서 엘람 왕 그돌라오멜과 다른 왕들을 쳐부수고 또 끌려간 소돔과 고모라의 모든 백성들을 다시 찾아왔다.

2. 그 왕들에게서 빼앗은 것 중에서 십분의 일을 멜기세덱에게 주므로 멜기세덱의 축복과 그의 제사장으로서의 소임에 합당한 존경을 표하였다.

아브라함이 제사장이요 살렘 왕인 멜기세덱에게 십분의 일을 주었다. 아브라함이 바친 십분의 일의 헌금 법에 의해서 제사장들이 그들의 직무를 수행할 수 있었다. 지금도 복음의 전파를 위해서 십분의 일을 헌금하는 것이 정당하다.

물론 자발적으로 바치고 강제로 할 것이 전혀 아니다. 또 믿음의 법을 따라 감사함으로 드리는 것이 바른 법이다.

3. 멜기세덱은 그 이름대로 옮기면 의의 왕이 된다.

멜기세덱은 죄를 속하기 위해서 제사하므로 의의 왕이 되었다. 모든 죄는 그리스도의 피로만 용서되는데 그의 피를 바라보고 멜기세덱은 제사하여 의를 얻었다.

4. 속죄제사에 의해서 의를 받았으므로 의의 왕이 되었다.

의는 하나님과 화해함이므로 이 화해에서 평화가 나온다.

5. 참 평화는 그리스도의 피로 죄를 용서받고 하나님과 화해함에서만 나온다.

따라서 그리스도의 피가 흘려진 예루살렘에서 세상의 평화가 나온다.

■ 히 7:3 아비도 없고 어미도 없고 족보도 없고 시작한 날도 없고 생명의 끝도 없어 하나님 아들과 방불하여 항상 제사장으로 있느니라

7:3 ἀπάτωρ, ἀμήτωρ, ἀγενεαλόγητος, μήτε ἀρχὴν ἡμερῶν μήτε ζωῆς τέλος ἔχων, ἀφωμοιωμένος δὲ τῷ υἱῷ τοῦ θεοῦ, μένει ἱερεὺς εἰς τὸ διηνεκές.

히 7:3 아비도 없고 어미도 없고 족보도 없고 날들의 시작도 없고 삶의 끝도 없어서 하나님의 아들과 같아 항상 제사장으로 남아 있습니다.

1. 멜기세덱은 창세기 14:18-20에 처음 나타났다.

2. 창세기는 멜기세덱의 아버지가 누구인지 밝히지 않았다.

창세기가 사람을 말할 때는 아버지가 누구인지 얼마나 살다가 몇 살에 죽었는지를 밝힌다.

창세기 10-11장이 사람들의 족보를 기록하고 있다. 그런데 이 족보에 멜기세덱은 들어 있지 않다. 그러므로 족보법상으로 멜기세덱은 아버지도 없고 어머니도 없다고 합당하게 말할 수 있다.

3. 또 멜기세덱이 창세기 14:18에 처음 나타날 때 몇 살인지도 말하지 않았다.

그러므로 그가 살기 시작한 날들이 없다고 할 수 있다. 난 날을 알 수도 없다. 또 사람이 죽으면 몇 살을 살다가 죽었다고 그 나이를 말하는데, 멜기세덱이 아브라함을 만나고 사라진 후 그가 죽었다는 보고를 성경은 전혀 하지 않는다. 그러므로 시작한 날도 없고 끝난 날도 없다고 합당하게 말할 수 있다.

4. 멜기세덱은 족보법상으로는 아직 죽지 않았다. 그의 죽음을 말하지 않으니 지금도 살아 있다고 말할 수 있다.

제사장의 직임을 가진 상태에서 사라졌으니 족보법상으로 지금도 제사장으로 남아 있다고 말할 수 있다. 따라서 영원한 제사장이다.

5. 하나님의 아들은 영원한 하나님이시다.

그러므로 그는 영원에 계시므로 시작한 날이 없고 끝나는 날이 없다. 하나님의 아들은 영원한 제사장이시다. 이 면에 있어서 족보법상으로 멜기세덱은 하나님의 아들과 같고 그의 영원한 제사장직을 예표한다.

■ 히 7:4 이 사람의 어떻게 높은 것을 생각하라 조상 아브라함이 노략물 중 좋은 것으로 십분의 일을 저에게 주었느니라

7:4 Θεωρεῖτε δὲ πηλίκος οὗτος ᾧ δεκάτην Ἀβραὰμ ἔδωκεν ἐκ τῶν ἀκροθινίων ὁ πατριάρχης.

히 7:4 이 사람이 얼마나 큰지를 생각하시오. 족장 아브라함이 빼앗은 물건 중 귀한 것들로 십분의 일을 그에게 주었습니다.

1. 아브라함은 이스라엘의 첫 조상이다.

아브라함에게서 이스라엘이 시작하고 번창하였다. 그러므로 제일 큰 조상이다.

2. 그런 아브라함이 자기가 빼앗은 물건의 십분의 일을 주었으니 멜기세덱은 아브라함보다 더 큰 사람임을 알 수 있다.

같이 간 마므레와 에스골 등과 나누기 전에 전체 빼앗은 물건의 십분의 일을 멜기세덱에게 주었으니 매우 큰 사람인 것을 알 수 있다.

3. 이 사람이 얼마나 큰지를 생각하라고 한 것은 아브라함과 멜기세덱을 견주어서 멜기세덱이 얼마나 더 큰지를 생각하라고 한 것이다.

아브라함이 그리스도의 육신적인 조상이지만 그리스도의 구속사역을 예표한 멜기세덱이 더 큰 사람임을 깨달으라는 것이다.

■ 히 7:5 레위의 아들들 가운데 제사장의 직분을 받는 자들이 율법을 좇아 아브라함의 허리에서 난 자라도 자기 형제인 백성에게서 십분의 일을 취하라는 명령을 가졌으나

7:5 καὶ οἱ μὲν ἐκ τῶν υἱῶν Λευὶ τὴν ἱερατείαν λαμβάνοντες ἐντολὴν ἔχουσιν ἀποδεκατοῦν τὸν λαὸν κατὰ τὸν νόμον, τοῦτ' ἔστιν τοὺς ἀδελφοὺς αὐτῶν, καίπερ ἐξεληλυθότας ἐκ τῆς ὀσφύος Ἀβραάμ·

히 7:5 레위의 아들들 가운데서 제사장의 직분을 받은 자들이 아브라함의 허리에서 나온 자들이지만 자기들의 형제들인 백성에게서 십분의 일을 받으라는 계명을 가지고 있습니다.

1. 레위 제사장들은 이스라엘이 출애굽하여 시내산 곧 호렙산에 도달하여 성막을 세워 하나님을 섬길 때 제사장으로 세워졌다 (출 28:1-3; 29:1-9).

이때부터 레위지파 중에서 아론의 후손들이 대제사장과 제사장 노릇을 하였다.

2. 제사장들이 백성들의 소득의 십분의 일을 받게 된 것도 출애굽 후 제사장제도가 세워지고부터이다 (민 18:24-30; 신 12:6, 11, 17-18; 14:22; 26:12).

레위인들과 제사장들은 아브라함, 이삭, 야곱의 자손들이지만 자기 백성들에게서 십분의 일을 받았다.

3. 십일조 제도는 레위인들이 하나님을 섬기는 일에 필수적이었다.

십일조로 제사장들과 레위인들의 삶을 이어갈 수 있게 하기 때문이다. 십일조 제도는 성전제사가 이어지는 동안 유효하다. 그러므로 이스라엘이 하나님의 제사장 백성으로 존속하는 동안 모든 백성은 다 십일조를 바쳐야 했다.

4. 복음시대 십일조는 감사함으로 드림이 원칙이다.

복음시대에도 십일조는 복음전파와 예배의 유지를 위해 필요하다. 그러나 십일조는 강제적인 조항이 아니고, 구원은혜를 감사함으로 드리는 예물이다.

■ **히 7:6** 레위 족보에 들지 아니한 멜기세덱은 아브라함에게서 십분의 일을 취하고 그 약속 얻은 자를 위하여 복을 빌었나니

7:6 ὁ δὲ μὴ γενεαλογούμενος ἐξ αὐτῶν δεδεκάτωκεν Ἀβραάμ, καὶ τὸν ἔχοντα τὰς ἐπαγγελίας εὐλόγηκεν.

히 7:6 레위 족보에 들지 아니한 멜기세덱은 아브라함에게서 십분의 일을 받고 약속들을 가진 자를 위해서 복을 빌었습니다.

1. 멜기세덱은 십일조 제도가 비롯된 아브라함에게서 십분의 일을 받았다.

아브라함에게서 십일조를 받았으므로 이스라엘 모든 백성에게서 받은 것과 같다.

2. 아브라함은 하나님의 큰 약속을 가진 자임을 멜기세덱은 알고 있었다.

큰 약속은 바로 아브라함의 씨에서 세상을 구원할 구주가 나시게 하는 약속이었다 (창 12:2). 아담과 하와에게 하신 하나님의 약속이 (창 3:15) 아브라함을 통하여 이루실 것임을 멜기세덱은 알게 되었다.

3. 멜기세덱이 하나님의 큰 제사장이어도 그런 축복은 누릴 수 없었다.

이 약속을 이루시기 위해 아브라함에게 큰 백성과 땅을 약속하셨음을 멜기세덱은 알고 있었다 (창 12:1-3, 7; 13:14-17).

4. 멜기세덱이 빌은 복은 아브라함에게 하신 약속이 이루어지도록 비는 것이었다.

그러면 아브라함에게 복을 빈 멜기세덱은 하나님의 아들이 그리스도로 오실 것임을 미리 내다본 것이다.

■ **히 7:7** 폐일언하고 낮은 자가 높은 자에게 복 빎을 받느니라

7:7 χωρὶς δὲ πάσης ἀντιλογίας τὸ ἔλαττον ὑπὸ τοῦ κρείττονος εὐλογεῖται.

히 7:7 낮은 자가 높은 자에게 복 빎을 받는 것은 전혀 시비할 수 없습니다.

1. 아브라함도 하나님의 제사장이고 선지자이지만 멜기세덱은 대제사장이고 왕이었다.

2. 아브라함은 아직 아들을 가지지 못하였으니 구세주의 조상의 자리에 이르지 못하였다.

이런 아브라함에게 멜기세덱이 복을 빌어 하나님의 약속이 다 이루어지기를 구하였다.

3. 멜기세덱은 하나님의 대제사장으로 아브라함을 축복하였으니 그는 아브라함을 통하여 그리스도가 오실 것임을 알고 있었다.

4. 높은 자가 낮은 자를 축복하는 것은 시비할 수 없는 진리이다.

■ 히 7:8 또 여기는 죽을 자들이 십분의 일을 받으나 저기는 산다고 증거를 얻은 자가 받았느니라

7:8 καὶ ὧδε μὲν δεκάτας ἀποθνῄσκοντες ἄνθρωποι λαμβάνουσιν, ἐκεῖ δὲ μαρτυρούμενος ὅτι ζῇ.

히 7:8 또 여기서는 죽을 자들이 십분의 일을 받으나 저기서는 산다고 증거를 받은 자가 받았습니다.

1. 히브리서 저자는 그리스도의 예표가 되는 멜기세덱이 얼마나 크신 분인지를 연이어 강조하고 있다.

레위인들과 제사장들이 십분의 일을 백성들에게 받았지만, 멜기세덱은 온 이스라엘의 조상에게서 십분의 일을 받았으니 하나님의 아들의 예표가 얼마나 큰지를 강조하고 있다.

2. 레위 제사장들은 50세가 될 때까지만 제사장 직분을 행하지만 멜기세덱은 지금도 살아서 제사장 직분을 행하고 있다. 족보법상으로 그러하다.

멜기세덱은 예표이고 그리스도는 실체이므로 실체를 통하여 멜기세덱은 거룩한 제사장 직분을 행하고 있다.

3. 멜기세덱이 받은 십분의 일은 그리스도가 받은 것이 되어 그 효력이 영영하다.

이렇게 높은 멜기세덱이 아브라함을 축복하였다.

■ **히 7:9** 또한 십분의 일을 받는 레위도 아브라함으로 말미암아 십분의 일을 바쳤다 할 수 있나니

7:9 καὶ ὡς ἔπος εἰπεῖν, δι᾽ Ἀβραὰμ καὶ Λευὶ ὁ δεκάτας λαμβάνων δεδεκάτωται,

히 7:9 또 십분의 일을 받는 레위도 아브라함으로 말미암아 십분의 일을 바쳤다고 할 수 있습니다.

1. 레위 제사장들은 십분의 일을 백성들로부터 받았지, 바치는 법이 없었다.

그런데 레위인들이 아브라함을 통하여 십분의 일을 바쳤으므로 그들도 십분의 일을 바쳤다고 할 수 있다.

2. 결국 저자가 강조하려고 하는 점은 십분의 일을 바친 제사장 제도로는 완전한 구원을 이룰 수 없다는 것이다.

임시적인 제사장의 제사로는 온전한 속죄를 이루지 못하고 영원한 대제사장 곧 멜기세덱의 반차를 따르는 그리스도 대제사장의 제사로만 완전한 속죄를 이룬다는 점이다.

■ **히 7:10** 이는 멜기세덱이 아브라함을 만날 때에 레위는 아직 자기 조상의 허리에 있었음이니라

7:10 ἔτι γὰρ ἐν τῇ ὀσφύϊ τοῦ πατρὸς ἦν ὅτε συνήντησεν αὐτῷ Μελχισέδεκ.

히 7:10 멜기세덱이 아브라함을 만났을 때에 레위는 아직 그의 아버지의 허리에 있었기 때문입니다.

1. 레위족속은 제사장 가문이므로 백성들의 십일조로 살게 되었다.

그러므로 레위족속은 십일조를 받는 자들이고 바치는 자들이 아니다.

2. 그러나 아브라함이 멜기세덱을 만나 십분의 일을 바쳤을 때 레위는 아직 출생하지 않았다.

그러므로 아버지 아브라함의 허리에 있었다고 말한다.

3. 아브라함이 십일조를 바칠 때 레위도 함께 바친 것이 된다.

■ **히 7:11** 레위 계통의 제사 직분으로 말미암아 온전함을 얻을 수 있었으면 (백성이 그 아래서 율법을 받았으니) 어찌하여 아론의 반차를 좇지 않고 멜기세덱의 반차를 좇는 별다른 한 제사장을 세울 필요가 있느뇨

7:11 μὲν οὖν Εἰ τελείωσις διὰ τῆς Λευιτικῆς ἱερωσύνης ἦν, γὰρ ὁ λαὸς ἐπ' αὐτῆς νενομοθέτηται, τίς ἔτι χρεία κατὰ τὴν τάξιν Μελχισέδεκ ἀνίστασθαι ἕτερον ἱερέα καὶ οὐ κατὰ τὴν τάξιν Ἀαρὼν λέγεσθαι;

히 7:11 그런데 레위 제사장 직분으로 완전함이 왔다면, 백성이 그 아래서 율법을 받았으니, 어찌하여 아론의 반차를 따르지 않고 멜기세덱의 반차를 따르는 다른 제사장이 일어날 필요가 있겠습니까?

1. 7장의 핵심은 1500년간 이어진 레위 제사장 직분으로는 완전한 속죄를 이룰 수 없다는 주장이다.

레위 제사장 직분이 1500년간 속죄제사를 하였지만 결국 아무런 속죄를 이룰 수 없었다는 진리를 강조한 것이다.

2. 레위 제사장 직분으로 속죄가 이루어졌다면, 예수 대제사장이 올린 속죄제사가 일어나지 않았을 것이라고 주장한다.

레위 제사장 직분으로는 죄를 속량하는 일이 이루어질 수 없었으므로 아론의 제사장 직분을 대체하는 새로운 대제사장이 일어났다.

3. 아론의 후손 제사장들이 드리는 제사를 대체하기 위해 멜기세덱의 반차를 따르는 제사장 제도를 다시 세우셨다.

레위 제사장 직분이 세워지고 율법이 백성들에게 주어졌는데도, 멜기세덱의 반차를 따르는 제사장 제도가 새로 세워졌으니 율법이 바뀔 수밖에 없다고 주장한다. 그리스도 대제사장의 속죄제사가 율법과 레위 제사장 제도를 완전히 바꾸었음을 말하고 있다.

■ **히 7:12** 제사 직분이 변역한즉 율법도 반드시 변역하리니

7:12 γὰρ μετατιθεμένης τῆς ἱερωσύνης ἐξ ἀνάγκης καὶ νόμου μετάθεσις γίνεται.

히 7:12 제사장 직분이 변하므로 율법도 반드시 바뀔 것입니다.

1. 대제사장 직분과 제사장 직분이 아론과 레위인들에게서 그리스도의 대제사장 직분으로 옮겨졌다.

율법의 집행 중에 제사장 직분 수행이 제일 중요한 부분이다.

2. 율법을 주신 이가 율법의 제일 중요한 부분인 제사장 직분을 친히 수행하시므로 인간 제사장 직분이 완전히 바뀌게 되었다.

그러므로 사람의 손을 통해서 받은 율법이 필요 없게 되었다.

3. 율법을 주신 하나님 자신이 율법의 생명 되는 제사장 직분을 다 이루셨기 때문이다.

■ **히 7:13** 이것은 한 사람도 제단 일을 받들지 않는 다른 지파에 속한 자를 가리켜 말한 것이라

7:13 γὰρ ἐφ' ὃν λέγεται ταῦτα φυλῆς ἑτέρας μετέσχηκεν, ἀφ' ἧς οὐδεὶς προσέσχηκεν τῷ θυσιαστηρίῳ·

히 7:13 이 일들이 말해진 그는 다른 지파에 속하고 그 지파에서는 아무도 제단에서 섬기지 못하였습니다.

1. 지금 멜기세덱의 반차를 따라서 대제사장으로서 속죄제사를 한 예수 그리스도는 인간적인 면에서는 유다지파에 속한다.

제사장 직분이 레위지파와 아론의 후손들에게만 국한되었으므로 유다지파는 제단에 접근은 생각도 못하였다.

2. 레위지파에 속한 고라 무리들이 제사장 직분을 요구하다가 광야에서 땅속에 묻힌 후에 (민 16:1-17:13) 다른 지파에 속한 사람들은 제사장 직분의 동참과 수행을 바라는 마음을 품을 수도 없었다.

3. 그런데 하나님의 아들이 사람이 되시어 대제사장이 되시므로 유다지파도 대제사장을 낳은 지파가 되었다.

하나님의 아들의 대제사장 직분은 레위 제사장 직분과는 전혀 다르게 제사장 직분을 수행하였다.

4. 그의 속죄제사는 성전에서 이루어질 수 없어서 십자가에서 이루어졌고, 어린양으로 제사할 수 없었으므로 자기 몸을 어린양으로 바쳐드려 속죄제사를 온전히 이루셨다.

이렇게 레위 제사장 직분과 하나님의 아들의 제사장 직임은 전혀 다르게 이루어졌다.

5. 하나님의 아들 대제사장의 제사장 직분 수행에 있어서는 전통적인 제사제도 수행과는 무관하게 이루어졌다.

레위 대제사장이 아니고 하나님의 아들 대제사장이므로 지성소에서 제사를 집행하실 수 없어서 십자가에서 대제사장 노릇을 하였다.

6. 멜기세덱의 반차를 좇아서 대제사장이 된 예수 그리스도는 인간으로는 전혀 제사장이 될 수 없었다.

그러나 하나님이 사람이 되셔서 대제사장이 되시므로 유다지파를 제사장 지파로 만드셨다.

7. 하나님이 사람이 되셔서 그의 몸을 제물로 그의 인격으로는 제사장의 일을 하시므로 세상 죄를 속량하는 완전한 속죄를 이루셨다.

이로써 제사장 직분이 유다지파에도 해당하게 되었다.

■ **히 7:14** 우리 주께서 유다로 좇아 나신 것이 분명하도다 이 지파에는 모세가 제사장들에 관하여 말한 것이 하나도 없고

7:14 γὰρ πρόδηλον ὅτι ἐξ Ἰούδα ἀνατέταλκεν ὁ κύριος ἡμῶν, εἰς ἣν φυλὴν περὶ ἱερέων οὐδὲν Μωϋσῆς ἐλάλησεν.

히 7:14 우리 주께서 유다로부터 나오신 것이 분명합니다. 이 지파에 대해서는 모세가 제사장에 관해서 아무 말도 하지 않았습니다.

1. 제사장 제도는 모세가 하나님의 명령을 받아 세웠다 (출 28:1-29:46).

그러므로 이스라엘에서 제사장은 아론과 그의 후손들만 될 수 있었다. 레위지파에 들어도 아론의 후손 아니면 결코 제사장이 될 수 없었다.

2. 유다지파는 출애굽 때부터 제일 큰 지파였다.

따라서 우두머리 지파가 되었지만, 제사장 직분과는 아무 상관이 없었다.

3. 하나님의 마지막 대제사장 예수 그리스도가 육신으로 다윗의 후손이다.

따라서 다윗지파가 제사장 직임에 동참할 수 있게 되었다.

4. 예수 그리스도는 십자가에서 피 흘려서 세상의 모든 죄를 속량하는 속죄제사를 드려 대제사장의 직분을 완수하고 마감하셨다 (요 1:29, 36).

마지막 대제사장 예수 그리스도가 그의 몸으로 완전한 속죄제사를 드리므로 마감하셨다. 이로써 제사장 직분이 완결되었고 따라서 그 직분이 레위지파에서 유다지파로 옮겨졌다.

5. 레위 대제사장으로는 백성을 죄와 죽음에서 속량할 수 없었는데 유다지파에서 나온 마지막 대제사장은 백성을 완전히 속량하였다.

이로써 레위 제사장 직분은 마쳐지고 끝나게 되었다. 모세는 제사장 직분을 레위지파에 국한하였으나, 제사장 직분이 유다지파로 옮겨지므로 제사제도를 완성하였다.

- **히 7:15** 멜기세덱과 같은 별다른 한 제사장이 일어난 것을 보니 더욱 분명하도다

  7:15 Καὶ περισσότερον ἔτι κατάδηλόν ἐστιν, εἰ κατὰ τὴν ὁμοιότητα Μελχισέδεκ ἀνίσταται ἱερεὺς ἕτερος,

히 7:15 멜기세덱의 형상을 따르는 다른 제사장이 일어난 것을 보니 더욱 분명합니다.

1. 레위 제사장과 같은 제사장이면 다른 지파에서는 제사장이 일어날 수 없다.

메시아는 왕과 제사장 직분이 합쳐지는 대제사장이 되어야 하므로 유다지파에서 일어나게 되었다.

2. 멜기세덱은 하나님의 대제사장이면서 살렘의 왕이었으니 왕과 제사장 직분이 합쳐진 대제사장이었다.

유다지파에서 나온 대제사장도 왕과 제사장 직분이 합쳐진 메시아 대제사장이므로 제사장 지파가 바뀌게 되었다.

3. 메시아는 유대인들의 왕으로 오시지만 제사장 직임을 행하여 백성들을 죄와 죽음에서 구출하여 하나님의 백성으로 만들어야 하므로 유다지파에서 나오게 되었음이 분명하다.

■ **히 7:16** 그는 육체에 상관된 계명의 법을 좇지 아니하고 오직 무궁한 생명의 능력을 좇아 된 것이니

7:16 ὃς γέγονεν οὐ κατὰ νόμον ἐντολῆς σαρκίνης ἀλλὰ κατὰ δύναμιν ζωῆς ἀκαταλύτου,

히 7:16 그는 육체적인 계명의 법에 따라서 제사장이 된 것이 아니고 깨뜨릴 수 없는 생명의 능력을 따라 되셨습니다.

1. 아론과 그의 자손들은 핏줄로 제사장들이 되었다.

처음 아론이 제사장으로 세워졌고 그를 이어 그의 자식들만이 제사장이 될 수 있게 작정되었다 (출 28:1-29:46; 민 17:8-18:7).

그러므로 핏줄로 아론에게 이어지지 않는 지파나 사람들은 결코 제사장이 될 수 없었다.

2. 제사장 직분이 핏줄로 이어진 지파에게만 국한되었으므로 육체적 계명을 따라서 세워진 제사장들이었다.

야곱의 아들들 중에서 레위지파에 속하고 아론의 아들들만이 그 핏줄 때문에 제사장이 되었으니 제사장 직분에 관한 계명은 완전히 육체적 계명일 뿐이다.

3. 온 인류의 대제사장은 육체적 계명으로 된 것이 아니고 성령의 능력으로 대제사장이 되셨다.

하나님의 아들은 이스라엘 백성만을 구원하는 대제사장이 아니라 온 인류를 구원하는 대제사장이 되시므로, 아론의 아들들에게만 국한된 제사장의 법으로 대제사장이 되신 것이 아니라 성령의 능력으로 대제사장이 되셨다.

4. 핏줄로 이어지는 제사장은 예루살렘 성전의 파괴로 중단되었으나 예수 대제사장은 성령의 능력으로 대제사장으로 세워졌으므로 영원한 대제사장이 되셨다.

제사장의 아들이 없으면 더 이상 제사장도 없을 것이었다. 그러나 예루살렘 성전이 파괴되어 구약의 제사법이 완전히 그치므로 아론의 제사장 직분이 완전히 끝났다.

예수 대제사장은 성령의 능력으로 사람이 되시므로 영원한 아들로서 속죄제사를 할 수 있었다. 그의 속죄제사는 영원한 능력을 가져서 그 효력이 영원하다. 곧 영원한 구원을 이루셨다.

5. 깨뜨릴 수 없는 생명의 능력은 영원에까지 이르는 하나님의 아들의 영원한 생명을 말한다.

예수 그리스도가 그냥 인성으로만 대제사장이 되신 것이 아니고 그의 신적 인격으로 대제사장이 되셨으니 그의 생명은 영원한 생명이어서 도저히 깨뜨릴 수 없는 생명이다.

예수 그리스도의 생명을 가진 자는 그 생명이 부서질 수 없으므로 영원히 살며 하나님을 섬기게 된다. 마침내 예수 대제사장의 속죄는 창조경륜을 이루어드리게 되었다. 곧 그의 제사로 하나님을 영원히 찬양하고 경배하는 백성을 회복하셨기 때문이다.

6. 생명의 능력을 따라서 제사장 되었다는 것은 그의 생명이 많은 사람들을 살게 하고 영원한 생명을 얻게 하기 때문이다.

■ **히 7:17** 증거하기를 네가 영원히 멜기세덱의 반차를 좇는 제사장이라 하였도다

7:17 γὰρ μαρτυρεῖται ὅτι Σὺ ἱερεὺς εἰς τὸν αἰῶνα κατὰ τὴν τάξιν Μελχισέδεκ.

히 7:17 증거하기를 네가 영원히 멜기세덱의 반차를 따라 제사장이라고 하였습니다.

1. '증거하기를'이라는 성경은 시편 110:4에서 나온 대로의 인용이다.

'여호와는 맹세하고 변치 아니하시리라 이르시기를 너는 멜기세덱의 반차를 좇아 영원한 제사장이라 하셨도다.'

멜기세덱이 창세기 14:18에 처음 나타났는데 시편 기자를 통하여 멜기세덱 대제사장의 반차를 좇아 대제사장이 나올 것임을 예언하게 하셨다.

2. 육체의 법으로 세운 제사장의 법에 따라서는 예수가 유다지파에서 났고, 다윗의 아들로는 대제사장이 될 수 없으므로 멜기세덱의 반차를 따라서 대제사장으로 세워지셨다.

3. 예수 대제사장이 족보법상 죽지 않은 멜기세덱의 반차를 따라 대제

사장이 되므로 영원한 대제사장이 되셨다.

따라서 예수 그리스도만이 대제사장이 되시어 영원한 속죄와 구원을 이루실 수 있었다.

■ **히 7:18** 전엣 계명이 연약하며 무익하므로 폐하고

7:18 γὰρ μὲν ἀθέτησις προαγούσης ἐντολῆς γίνεται διὰ τὸ αὐτῆς ἀσθενὲς καὶ ἀνωφελές,

히 7:18 이전 계명은 약하고 쓸모가 없으므로 폐지되었습니다.

1. 여기 이전 계명은 제사제도에 관한 구약 모세오경과 특히 레위기에 나타난 제사제도에 관한 말씀이다.

2. 구약 제사제도 설립의 목적은 백성들의 죄를 속량하여 다시 의로운 자로 하나님 앞에 세우는 것이었다.

그러나 구약 레위 제사제도로는 백성들의 죄를 속량하지 못하여 백성들을 하나님 앞에 의롭게 세울 수가 없었다.

3. 반복하여 드린 속죄제사는 백성들의 죄를 속량할 수 없다는 산 증명이다.

죄를 해결하지 못하는 제사제도는 아무런 쓸모가 없어진 것이다. 구약의 짐승의 살과 피로 드린 제사는 백성과 개인들의 죄를 없이 할 힘이 없었다.

4. 그러므로 그리스도의 속죄제사가 필수적이 되었다.

그리스도의 속죄제사가 세워진 것은 이전 계명이 약하고 쓸모가 없어서 폐지되었기 때문이다. 곧 그리스도의 속죄제사로 레위제사가 다 끝이 났다.

■ 히 7:19 (율법은 아무것도 온전케 못할지라) 이에 더 좋은 소망이 생기니 이것으로 우리가 하나님께 가까이 가느니라

7:19 γὰρ οὐδὲν ἐτελείωσεν ὁ νόμος, δὲ ἐπεισαγωγὴ κρείττονος ἐλπίδος, δι' ἧς ἐγγίζομεν τῷ θεῷ.

히 7:19 율법은 아무것도 완전하게 못하였습니다. 그러나 더 좋은 소망이 들어왔으므로 이것으로 우리가 하나님께 가까이 갑니다.

1. 더 좋은 소망은 완전한 구원의 소망을 말한다.

더 좋은 소망이 들어온 것은 영원한 대제사장 예수 그리스도의 속죄제사로 죄가 완전히 사해져서 의롭게 되므로 영생에 이르게 된 소망이 생긴 것을 말한다.

2. 그리스도의 속죄제사로 죄가 완전히 사해진 백성들은 그 속죄에 근거하여 하나님께 가까이 간다.

가까이 가는 것은 하나님의 보좌 앞에 직접 나아가게 된 것을 말한다.

3. 여기서 율법은 모세로 주어진 구약의 제사제도를 말한다.

모세를 통해서 주어지고 세워진 제사제도로는 어떤 사람의 죄도 완전히 해결할 수가 없었다. 그것이 율법이 아무것도 완전하게 하지 못하였다고 말하도록 된 것이다. 구약제사로는 백성들의 죄가 속량되지 못하였으므로 아무도 그 제사제도 아래서는 하나님께 나아갈 수가 없었다.

■ 히 7:20 또 예수께서 제사장 된 것은 맹세 없이 된 것이 아니니

7:20 Καὶ καθ' ὅσον οὐ χωρὶς ὁρκωμοσίας γὰρ μὲν (οἱ χωρὶς ὁρκωμοσίας εἰσὶν γεγονότες, ἱερεῖς

히 7:20 그것은 맹세 없이 된 것이 아닌데 어떤 사람들은 맹세 없이 제사장들이 되었습니다.

1. 레위 제사장들은 맹세 없이 제사장들이 되어 성막과 성전에서 제사하였다.

2. 그러나 하나님의 아들 그리스도를 제사장으로 세우실 때는 맹세를 하셨다.

시편 110:4 '여호와는 맹세하고 변치 아니하시리라 이르시기를 너는 멜기세덱의 반차를 좇아 영원한 제사장이라 하셨도다.' 하나님이 마지막 종말론적 제사를 이루어 영원한 속죄를 하시려고 아들을 대제사장으로 세우셨으므로 맹세하셨다.

■ **히 7:21** (저희는 맹세 없이 제사장이 되었으되 오직 예수는 자기에게 말씀하신 자로 말미암아 맹세로 되신 것이라 주께서 맹세하시고 뉘우치지 아니하시리니 네가 영원히 제사장이라 하셨도다)

7:21 δὲ ὁ μετὰ ὁρκωμοσίας διὰ τοῦ λέγοντος πρὸς αὐτόν· Ὤμοσεν κύριος, καὶ οὐ μεταμεληθήσεται, Σὺ ἱερεὺς εἰς τὸν αἰῶνα),

히 7:21 예수는 자기에게 말씀하신 자로 말미암아 맹세로써 제사장이 되셨습니다. 주께서 맹세하시고 뉘우치지 않으셨으니 당신은 영원히 제사장이라 하셨습니다.

1. '주께서 맹세하시고 뉘우치지 않으셨으니 너는 영원히 제사장이라' 고 하셨다는 말씀은 시편 110:4의 글자대로의 인용이다.

하나님은 예수 그리스도를 속죄제물로 삼으실 뿐만 아니라 예수 그리스도를 영원한 대제사장으로 삼아 영원한 구속을 이루려고 하셨다.

2. 이 큰 구속사역을 하나님의 아들로 이루시므로 미리 이 일을 시편 기자 다윗의 입을 빌려 예언하셨다.

3. 여기서 '맹세하고 뉘우치지 않으리라'고 한 말씀은 구원경륜에서 아들을 세상 구세주로 세우기로 하신 작정으로 이해해야 합당하다.

하나님은 영원한 구원협약에서 아들을 세상의 구속주로 세우셨다. 삼위 간에 세워진 작정이므로 변경이 있을 수 없다. 그것은 하나님 자신의 작정이므로 맹세이다.

4. 그리스도는 맹세로 제사장이 되시어 속죄제사를 하여 영원한 구속을 이루셨다.

그의 속죄사역은 영원하다. 따라서 그의 제사장 됨이 영원히 이어진다. 예수 그리스도가 백성들 가운데 영원한 제사장으로 계시므로 모든 구속된 백성은 죄들에 대한 두려움과 공포에서 벗어나 하나님 앞에 떳떳하게 살 수 있게 되었다.

5. 여기 '자기에게 말씀하신 자로 말미암아'라고 한 이는 하나님 아버지를 말한다.

■ **히 7:22** 이와 같이 예수는 더 좋은 언약의 보증이 되셨느니라

7:22 κατὰ τοσοῦτο κρείττονος διαθήκης ἔγγυος γέγονεν Ἰησοῦς.

히 7:22 이와 같이 예수는 더 좋은 언약의 보증이 되셨습니다.

1. 예수 그리스도는 새 언약의 설립자이시다.

예수 그리스도는 아담이 파기한 첫 언약을 회복하기 위해서 사람

이 되어 오셨다. 처음 언약을 회복하여 하나님의 창조경륜을 이루시기로 하셨다. 그리하여 새 인류의 대표들인 제자들과 언약을 체결하셨다. 그 언약이 새 언약이다.

2. 성경의 언약은 하나이다.

첫 언약이 파기되므로 새 언약으로 첫 언약을 돌이키는 것뿐이다. 언약은 사람을 하나님의 백성으로 삼는 약정이기 때문이다.

3. 이 언약은 그리스도께서 그 흘리실 피로 보증하셨다.

아브라함과의 언약에서 하나님은 짐승의 피로 언약을 체결하셨다. 그리고 시내산 언약에서도 모세를 통해서 언약을 체결하실 때 짐승의 피로 세운 언약을 그 피로 보증하셨다.

4. 그리스도께서도 그의 언약 설립을 자기의 피로 보증하셨다. 따라서 그가 언약의 설립자이시지만 언약의 보증이시다.

5. 이 언약은 모세의 언약보다 월등하게 탁월한 새 언약이다.

그리스도는 그의 제자들과 체결한 언약으로 모든 백성을 구원해내는 일을 하셨다. 그러므로 그의 언약은 모세의 언약과 비교할 수 없다.

6. 새 언약 이후에는 새로운 언약 체결이 다시는 없게 되었다. 새 언약으로 백성을 돌이켜 하나님의 백성으로 삼으시므로 창조경륜을 이루시기 때문이다.

7. 새 언약 체결로 첫 언약 곧 아담과 하나님이 체결했던 언약이 회복되고 성취되었다.

이 언약 성취로 반역한 백성이 다시 하나님의 백성으로 되돌아가게 되었다. 그러므로 하나님이 그리스도의 피로 새로워진 백성 가운데 오셔서 영원히 거주하신다.

■ **히 7:23** 저희 제사장 된 자의 수효가 많은 것은 죽음을 인하여 항상 있지 못함이로되

7:23 Καὶ μὲν οἱ πλείονές εἰσιν γεγονότες ἱερεῖς διὰ τὸ θανάτῳ κωλύεσθαι παραμένειν·

히 7:23 또 많은 사람들이 제사장이 된 것은 그들이 죽음으로 말미암아 항상 있지 못하게 되었기 때문입니다.

1. 레위 제사장들은 아무런 맹세 없이 제사장들이 되었다.

출애굽기 19:22, 24에 처음으로 레위 제사장들이 나오지만 제사장 됨에 아무런 절차도 제시하지 않고 있다.

2. 아론의 아들들이 제사장 된 것은 하나님의 맹세로 된 것이 아니다.

아론도 아무런 맹세 없이 그냥 제사장으로 삼으라는 말씀을 따라 제사장이 된 것이다. 맹세가 아니라 위임식을 하여 제사장으로 세우라고 하나님이 명하셨다 (출 29:1-37; 레 8:1-8).

3. 이런 제사장들은 30년간만 제사장 노릇 할 것이므로 맹세 없이 제사장이 되었다.

대제사장은 죽을 때까지 제사장 노릇을 한다. 대제사장들이 나이 많아 죽으므로 결국 많은 대제사장들이 있게 되었다.

■ **히 7:24** 예수는 영원히 계시므로 그 제사 직분도 갈리지 아니하나니

7:24 δὲ ὁ διὰ τὸ μένειν αὐτὸν εἰς τὸν αἰῶνα ἀπαράβατον ἔχει τὴν ἱερωσύνην·

히 7:24 그러나 예수는 영원히 계시므로 갈리지 않는 제사장 직분을 가지십니다.

1. 예수 그리스도는 영원한 하나님의 아들이시다.

예수 그리스도는 영원한 하나님의 제2 위격이시다. 그러므로 영원한 하나님의 아들이시다. 이 영원한 아들이 사람이 되시었으나 하나님이시므로 영원한 하나님이시다.

2. 영원한 하나님의 아들이 대제사장이 되셨다.

그러므로 그의 제사장 직임이 갈리는 것이 결코 아니다. 영원한 제사장 직임을 가지셨으므로 그의 피 흘림으로 구속받은 백성들이 영원한 복락을 누린다. 곧 영원히 하나님을 모시고 사는 복을 누린다.

■ **히 7:25** 그러므로 자기를 힘입어 하나님께 나아가는 자들을 온전히 구원하실 수 있으니 이는 그가 항상 살아서 저희를 위하여 간구하심이니라

7:25 ὅθεν καὶ δύναται σῴζειν εἰς τὸ παντελὲς τοὺς προσερχομένους δι᾽ αὐτοῦ τῷ θεῷ, πάντοτε ζῶν εἰς τὸ ἐντυγχάνειν ὑπὲρ αὐτῶν.

히 7:25 그러므로 그는 자기로 말미암아 하나님께 나아가는 자들을 또한 영원히 구원하실 수 있는 것은 그가 항상 살아서 그들을 위해 간구하시기 때문입니다.

1. 하나님 아버지께 가는 길은 오직 주 예수 그리스도뿐이다.

주 예수 자신이 '내가 곧 길이요 진리요 생명이니 나로 말미암지 않고는 아버지께로 올 자가 없느니라' (요 14:6)고 하셨다.

2. 그러므로 우리는 오직 주 예수 그리스도로 말미암아 하나님 아버지께 나아간다.

주 예수 그리스도만이 하나님께로 가는 유일한 길이다. 그가 피 흘려 우리의 죄를 다 속량하셨기 때문에 그를 믿어 죄용서 받아 아버지께로 갈 수 있다. 이것이 그리스도교이다.

3. '자기로 말미암아 하나님께 나아가는 것'은 주 예수를 믿음으로 그의 피로 죄가 용서되어 영생을 얻어 하나님의 자녀가 되는 것을 말한다.

주 예수는 우리를 영원한 생명에 이르도록 구원하셨다. 그가 피 흘려 우리의 죄를 하나님 앞에서 영구히 해결하셨기 때문에 영생에 이른다.

4. 주 예수가 우리를 영구히 구원하실 수 있는 것은 그가 영원히 살아 계시므로 그의 피 흘림의 공효가 영원하기 때문이다.

우리가 영원히 구원받을 수 있는 것은 우리가 비록 살아 있을 때 범죄하더라도 주 예수께서 우리를 위해 간구하시므로 아버지께서 죄를 용서하시기 때문이다.

5. 우리가 죄 지으면 죗값대로 죽어야 마땅하지만, 주 예수께서 우리를 위하여 흘리신 피로 우리의 죄를 덮으시고 용서해주신다.

■ **히 7:26** 이러한 대제사장은 우리에게 합당하니 거룩하고 악이 없고 더러움이 없고 죄인에게서 떠나 계시고 하늘보다 높이 되신 자라

7:26 γὰρ ἡμῖν καὶ ἔπρεπεν Τοιοῦτος ἀρχιερεύς, ὅσιος, ἄκακος, ἀμίαντος, κεχωρισμένος ἀπὸ τῶν ἁμαρτωλῶν, καὶ ὑψηλότερος τῶν οὐρανῶν γενόμενος·

히 7:26 이러한 대제사장은 우리에게 합당하도다. 그는 거룩하시고 악이 없고 더럽혀지지 않았고 죄인들에게서 떠나 계시고 하늘들보다 더 높이 되셨습니다.

1. 우리를 구원하신 구주 예수가 가장 합당하신 대제사장이시다.

예수 대제사장이 우리에게 합당하시다고 한 것은 그가 우리를 완전히 구원하셨기 때문이다.

2. 예수 대제사장이 우리를 완전하게 구원하실 수 있는 대제사장이 되셨다.

3. 구약의 제사장들은 그냥 죄 있는 사람들 중에서 골랐기 때문에 거룩하지 못하다.

그런데 예수 대제사장은 첫째로 죄가 없으시므로 깨끗하고 거룩하시다. 여기서 거룩하다고 한 것은 죄가 전혀 없어서 의롭고 깨끗하심을 말한다.

4. 예수 대제사장이 악이 전혀 없다고 한 것은 범죄하여 죄에 물든 사람들이 갖는 악의가 전혀 없음을 말한다.

레위 제사장들은 그렇지 못하였다. 그러므로 대제사장이 제사할 때 에봇으로 그 몸을 덮어야 했다.

5. 죄인에게서 떠나 계신 것은 앞에 말한 모든 특질들을 다 포함하는 것을 말한다.

그리스도는 죄인들의 무리와 완전히 떠나 있다. 죄가 하나도 없으므로 그리스도가 우리의 완전한 구주가 되실 수 있게 되었음을 말한다. 히브리서만이 그리스도의 죄 없음을 시종일관 강조한다.

6. 그리스도는 하나님으로서 대제사장이 되셨으므로 그가 창조한 피조세계보다 말로 할 수 없이 탁월하심을 말한다.

이 말씀이 밝히는 것은 창조주가 구속주가 되셨으므로 완전한 구속주이심을 말한다. 아버지는 창조를 계획하셨고, 아들이 실제로 창조를 이룩하신 창조주이시다.

7. '하늘들보다 높이 되셨다는 것'은 구속주는 그가 창조한 하늘들과 비교할 수 없다는 것을 말한다.

구속주는 모든 하늘들보다 더 높으심을 말한다. 이로써 모세와 율법보다 그리스도 구속주가 말로 할 수 없이 높으심을 말한다. 이 말씀은 바울이 말한 대로 모든 무릎이 그리스도의 이름에 꿇게 함을 함의한다 (빌 2:10-11).

■ 히 7:27 저가 저 대제사장들이 먼저 자기 죄를 위하고 다음에 백성의 죄를 위하여 날마다 제사 드리는 것과 같이 할 필요가 없으니 이는 저가 단번에 자기를 드려 이루셨음이니라

7:27 ὃς οὐκ ἔχει καθ' ἡμέραν ἀνάγκην, ὥσπερ οἱ ἀρχιερεῖς, πρότερον ὑπὲρ τῶν ἰδίων ἁμαρτιῶν θυσίας ἀναφέρειν, ἔπειτα τῶν τοῦ λαοῦ γὰρ (τοῦτο ἐποίησεν ἐφάπαξ ἑαυτὸν ἀνενέγκας)·

히 7:27 그는 이전 대제사장들이 먼저 자기 죄를 위하여 제사하고 다음에 백성의 죄를 위하여 날마다 제사한 것처럼 할 필요가 없으니 이것은 그가 단번에 자기를 드려 이루셨기 때문입니다.

1. 구약의 대제사장들은 백성을 위하여 일 년에 한 번 대 속죄제사를 하였다.

레위기 16:6-21에 의하면 대제사장 아론은 먼저 자기를 위하여 제사하고, 다음에 이스라엘 백성을 위해서 속죄제사를 하였다. 대제사장도 죄와 허물을 용서받아야 할 죄인이므로 먼저 자신을 위해서 속죄제사를 한 후에 백성을 위해서 속죄제사를 할 수 있었다. 백성들이 범죄하여 성전으로 나오면 그들을 위해서 날마다 제사해서 죄 용서를 구하였다.

2. 대제사장 예수 그리스도는 한 번의 속죄제사로 모든 죄를 완전히 속량하셨다.

이것이 그리스도의 제사의 보편성이다. 한 번의 제사로 모든 죄를 다 해결하셨다. 그러므로 날마다 제사를 드릴 필요가 없었다. 구약 때는 백성 각 사람의 죄대로 매번 제사하였다.

3. 대제사장 예수 그리스도는 자기의 흠 없는 몸을 제물로 삼아 하나님께 바쳐드리므로 완전한 속죄를 이루셨다.

한 번의 제사로 모든 죄가 속량되었으면, 그 제사로 새로 지은 모든 죄를 용서받으므로 반복해서 제사를 드릴 필요가 없어졌다. 곧 죄지어도 이미 흘린 그리스도의 피에 호소해서 용서받는다. 따라서 죄 지을 때마다 매번 제사를 드릴 필요가 없고 그리스도의 피에만 호소하면 된다.

4. 아론의 자손들인 대제사장들이 드린 제사는 대제사장 그리스도께서 드린 완전한 제사의 모형이고 예표일 뿐이었다.

그러므로 완전한 속죄제사가 이루어지기까지 반복해서 제사를 드려야 했다.

5. 영원한 대제사장 예수 그리스도는 그의 속죄제사를 하늘 성소 곧 하나님의 얼굴 앞에서 드렸으므로 모든 제사가 완결되었다.

이 진리가 히브리서만의 강조점이다. 히브리서 저자가 참 신학자이다.

■ **히 7:28** 율법은 약점을 가진 사람들을 제사장으로 세웠거니와 율법 후에 하신 맹세의 말씀은 영원히 온전케 되신 아들을 세우셨느니라

7:28 γὰρ ὁ νόμος ἀνθρώπους καθίστησιν ἀρχιερεῖς ἔχοντας ἀσθένειαν, δὲ ὁ λόγος τῆς ὁρκωμοσίας τῆς μετὰ τὸν νόμον υἱόν, εἰς τὸν αἰῶνα τετελειωμένον.

히 7:28 율법은 연약함을 가진 사람들을 대제사장으로 세웠지만 율법 후에 하신 맹세의 말씀은 영원히 온전하게 되신 아들을 세우셨습니다.

1. 대제사장이 된 아론은 문제가 많은 사람이었다.

모세가 호렙산에 올라가 40일 동안에 있을 때 아론은 백성들의

소리를 따라 송아지를 만들고 하나님이라고 하여 송아지를 섬겨 우상숭배의 큰 죄를 범한 자이다 (출 32장).

아론의 뒤를 이은 대제사장들도 때때로 범죄한 사람들이었다.

2. 아론의 후손 대제사장들은 이렇게 쉽게 범죄할 수 있는 연약한 사람들이었으니 이런 대제사장이 어떻게 완전한 제사를 하나님께 드릴 수 있었겠는가?

그리스도만이 영원한 대제사장으로 완전한 속죄를 이루셨다.

3. 율법을 따라 세워진 대제사장들은 온전한 속죄제사를 할 수 없었기 때문에 하나님은 아들 자신을 대제사장으로 세워 영원한 제사를 하게 하셨다.

성육신하셔서 흠 없는 어린양이 되신 하나님의 아들만이 완전하고 거룩한 제사를 하실 수 있었다. 그러므로 하나님의 아들의 대속적인 제사로만 세상 죄가 완전하게 속량된다. 곧 하나님이 사람 대제사장이 되시어 하나님 자신이 죗값을 치르셨다.

4. 하나님의 아들은 육신을 입어 사람이 되셨어도 흠과 티가 전혀 없었고, 인간으로서도 영원까지 온전하게 되신 분이다.

5. 하나님이 사람이 되셔서 대제사장으로 제사하는 일은 맹세 없이 하실 수 없다.

그러므로 시편 110:4에 맹세하셔서 사람이 되신 아들이 멜기세덱의 반차를 좇아 영원한 대제사장이 되신다고 하였다.

6. 아들이 성육신하여 세상을 구원하시는 속죄제사를 드리므로 맹세하지 않으실 수 없었다.

이 맹세는 하나님이 아들을 대제사장으로 세우실 것을 작정하신 것이다.

7. '영원히 온전하게 되신 아들'이라고 한 것은 아들의 육신으로 드린 제사가 영원까지 유효한 제사가 되게 하셨다는 뜻이다.

히브리서

ΠΡΟΣ ΕΒΡΑΙΟΥΣ

제 8 장

새 언약의 대제사장

히브리서

ΠΡΟΣ ΕΒΡΑΙΟΥΣ

■ **히 8:1** 이제 하는 말의 중요한 것은 이러한 대제사장이 우리에게 있는 것이라 그가 하늘에서 위엄의 보좌 우편에 앉으셨으니

8:1 δὲ Κεφάλαιον ἐπὶ τοῖς λεγομένοις, ἔχομεν τοιοῦτον ἀρχιερέα, ὃς ἐκάθισεν ἐν δεξιᾷ τοῦ θρόνου τῆς μεγαλωσύνης ἐν τοῖς οὐρανοῖς,

히 8:1 우리가 말하는 것의 중요한 점은 이러한 대제사장을 우리가 모셨는데, 그는 하늘에 있는 엄위의 보좌 우편에 앉으셨습니다.

1. 지금 말하고 있는 대제사장에 관한 것은 아론의 후손 대제사장들과는 비교할 수 없이 높으신 대제사장을 모셨다는 것이다.

아론과 그의 후손 대제사장 된 사람들은 죽으면 그만이었다. 보통 백성들과 마찬가지로 죽으면 땅에 묻히는 것으로 끝났다.

2. 우리의 대제사장은 십자가의 속죄사역 후에 하늘에 오르사 하나님의 엄위의 보좌 우편에 앉으셨다.

엄위의 보좌 우편에 앉으심은 하나님이 천지를 다스리는 통치를 아들이 하심을 말한다. 아버지가 하늘과 땅을 다스리시는 것을 아들이 행하시게 되었음을 말한다.

앉으셨다는 단어를 에오리스트 (aorist) 시제 (단순과거)를 쓰므로

하늘에 오르실 때부터 온 하늘과 땅을 다스리셨음을 말한다. 새 언약의 대제사장은 속죄사역을 할 때에 말할 수 없이 비참한 죽음과 멸시를 받으셨다. 하지만 하늘에 오르신 때부터는 본래 하나님으로서 온 세계를 다스리는 권세를 행사해 오셨다.

덧붙이면 종의 형상으로 구원을 이루신 이가 하늘에서는 하나님으로 계신다. 그러나 중보자의 위격 곧 신인위격으로 온 세상을 다스리신다.

3. '이런 하늘보다 높으신 대제사장이 이루신 구원을 어찌 율법 아래서 흠 있는 제사장들의 제사와 비교할 수 있겠는가?'라고 묻는다.

이로써 하늘보다 높으신 대제사장의 비교할 수 없이 탁월한 직분을 자랑하고 있다.

4. 죽음으로 끝나지 않고 하늘에 오르셔서 하나님의 보좌에서 천지를 다스리는 대제사장은 구약 아론의 후손들인 대제사장들과 비교할 수도 없이 높으신 히나님이심을 강조한다.

■ **히 8:2** 성소와 참 장막에 부리는 자라 이 장막은 주께서 베푸신 것이요 사람이 한 것이 아니니라

8:2 λειτουργὸς τῶν ἁγίων καὶ τῆς σκηνῆς τῆς ἀληθινῆς, ἣν ἔπηξεν ὁ κύριος, οὐκ ἄνθρωπος.

히 8:2 성소와 참 장막에서 섬기는 자이신데 이 장막은 주께서 세우신 것이요 사람이 세운 것이 아닙니다.

1. 아들이셔도 대제사장이므로 성소에서 하나님을 제사로 섬겼다.

예수 그리스도는 하나님의 아들이신데 성육신하셔서 대제사장으로 세워졌다. 그러므로 그는 자기 몸으로 속죄제사를 하나님께 드렸

으니 하나님을 섬긴 것이다. 그래서 섬기는 자라고 지목한 것이다.

2. 여기서 장막은 광야시절 하나님이 임재하셨던 그 장막을 표시한다. 참 장막이라고 한 것은 하나님이 거주하시는 하늘의 성소에서 제사를 바쳐드렸기 때문에 참 장막에서 섬기는 자라고 한 것이다.

히브리서 9:24에 그리스도께서 땅위에서 속죄제사를 드린 후에 하늘에 오르시어 하나님의 얼굴 앞에 그의 몸을 보여드리고 바쳤으므로 참 장막에서 제사장으로 제사하여 하나님을 섬긴 것이다.

이 진리를 말하고 있는 히브리서는 성경 중에서 특별한 책이다. 그리스도교를 바르게 대변한 성경이다.

3. 이 참 장막이 사람이 세운 것이 아니고 하나님이 세우신 것이라고 한 것은 땅위의 장막은 모세가 백성들의 손을 빌어 만든 것이다.

그러나 하나님의 보좌 자체는 하나님 자신이 세우신 것임을 말한다.

4. 그리스도는 하나님의 완전한 첫 대제사장이고 마지막 대제사장이시므로 성소에서의 속죄제사를 하여 세상을 완전히 구속하셨다.

이에 반해서 레위제사는 연습 제사장의 일이었다.

- **히 8:3** 대제사장마다 예물과 제사 드림을 위하여 세운 자니 이러므로 저도 무슨 드릴 것이 있어야 할지니라

  8:3 γὰρ πᾶς ἀρχιερεὺς εἰς τὸ προσφέρειν τε δῶρά καὶ θυσίας καθίσταται· ὅθεν ἀναγκαῖον ἔχειν καὶ τοῦτον τι ὃ προσενέγκῃ.

히 8:3 대제사장마다 예물과 제물을 드리기 위해서 세워졌습니다. 이러므로 그도 무슨 드릴 것이 있어야 마땅합니다.

1. 대제사장은 예물과 짐승을 제물로 바쳐드리기 위해서 세워졌다.

제사장은 제물을 바쳐드리지 않으면 제사할 수가 없는 직임자이다.

2. 예수 대제사장도 대제사장이므로 바쳐드릴 제물이 있어야 한다.

예수 대제사장도 속죄제사하기 위해서 세워졌다. 그러므로 속죄 제물이 있어야 함을 말하고 있다.

3. 예수 대제사장은 자기의 몸을 제물로 바쳐드린 유일한 대제사장이시다.

히브리서의 강조는 한 인격에서 제물과 제사장이 합쳤다는 점이다.

■ **히 8:4** 예수께서 만일 땅에 계셨더면 제사장이 되지 아니하셨을 것이니 이는 율법을 좇아 예물을 드리는 제사장이 있음이라

8:4 οὖν μὲν εἰ ἦν ἐπὶ γῆς, ἂν οὐδ᾽ ἦν ἱερεύς, ὄντων τῶν προσφερόντων κατὰ νόμον τὰ δῶρα·

히 8:4 예수께서 만일 땅에 계셨더면 제사장이 되지 못하였을 것은 율법을 따라 예물을 드리는 제사장들이 있었기 때문입니다.

1. 예수 그리스도는 십자가상에서 죽음으로 제사장이 되고 대제사장으로 제사하였다.

예수 그리스도는 레위지파에 속한 제사장이 아니므로 레위 제사장들이 성전에서 짐승으로 제사하는 제사장이 될 수가 없었다.

2. 예수 그리스도는 십자가상에서 자기 몸을 제물로 제사함으로만 대제사장이 되셨다.

이런 제사는 구약과 모든 종교들에서는 결코 있을 수 없었다. 오직 예수 그리스도에게만 있었다.

3. 레위기의 제사법에 의하면 레위 제사장들이 동물로 제사하였다.

오직 예수 그리스도는 십자가에서 자기 몸을 제물로 바쳐드림으로 제사장이 되셨다.

4. 제사 후에는 하늘로 가셔서 완전한 제사를 아버지 하나님께 바쳐드렸다.

십자가상에서 자기 몸을 바쳐드린 후 승천하셔서 아버지 앞에 나타나신 것은 하나님의 얼굴 앞에 자기 몸을 보이시므로 속죄제사를 완성하신 것이다.

5. 속죄제사의 완성 때문에 성령이 부활절에 오시지 않고 오순절에 오셨다.

그리스도가 아버지 앞으로 가셔서 속죄제사를 완수하시므로 성령이 오시게 되었다. 그것이 오순절에 성령이 강림하심이다.

■ **히 8:5** 저희가 섬기는 것은 하늘에 있는 것의 모형과 그림자라 모세가 장막을 지으려 할 때에 지시하심을 얻음과 같으니 가라사대 삼가 모든 것을 산에서 네게 보이던 본을 좇아 지으라 하셨느니라

8:5 (οἵτινες ὑποδείγματι καὶ σκιᾷ τῶν ἐπουρανίων, λατρεύουσιν καθὼς κεχρημάτισται Μωϋσῆς μέλλων ἐπιτελεῖν τὴν σκηνήν, γάρ, φησίν, Ὅρα ποιήσεις πάντα κατὰ τὸν τύπον τὸν δειχθέντα σοι ἐν τῷ ὄρει)·

히 8:5 그들은 하늘에 있는 것들의 모형과 그림자로 섬겼습니다. 모세가 장막을 지으려고 할 때에 지시하심을 받은 것과 같으니 산에서 네게 보인 본을 따라 모든 것을 할 것이니라고 말씀하셨습니다.

1. 모세가 시내산에서 성막을 짓도록 받은 계시는 하늘에 있는 것들의 모형을 받은 것이었다.

2. 성막은 천으로 지었다. 성막제사에 쓰이는 모든 그릇들과 도구들도

다 놋과 나무로 만들었다.

그러므로 그런 것들은 다 원본이 아니고 그 원본의 모형을 보여준 것을 따라 만든 것이었다.

3. 이런 것으로 제사하는 제사장들은 그리스도의 참 속죄제사의 모형이었다.

곧 하나님 아버지의 얼굴 앞에서 드릴 제사의 모본이며 미리 보이신 것이었다. 그러므로 이런 제사는 그리스도의 완전한 속죄제사의 복사품이고 미리 보여준 모본일 뿐이었다.

4. 그래도 그 복사품은 하나님이 계시하신 대로 정확하게 그 모본대로 지어야 한다.

그래야 그리스도의 속죄제사를 바르게 이해하고 그 제사 후에 그 제사를 바르게 받아들일 수 있기 때문이다.

5. 하나님이 예수 그리스도의 제사로 세상을 완전하게 속량하시려고 모세에게 그 제사의 모형을 보이셨다.

구약의 모든 제사는 그리스도의 제사의 모형일 뿐이다.

- **히 8:6** 그러나 이제 그가 더 아름다운 직분을 얻으셨으니 이는 더 좋은 약속으로 세우신 더 좋은 언약의 중보시라

  8:6 δὲ νυνὶ διαφορωτέρας λειτουργίας, τέτυχεν ὅσῳ καὶ ἐστιν μεσίτης, κρείττονός διαθήκης ἥτις ἐπὶ κρείττοσιν ἐπαγγελίαις νενομοθέτηται.

  히 8:6 그러나 이제 그가 더 뛰어난 직분을 얻으신 것은 그는 더 좋은 약속들 위에 세워진 더 크고 좋은 언약의 중보자이시기 때문입니다.

1. 대제사장 예수 그리스도는 새 언약의 중보자이시다.

새 언약이 더 나은 언약인 것은 그리스도 자신의 피로 세워진 언약이기 때문이다. 모세를 중보자로 하여 이스라엘과 맺은 언약은 짐승의 피로 세워진 언약이어서 참 언약 곧 새 언약의 예표일 뿐이다.

2. 하나님은 새 언약으로 백성들을 완전히 구원해내셔서 하나님의 백성으로 삼기로 하셨다.

그러므로 새 언약은 완전한 구원언약이다. 다른 언약들은 새 언약의 예비조치일 뿐이다.

3. 더 좋은 약속들은 가나안에서의 안식이 아니라 하늘에서 누리는 영원한 쉼이기 때문이다.

칼빈은 이스라엘이 영생을 목표했다고 말하는데, 히브리서가 제시하는 대로 보면, 이스라엘은 출애굽 후에 가나안에 들어가서 땅을 배분받아 편안히 사는 것을 목표하였다. 영생은 하나님 편에서의 작정이고, 이스라엘 백성은 영생의 열망이 별로 없었다고 보는 것이 합당하다.

4. 죄를 용서받아 하늘의 영생에 이르는 길은 오직 새 언약을 통해서만이다.

이것보다 더 좋은 언약은 없다.

5. 예수 그리스도가 새 언약의 중보자이시지만 그가 새 언약의 설립자이고 또 그 언약의 보증이시다.

그가 자기의 피로 언약을 확증하고 성취하였기 때문에 언약의 보증이시다.

6. 새 언약으로 백성을 온전하게 회복하시고 죄를 다 해결하셨으니 예수 그리스도는 새 언약의 중보자로서도 더 좋은 직분을 얻으신 것이다.

그리스도가 아니면 죄용서와 영생과 하나님의 백성으로서 돌아가는 것이 불가능하다. 그러므로 그의 직분이 비교할 수 없이 탁월하다.

■ **히 8:7** 저 첫 언약이 무흠하였더면 둘째 것을 요구할 일이 없었으려니와

8:7 γὰρ Eἰ ἡ πρώτη ἐκείνη ἦν ἄμεμπτος, ἂν οὐκ δευτέρας τόπος· ἐζητεῖτο

히 8:7 저 이전 언약이 흠이 없었다면 둘째 것을 구하지 않았을 것입니다.

1. 저 이전 언약은 아담과 맺은 언약이 아니라 모세를 통해서 세우신 시내산 언약을 말한다.

히브리서 저자가 처음부터 마지막까지 시비하는 것은 모세를 통해서 율법으로 세워진 언약이 흠이 많고 언약으로서의 기능을 다할 수 없다는 것이다.

2. 시내산 언약으로는 속죄를 이룰 수 없다는 것이다.

이것이 시내산 언약의 결정적인 흠이다. 히브리서가 마지막 말을 했다.

3. 시내산 언약으로 세워진 제사제도는 완전한 속죄를 할 수 없는 부족한 언약이다.

시내산 언약이 그 세워진 목적을 이룰 수 없는 것은 예수 그리스도의 속죄제사를 예표하기 때문이다. 그 때문에 저자는 계속해서 짐승의 피와 살로 바쳐드린 제사는 결코 죄를 속량할 수 없다는 것으로 단정한다.

4. 시내산 언약이 자기의 소임을 할 수 없게 되므로 새로운 언약에 의한 속죄제사를 구하게 되었다.

여기서 둘째 것이라고 한 것은 새 언약을 말한다. 본문이 말한 것은 속죄가 이루어지는 곳이 바로 그리스도의 십자가이기 때문이다.

■ **히 8:8** 저희를 허물하여 일렀으되 주께서 가라사대 볼지어다 날이 이르리니 내가 이스라엘 집과 유다 집으로 새 언약을 세우리라

8:8 γὰρ μεμφόμενος αὐτοὺς λέγει· Ἰδοὺ ἡμέραι ἔρχονται, λέγει κύριος, καὶ συντελέσω ἐπὶ τὸν οἶκον Ἰσραὴλ καὶ ἐπὶ τὸν οἶκον Ἰούδα διαθήκην καινήν,

히 8:8 그들을 허물하여 말씀하시기를 보라 날들이 이를 것인데 내가 이스라엘 집과 유다 집과 새 언약을 세우리라.

1. 시내산 언약으로는 백성을 새롭게 할 수 없고 완전한 백성을 만들 수 없었다.

하나님은 이스라엘을 애굽에서 구출하시고 시내산으로 인도하신 후 이스라엘과 언약을 체결하셔서 자기의 백성으로 삼으셨다. 이 백성이 하나님의 언약백성으로서 지킬 십계명과 율법을 주셨다. 그러나 이스라엘은 그 계명들을 지킬 수 없었으므로 하나님을 온전하게 섬길 수 없었다.

2. 그리하여 유다가 망할 때 예레미야로 말미암아 이스라엘과 유다와 새 언약을 체결할 것을 미리 말씀하셨다 (렘 31:31-33).

그냥 육체뿐인 이스라엘과 맺은 언약으로는 율법을 지킬 수도 없고, 율법에 따라 하나님을 바르게 섬길 수도 없었다. 그래서 그리스도의 구속사역으로 새로운 언약을 세우기로 하셨다.

3. 죄의 뿌리를 없애므로 새로운 백성을 갖기로 하셨다.

아담의 반역본성을 이어받은 백성으로는 죄를 어찌할 길이 없었다. 하나님은 죄의 뿌리를 없앤 새로운 백성을 갖기로 작정하셨다. 이 목적을 위해서 그리스도께서 피 흘려 구속을 이루시기 전에 제자들과 새 언약을 체결하셨다.

4. 새 언약은 주 예수를 믿어 성령의 인도를 따라서 사는 백성을 만드신 언약이다.

죄용서를 받고 그 죄의 뿌리를 잘라낸 백성만이 성령의 인도대로 살 수 있다.

5. 그러므로 죄를 없애는 제사를 아들로 바쳐드리게 함으로 죗값을 받으셨다.

반역죄를 지은 인류를 용서하고 그 백성을 다시 자기의 백성으로 돌이키시는 일은 죗값을 받으심으로만 가능하게 되었다.

완전한 구속사역을 위해서 새 언약을 세우시고, 그 언약에 따라 아들로 십자가에서 피 흘리게 하여 반역죄의 값을 받으셨다.

6. 새 언약과 완전한 구속사역 후에는 성전에서 반복적으로 드리는 제사가 필요 없게 하셨다.

성전제사가 목표한 것은 십자가에서 드린 단 한 번의 제사였다. 이 제사로 사람들이 흠이 없게 되었기 때문이다. 하나님은 이제 그의 백성 가운데 오셔서 충만히 거주하실 수 있게 되었다.

7. 새 언약의 뛰어남은 시내산 언약과 비길 수 없다.

구약제사는 거듭해서 제사하였어도 죄의 뿌리를 제거할 수 없었다. 그러나 새 언약에 의해서 이루어진 단 한 번의 제사는 모든 죄를 다 용서하고 제거하였으므로 성전제사의 거듭거듭 드림이 아무 소용이 없게 되었다.

8. 단 한 번의 제사만이 완전한 자유와 해방을 주었다.

■ **히 8:9** 또 주께서 가라사대 내가 저희 열조들의 손을 잡고 애굽 땅에서 인도하여 내던 날에 저희와 세운 언약과 같지 아니하도다 저희는 내 언약 안에 머물러 있지 아니하므로 내가 저희를 돌아보지 아니하였노라

8:9 οὐ κατὰ τὴν διαθήκην ἣν ἐποίησα τοῖς πατράσιν αὐτῶν

ἐν ἡμέρᾳ ἐπιλαβομένου μου τῆς χειρὸς αὐτῶν ἐξαγαγεῖν αὐτοὺς ἐκ γῆς Αἰγύπτου, ὅτι αὐτοὶ οὐκ ἐνέμειναν ἐν τῇ διαθήκῃ μου, κἀγὼ ἠμέλησα αὐτῶν, λέγει κύριος.

히 8:9 내가 그 아비들의 손을 잡아 애굽에서 이끌어내던 날에 그들과 맺은 언약과 같지 않습니다. 그들이 내 언약에 머무르지 않았으니 나도 그들을 돌보지 않았다고 주께서 말씀하셨습니다.

1. 새 언약은 이스라엘을 애굽에서 이끌어내어 그들과 맺은 언약과 전혀 달랐다.

시내산 언약은 율법의 규정들과 약정들이 많아서 잘 지키기가 어려웠다. 지키기 어려운 정도가 아니라 율법의 조목들이 너무 많아서 지킬 수도 없었고 본래도 지킬 수 없는 법이었다.

2. 하나님은 시내산으로 이스라엘을 인도하신 후 모세를 중보자로 하여 언약을 맺으시고 그 언약의 거룩을 지키기 위해서 많은 계명들을 주셨다.

언약의 거룩을 지키기 위해서 하나님은 계명들과 율법을 주셨다.

3. 계명들은 지킬 수 없었다.

곧 한 계명에 걸려 넘어지면 모든 율법을 지키지 않은 것이 된다. 그러므로 그 언약의 계명들을 다 지킬 수가 없었다. 다 금령들이라 더 범하고 싶었기 때문이다.

4. 이스라엘이 언약 안에 머물지 않았다는 것은 그 언약계명들을 지키지 않았다는 것을 말한다.

언약을 맺으면 언약백성은 언제든지 언약의 계명들을 지켜야 한다. 그러나 그 많은 계명들을 지키지 않는 것은 바로 범죄한 것을 말한다. 언약을 맺으시므로 주신 계명들을 그냥 보고만 있는 것이 아니라 그 계명들을 지키지 못하고 범하여 넘어진 것이다.

타락한 사람들은 계명을 대하면 지키기보다 범하려고 하는 마음을 드러낸다.

5. 시내산 언약은 홍해를 건너서 미디안 땅으로 들어온 후에 맺어졌다.

주의 권능과 호의로 백성들이 홍해를 무사히 건넜다. 그러므로 그 백성들은 하나님의 구원이 얼마나 크고 놀라운 것이었는지를 잘 보았다. 그때의 감격을 자손들에게 그대로 전달할 수도 없었다.

6. 홍해를 건넌 감격과 감동을 아버지들로부터 전해 받았어도 그 자식들은 결코 율법의 조항들을 지킬 힘이 없었다.

이스라엘은 계명을 지키기보다 어그러뜨리기를 잘하였다. 죄성이 역사해서 하나님의 계명들을 어그러뜨리고 다른 길로 가기를 좋아하고 마음의 욕망대로 했다.

7. 이스라엘이 율법을 싫어하므로 하나님은 그 마음의 원함대로 하도록 내버려두셨다.

하나님은 선지자들을 보내서 그들을 가르치고 깨우치셨으나 백성들은 죄악의 길을 따라서 살려고 하고 율법을 지키기를 즐겨하지 않았다. 하나님은 자유 인격체로 지으신 백성들이 좋아하는 대로 내버려두고 또 돌보지도 않으셨다. 그리하여 이스라엘이 망하고 이어서 유다도 망하였다.

8. 새 언약은 하나님이 친히 이루시고 지키신다.

새 언약에서는 백성들이 언약에서 떨어져나가도록 내버려두지 않으신다. 기어이 그 언약을 이루시어 자기의 백성을 가지실 뜻을 이루신다.

9. 신구약에는 한 언약뿐이다.

개혁신학에만 있는 행위언약과 은혜언약 두 언약은 언약이 무엇인지를 모르고 사변적으로 전개한 것일 뿐이다.

성경 전체에는 하나님의 백성 삼는 언약 한 가지뿐이다. 그리고 이 언약을 회복하고 성취하는 것만 있다.

■ **히 8:10** 또 주께서 가라사대 그날 후에 내가 이스라엘 집으로 세울 언약이 이것이니 내 법을 저희 생각에 두고 저희 마음에 이것을 기록하리라 나는 저희에게 하나님이 되고 저희는 내게 백성이 되리라

8:10 ὅτι αὕτη ἡ διαθήκη ἣν διαθήσομαι τῷ οἴκῳ Ἰσραὴλ μετὰ τὰς ἡμέρας ἐκείνας, λέγει κύριος, διδοὺς νόμους μου εἰς τὴν διάνοιαν αὐτῶν, καὶ ἐπὶ καρδίας αὐτῶν ἐπιγράψω αὐτούς, καὶ ἔσομαι αὐτοῖς εἰς θεόν καὶ αὐτοὶ ἔσονταί μοι εἰς λαόν.

히 8:10 이것이 그날들 후에 이스라엘 집과 내가 맺을 언약이라 주께서 말씀하시기를 내 법을 그들의 생각에 두고 또 내가 그들의 마음에 법들을 써넣을 것이니라. 그리고 나는 그들에게 하나님이 되고 그들은 내게 백성이 될 것이라.

1. 시내산 언약에서는 하나님은 십계명을 돌비에 쓰셨고 다른 율법들은 책에다 쓰게 하셨다.

이스라엘은 그 계명들을 다 읽을 수도 없었고, 읽어주는 사람이 있어야만 그 계명들과 율법을 알 수 있었다. 평소에는 잊어버리고 살았다.

2. '그날들 후'는 시내산 언약이 그 효력이 다한 뒤를 말한다.

하나님은 시내산 언약의 날들이 다하므로 아들을 보내셨다. 성전에서 드리는 제사로는 백성들을 온전하게 할 수도 없었고, 이방인들도 하나님의 백성으로 돌이킬 수 없었다.

3. '그날들'은 시내산 언약이 아직도 엄정하게 서 있을 때를 말한다.

아들을 보내신 때가 시내산 언약의 힘이 끝난 때이다. 이스라엘의 죄를 완전히 속량하고, 이방인들을 대대적으로 하나님의 백성으로 돌이키는 일은 그리스도의 구속사역으로만 이루어지기 때문이다.

4. 그리스도의 구속사역으로만 인류를 하나님의 백성으로 돌이키신다.

그 외에는 다른 길이 전혀 없다.

5. 이스라엘과 맺을 언약은 예레미야로 예언한 새 언약을 말한다 (렘 31:31-33).

시내산 언약으로는 그 맡은 바 직분을 다할 수 없었다. 먼저 백성들의 죄를 완전히 속량할 수도 없었다. 백성들이 죄를 거듭거듭 짓기 때문이다. 제사한 후에도 이어서 죄를 거듭 지었다. 그러므로 새로운 언약으로 죄를 깨끗하게 씻기로 작정하셨다. 이 언약이 새 언약이다.

6. 죄를 없애는 제사는 모세의 법으로 세워진 제사로는 안 되고, 영으로 세워질 새 언약이어야만 된다.

7. 하나님은 그리스도의 속죄제사로만 죄를 제거하고 흠 없는 올바른 백성을 가지신다.

이 일을 위해서 그리스도의 피로 새 언약을 맺으셨다. 그러므로 예레미야로 하여금 나라가 망하는 시점에 새 언약을 미리 말씀하게 하셨다.

8. 그리스도가 그의 피로 새 언약을 제자들과 맺으셨다.

그 언약대로 십자가에서 피 흘려 모든 죄를 해결하셨다.

9. 성령이 그리스도의 피로 백성들을 신령한 백성으로 만드시게 되었다.

성령이 백성들의 마음에 오시므로 돌비와 책에 써놓은 하나님의 율법이 언제든지 생각나고 깨달을 수 있게 되었다. 성령이 깨우치시기 때문이다.

10. 새 언약에서는 성령이 사람들의 마음에 하나님의 말씀이 늘 살아

있게 하신다.

성령이 사람들의 마음에 역사하셔서 말씀을 늘 깨닫고 기억나게 하신다. 이 방식으로 죄짓지 못하게 하셨다. 이것이 내 법을 그들의 생각에 두고 또 그들의 마음에 율법을 기록할 것이라고 한 말씀의 뜻이다.

11. 인약을 맺으심의 목표는 백성들을 하나님의 백성으로 삼으시는 것이다.

시내산 언약으로 이스라엘이 하나님의 백성이 되었지만 그의 백성으로 남아있을 수 없었다. 언약의 법을 늘 어그러뜨리기 때문이다.

12. 여호와만을 하나님으로 섬기지 못하고 이방신들과 여호와를 함께 섬겼다.

따라서 이스라엘이 하나님의 바른 백성이 될 수가 없었다.

율법은 이스라엘을 하나님의 백성으로 만들 수가 없었기 때문이다.

13. 모든 이방백성들이 하나님의 백성이 되는 것은 그리스도의 새 언약으로만 된다.

역사가 끝날 때는 모든 이방백성들이 하나님의 백성이 되어 하나님을 모시고 살므로 하나님은 그들 가운데 충만히 거하시게 된다 (계 21:3).

14. 그때 하나님의 창조경륜이 온전히 이루어진다.

하나님의 모든 사역의 목표가 백성 가운데 충만하게 거주하시는 것이다.

15. 만백성 가운데 충만히 거주하셔서 찬양과 경배를 받으시는 것이 하나님이 영광을 받으시는 것이다.

이때 하나님의 창조경륜이 온전히 이루어진다.

16. 처음부터 하나님은 예수 그리스도로 온 세상을 구원하여 자기의 백성 삼기로 정하셨다.

그러므로 그리스도의 구원사역이 하나님의 일하심의 처음과 마지막이다. 따라서 구약은 구원의 준비이고 신약은 구원의 성취이다.

17. 언약 체결의 근본목적은 하나님이 백성의 하나님이 되시고 백성은 하나님의 백성이 되는 것이다.

이 진리를 이 본문이 분명히 밝힌다.

언약은 하나이고, 한 가지 목적으로만 체결되었다. 곧 백성들을 하나님의 백성 삼으시는 것이다.

■ **히 8:11** 또 각각 자기 나라 사람과 각각 자기 형제를 가르쳐 이르기를 주를 알라 하지 아니할 것은 저희가 작은 자로부터 큰 자까지 다 나를 앎이니라

8:11 καὶ οὐ μὴ διδάξωσιν ἕκαστος τὸν πολίτην αὐτοῦ καὶ ἕκαστος τὸν ἀδελφὸν αὐτοῦ, λέγων· Γνῶθι τὸν κύριον, ὅτι πάντες εἰδήσουσίν με ἀπὸ μικροῦ ἕως μεγάλου αὐτῶν.

히 8:11 또 각각 자기 이웃과 자기 형제를 가르쳐 이르기를 주를 알라고 하지 아니할 것은 그들이 작은 자로부터 큰 자까지 다 나를 알기 때문이니라.

1. 율법과 제사제도는 유대인들에게 국한하였다.

선지자들도 유대인들에게만 말하였다. 율법과 제사제도가 유대인들 혹은 이스라엘에게만 주어졌기 때문이다.

그러므로 선지자들도 유대인들에게 책망하기를 그들이 율법을 따라서 바르게 하나님을 섬기지 않는다고 하였다.

2. 나훔 선지자는 니느웨에 경고하는 메시지를 전하고, 요나도 니느웨의 멸망을 예언하였다.

그 외의 모든 선지자들은 율법에 따라 하나님을 섬기도록 된 백성들에게만 말씀하였다.

3. 그러나 예수 그리스도의 복음은 온 천하의 모든 백성들에게 전달되었다.

모든 백성들이 복음을 다 들었다. 유대인들뿐 아니라 이방인들도나 복음을 선달받았다. 그러므로 서로를 향하여 하나님을 알라고 할 필요가 없게 되었다.

4. 복음을 들어 주 예수를 믿음으로 하나님을 섬기는 자들은 이웃을 향하여 주를 더 잘 알라고 할 필요가 없다.

로마의 황제가 주 예수를 믿어 주를 섬긴 이래, 왕들과 황제들 곧 큰 자들이 주 하나님을 알고 섬겼다. 그 주가 천지의 창조주이시며 세상의 구주임을 알고 믿었다.

5. 이 본문도 언약은 모든 백성을 하나님의 백성 삼으시는 것임을 강조하고 있다.

모든 백성이 다 하나님의 언약백성이 되었으니 하나님을 잘 알고 섬기게 되는 것을 말한다.

- **히 8:12** 내가 저희 불의를 긍휼히 여기고 저희 죄를 다시 기억하지 아니하리라 하셨느니라

  8:12 ὅτι ἵλεως ἔσομαι ταῖς ἀδικίαις αὐτῶν, καὶ τῶν ἁμαρτιῶν αὐτῶν οὐ μὴ μνησθῶ ἔτι.

  히 8:12 내가 그들의 불의를 불쌍히 여기고 그들의 죄를 다시는 기억하지 아니할 것이라.

1. 하나님은 그리스도의 피로 죄와 허물이 용서된 자들에게 더 이상

진노하실 수가 없게 되었다.

그리스도의 피로 씻음 받았으니 하나님이 더 이상 믿는 자들의 불의와 죄를 기억하실 필요가 없어지게 되었다.

2. 그리스도 밖에 있을 때에 행한 모든 불의는 하나님을 알지 못하여서 행하였으므로 하나님이 불쌍히 여기셨다.

하나님이 불쌍히 여기시므로 불의에 대해서 더 이상 책임을 물을 수 없게 되었다.

그리스도의 거룩한 피가 불의를 사하고 씻었으니 더 이상 죄과를 물을 수 없게 되었다.

3. 불의는 하나님의 뜻을 어긴 죄이다.

이렇게 알지 못하고 범한 모든 죄들이 그리스도의 피로 씻어졌으므로 더 이상 죄과를 물을 수 없다. 또 알지 못해서 지은 모든 불의를 불쌍히 여기셨다.

■ **히 8:13** 새 언약이라 말씀하셨으매 첫 것은 낡아지게 하신 것이니 낡아지고 쇠하는 것은 없어져가는 것이니라

8:13 ἐν τῷ λέγειν Καινὴν πεπαλαίωκεν τὴν πρώτην, δὲ τὸ παλαιούμενον καὶ γηράσκον ἐγγὺς ἀφανισμοῦ.

히 8:13 새 언약이라 말씀하셨으니 이전 언약은 낡아지게 하셨습니다. 낡아지고 쇠해가는 것은 곧 사라져갑니다.

1. 새 언약이라고 한 것은 주 예수 그리스도가 제자들과 맺은 언약을 말한다.

새 언약은 짐승의 피로 세우지 않고 그리스도의 피로 세웠다.

2. 그리스도의 피로 세워진 언약이 참 언약이어서 모든 백성의 죄를 없

이한다.

짐승의 피로 드린 제사는 온전하지 못하여 사람들의 죄과를 완전히 없이하지 못한다. 성전제사는 백성들의 죄를 속량하지 못하였다. 따라서 백성들로 망하게 하였고 양심을 깨끗하게 하지 못하였다. 구약의 제사는 단지 그리스도 제사의 예표였기 때문이다.

3. 그리스도의 제사는 거룩하게 된 그의 몸과 피로 드린 제사이므로 완전한 속죄제사이다.

이런 완전한 속죄를 이룬 그리스도의 피로 세운 언약이 새 언약이다.

4. 첫 언약은 '이전 언약'이라고 번역해야 한다. 칠십인 경 (LXX)은 '앞선 언약'이라고 번역하였다.

여기 첫 번 언약 혹은 이전 언약은 모세가 짐승의 살과 피로 세운 시내산 언약을 말한다. 이 언약으로는 백성들의 죄를 없애지 못하므로 하나님이 그의 백성 각자 안에 거하실 수 없었다.

5. 성전 제사는 죄를 없앨 수 없었으므로 죄를 거듭거듭 짓고 그때마다 제사하지만 양심이 깨끗해지지 못하였다.

새 언약 후에는 이전 언약은 더 이상 소용이 없다.

6. 새 언약은 죄를 깨끗하게 하고 양심을 새롭게 하여 온전한 하나님의 백성 되는 일이 확실하게 이루어졌다.

그러므로 옛 언약을 고집할 필요가 전혀 없어졌다. 옛 언약은 그리스도가 오시기 전까지만 유효하였다. 이전 언약은 효능을 다하여 목숨 줄이 끊어졌다.

7. 그림자가 자기의 직임을 다하였으면 실체가 온 후에 그 직임을 수행하려고 할 필요가 전혀 없다.

시내산 언약은 그리스도의 피 흘리심으로 우리에게 아무런 힘도 쓸 수가 없게 되었다.

8. 히브리서를 쓸 때는 아직 예루살렘 성전이 서 있었다. 70AD에 성전은 디도 장군의 손으로 불태워지고 깨뜨려졌다. 그래서 더 이상 성전제사를 이어갈 수 없었다. 성전제사로 속죄제사를 할 수 없게 되었기 때문이다.

히브리서 저자는 이 성전파괴의 사건을 미리 내다보고 이렇게 옛 언약이 낡아져서 곧 없어질 것이라고 단언하고 있다.

제 9 장

임시적인 성전제사와 그리스도의 영원한 속죄제사

히브리서

ΠΡΟΣ ΕΒΡΑΙΟΥΣ

임시적인 성전제사는 개혁 때까지만 존속하였다: 9:1–5

■ **히 9:1** 첫 언약에도 섬기는 예법과 세상에 속한 성소가 있더라

9:1 μὲν οὖν Εἶχε ἡ πρώτη δικαιώματα λατρείας τε τό ἅγιον κοσμικόν.

히 9:1 첫 언약도 예배의 규칙들과 땅에 있는 성소를 가졌습니다.

1. 옛 혹은 이전 언약 (시내산 언약)은 이스라엘을 하나님 섬기는 백성으로 삼으시기 위해서 세워졌다.

구약에서 언약은 언제든지 백성들을 하나님의 백성으로 돌이키기 위해서 세워졌다. 언약 설립의 목적은 모든 백성으로 하나님의 백성이 되어서 창조주 하나님만을 섬기는 백성으로 삼기 위해서 세워졌다.

2. 옛 언약은 짐승의 피로 세워져서 이스라엘을 하나님의 백성 삼았으므로 하나님을 섬기는 예법들이 주어졌다.

백성이 언약을 맺어 하나님의 백성이 되었으면 하나님만을 섬겨야 한다. 하나님이 내신 법을 따라 하나님을 섬겨야 하므로 그 섬기는 예법으로 성전제사의 제도를 정하셨다.

3. 하나님을 섬기는 일은 성막과 성전에서 모세가 전해준 규칙들을 따라 제사함으로써 섬겼다.

성전제사는 속죄제사일 뿐만 아니라 하나님을 섬기고 찬양하는 일로 이루어졌다. 또 성전과 성막은 온 백성들을 하나님의 백성으로 함께 모으는 일을 하였다. 곧 성전은 백성들이 하나님을 만나는 자리였다. 성전에서 백성들이 하나님을 만났을 뿐만 아니라 하나님의 언약백성으로서 서로가 연합되었음을 확인하였다.

4. 성전에서 하나님께 제사할 때 정해준 규칙과 법도를 따라서 그를 섬겨야 했다.

하나님은 처음 아담과 언약을 맺으실 때에도 언약 백성이 의지해서 살 언약의 법을 주셨다. 그 언약의 법이 선악과 계명이었다. 선악과 계명은 하나님의 계명대로만 하나님만을 섬기는 것을 말한다.

5. 하나님이 이스라엘과 언약을 맺으셨을 때에는 십계명과 율법 그리고 제사제도를 하나님을 섬기는 법으로 주셨다.

하나님은 자기가 경배 받을 예배의 법을 스스로 정하신다.

이것이 구약에서 예배모범이 긴 이유이다.

6. 하나님의 법대로 하나님을 섬김은 예배와 제사였다.

그렇게 하나님의 법대로 하나님을 섬기므로 하나님의 백성이 되고 하나님의 백성으로 남는다.

7. 그 섬김의 자리는 성전이었다.

성전이 비록 솔로몬에 의해서 세워졌지만, 성전제사의 모든 규범들과 법칙들은 모세를 통해서 주셨다. 하나님이 정해주신 법을 따라서 제사하고 경배해야 했다. 이렇게 하나님을 섬기는 자리가 성전이므로 성전에서 하나님을 섬기고 경배하였다.

8. 지성소와 성소가 있었고 성소에서 사용되는 기구들에 대한 규범들과 제사의 규범이 정해져 있었다.

지성소에서 제사하는 규칙도 엄격하게 정해져 있었다. 하나님이 정하신 규범들과 규칙들에 따라서 하나님을 경배하고 제사해야만 하나님을 바르게 섬기는 것이었다.

9. 예루살렘에 세워진 성전은 땅의 모든 요소들로 세워졌으므로 땅에 있는 성소였다.

솔로몬이 성선을 세울 때, 돌과 흙과 나무와 보석들로 세우고 치장하였다. 이 성전은 백성들이 하나님을 섬기도록 세워진 집이었다. 그러므로 성전이 서 있는 동안 제사와 경배는 언제든지 성전에서 진행되었다.

10. 그 성소는 일반적으로 매일의 제사가 진행된 곳이다.

백성들의 모든 죄를 따라 제물을 바치므로 제사하여 죄를 용서받고 하나님과 화해할 수 있었다.

또한 성전은 하나님을 섬기는 예배의 자리일 뿐만 아니라 하나님의 백성이 서로 사귐을 나누는 곳이었다. 이 사귐으로 온 백성이 하나님의 언약백성으로서 서로 간의 유대를 굳게 하였다.

11. 성전제사에 이방인들과 여인들도 참여할 수 있었다.

여인들과 이방인들이 이방인의 뜰에서라도 성전제사에 동참할 수 있게 한 것은 앞으로 그리스도의 속죄제사로 세상의 모든 족속들이 다 하나로 하나님을 섬기는 백성으로 설 것임을 예표한 것이다. 그것은 그리스도의 속죄제사로만 이루어진다.

그리스도의 제사가 세상에 흩어진 모든 백성들을 모으고 이스라엘과 이방인들을 하나로 화해시키기 때문이다.

12. 이 성전제사는 임시적이고 일시적이며, 그 효력이 제사하는 이스라엘 백성들에게만 한정되었다.

성전제사는 그리스도의 제사의 예표였으므로 그리스도가 오시기까지만 효력이 있었다.

■ **히 9:2** 예비한 첫 장막이 있고 그 안에 등대와 상과 진설병이 있으니 이는 성소라 일컫고

9:2 γὰρ κατεσκευάσθη σκηνὴ ἡ πρώτη ἐν ᾗ τε ἥ λυχνία καὶ ἡ τράπεζα καὶ ἡ πρόθεσις τῶν ἄρτων, ἥτις λέγεται Ἅγια·

히 9:2 예비한 첫 장막이 세워졌는데, 그 안에는 촛대와 상과 밀떡을 펴놓음이 있었으니 이것을 성물이라고 일렀습니다.

1. 지금 저자는 첫 장막이 세워졌을 때 그 구조를 설명하고 있다.

성전은 출애굽 후 480년 되던 해인 솔로몬이 왕이 된 지 4년에 세웠다. 그 이전에는 성막이 하나님의 성전의 자리를 차지하였다. 그 성막은 제사하기 위해서 세워졌다. 그리고 하나님이 자기의 임재를 자기 백성 가운데 두시려고 성막을 세우게 하셨다. 그 후로 하나님의 임재의 자리가 성전이었다.

그리고 백성들의 속죄를 위해서 매일 제사하도록 성소를 마련하셨고, 온 백성의 죄를 속량하기 위해서 지성소를 세우셨다.

2. 성막은 성소와 지성소로 나뉘었다.

성소와 지성소는 제사하는 곳이다. 또 성소에 들어가기 전에 백성들을 위한 자리가 있다.

성소에서는 매일 백성들의 죄를 위해서 속죄제사와 화목제사와 감사제사를 드렸다. 이 성소에 대한 설명과 제시가 출애굽기 25-26장에 잘 기술되어 있다.

3. 지성소는 일 년에 한 번 대제사장이 온 백성들의 죄를 속량하기 위해서 제사하는 곳이었다.

지성소는 성소 뒤에 휘장으로 쳐서 모든 빛이 막혀 있는 어두운 곳이다. 그러므로 그곳에 계신 여호와가 어두움 가운데 계시는 것

으로 표시되었다.

그것은 엄위로운 창조주 하나님을 직접 사람의 눈으로 볼 수 없다는 것을 가르치는 가르침이었다. 하나님을 직접 본다면 대제사장들이 제사하지도 못하고 죽었을 것이다.

4. 그리스도의 죽음으로 성소와 지성소 사이의 휘장이 찢어져서 지성소에 계신 하나님을 밝히 볼 수 있게 되었다.

아무도 볼 수 없는 창조주 하나님을 그리스도의 구속사역으로 사람들이 바라볼 수 있게 되었다. 그리스도의 구속사역으로 하나님의 얼굴이 나타남을 가르치기 위해 어두움 가운데 계셨다.

5. 대제사장만이 유월절에 지성소에 들어가서 온 백성들의 죄를 속량하는 제사를 드렸다.

지성소에서 드린 대제사장의 속죄제사는 예수 그리스도의 십자가상의 속죄제사를 예표하였다. 대제사장이 범죄한 백성들을 제사로 하나님과 화해시켰다.

지성소에서 드린 속죄제사는 그리스도의 대신 속죄제사만이 온 백성들의 죄를 속량함을 미리 보인 것이다.

6. 지성소는 아브라함이 이삭을 제사한 그 바위제단을 담고 있다.

그 바위가 아브라함의 참 이삭 곧 예수 그리스도의 속죄제사를 처음부터 지시하였기 때문이다. 물론 그 바위는 아브라함의 이삭 제사를 회상하게 하였다. 지성소에서 드린 대제사장의 제사는 참 이삭, 예수 그리스도의 속죄제사를 바라보게 하였다.

7. 성소는 촛대와 상과 밀떡을 벌여놓은 구조로 구성되었고 매일 제사하였다.

백성들의 범죄만큼 제사하였고, 이 성소 제단에서 소제와 번제를 드렸다. 소제를 드릴 때 곡식으로도 제사하였고, 빵을 만들어서 하나님 앞에 펴놓으므로 제사하였다.

하나님 앞에 펴놓은 빵 12개를 두 줄로 놓아 이스라엘의 12지파를 나타내었다. 안식일 아침에 새로 구워서 이전 빵들을 바꾸었다. 이 펴놓은 빵 제단은 성소 북쪽에 두었다.

하나님 앞에 펴놓은 빵은 희생제물이 된 그리스도의 몸을 예표하였다. 그리스도의 몸이 인류의 참 양식이 된다는 것을 미리 나타내보였다.

8. 여기의 상은 빵을 펴놓는 일을 위해서 사용되었다 (출 25:30).

이 상은 아카시아 나무로 만들었고 길이가 90cm 정도이고 너비는 45cm쯤 되는데 순금으로 입혔다 (출 25:23, 24).

9. 촛대는 일곱 가지로 되어 있다.

촛대를 일곱 가지로 하여 가지마다 초를 세워 비치게 하였다. 촛대는 밤낮으로 불을 켜서 성소를 비치게 하고 성소 남쪽에 두었다.

일곱 촛대는 그리스도의 구속으로 세상에 오실 성령을 예표하였다. 계시록에서도 성령을 하나님 보좌 앞의 일곱 영으로 표시하였다 (계 1:4).

10. 하나님의 영의 충만성을 표시하기 위해 일곱 영으로 표기하였다.

촛대도 일곱 촛대인 것은 하나님의 은혜의 빛을 충만하게 표시하는 것이다.

그리스도의 구속사역으로 오신 성령만이 죽은 인류의 눈을 열어 진리를 보게 한다. 성령이 빛을 비추시므로 그리스도의 거룩한 구속을 깨닫고 믿어 하나님의 백성으로 돌아가게 하신다. 성령이 진리의 빛을 비추시고 사람들의 마음을 열어 진리이신 그리스도를 알고 믿게 하였다.

11. 본문에서 말하지 않는 제단은 지성소와 성소를 나누는 휘장 앞에 두었다.

이 제단에서 매일의 제사가 드려졌고, 백성들 각자가 자기의 속죄제사와 화목제사와 감사제사를 드렸다.

■ 히 9:3 또 둘째 휘장 뒤에 있는 장막을 지성소라 일컫나니

9:3 δὲ μετὰ τὸ δεύτερον καταπέτασμα σκηνὴ ἡ λεγομένη Ἅγια Ἁγίων,

히 9:3 둘째 휘장 뒤에 있는 장막을 지성소라고 일컬었습니다.

1. 성소의 첫 자리는 백성들의 처소였다.

2. 그 처소를 지나서 성소에 이르렀다.

성소와 백성들의 처소 간에 하나의 휘장이 드리워져 있었다.

3. 성소를 나누어서 안쪽을 지성소라고 불렀다.

성소와 지성소를 나누는 휘장이 드리워져 있었는데, 이 휘장이 둘째 휘장이다. 둘째 휘장을 지나 있는 지성소는 성소 안 곧 방 안에 만들었다.

따라서 어둠에 싸여 있었다. 밖에서 들어오는 빛은 다 차단되었다. 거룩하신 하나님이 계시는 곳이므로 지성소라고 이름하였다.

4. 이 어두운 곳은 여호와 하나님의 주권성과 엄위를 표시하였다.

■ 히 9:4 금향로와 사면을 금으로 싼 언약궤가 있고 그 안에 만나를 담은 금 항아리와 아론의 싹난 지팡이와 언약의 비석들이 있고

9:4 ἔχουσα χρυσοῦν θυμιατήριον καὶ τὴν κιβωτὸν τῆς διαθήκης περικεκαλυμμένην πάντοθεν χρυσίῳ, ἐν ᾗ στάμνος χρυσῆ ἔχουσα τὸ μάννα καὶ ἡ ῥάβδος Ἀαρὼν ἡ βλαστήσασα καὶ αἱ πλάκες τῆς διαθήκης,

히 9:4 금향로와 사면을 금으로 싼 언약궤가 있고 그 안에는 만나를 담은 금 항아리와 아론의 싹난 지팡이와 언약의 돌판들이 있었습니다.

1. 지성소에 있는 거룩한 제사 물품들을 기술하고 있다.

첫째로 금향로와 언약궤와 언약궤 안에 있는 품목들을 말하고 있다.

2. 금향로가 지성소에 있는 것에 대해서 출애굽기 30:6과 다르기 때문에 논란과 시비가 되었다.

출애굽기 30:6에는 금향단이 지성소에 있는 것이 아니라 성소에 있다. 지성소에 있는 언약궤 맞은편 휘장 밖에 있도록 되었다.

그러면 여기 나오는 금향로는 대제사장이 속죄제사를 하기 위해서 연기 나는 향을 담은 그릇으로 본다. 그 금 그릇에 연기 나는 향을 담아 언약궤 주변에 뿌리므로 대제사장이 언약궤를 보지 않아서 죽지 않고 제사를 할 수 있었다.

3. 지성소에 있는 언약궤가 제일 중요한 품목이었다.

이 언약궤에서 여호와 하나님이 백성을 만나시는 것으로 약속하셨다 (출 30:6).

4. 이 언약궤 위에 있는 속죄소에서 대제사장이 일 년에 한 번 온 백성을 위해서 속죄제사를 드렸다.

이 지성소에 있는 언약궤 위에 번제 단에서 일 년에 한 번 대제사장이 온 백성들의 죄를 속량하는 제사를 드렸다.

제단 주변에 향연기를 퍼지게 하고 대제사장이 온 백성을 위하여 속죄제사를 드렸다. 그것도 일 년에 한 번만 제사할 수 있었다.

5. 지성소에서 대제사장들이 유월절에 단 한 번만 온 백성들의 죄를 속하기 위해서 제사한 것은 그리스도의 단번에 드린 속죄제사를 예표하였다.

구약의 제사제도는 그림자요 예표였다.

6. 그리스도께서 하나님의 대제사장으로서 단번에 속죄제사를 드리시므로 이스라엘을 포함한 모든 하나님의 백성들의 죄를 완전히 속량하셨다.

그의 흘린 피로 모든 백성들의 죄를 완전히 씻어 그들을 하나님과 화해하게 하여 그의 백성으로 세우셨다.

7. 그리스도의 몸이 하나님의 지성소로서 속죄제사를 완성하였으므로 구약의 성전이 더 이상 필요가 없게 되었다.

그리스도의 몸에 하나님이 항속적으로 임재하시기 때문이다.

8. 금 항아리에는 이스라엘이 출애굽 후 40년간 먹었던 만나를 담아 둠으로 여호와께서 이스라엘의 모든 생존을 담당하셨음을 보이도록 하였다.

불행하게 바벨론 포로 시 이 언약궤와 그 안에 있는 모든 것이 소실되었다.

9. 아론의 싹난 지팡이를 언약궤 안에 둔 것은 하나님의 제사장을 하나님이 친히 뽑으셨음을 보이시기 위해서이다.

다른 사람들이 제사장직을 바랄 수 없게 하신 것이다.

10. 언약의 돌판을 언약궤 안에 보존하게 하신 것은 하나님의 계명대로만 하나님을 섬겨야 함을 보이신 것이다.

하나님은 언약을 맺으실 때마다 언약백성이 의존해서 살 계명들을 주셨다. 그리고 그 계명대로만 하나님을 섬겨야 함을 밝히셨다.

11. 첫 언약에서는 선약과 계명을 주셔서 하나님의 계명대로 하나님을 섬겨야 함을 밝히셨다.

시내산 언약에서는 십계명을 하나님의 언약백성들이 의존해서 살 규범으로 주셨다. 새 언약에서는 사랑의 계명을 삶의 규범으로 주셨다.

■ **히 9:5** 그 위에 속죄소를 덮는 영광의 그룹들이 있으니 이것들에 관하여는 이제 낱낱이 말할 수 없노라

9:5 δὲ ὑπεράνω αὐτῆς Χερουβὶν δόξης κατασκιάζοντα τὸ ἱλαστήριον· περὶ ὧν οὐκ ἔστιν νῦν λέγειν κατὰ μέρος.

히 9:5 그 위에 속죄소를 덮는 영광의 그룹들이 있었는데 이것들에 관하여는 이제 낱낱이 말할 수 없습니다.

1. 언약궤 윗면에 속죄소가 세워져서 그 위에 대제사장이 일 년에 한 번 모든 백성들의 죄를 속할 제물을 드렸다.

온 백성들의 죄를 속량하는 일을 하나님이 거처하기로 하신 속죄소에서 집행하였다. 속죄소라고 한 것은 그 언약궤 위에서 드린 제사로만 백성들의 죄가 속량되기 때문이다.

이것은 그리스도의 단번에 드린 속죄제사를 예표하였다.

2. 하나님이 백성을 만나시는 속죄소에서 제사한 것은 하나님 자신이 충만히 거주하시는 그리스도의 몸을 제물로 삼아서 세상 온 백성들의 죄를 속량할 것을 예표한 것이다.

그리스도의 몸이 지성소이고 그 몸이 속죄소였다. 그의 몸을 제물로 바쳐드린 것으로 온 백성들의 죄가 다 속량되었기 때문에 그 몸이 속죄소이고 시은소 (mercy-seat)이다. 그리스도의 몸만이 참 지성소이고 성전이며 속죄소이다.

3. 언약궤 위에 두 그룹 천사가 날개를 펴서 속죄소를 덮고 얼굴을 마주하고 서 있게 하였는데 그룹들 사이에 여호와께서 임재하시고 나타나셨다.

하나님이 임재하시는 속죄소에 두 그룹 천사를 세운 것은 하나님의 현존에 함부로 접근할 수 없다는 것을 보인다.

본래 그룹들은 아담의 범죄 후 생명나무로의 길을 지키기 위해서 두셨다. 생명나무는 그리스도를 지시하므로 곧 하나님의 얼굴 앞에 이르는 길임을 말한다.

4. 그리스도의 구속 때까지 하나님 얼굴 앞에 가는 길은 닫혀 있었고 아무도 하나님의 얼굴을 볼 수 없게 하였다.

그룹들의 날개와 어두움으로 속죄소 위에 임재하시는 하나님의 얼굴을 볼 수 없게 하였다.

5. 그리스도께서 십자가에서 피 흘려 우리의 죗값을 지불하시므로 사람들이 하나님께 갈 수 있게 되었다.

그리스도께서 십자가에서 죽으실 때 지성소와 성소를 나누는 휘장이 찢어지므로 하나님의 심장이 세상을 향하여 다 드러났다.

6. 그리스도의 구속사역으로 모든 제사문제가 다 해결되었으므로 더 이상 지성소와 언약궤 안에 있는 기구들에 관해서 말하는 것이 필요가 없다고 단언한다.

레위 대제사장의 지성소 제사로 죄를 해결하지 못하였다: 9:6-10

■ **히 9:6** 이 모든 것을 이같이 예비하였으니 제사장들이 항상 첫 장막에 들어가 섬기는 예를 행하고

9:6 δὲ Τούτων οὕτως κατεσκευασμένων, μὲν εἰς τὴν πρώτην σκηνὴν διὰ παντὸς εἰσίασιν οἱ ἱερεῖς τὰς λατρείας ἐπιτελοῦντες,

히 9:6 이 모든 것들이 이같이 세워졌으므로 제사장들이 제사를 드리려고 늘 첫 장막에 들어갔습니다.

1. 여기서 말하는 첫 장막은 성막의 첫 방 곧 성소를 말한다.

성소에 제단을 설치하고 날마다 제사장들이 백성을 위하여 제사를 집행하였다.

2. '모든 것이 이와 같이 세워졌다'는 것은 성막이 성소에 앞서서 백성들의 뜰과 성소와 지성소를 세워 각각 임무를 달리해서 제사장들과 대제사장이 제사하였음을 말한다.

성소에는 제단을 설치하고 날마다 백성들이 범죄한 대로 제사하였으므로 날마다 성소로 들어갈 수밖에 없었다.

이 본문에 나오는 τὰς λατρείας (타스 라트레이아스)는 제사장들이 성전제사를 드리는 것을 말한다.

3. 제사장들은 레위지파에 속한 사람들로서 아론의 후손들이었고, 대제사장은 솔로몬 때부터 사독의 후손만이 할 수 있었다.

모든 제사장들은 그리스도의 속죄제사 때까지만 일하였고, 70AD 이후에는 제사가 그쳤다.

■ **히 9:7** 오직 둘째 장막은 대제사장이 홀로 일 년 일차씩 들어가되 피 없이는 아니하나니 이 피는 자기와 백성의 허물을 위하여 드리는 것이라

9:7 δὲ εἰς τὴν δευτέραν ἅπαξ τοῦ ἐνιαυτοῦ μόνος ὁ ἀρχιερεύς, οὐ χωρὶς αἵματος, ὃ προσφέρει ὑπὲρ ἑαυτοῦ καὶ τῶν τοῦ λαοῦ ἀγνοημάτων,

히 9:7 그러나 둘째 장막에는 오직 대제사장이 홀로 일 년에 한 번 들어가되 피 없이는 아니하였는데 이 피는 자기와 백성이 알지 못하고 지

은 죄를 위하여 드리는 것이었습니다.

1. 성소에서는 날마다 제사가 이루어지지만, 지성소에서는 일 년에 한 번 대제사장이 온 백성들의 죄를 속량하는 제사를 하였다.

유월절에 온 백성의 죄를 속량하는 속죄제사는 일 년에 한 번만 하였다. 대제사장 자신과 모든 백성들이 알지 못하고 지은 죄를 속량하는 제사를 하였다. 알지 못하고 지은 죄를 위한 제사이다.

2. 유월절에 어린양의 피로 드린 속죄제사는 하나님의 어린양의 피를 예표하였다.

아브라함이 이삭을 제물로 바쳐드린 것은 그의 참 아들 참 이삭 곧 그리스도의 피로 세상을 구원하기로 작정하셨음을 알리신 것이다.

이삭의 제사를 기념해서 드린 유월절 속죄제사는 그리스도의 피를 미리 가리키는 일을 하였다. 예수 그리스도의 피로만 모든 죄가 속량되기 때문에 모든 짐승의 피는 그림자 노릇만 하였다.

3. 대제사장의 대속제사로는 고의로 지은 죄는 용서받지 못하고, 모르고서 지은 죄들만 용서받도록 했다.

그리스도의 피만이 완전한 속죄제사의 제물이므로 그 피로만 모든 죄가 다 용서된다. 알지 못하고 실수로 지은 죄만 용서받으면 고의로 지은 죄들은 다 정죄에 이르고 사함을 얻지 못한다.

그러므로 구약 레위제사의 약점이 얼마나 큰지를 밝히고 있다. 곧 레위제사는 모든 죄를 속량하지 못함을 가르치는 것이었다.

- **히 9:8** 성령이 이로써 보이신 것은 첫 장막이 서 있을 동안에 성소에 들어가는 길이 아직 나타나지 아니한 것이라

  9:8 τοῦτο δηλοῦντος τοῦ πνεύματος τοῦ ἁγίου, μήπω πεφανερῶσθαι τὴν τῶν ἁγίων ὁδὸν ἔτι τῆς πρώτης σκηνῆς ἐχούσης στάσιν,

히 9:8 성령이 이것으로써 보이신 것은 첫 장막이 서 있는 동안에는 성소에 들어가는 길이 아직 나타나지 아니한 것입니다.

1. 첫 장막은 모세에 의해서 세워진 성막과 솔로몬에 의해서 세워진 성전을 말한다.

두 성소 곧 성막과 성전은 지성소와 성소로 엄격히 구분되었다. 대제사장만이 일 년에 한 번 지성소에 들어갈 수 있었고 일반 제사장은 들어갈 수 없었다. 더구나 일반 백성은 성소 안에도 들어가지 못하고 지성소에 가까이 가는 것도 완전히 금지되었다.

2. '첫 장막이 서 있는 동안'은 성막 건립부터 그리스도의 구속사역의 때까지를 말한다.

첫 장막은 단지 광야시대에 세워진 장막만을 뜻하는 것이 아니라 성전시대 내내 하나님께로 직접 갈 수 없었던 구약시대 전체를 말한다.

3. 성소로의 길은 하나님의 하늘보좌에 이르는 길을 말한다.

그리스도의 구속사역으로 죗값이 지불되기 전에는 하나님의 보좌 앞에 직접 나갈 수 있는 사람은 아무도 없었다.

하늘의 천사들이나 겨우 갈 수 있는 보좌에 그리스도의 피로 죄가 제거된 사람들은 다 나아갈 수 있게 되었다. 그리스도께서 피 흘리신 이후에는 믿는 모든 사람들이 지성소 곧 하나님의 보좌에 직접 나아갈 수 있다.

첫 장막 기간에는 땅 위의 지성소에도 대제사장만 일 년에 한 번 들어갈 수 있었다. 이때에는 하늘의 보좌에 나아갈 길이 전혀 없었다.

4. 그리스도의 피 흘리심으로만 주 예수의 이름으로 기도하여 하나님

의 얼굴 앞에 직접 나아갈 수 있게 되었다.

그러면 기도도 그리스도의 이름으로 시작해야 한다. 그리스도의 피가 하나님과 사람을 가로막는 담을 완전히 헐어 내렸기 때문이다.

5. '성령이 이것으로 보이셨다'는 것은 구약의 제사제도 설립이 그리스도의 속죄사역을 목표하고 이루어졌다는 것을 밝힌 것이다.

히브리서의 한결같은 주장은 성막과 성전제사는 그리스도의 속죄사역의 예표이고 그림자라는 것이다. 그리스도의 속죄제사에서 모든 죄가 속량됨을 밝히기 위해서 구약 제사제도들이 예표 곧 사전 제시로 사용되었다는 것을 말한다.

6. 구약 제사제도로 복귀하려고 하는 것은 그림자로 복귀하는 것이어서 속죄 받을 수 없다는 것을 해명하는 것이다.

구약의 모든 제사제도는 그리스도의 속죄사역에 대한 비유일 뿐이다.

■ **히 9:9** 이 장막은 현재까지의 비유니 이에 의지하여 드리는 예물과 제사가 섬기는 자로 그 양심상으로 온전케 할 수 없나니

9:9 ἥτις παραβολὴ εἰς τὸν καιρὸν τὸν ἐνεστηκότα, καθ' ἣν τε δῶρά καὶ θυσίαι προσφέρονται μὴ δυνάμεναι κατὰ συνείδησιν τελειῶσαι τὸν λατρεύοντα,

히 9:9 이 장막은 현재 때까지의 비유입니다. 그에 따라 드린 예물과 제사들이 양심을 따라 경배하는 자를 온전하게 할 수 없었습니다.

1. '현재의 때'는 히브리서가 기록될 때 아직 성전이 서 있었음을 말한다.

히브리서를 기록할 때에는 아직도 성전이 서 있었다. 그러므로 조상 대대로 섬겨오던 제사제도의 방식을 바라고 그것을 더 좋아하게

되었다.

2. 구약 장막이 현재 때의 비유라고 하는 것은 구약의 성전과 성막과 제사들이 그리스도의 속죄제사의 예표이고 지시물이었고, 그것들은 실재가 아님을 강조한 것이다.

구약시대 1500년에 걸쳐서 드린 제사는 그리스도의 속죄사역을 미리 나타내고, 지시하고, 가르치기 위해서 세워진 잠정적인 제도임을 말한다. 백성들에게 대신 속죄를 가르치기 위해 세워진 제도임을 말한다.

마침내 구약의 제도들이 가르치고, 지시하고, 미리 나타낸 것이 실제로 이루어졌다. 그러므로 옛 제도와 제사가 아무 소용이 없음을 말한 것이다.

3. '현재의 때의 비유'라고 말하므로 그리스도의 속죄사역이 성전이 서 있는 산에서 완성되었다는 것을 밝히고 있다.

구약의 모든 제사제도는 그리스도의 속죄사역을 목표하고 세워지고 진행되었다. 이제 그리스도의 속죄사역이 성전이 서 있는 산에서 완성되었다. 그러므로 솔로몬 성전이 그 소임을 다하였다.

■ **히 9:10** 이런 것은 먹고 마시는 것과 여러가지 씻는 것과 함께 육체의 예법만 되어 개혁할 때까지 맡겨 둔 것이니라

9:10 μόνον ἐπὶ βρώμασιν καὶ πόμασιν καὶ διαφόροις βαπτισμοῖς, δικαιώματα σαρκὸς μέχρι καιροῦ διορθώσεως ἐπικείμενα.

히 9:10 이런 것들 곧 먹는 것과 마시는 것과 또 여러 가지 씻는 예법들은 육체적인 규정들이어서 개혁의 때까지만 주어진 것입니다.

1. 구약제사에 나오는 제사방식들 곧 제사하기 전에 몸을 씻는 것과 떡과 고기를 먹는 것과 제사 술을 마시는 것은 다 육체적인 규정일 뿐이어서 완전한 속죄를 이룰 수가 없었다.

구약의 제사장들은 제사하기 전에 성전의 바다에서 (대하 4:2-5) 몸을 씻었다. 깨끗하지 못한 몸으로 하나님께 제사하러 나아갈 수 없었기 때문이다.

씻는 예식은 몸만을 씻기 때문에 속마음에 있는 죄를 씻어낼 수가 없었다. 단지 몸만 씻어서 깨끗한 제사장으로 제단에 나아간다는 것을 나타낼 뿐이었다. 모든 더러움은 그리스도의 피로만 씻어지기 때문에 이런 비유를 하고 있다.

2. 펴놓은 떡과 제물로 드린 고기를 제사장이 먹음으로 제사가 열납된 것으로 인식되었다.

펴놓은 떡은 제사장들의 식사였다. 제사할 때마다 떡을 먹는 것은 반복되었다. 그러나 아무런 속죄의 효과는 낼 수가 없었다. 그러므로 그것은 죄를 씻고 제거한 그리스도의 살과 피를 먹음과 같은 효과를 낼 수가 없었다.

3. 따라서 구약의 모든 제사법은 그리스도의 완전한 속죄가 올 때까지만 할 수 없이 부과되어 있었다.

구약의 제사로는 죄를 해결하지 못하였으므로 그런 제사규정들은 그리스도의 속죄제사가 이루어질 때까지만 시행되도록 세워졌다.

그리스도의 하늘 지성소에서 드린 속죄제사: 9:11-14

■ **히 9:11** 그리스도께서 장래 좋은 일의 대제사장으로 오사 손으로 짓지 아니한 곧 이 창조에 속하지 아니한 더 크고 온전한 장막으로 말미암아

9:11 δὲ παραγενόμενος Χριστὸς ἀρχιερεὺς τῶν γενομένων
ἀγαθῶν διὰ τῆς μείζονος καὶ τελειοτέρας σκηνῆς οὐ
χειροποιήτου, τοῦτ᾽ ἔστιν οὐ ταύτης τῆς κτίσεως,

히 9:11 그리스도께서 앞으로 올 좋은 일들의 대제사장으로 오사 손으
로 짓지 아니한 곧 이 창조에 속하지 아니한 더 크고 완전한 장막으로
말미암아

1. 그리스도는 우리로 영원한 나라에서 살 수 있도록 하는 구속사역을 이루실 대제사장으로 오셨다.

레위 제사장들은 땅 위에 있는 돌과 나무로 지은 성전에서 제사하므로 완전한 속죄를 이룰 수가 없었다. 그러나 그리스도는 하나님의 아들이시므로 완전한 속죄제사를 하기 위해 오셨다. 그는 모든 사람들의 원죄와 실제 죄들을 다 용서하고 제거하여 영원한 생명을 주셨다.

그리하여 믿는 자들로 하나님 앞에서 영원히 살 수 있게 하셨다.

2. 앞으로 올 좋은 일들은 완전한 죄용서와 하나님과의 화해와 영원한 생명을 말한다.

그리스도의 피만이 모든 죄를 용서하고 제거하므로 레위 제사장들이 이룰 수 없었던 일들을 이루셨다. 그리스도의 구속사역 때문에 믿는 자들이 하나님의 얼굴 앞에서 영원히 살 수 있게 되었다.

영원한 생명은 하나님 앞에서 사는 삶이므로 지금 세상에서 이루어질 것이 아니다. 그러므로 앞으로 올 좋은 일들이라고 하였다.

3. 손으로 짓지 아니한 성전 곧 이 창조에 속하지 않은 성소라고 한 것은 바로 하나님의 얼굴 앞에서 제사한 것을 말한다 (히 9:24).

그리스도는 땅 위의 성전에서 제사한 것이 아니고, 아버지의 얼

굴 앞에서 완전한 속죄제사를 이루셨다.

레위 제사장들은 땅 위의 성전에서 제사하였다. 그러므로 그 제사가 하나님 앞에서 죄가 완전하고 확실하게 용서되고 제거되었는지를 확인할 수도 없었다.

그러나 그리스도는 그의 완전한 속죄제사를 하나님의 얼굴 앞에서 이루셨다. 이것이 더 완선한 성소에 들어가심의 뜻이다.

■ **히 9:12** 염소와 송아지의 피로 아니하고 오직 자기 피로 영원한 속죄를 이루사 단번에 성소에 들어가셨느니라

9:12 οὐδὲ δι᾽ αἵματος τράγων καὶ μόσχων δὲ διὰ τοῦ ἰδίου αἵματος, εἰσῆλθεν ἐφάπαξ εἰς τὰ ἅγια, αἰωνίαν λύτρωσιν εὑράμενος.

히 9:12 염소와 송아지의 피로 아니하고 자신의 피를 가지고 단번에 성소에 들어가시어 영원한 구속을 이루셨습니다.

1. 그리스도 대제사장이 속죄제사를 드린 제물은 레위 제사장들처럼 소와 염소의 피로 하지 않고 자신의 피로 제사하였다.

히브리서의 한결같은 주장은 염소와 송아지의 피로는 속죄를 이룰 수가 없다는 것이다. 오직 그리스도 대제사장은 자신의 피로만 모든 죄를 속량하는 완전한 제사를 할 수 있었다.

그리스도의 피는 성령으로 깨끗하게 된 피이므로 세상 모든 죄를 속량하기에 합당하고 또 그럴 수 있는 유일한 제물이다. 사람의 죄이므로 사람의 피로만 죄를 속량할 수 있다.

2. 레위 대제사장들은 매년 지성소에 백성을 속량하는 제사를 하기 위해 들어갔다.

매년 대(大) 속죄일에 대제사장은 온 백성의 죄를 속량하는 제사를 드리기 위해 지성소에 들어갔다. 매년 지성소에 들어가서 반복적인 제사를 드렸다는 것은 히브리서의 강조대로 속죄를 이루지 못하였기 때문이다.

더구나 돌과 나무로 지어진 집에서 드린 대제사장의 속죄제사는 백성들의 죄가 다 지워져 없어졌다는 보장이 없었다. 반복적인 제사는 죄를 완전히 해결하지 못하였다는 증표였다.

그 반복적인 제사는 단 한 번의 제사로 완전한 속죄를 이루신 그리스도의 제사를 예표하였다.

3. 그리스도 대제사장은 완전한 속죄제사를 하였으므로 반복적으로 지성소에 들어갈 필요가 없었고 단 한 번이면 충분하였다.

완전 속죄를 이룰 수 없는 제사만 반복되는 법이다. 그리스도의 제사는 완전한 속죄를 이루었으므로 그가 단번에 하늘 지성소에 들어가셨다.

4. 그리스도가 단 한 번 들어가 속죄제사를 한 지성소는 바로 하나님의 얼굴 앞이다 (히 9:24).

속죄제사를 받으시는 분은 아버지 하나님이시다. 그러므로 하나님이 받으시는 제사는 아버지의 얼굴 앞에서 이루어졌다.

그리스도가 하늘에 오르사 속죄제사의 제물이 되었던 자기의 몸을 아버지의 얼굴 앞에 보인 것이 속죄제사의 완성이다. 하나님이 그 제사를 기뻐 받으셨으니 속죄제사가 완성된 것이다. 하나님 아버지가 받으시지 않을 수 없었다.

하나님이 우리의 죄를 다 사유하셨다는 표는 바로 아버지가 성령을 우리에게로 보내신 것이다.

5. 그리스도는 하늘의 지성소 곧 하나님 아버지의 얼굴 앞에서 속죄제사를 드리시므로 영원한 구속을 이루셨다.

구약의 모든 대제사장들 중에는 아무도 하나님의 얼굴 앞에서 제사하지 못하였다. 그들은 그냥 아론의 후손일 뿐이기 때문이다.

그리스도만이 하늘 지성소 곧 하나님의 얼굴 앞에서 제사하였다. 그는 하나님의 아들이시기 때문이다. 그리스도만이 하늘 지성소에서 완전한 속죄제사를 하였다. 땅 위의 어떤 제사장도 생각하거나 바랄 수도 없는 일이었다.

땅에 있는 지성소에서 제사하여도 두렵고 떨었다. 잘못하여 범죄하거나 하나님이 기뻐하지 않으시면 지성소에서 죽어 넘어졌다. 돌과 나무로 지은 집에서 제사하여도 그렇게 무섭고 떨리는 일이었는데, 감히 하늘 지성소에서 제사하는 것을 바라거나 생각이라도 할 수 있었겠는가?

그리스도 대제사장은 속죄제사의 제물이었던 자기 몸을 하나님 얼굴 앞에 보이셨다. 그것은 속죄제사의 완성이었다. 하나님 아버지가 그 제사를 기뻐 받으셨기 때문이다.

그 속죄제사로 우리가 하나님 앞에서 영원히 살 수 있게 되었다. 그리스도의 제사가 영원한 구속을 이루셨기 때문이다.

하나님은 그리스도의 찢겨진 몸을 보시고 우리의 죄를 완전히 용서하셨다.

■ **히 9:13** 염소와 황소의 피와 및 암송아지의 재로 부정한 자에게 뿌려 그 육체를 정결케 하여 거룩하게 하거든

9:13 γὰρ εἰ τὸ αἷμα τράγων καὶ ταύρων καὶ σποδὸς δαμάλεως ῥαντίζουσα τοὺς κεκοινωμένους ἁγιάζει πρὸς τὴν τῆς σαρκὸς καθαρότητα,

히 9:13 염소와 황소와 암송아지의 재로 부정한 자들에게 뿌려 그 몸

을 깨끗하게 하여 거룩하게 하거든,

1. 염소와 황소의 피와 암송아지의 재를 뿌린 것은 외적으로 몸을 깨끗하게 하도록 제정되었다.

그 예식은 사람 속을 깨끗하게 하고, 속의 죄를 없이 하지 못하였다. 이런 짐승의 피로 드린 제사는 죄를 해결하여 깨끗하게 하지 못하지만, 죄를 위해 바쳤으므로 깨끗하게 될 것이라고 믿도록 세워졌다.

2. 짐승의 피로 드린 제사는 성전 제단의 뿔에 발라 제사 드렸다는 것을 표시하였다.

그런 제사는 그리스도의 속죄제사를 지시하도록 세워졌음을 밝히고 있다.

3. 짐승의 피로 드린 제사가 죄를 완전히 속하였더라면, 그리스도의 속죄제사가 세워질 필요가 전혀 없었다고 말한다.

■ **히 9:14** 하물며 영원하신 성령으로 말미암아 흠 없는 자기를 하나님께 드린 그리스도의 피가 어찌 너희 양심으로 죽은 행실에서 깨끗하게 하고 살아 계신 하나님을 섬기게 못하겠느뇨

9:14 πόσῳ μᾶλλον τὸ αἷμα τοῦ Χριστοῦ, ὃς διὰ πνεύματος αἰωνίου ἑαυτὸν προσήνεγκεν ἄμωμον τῷ θεῷ, καθαριεῖ τὴν συνείδησιν ἡμῶν ἀπὸ νεκρῶν ἔργων εἰς τὸ λατρεύειν θεῷ ζῶντι.

히 9:14 하물며 영원한 성령으로 말미암아 흠 없는 자신을 하나님께 드린 그리스도의 피가 어찌 우리의 양심을 죽은 행실들에서 깨끗하게 하여 살아 계신 하나님을 섬기게 하지 못하겠습니까?

1. 그리스도의 몸과 피는 거룩한 제물이 되도록 성령에 의해서 특별하게 마련되었다.

그리스도의 몸에 죄의 오염과 부패가 전달되지 않게 성령이 역사하셨고, 죄과가 그의 영혼에 전가되지 않게 하셨다.

그러므로 그리스도의 몸은 흠과 티가 없는 거룩한 제물로 준비되고 마련되었다.

2. 사람의 방식이 아니라 성령의 역사로 그리스도의 몸이 형성되었으므로 죄과와 죄의 얼이 들어올 틈이 없게 되었다.

이런 완전한 제물인 그리스도의 피는 죄만 깨끗하게 하는 것이 아니라 양심도 깨끗하게 하고 거룩하게 하였다.

3. 죽은 행실에서 깨끗하게 하는 것은 그리스도의 피가 죄의 근원을 멸하므로 믿기 전에 지었던 죄들을 다시 반복하지 않게 된 것을 말한다.

4. 우리의 양심을 깨끗하게 하였다는 것은 우리의 범죄에 대한 자책과 염려와 두려움과 더러운 죄를 지었다는 후회에서 해방한 것을 말한다.

죄를 지으며 살 때는 우상들과 피조물을 섬겼다. 그러나 이제 죄가 깨끗하게 지워졌으므로 살아 계신 하나님을 섬기며 살게 되었다.

5. 살아 계신 하나님은 지금도 살아 계셔서 역사하시는 하나님을 말한다.

살아 계신 하나님은 창조주로서 자기의 창조를 다스리고 지키시는 하나님을 말한다. 이 섭리주 하나님을 우리가 섬기게 되었다.

6. 살아 계신 하나님은 처음 언약을 맺어서 사람을 자기의 백성 삼으신 후 범죄한 그 백성을 돌이키기 위해 구원 사역을 이루신 하나님을 말한다.

이방신들은 다 귀신들이어서 참 하나님이 아니다.

새 언약과 옛 언약: 9:15-22

■ **히 9:15** 이를 인하여 그는 새 언약의 중보니 이는 첫 언약 때에 범한 죄를 속하려고 죽으사 부르심을 입은 자로 하여금 영원한 기업의 약속을 얻게 하려 하심이니라

9:15 Καὶ διὰ τοῦτο διαθήκης καινῆς μεσίτης ἐστίν, ὅπως θανάτου γενομένου εἰς ἀπολύτρωσιν τῶν ἐπὶ τῇ πρώτῃ διαθήκῃ παραβάσεων λάβωσιν οἱ κεκλημένοι τὴν ἐπαγγελίαν τῆς αἰωνίου κληρονομίας.

히 9:15 이 때문에 그가 새 언약의 중보자이신 것은 첫 언약 때에 범한 죄를 속량하려고 죽으시어 부르심을 받은 자들로 영원한 상속을 받게 하려고 하심이었습니다.

1. 그리스도는 새 언약을 제자들과 세우시고 피로 보증하시므로 그 언약의 중보자가 되셨다.

그리스도는 십자가를 지시기 직전에 제자들과 언약을 체결하여 확실한 구속을 보장하셨다.

2. 그리스도께서 새 언약을 제자들과 세우실 때 자기의 피로 그 언약을 보증하셨다.

자기 피로 언약을 보증하심으로 영원한 구원을 보장하셨다.

언약을 세우신 설립자가 자기의 피로 보증하셔서 영원하고 확실한 구원이 되게 하셨다. 그러므로 그를 믿는 자는 구원 곧 죄용서와 영생을 확실하게 받는다.

3. 그리스도께서 제자들과 세우신 새 언약은 아담과 맺은 첫 언약의 회복이고 성취이다.

하나님은 언약을 맺어서 아담과 그의 후손들을 자기의 백성으로 세우셨다. 그것이 아담과 맺은 첫 언약이다. 그때는 선악과 계명으로 언약을 체결하셔서 하나님을 섬기게 하셨다. 이 언약체결로 하나님은 자기의 백성을 확보하셨다.

4. 언약이 파기되자 하나님은 아들로 새 인류의 대표와 언약을 체결하셔서 첫 언약을 회복하여 자기의 백성을 가지시려고 하셨다.

새 백성은 그리스도의 피로 구속받은 백성들이다. 첫 언약의 회복은 오직 주 예수 그리스도의 피로 세워진 새 언약으로만 된다. 새 언약은 첫 언약의 회복일 뿐만 아니라 완성이다.

5. 개혁신학이 제시한 행위언약과 은혜언약은 잘못 공식화된 언약개념이다.

성경적 근거가 없이 사변으로 추론하여 만든 언약개념이다. 그러므로 이런 언약개념은 폐기되어야 한다.

6. 히브리서 저자는 모세가 중보자가 되어 이스라엘 백성과 맺은 언약을 첫 언약에 함께 포함하고 있다.

첫 언약은 아담과 맺은 언약이다.

하나님은 시내산에서 이스라엘과 언약을 체결하셔서 그들을 하나님의 백성으로 삼으셨다. 시내산 언약은 첫 언약을 성취하기 위해서 세우신 예비적 조치이다. 이 시내산 언약도 예수 그리스도가 맺은 언약에 의해서 회복되고 완성되므로 첫 언약의 연장으로 포함시켜야 한다.

7. 첫 언약에 모세의 시내산 언약을 포함시키므로 시내산 언약아래 살면서 범한 죄들에 대해서 말하고 있다.

시내산 언약은 백성들이 죄짓지 않고 하나님을 잘 섬기도록 하기 위해 세우셨다. 그러나 하나님이 주신 십계명과 율법을 지키려고 노력할수록 더 많은 죄들을 범하였다.

이 죄들이 용서되는 것은 레위제사에 의해서가 아니고 오직 새 언약의 설립자이시고 모든 언약의 완성자이신 그리스도의 피 흘리심으로만 이루어졌다.

8. 언약설립자가 죽으심은 그의 죽음으로 첫 언약을 파기한 죄를 무효화하여 백성들을 다시 돌이키기 위해서 죗값을 지불한 것이다.

하나님은 다시 그들을 백성으로 삼으시기 위해서 아들로 죗값을 치르는 죽음을 당하게 하셨다.

9. 하나님의 공의의 법은 죄를 범한 본성이 죗값을 치러야 한다.

그러므로 하나님의 아들이 사람이 되셔서 사람을 대신하여 죽음으로 죗값을 치르셨다. 그리하여 하나님의 공의의 법을 성취하시므로 죄를 무효화하고 범죄한 자들을 영생에 이르도록 하셨다.

10. 백성들이 받을 영원한 상속은 죄용서로 영생을 얻는 것이다.

아담과 하와와 언약을 체결하셨을 때 그들이 언약을 잘 지키면 영적 몸으로 변화되어 영생에 이를 것이었다.

그러나 범죄함으로 아담과 모든 자손들이 다 죽게 되었다. 하나님은 그들을 다시 자기의 백성으로 삼으시기 위해서 그들의 죄를 아들의 피 흘리심으로 무효화하기로 하셨다. 따라서 주 예수를 믿으면 죄를 용서받아 영생에 이르게 하셨다.

11. 죄용서 받은 자들이 영원히 하나님을 섬기며 찬양하는 백성이 되게 하셨다.

■ **히 9:16** 유언은 유언한 자가 죽어야 되나니

9:16 γὰρ ὅπου διαθήκη, ἀνάγκη φέρεσθαι θάνατον τοῦ διαθεμένου·

히 9:16 유언을 하면 유언한 자가 반드시 죽어야 합니다.

1. 유언을 하면 유언한 자가 죽어야 그 유언이 그 내용대로 집행되어 효력을 나타내는 것을 말한다.

2. 새 언약을 세우신 이는 하나님의 아들 예수 그리스도이시다.

하나님의 아들이 사람이 되시어 제자들과 언약을 체결하시므로 첫 범죄를 무효화하여 백성을 돌이키기로 하셨다.

3. 새 언약은 유언의 형태로 세워졌으므로 새 언약을 세우신 이가 죽어야 그 언약의 내용이 집행되는 것임을 말한다.

곧 새 언약을 맺음으로 죄를 용서하여 영생을 주시기로 하셨으니 언약을 세우신 이가 죽으므로 이 약속이 실행된다. 따라서 그리스도께서 죽으셨다.

■ **히 9:17** 유언은 그 사람이 죽은 후에야 견고한즉 유언한 자가 살았을 때에는 언제든지 효력이 없느니라

9:17 γὰρ διαθήκη ἐπὶ νεκροῖς βεβαία, ἐπεὶ μήποτε ἰσχύει ὅτε ζῇ ὁ διαθέμενος.

히 9:17 유언은 그 사람이 죽은 후에야 굳게 되므로 유언한 사람이 살아 있을 때에는 결코 효력을 내지 못합니다.

1. 사람은 통상 죽은 후의 일을 위해서 유언을 한다.

2. 사람이 죽으면 유언장의 내용이 집행된다.

그러나 유언자가 죽지 않고 살아 있으면 그 유언의 내용을 집행할 수 없다. 따라서 유언한 사람이 살아 있으면, 유언은 효력을 발휘하지 못한다.

■ **히 9:18** 이러므로 첫 언약도 피 없이 세운 것이 아니니

9:18 ὅθεν οὐδὲ ἡ πρώτη χωρὶς αἵματος ἐγκεκαίνισται·

히 9:18 이러므로 이전 언약도 피 없이 세운 것이 아닙니다.

1. 여기서 말하고 있는 첫 언약은 모세가 이스라엘과 호렙산에서 세운 언약을 말한다 (출 19-24장).

하나님이 언약의 말씀을 선언하신 후에 (출 20-24장), 모세가 짐승의 피를 가져다 백성들에게 뿌려 언약을 세웠다 (출 24:4-8). 그리고 이것은 언약의 피라고 선언하였다.

2. 짐승의 피로 언약을 세운 것은 그리스도께서 피 흘리심으로 새 언약을 세워 백성을 완전히 하나님께 돌리실 것을 예표한 것이다.

3. 하나님께서 아브라함과 언약을 세우실 때 아브라함이 짐승을 잡아 피를 흘리게 함으로 언약을 확실하게 세우셨다.

그 이후에는 언제나 피 흘림으로만 언약이 설립되게 하셨다.

■ 히 9:19 모세가 율법대로 모든 계명을 온 백성에게 말한 후에 송아지와 염소의 피와 및 물과 붉은 양털과 우슬초를 취하여 그 책과 온 백성에게 뿌려

9:19 γὰρ λαληθείσης πάσης ἐντολῆς κατὰ τὸν νόμον ὑπὸ Μωϋσέως παντὶ τῷ λαῷ, λαβὼν τὸ αἷμα τῶν μόσχων μετὰ ὕδατος καὶ ἐρίου κοκκίνου καὶ ὑσσώπου τε αὐτό τὸ βιβλίον καὶ πάντα τὸν λαὸν ἐράντισεν,

히 9:19 모세가 율법의 모든 계명을 백성에게 말한 후에 물과 함께 붉은 양털과 우슬초를 손에 잡고 송아지와 염소의 피를 책과 온 백성에게 뿌렸습니다.

1. 모세를 통하여 시내산에서 이스라엘과 언약을 맺을 때의 순서를 말하고 있다.

송아지와 염소의 피를 백성들에게 뿌릴 때 우슬초로 뿌렸다.

우슬초는 그리스도의 피를 바르는 성령을 예표하였다.

2. 언약을 맺기 위해서 마련된 짐승의 피는 송아지와 염소의 피였다.

속죄를 목표한 언약체결이므로 짐승의 피를 뿌려 죄가 속해짐을 가르치고 있다. 짐승의 피로 제사하여 언약을 체결한 것은 죄를 속량함이 대속적인 속죄제사의 방식임을 알린 것이다. 이 피 뿌림은 출애굽기 24:6-8; 민수기 19:2-6에 기술되어 있다.

3. 우슬초는 구약제사에서 피를 사람과 법궤의 뿔에 뿌릴 때 사용하였다.

우슬초로 짐승의 피를 뿌릴 때 양털도 사용하였기 때문에 여기에 함께 언급하고 있다. 이 우슬초는 성령이 그리스도의 흘린 피를 우리에게 적용하시는 과정을 예표한 것이다.

4. 짐승의 피로 언약을 체결한 것은 그리스도가 그의 피로 세우실 새 언약을 예표한 것이다.

짐승의 피는 그리스도께서 흘리실 피를 예표한다.

5. 그러나 물과 붉은 양털과 우슬초는 출애굽기 24장에는 없는 내용이다.

문둥병자가 깨끗하게 되었을 때 결례의 행사로 물과 양털과 우슬초로 깨끗하게 하는 결례를 행하였다.

6. 사람을 깨끗하게 하기 위해서 피를 뿌릴 때 우슬초에 찍어서 뿌린 것이 시편 51:7에 나와 있다.

우슬초는 그리스도의 피를 뿌린 성령을 예표한다.

■ **히 9:20** 이르되 이는 하나님이 너희에게 명하신 언약의 피라 하고

9:20 λέγων· Τοῦτο τὸ αἷμα τῆς διαθήκης ἧς ἐνετείλατο πρὸς ὑμᾶς ὁ θεός·

히 9:20 그가 말하기를 이것은 하나님이 너희에게 명하신 언약의 피라고 하였습니다.

1. 언약을 체결하여 백성들의 죄를 속량하시므로 그들을 자기의 백성으로 돌이키시려고 짐승의 피로 언약을 맺으셨다.

이 짐승들의 피는 하나님께서 하나님의 어린양의 피를 예표하기 위해서 명령하신 것이다.

2. 구약의 제사에서는 짐승의 피로 제사하여도 사람들의 죄를 씻을 길이 없었다.

장막과 성전에서 피 제사를 드린 것은 오직 그리스도의 피를 가리키기 위해서만 사용되었다. 그러므로 복음이 선포되면 사람들이 그리스도의 피에 의해서만 죄용서를 받아 하나님의 자녀들이 된다.

3. 하나님이 명령하신 말씀은 출애굽기 24:8에 있는 말씀이다.

'모세가 그 피를 취하여 백성에게 뿌려 기로되 이는 여호와께서 이 모든 말씀에 대하여 너희와 세우신 언약의 피니라.'

■ **히 9:21** 또한 이와 같이 피로써 장막과 섬기는 일에 쓰는 모든 그릇에 뿌렸느니라

9:21 δὲ καὶ τὴν σκηνὴν καὶ πάντα τὰ σκεύη τῆς λειτουργίας τῷ αἵματι ὁμοίως ἐράντισεν.

히 9:21 또한 장막과 제사에 쓰인 모든 그릇들은 이와 같이 피로써 뿌렸습니다.

1. 모세가 세운 성막에서 피 제사를 드릴 때에 성막과 제사의 모든 그릇들을 피로써 깨끗하게 해야 했다.

이렇게 장막과 모든 제사 그릇들에 피를 뿌린 것은 그것들도 하나님께 바치는 일을 위해서는 깨끗해져야 할 것임을 밝힌다.

사람만 죄에서 깨끗하게 되는 것이 아니라 제물로 쓰이는 그릇들도 속죄의 피로 깨끗해져야 함을 보인다.

2. 궁극에는 사람과 세상 만물이 그리스도의 피로만 깨끗하게 됨을 지시하기 위해서 피를 뿌리는 일을 하였다.

■ 히 9:22 율법을 좇아 거의 모든 물건이 피로써 정결케 되나니 피흘림이 없은즉 사함이 없느니라

9:22 καὶ σχεδὸν ἐν αἵματι πάντα καθαρίζεται κατὰ τὸν νόμον, καὶ χωρὶς αἱματεκχυσίας οὐ γίνεται ἄφεσις.

히 9:22 또 율법을 따라서 거의 모든 것이 피로써 깨끗하게 되므로 피흘림이 없이는 죄사함이 없습니다.

1. 거의 모든 것이 율법을 따라 피로써 깨끗하게 된다고 하였으니 다른 것으로도 깨끗하게 하는 법이 있음을 말한다.

그것은 물로 깨끗하게 하는 예식이 있음을 밝힌 것이다. 물로 몸을 씻고 더러운 것을 씻는 일을 하였다.

2. 그러나 깨끗하게 되는 법은 오직 피로써만 된다.

이것을 히브리서 저자가 강조하고 있는 점이다.

레위 제사에서는 짐승의 피로써 깨끗하게 하였지만, 그런 것은 다 그리스도의 피로써만 죄가 용서되고 깨끗하게 되는 것임을 보이기 위해서 시행되었다.

그리스도의 피로만 모든 죄에서 깨끗하게 되고 만물도 깨끗하게 된다는 점이다.

3. 피 흘림이 없이는 죄사함도 없다는 것은 레위기 17:11 생명이 피에 있으므로 피가 죄를 속한다는 말씀의 반복이다.

이 말씀은 짐승들의 피로 죄가 씻어짐을 말하기 위해서가 아니라 유일한 중보자 하나님의 어린양 그리스도의 피로만 죄가 씻어지고 모든 것이 깨끗하게 된다는 진리를 예표한 것이다.

4. 레위기 17:11에 따라 그리스도께서 사람들을 모든 죄에서 깨끗하게 하여 하나님의 백성으로 삼으시기 위해 피 흘리셨다.

하늘 성소, 하나님의 얼굴 앞에서 속죄제사를 완성: 9:23-28

■ **히 9:23** 그러므로 하늘에 있는 것들의 모형은 이런 것들로써 정결케 할 필요가 있었으나 하늘에 있는 그것들은 이런 것들보다 더 좋은 제물로 할지니라

9:23 Ἀνάγκη οὖν τὰ μὲν ὑποδείγματα τῶν ἐν τοῖς οὐρανοῖς τούτοις καθαρίζεσθαι, αὐτὰ δὲ τὰ ἐπουράνια κρείττοσιν θυσίαις παρὰ ταύτας.

히 9:23 그러므로 하늘에 있는 것들의 모형은 이런 것들로 깨끗하게 될 필요가 있었으나 하늘에 있는 그것들은 이런 것들보다 더 좋은 제물로 깨끗하게 되어야 마땅합니다.

1. 모세가 세운 장막을 깨끗하게 하기 위해서 짐승의 피를 뿌렸고, 백성을 깨끗하게 하기 위해서도 짐승의 피를 뿌렸다.

그 외에 장막에서 제사할 때 쓰는 그릇들도 짐승의 피를 뿌려 깨끗하게 하였다. 그 후에 하나님께 희생제사를 드리는 것이 합당한

것으로 여겼다.

2. 그러나 성막과 제사용 그릇들과 짐승의 피는 원 제사 곧 그리스도의 속죄제사의 모형이었다.

모형은 짐승의 피로 깨끗하게 될 수 있었다. 아니 그것도 예표로만 역사하였다. 죄는 그리스도의 피로만 씻어진다.

3. 성전제사에서 짐승의 피를 뿌려 깨끗하게 한 것은 그리스도께서 모든 사람을 죄에서 깨끗하게 하고, 만물도 깨끗하게 하신 것을 예표하였다.

4. 궁극적인 죄용서와 깨끗하게 함은 그리스도의 피로써만 이루어진다.

그리스도의 피가 모든 죄를 제거하고 깨끗하게 하였기 때문이다. 하나님이 그리스도의 피로 모든 죄를 깨끗하게 하기로 정하셨으므로 이스라엘에 제사제도를 세우사 참 제사를 가르치게 하셨다.

5. 하나님이 받으시고 만족하실 제사는 오직 그리스도의 피 제사뿐이다.

■ **히 9:24** 그리스도께서는 참 것의 그림자인 손으로 만든 성소에 들어가지 아니하시고 오직 참 하늘에 들어가사 이제 우리를 위하여 하나님 앞에 나타나시고

9:24 γὰρ εἰσῆλθεν Χριστός, οὐ εἰς χειροποίητα ἅγια ἀντίτυπα τῶν ἀληθινῶν, ἀλλ’ εἰς αὐτὸν τὸν οὐρανόν, νῦν ἐμφανισθῆναι τῷ προσώπῳ τοῦ θεοῦ ὑπὲρ ἡμῶν·

히 9:24 그리스도께서는 참 성소의 그림자인 손으로 만든 성소에 들어가지 아니하시고 오직 하늘 자체에 들어가시어 이제 우리를 위해 하나님의 얼굴 앞에 나타나시고

1. 히브리서만의 특징 있는 교리는 그리스도께서 하나님의 얼굴 앞에서 속죄제사를 완성하셨다는 것이다.

신약의 모든 책들이 그리스도가 갈보리산 위에 십자가에서 피 흘려 속죄제사를 하고 부활하심으로 모든 속죄사역이 끝났다고 말한다.

2. 히브리서만이 바울과 사도 요한 등이 전혀 알지 못하는 하나님 앞에서 속죄제사의 완성을 말하고 있다.

혹 이와 비슷한 가르침을 베드로가 오순절에 첫 복음선포에서 말하고 있다. 사도행전 2:33 '하나님이 오른손으로 예수를 높이시매 그가 약속하신 성령을 아버지께 받아서….'

그러나 베드로의 선포에는 속죄제사의 완성이 아버지의 얼굴 앞에서 이루어졌음은 밝히 말하지 못하고 있다.

3. 그리스도께서 부활하신 후에 하늘에 오르신 것은 아버지 하나님 앞에 나타나심이다.

하나님 얼굴 앞에 나타나심은 우리를 위하여 이루어졌다고 말하여 속죄제사가 하나님의 얼굴 앞에서 완성되었음을 말한다. 그리스도께서 십자가에 달려 피 흘리고 찢긴 몸을 아버지의 얼굴 앞에 드러내심은 하나님이 아들의 속죄제사를 만족하시므로 속죄제사가 완성되었음을 밝힌다.

4. 하나님의 얼굴 앞에서 속죄제사를 완성했다는 것은 우리의 죄가 그리스도의 피로 하나님의 얼굴 앞에서 완전히 용서된 것을 말한다.

이 속죄제사 때문에 더 이상 다른 제사가 필요 없게 되었다.

아담과 아브라함에게 약속하신 구원이 이제 하나님의 얼굴 앞에서 완성되었다.

5. 이후로는 속죄제사가 다시 있을 수 없고, 영원한 속죄로 말미암아 하나님의 얼굴 앞에서 영원히 찬송과 영광을 돌리는 일만 있게 되었다.

하나님 아버지의 얼굴 앞에서 속죄제사가 완성되었다는 진술이 히브리서 전체의 핵심이다.

■ **히 9:25** 대제사장이 해마다 다른 것의 피로써 성소에 들어가는 것같이 자주 자기를 드리려고 아니하실지니

9:25 οὐδ' ἵνα πολλάκις προσφέρῃ ἑαυτόν, ὥσπερ ὁ ἀρχιερεὺς εἰσέρχεται εἰς τὰ ἅγια κατ' ἐνιαυτὸν ἐν αἵματι ἀλλοτρίῳ,

히 9:25 대제사장이 해마다 다른 것의 피로써 성소에 들어가듯 그는 자주 자신을 드리지 않았습니다.

1. 그리스도가 바쳐드린 속죄제사는 짐승의 피로 드린 제사가 아니고 자기 몸을 드린 완전한 제사이다.

그리스도는 자기의 피와 몸으로 완전한 제사를 드렸으므로 완전하고 영원한 제사였다.

2. 따라서 그의 제사는 한 번이면 넘치게 만족스러웠으므로 거듭 제사를 할 필요가 전혀 없었다.

구약의 제사는 짐승의 피와 살로 드린 제사여서 완전한 속죄를 이룰 수 없었다.

3. 그리스도는 자기의 몸과 피로 제사를 드렸으므로 완전한 제사여서 한 번의 제사로 모든 죄를 속량하였다.

■ **히 9:26** 그리하면 그가 세상을 창조할 때부터 자주 고난을 받았어야 할 것이로되 이제 자기를 단번에 제사로 드려 죄를 없게 하시려고 세상 끝에 나타나셨느니라

9:26 ἐπεὶ ἔδει αὐτὸν πολλάκις παθεῖν ἀπὸ καταβολῆς κόσμου· δὲ νυνὶ ἅπαξ ἐπὶ συντελείᾳ τῶν αἰώνων εἰς ἀθέτησιν ἁμαρτίας διὰ τῆς θυσίας αὐτοῦ πεφανέρωται.

히 9:26 그리해야 했다면 그는 세상의 창조 때부터 자주 고난을 받았어야 할 것이었지만 이제 자신을 제물로 드려 단번에 죄를 없이하려고 세상 끝에 나타나셨습니다.

1. '그리해야 했다면'은 '자주 제사해야 했다면'을 뜻한다.

그리스도께서 단 한 번의 제사로 모든 죄를 완전히 해결하셨다. 그렇지 않고 레위 제사장들처럼 해마다 제사하였다면 그리스도도 여러 번 제사를 하여 해 (害) 받으셨을 것이다.

2. 속죄제사를 해마다 드렸어야 했다면, 그리스도도 레위 대제사장들처럼 해마다 제사하기 위해서 여러 번 성육신하고 또 제사하고 그랬을 것이다.

3. 이제 그리스도는 역사의 끝에 나타나시어 단 한 번의 제사로 처음이자 마지막 제사를 하셨다.

그 자신을 제물로 바쳐드리므로 속죄제사를 단번에 완성하셨다. 완전한 제물로 완전한 속죄제사를 하였으므로 모든 제사제도를 폐하시고 완성하셨다.

4. 그리스도는 하나님의 아들로 하늘에서 세상에 오셨으므로 세상 끝에 나타나셨다고 진술하고 있다.

'세상 끝'이라고 한 것은 그리스도의 속죄사역으로 종말의 생명이 죽음과 죄가 아직도 지배하는 세상에 들어왔기 때문이다. 아니 죽음의 덩어리 (massa mortua)인 세상에 새 생명이 들어왔기 때문이다.

그리스도의 속죄사역 후에는 영원한 생명이 현 세상에 들어왔으므로 언제든지 종말의 때이다. 그래서 세상 끝이라고 한 것이다.

■ **히 9:27** 한 번 죽는 것은 사람에게 정하신 것이요 그 후에는 심판이 있으리니

9:27 καὶ καθ' ὅσον ἀπόκειται τοῖς ἀνθρώποις ἅπαξ ἀποθανεῖν, δὲ μετὰ τοῦτο κρίσις,

히 9:27 한 번 죽는 것은 사람에게 정해진 것이요 이후에는 심판이 있을 것입니다.

1. 모든 사람이 죽는 것은 그리스도의 속죄제사의 죽음에 포함된다.

2. 죄로 말미암아 모든 사람이 죽게 되었음을 밝히고 있다 (창 2:17; 3:19).

아담의 범죄 이래 죽지 않을 사람이 아무도 없게 되었다.

3. 죽은 후에는 그 사람의 믿음 여부에 따라 심판을 받는다.

그 행함은 선행과 악행에 의해서라기보다 '주 예수를 믿었느냐, 안 믿었느냐'로 심판받는다. 선악의 선은 주 예수를 믿는 것이고, 악은 주 예수를 믿지 않는 것이다.

심판은 사람들을 영원한 형벌과 생명으로 나눈다.

■ 히 9:28 이와 같이 그리스도도 많은 사람의 죄를 담당하시려고 단번에 드리신바 되셨고 구원에 이르게 하기 위하여 죄와 상관없이 자기를 바라는 자들에게 두 번째 나타나시리라

9:28 οὕτως καὶ ὁ Χριστός, ἅπαξ προσενεχθεὶς εἰς τὸ πολλῶν ἁμαρτίας, ἀνενεγκεῖν ἐκ δευτέρου χωρὶς ἁμαρτίας ὀφθήσεται τοῖς αὐτὸν ἀπεκδεχομένοις εἰς σωτηρίαν.

히 9:28 이와 같이 그리스도도 많은 사람의 죄를 짊어지시려고 단번에 드리신바 되셨는데 죄와 상관없이 구원에 이르게 하려고 자기를 기다리는 자들에게 두 번째 나타나실 것입니다.

1. 28절은 구원을 성취하신 그리스도께서 그 구원을 완성하기 위해서 다시 오실 것을 강조한다.

주의 다시 오심의 목적이 구원의 완성이고 심판이 아님을 말한다.

2. 그리스도께서 십자가에서 피 흘리고 부활하심으로 성취하신 구원은 믿는 자들을 부활시킴으로 완성된다.

3. 구원을 완성하기 위해서 그리스도는 먼저 자기 몸을 제물로 드려 속죄를 이룩하셨다.

그가 흘리신 피가 죗값을 치름이고 속죄이다. 이 방식으로 그리스도는 하나님의 공의를 만족시켰다.

죗값을 치르기 위해 그리스도는 자기의 피를 흘리셨고 몸을 제물로 바쳐드렸다. 그리스도의 피와 몸이 사람들을 죄에서 사는 몸값 곧 속전 (贖錢)이었다.

4. 그리스도께서 사람으로 오셔서 하신 큰 구원사역이 바로 속죄제사이다.

5. 구원을 이루신 그리스도는 그 구원을 완성하셔야 한다.

구원의 완성은 믿는 자들을 부활시켜 영생에 이르도록 함으로 이루어진다. 이 구원의 완성을 위하여 그리스도께서 다시 오신다. 구원의 완성은 그의 재림 때 이루어진다.

6. 구원의 완성을 위해서 오실 때는 다시 속죄사역을 할 필요가 없다.

재림은 그리스도의 피 흘리심으로 죄를 다 용서받은 사람들을 완전하게 하는 것이므로 죄와 상관없이 오신다.

주 예수를 믿는 사람들은 주께서 다시 오실 것을 열렬히 기다린다. 주 예수께서 다시 오실 때 그의 오심을 열렬히 사모하는 자들이 그를 영접한다.

7. 믿지 않는 사람들은 주의 다시 오심을 바라지도 않고 기대하지도 않는다.

오직 주의 다시 오심을 기다리는 자들만이 주의 오심을 간절히 바란다.

8. 주님이 다시 오실 때는, 배도가 아무리 심하여도 주를 기다리는 교회가 반드시 있다.

히브리서

ΠΡΟΣ ΕΒΡΑΙΟΥΣ

제 10 장

그리스도의 피로 드린 제사만이 완전한 속죄를 이루었다

히브리서

ΠΡΟΣ ΕΒΡΑΙΟΥΣ

■ **히 10:1** 율법은 장차 오는 좋은 일의 그림자요 참형상이 아니므로 해마다 늘 드리는 바 같은 제사로는 나아오는 자들을 언제든지 온전케 할 수 없느니라

10:1 γὰρ ὁ νόμος ἔχων Σκιὰν τῶν μελλόντων ἀγαθῶν, οὐκ αὐτὴν τὴν εἰκόνα τῶν πραγμάτων, κατ᾽ ἐνιαυτὸν ταῖς αὐταῖς θυσίαις ἃς προσφέρουσιν εἰς τὸ διηνεκὲς οὐδέποτε δύναται τοὺς προσερχομένους τελειῶσαι·

히 10:1 율법은 앞으로 올 선한 것들의 그림자요, 실물들 자체의 형상이 아니므로 해마다 늘 드리는 바와 같은 제사들로써는 나아오는 자들을 결코 온전하게 할 수 없습니다.

1. 율법은 실체의 그림자이고 예표일 뿐이다.

하나님은 율법을 마지막 구원의 그림자로 세우시고 예표로 세우셨다. 그러므로 율법 아래 세워진 제사제도로는 완전한 구원을 이룰 수 없다.

2. 앞으로 올 선한 것들은 그리스도가 이루실 구원의 은혜를 말한다.

네덜란드 성경 곧 레이던 판 (Leiden version)과 어떤 독일어 판은 선한 것들 혹은 좋은 것들을 구원은택 (Heilsgueter)으로 번역하였다.

장차 올 선한 것들은 예수 그리스도로 이루실 마지막 구원과 그 은혜들을 말한다. 이 구원이 마지막 결정적인 구원이므로 구약제사 다음에 온다. 하나님이 정하신 때에 이루어진다. 그러므로 구약의 제사들은 그리스도의 구속의 예표일 뿐이다.

3. 구약백성들은 해마다 늘 같은 속죄제사를 드렸다.

백성들은 해마다 속죄제사를 드렸다. 늘 거듭 범죄하였기 때문이다. 그것은 양과 소와 염소의 피로 드린 제사였다. 그러므로 그런 제사는 임시적이고 잠정적인 제사일 뿐이었다.

4. 불완전하고 임시적인 제사는 완전한 속죄를 이루지 못하기 때문에 제사하러 나아오는 자들을 완전히 속량할 수 없었다.

제사를 마치고 돌아가는 백성들은 완전히 죄를 용서받았다는 확신 없이 돌아갔다. 다음 해에 다시 와서 제사해야 했다. 죄를 용서받았다는 확신이 없었기 때문이다. 양심에 확신을 주지 못했고 양심의 가책을 벗어나게 할 수 없었다.

5. 구약제사는 그리스도의 제사를 기다리게 하는 몫을 할 뿐이었다.

■ 히 10:2 그렇지 아니하면 섬기는 자들이 단번에 정결케 되어 다시 죄를 깨닫는 일이 없으리니 어찌 드리는 일을 그치지 아니하였으리요

10:2 ἐπεὶ οὐκ ἂν ἐπαύσαντο προσφερόμεναι, διὰ τὸ μηδεμίαν ἔχειν ἔτι συνείδησιν ἁμαρτιῶν τοὺς λατρεύοντας ἅπαξ κεκαθαρισμένους;

히 10:2 그렇지 않고 제사하는 자들이 단번에 죄에서 깨끗하게 되어 죄를 깨달음이 없게 되었다면 어찌 드리는 것을 그치지 않았겠습니까?

1. '그렇지 않고'라고 한 것은 구약의 제사로는 제사 드리는 자들을 온

전하게 못하였다는 것을 말한다.

만일 실제로 레위제사가 사람들을 온전하게 할 수 있었으면, 그들이 반복해서 제사할 필요가 전혀 없었을 것을 말한다.

구약의 제사로 백성들이 죄에서 깨끗하게 되었으면, 거듭거듭 제사를 드릴 필요가 없었음을 말한다.

2. 레위제사로는 백성들이 지난날 지은 죄를 생각나게 할 뿐이었다.

구약제사로는 죄가 해결되지 않았으므로 거듭 죄를 지었을 뿐만 아니라 같은 죄를 짓고 같은 제사를 거듭 바쳐드렸다. 그러므로 제사할 때마다 지난날에 지은 같은 죄를 생각할 뿐이었다.

3. 사람은 한 번 범죄하면 그다음부터는 필연적으로 범죄한다.

강압에 의해서 범죄하는 것이 아니고, 선택적으로 범죄하는 것도 아니다. 필연적으로 반복한다.

4. 구약제사로 단번에 죄를 깨끗함 받았으면, 더 이상 제사를 드릴 필요가 없어졌을 것이다.

그러나 그런 일은 구약제사로는 일어나지 않았다.

■ **히 10:3** 그러나 이 제사들은 해마다 죄를 생각하게 하는 것이 있나니

10:3 ἀλλ' ἐν αὐταῖς ἀνάμνησις ἁμαρτιῶν κατ' ἐνιαυτόν,

히 10:3 그러나 이 제사들에는 해마다 죄를 생각나게 하는 것이 있었습니다.

1. 구약의 제사는 같은 제사를 반복했다.

늘 같은 죄들을 반복해서 짓기 때문이다.

2. 구약의 피 제사로는 속죄가 전혀 이루어지지 않았다 (히 7:11-12, 18-19; 10:1, 4, 11). 그래서 양심으로 깨끗함을 얻게 하지 못하였다 (히 9:12).

죄가 속해지지 않았으므로 제사할 때마다 지난날에 지은 죄들을 생각나게 하였다.

3. 본래 짐승의 피가 죄를 속량할 수 있는 것이 아니었다 (히 9:7; 10:1, 4, 11). 그것은 단지 그리스도의 속죄제사의 예표이고 그림자일 뿐이었다.

그림자가 원래의 일을 한다면 원형 곧 실체가 올 필요가 없다. 구약제사는 모형 곧 그림자로서 원형을 이해하도록 하기 위해서 연습용으로 세워졌다.

4. 완전한 속죄는 그리스도의 피로 드린 제사로만 이루어진다 (히 9:12, 14, 28).

- **히 10:4** 이는 황소와 염소의 피가 능히 죄를 없이 하지 못함이라

  10:4 ἀδύνατον γὰρ αἷμα ταύρων καὶ τράγων ἀφαιρεῖν ἁμαρτίας.

  히 10:4 황소와 염소의 피는 죄를 없이 하지 못하기 때문입니다.

1. 황소와 염소 또는 양의 피로 드린 제사는 죄를 속할 수 있는 능력이 전혀 없다.

그런 제사들은 그리스도의 속죄제사의 예표이고 그림자일 뿐이기 때문이다. 구약의 제사는 그림자로 드린 제사였으므로 속죄가 이루어질 수 없었다. 단지 대신 속죄를 가르치기 위해서 세워졌을 뿐이다.

2. 그런데도 제사했던 이스라엘 백성들은 자기들의 제사로 속죄가 이루어진 줄로 생각하였다.

- **히 10:5** 그러므로 세상에 임하실 때에 가라사대 하나님이 제사와 예물을 원치 아니하시고 오직 나를 위하여 한 몸을 예비하셨도다

10:5 διὸ εἰσερχόμενος εἰς τὸν κόσμον λέγει· Θυσίαν καὶ προσφορὰν οὐκ ἠθέλησας, δὲ σῶμα κατηρτίσω μοι·

히 10:5 그러므로 그가 세상에 들어오실 때 말씀하시기를 주는 희생제물과 예물은 원하지 않으시고 나를 위해 한 몸을 마련하셨습니다.

1. 하나님의 아들이 세상에 들어오실 때 한 선언은 시편 40:6-7의 말씀의 예언을 인용한 것이다.

2. 하나님의 아들이 세상에 들어오신 이유는 레위 제사제도 아래 드린 제사로는 속죄가 전혀 되지 않았기 때문이다.

하나님의 아들이 사람의 몸을 취하셔서 세상에 오셨다. 하나님의 아들이 세상에 들어오실 때 하나님으로서 오신 것이 아니고 몸을 입으시므로 신인의 위격으로 오셨다. 곧 사람으로 오셨다.

3. 하나님의 아들이 사람 몸을 입고 신인위격으로 세상에 오신 것은 그 몸으로 완전한 속죄제사를 하여 죗값을 완전히 치르시기 위해서였다.

구약의 제사제도가 1500년 동안 짐승의 살과 피로 제사하였지만, 그런 제사로는 속죄를 전혀 이룰 수 없었다. 그래서 하나님의 아들이 그 몸으로 죗값을 갚으시기로 하셨다. 그렇게 하여 세상을 죄와 그 죄의 값인 죽음에서 구원하기로 하셨다.

4. 짐승을 제물로 바친 제사는 오래도록 거듭하였으나 아무런 속죄를 이룰 수 없었다.

그러므로 하나님이 그 제사를 기뻐하지 않으셨다.

5. 하나님의 아들이 사람 몸을 입고 오신 것은 그 몸을 완전한 속죄제사의 제물로 바쳐드리기 위해서였다.

■ 히 10:6 전체로 번제함과 속죄제는 기뻐하지 아니하시나니

10:6 ὁλοκαυτώματα καὶ περὶ ἁμαρτίας οὐκ εὐδόκησας.

히 10:6 주는 전체로 불태워 드리는 제사와 죄를 위한 제사는 기뻐하지 않으셨습니다.

1. 제물을 전체로 불태워 드리는 제사와 죄를 위한 제사로는 속죄를 이룰 수 없으므로 하나님이 기뻐 받으신 제사가 아니다.

그런 제사는 그리스도께서 몸으로 제사를 드릴 때까지 그의 제사를 가리키기 위해서 마련되었을 뿐이다.

2. 속죄를 이룰 수 없는 제사는 하나님이 기뻐하실 수 없다.

하나님은 본래 아들의 몸으로 드린 제사로 완전한 속죄를 이루시기로 작정하셨기 때문이다.

3. 구약의 제사는 다 그리스도의 속죄제사를 미리 나타내는 제사였다. 곧 짐승의 살로 드린 제사는 그리스도의 완전한 속죄제사를 위해서 그림자 노릇, 예표 노릇만 하였다.

■ 히 10:7 이에 내가 말하기를 하나님이여 보시옵소서 두루마리 책에 나를 가리켜 기록한 것과 같이 하나님의 뜻을 행하러 왔나이다 하시니라

10:7 τότε εἶπον· ὁ θεός, Ἰδοὺ ἐν κεφαλίδι βιβλίου γέγραπται περὶ ἐμοῦ, ἥκω, τοῦ ποιῆσαι, τὸ θέλημά σου.

히 10:7 그때에 내가 말하기를 보소서 내가 두루마리 책에 나에 대하여 기록한 것 곧 하나님이여 주의 뜻을 행하러 왔나이다라고 하였습니다.

1. 히브리서 10:7에 인용된 말씀은 시편 40:6-8에서 왔지만 LXX 39:8의 인용이다.

psalm τότε εἶπον ἰδοὺ ἥκω ἐν κεφαλίδι βιβλίου γέγραπ ται περὶ ἐμοῦ

'그때 내가 말하기를 보라 책의 머리말에 내게 대해 기록한 대로'

시편 40:6-8: '주께서 나의 귀를 통하여 들리시기를 제사와 예물을 기뻐 아니하시며 번제와 속죄제를 요구치 아니하신다 하신지라 그때에 내가 말하기를 내가 왔나이다 나를 가리켜 기록한 것이 두루마리 책에 있나이다 나의 하나님이여 내가 주의 뜻 행하기를 즐기오니 주의 법이 나의 심중에 있나이다 하였나이다.'

2. 그리스도께서 세상에 오실 때 성전에서 드리는 제사와 예물을 하나님이 기뻐하지 않으셨다.

반복해서 드리는 속죄제사는 아무런 속죄를 이룰 수 없었다.

그러므로 그리스도께서 오셔서 자기의 몸으로 드리는 속죄제사를 하여 완전한 속죄를 이루셔야 했다.

3. 그리스도의 속죄제사가 하나님이 정하신 제사이므로 시편에 이미 예언하였다.

그리스도께서 오셔서 행할 하나님의 뜻은 완전한 속죄제사를 행하는 것이다.

짐승의 피로 드리는 제사로는 속죄를 이룰 수 없었다. 따라서 그리스도께서 그의 몸으로 죗값을 치르시어 죄를 무효화하여 반역한 백성을 다시 하나님의 백성이 되게 하셨다.

4. 구약성경은 두루마리에 기록되었으므로 그리스도의 속죄사역에 관한 예언도 두루마리 시편에 미리 기록되었다.

■ **히 10:8** 위에 말씀하시기를 제사와 예물과 전체로 번제함과 속죄제는 원치도 아니하고 기뻐하지도 아니하신다 하셨고 (이는 다 율법을 따라 드리는 것이라)

10:8 ἀνώτερον λέγων ὅτι Θυσίας καὶ προσφορὰς καὶ ὁλοκαυτώματα καὶ περὶ ἁμαρτίας οὐκ ἠθέλησας οὐδὲ εὐδόκησας, αἵτινες κατὰ νόμον προσφέρονται,

히 10:8 위에서 말씀하시기를 제사와 예물과 전체로 불살라 드리는 제사와 속죄제사는 원하지도 아니하시고 기뻐하지도 않으셨으니 이 모든 것들은 율법을 따라 드리는 것입니다.

1. 히브리서 10:8의 말씀도 시편 40:6-8의 예언과 연관해서 그리스도의 구속사역을 설명한 것이다.

2. 제사는 짐승을 드리는 제사 곧 속죄제사의 예법을 말한다.

이스라엘이 범죄하면 죄를 용서받기 위해서 짐승을 잡아 그 피로 제사하였다. 그러나 그 제사는 예표였고 그림자였다. 그러므로 그런 제사로는 제사 드리는 사람들의 죄를 속량할 수 없었다. 따라서 이 제사가 드려진 것은 이 방식으로 죄가 속량되는 완전한 속죄제사가 올 것임을 알리는 것이다.

3. 예물은 낙헌 예물과 특별히 소제로 드리는 곡식제물들을 지시한다.

여기서 소제로 드리는 곡식예물이라고 하나님이 기뻐하지 않으신 것이 아니다. 예를 들어 창세기에 처음 나오는 제사 곧 아벨의 제사는 하나님이 받으시고, 가인의 제사는 받지 않으셨기 때문에 (창 4:3-7) 소제는 하나님이 받지 않으시고 짐승의 피로 드리는 제물을 받으신 것으로 오해해 왔다.

가인은 악하여 죄를 바랐고 선을 행치 않았기 때문에 여호와께서 그의 제사를 받지 않으셨다. 아벨은 하나님을 전적으로 믿음으로 살았다. 그래서 하나님이 그의 제사를 받으셨다 (창 4:4). 이 본문에서 하나님이 예물을 기뻐하지 않으시는 것은 곡식제물이어서가 아니고 가인이 범죄자로 살았기 때문이었다.

4. 숫양을 전부 불살라 제사하라고 여호와 하나님이 명하셨다. 또 수소를 불살라 드리라고 명하셨다 (출 29:10-18).

불살라 드리는 제사를 번제라고 이름하셨고 향기로운 냄새라고 (출 29:18) 하셨다.

문제는 이런 불살라 드리는 제사 곧 번제로는 죄를 속량할 수 없었다. 그러므로 구약의 제사들을 기뻐하지 않으신 것이다. 오직 그리스도 하나님의 어린양의 살과 피로 드린 속죄제사만이 온전한 속죄를 이룬다.

5. 이 제사들은 여호와 하나님이 명하신 것이지만 참 속죄제사의 예표와 그림자로만 정하셨으므로 수만 번 반복해서 드린 구약의 제사를 기뻐하지 않으셨다.

■ **히 10:9** 그 후에 말씀하시기를 보시옵소서 내가 하나님의 뜻을 행하러 왔나이다 하셨으니 그 첫 것을 폐하심은 둘째 것을 세우려 하심이니라

10:9 τότε εἴρηκεν· Ἰδοὺ ἥκω τοῦ ποιῆσαι τὸ θέλημά σου· ἀναιρεῖ τὸ πρῶτον ἵνα τὸ δεύτερον στήσῃ.

히 10:9 그 후에 그가 말씀하시기를 보소서 내가 주의 뜻을 행하러 왔나이다. 그가 첫 것을 폐하신 것은 둘째 것을 세우려 하심입니다.

1. 히브리서 10:7에 인용된 시편 40:7은 다윗이 지은 시로 그리스도의 오심을 예언한 말씀이다.

그리스도가 완전한 속죄제사를 이루실 것을 예언한 말씀이다.

레위제사로 드리는 속죄제사는 일시적이고 잠정적인 것이어서 그리스도께서 속죄제사를 이루실 때까지만 유효하다.

2. 진리는 하나님의 아들이 드리는 완전한 속죄제사이다.

이 완전한 속죄로 하나님은 백성을 모으시기 위해서 독생하신 하나님으로 피 흘리게 하셨다. 따라서 레위제사는 폐해지도록 작정된 것이다.

3. 하나님은 디도 장군의 손을 빌어 70AD 예루살렘 성을 완전히 헐어내리시고 레위 제사장들과 성전을 다 없애버리셨다.

예루살렘 성전제사가 다시는 세워지지 못하도록 하셨다.

■ **히 10:10** 이 뜻을 좇아 예수 그리스도의 몸을 단번에 드리심으로 말미암아 우리가 거룩함을 얻었노라

10:10 ἐν ᾧ θελήματι ἡγιασμένοι ἐσμὲν διὰ τῆς προσφορᾶς τοῦ σώματος Ἰησοῦ Χριστοῦ ἐφάπαξ.

히 10:10 이 뜻을 따라 예수 그리스도의 몸을 단번에 드리심으로 말미암아 우리가 거룩해졌습니다.

1. 그리스도께서 자기의 몸을 단번에 드려 온전한 속죄제사를 이루셨으므로 우리는 모두 그 피로 죄에서 깨끗해졌다. 곧 거룩해진 것이다.

그리스도는 그의 속죄제사를 거듭하지 않으셨다. 한 번의 제사로 완전한 속죄와 거룩하게 함을 이루셨기 때문이다.

2. 이렇게 우리를 죄에서 완전히 깨끗하게 하심이 하나님 아버지의 뜻이다.

그리스도의 피로 우리는 원리적으로 완전히 깨끗해졌다.

3. 아담이 범죄하지 않은 때처럼 우리 그리스도인들도 범죄하지 않고 거룩하게 사는 것을 하나님은 뜻하셨다.

■ 히 10:11 제사장마다 매일 서서 섬기며 자주 같은 제사를 드리되 이 제사는 언제든지 죄를 없게 하지 못하거니와

10:11 Καὶ μὲν πᾶς ἱερεὺς ἕστηκεν καθ' ἡμέραν λειτουργῶν καὶ πολλάκις προσφέρων τὰς αὐτὰς θυσίας, αἵτινες οὐδέποτε δύνανται περιελεῖν ἁμαρτίας.

히 10:11 더욱이 제사장마다 서서 날마다 섬기며 자주 같은 제사를 드리지만 이 제사들은 결코 죄를 없이하지 못하였습니다.

1. 구약제사에서는 매일 제사가 이어졌다.

매일 백성들이 제사를 드렸다. 크고 작은 범죄가 날마다 일어나기 때문이다. 따라서 성전에서는 제사장들이 쉴 새 없이 일해야 한다. 백성들의 요구대로 제사해야 하기 때문이다.

2. 날마다 제사장들은 속죄제사, 속건제사, 서원제사, 낙헌제물들로 바빴다.

그런 제사들 곧 짐승의 살과 피로 드린 제사로는 죄를 없이하지 못하였다.

사람의 죄는 흠도 없고 점도 없이 거룩하게 마련된 그리스도의 몸으로 드린 제사만이 죄를 완전히 해결한다.

■ 히 10:12 오직 그리스도는 죄를 위하여 한 영원한 제사를 드리시고 하나님 우편에 앉으사

10:12 δὲ οὗτος μίαν θυσίαν ὑπὲρ ἁμαρτιῶν προσενέγκας εἰς τὸ διηνεκὲς ἐκάθισεν ἐν δεξιᾷ τοῦ θεοῦ,

히 10:12 오직 그리스도는 죄를 위하여 단 한 번의 영원한 제사를 드리

시고 하나님 우편에 앉으셨습니다.

1. 그리스도 대제사장은 레위제사장들과 달리 단 한 번 속죄제사를 드렸다.

그리스도는 영원한 대제사장으로 하나님의 얼굴 앞에서 제사하였으므로 거듭 제사할 필요가 전혀 없었다. 한 번의 제사로 속죄를 완수하셨기 때문이다.

2. 그리스도 대제사장이 드린 제사는 단 한 번의 제사이지만 영원한 제사이다.

영원한 제사는 영원까지 제사한다는 의미가 전혀 아니다. 단 한 번의 제사가 그 효력이 영원함을 말한다. 그리스도의 속죄제사는 영원세계에도 타당하고 유효하다. 그의 제사로 죄가 완전히 제거되었고, 영원한 구원을 누리게 되었다. 그의 피로 드린 제사가 늘 옆에 있고, 함께 있기 때문이다.

새 인류는 죄 의식과 죄책감이 없이 평안히 감사와 찬송을 하며 살게 되었다. 그런 의미로 영원한 제사이다.

3. 하나님의 우편에 앉으심은 새 인류에게 영원한 생명을 계속해서 주심을 말한다.

통상 그리스도께서 하나님의 우편에 앉으심을 중보자의 위격에서 천지통치의 대권을 받아 행사함으로 이해해왔다.

그러나 여기서 저자는 그리스도께서 속죄제사를 하신 후에 하나님의 우편에 앉으심을 강조하므로 새 인류에게 영원한 생명을 주시는 사역으로 이해해야 합당하다고 본다. 영원한 생명을 주시기 위해 믿는 자들에게 성령을 보내셨기 때문이다. 성령이 오시므로 죽은 생명들이 그리스도의 피로 살아나 영생하게 되었다.

4. 보좌의 우편에 앉으심은 새 인류에게 영원한 생명을 주시는 사역으

로 이해하는 것이 정당하다.

그리스도 하나님의 어린양에게서 생명이 인류에게 넘치게 주어짐을 계시록은 이렇게 표현하였다.

'저가 수정같이 맑은 생명수의 강을 내게 보이니 하나님과 및 어린양의 보좌로부터 나서 길 가운데로 흐르더라' (계 22:1-2).

낙원에서 약속하신 생명나무와 생명수로 표시한 영생이 어린양에게서 나와서 온 인류에게 편만하게 된다.

■ **히 10:13** 그 후에 자기 원수들로 자기 발등상이 되게 하실 때까지 기다리시나니

10:13 τὸ λοιπὸν ἐκδεχόμενος ἕως τεθῶσιν οἱ ἐχθροὶ αὐτοῦ ὑποπόδιον τῶν ποδῶν αὐτοῦ,

히 10:13 그 이후로는 그의 원수들이 자기의 발등상이 되게 하기까지 기다리십니다.

1. 히브리서 10:13이 인용한 성경은 시편 110편의 그리스도 예언이다. 그리스도께서 하늘에 오르시어 천지의 대권을 행사하여 통치하심의 마지막은 원수들을 완전히 박멸하는 것이다.

그리스도께서 구속사역을 이루시므로 사탄의 머리를 깨뜨리셨다. 이제 그와 그의 무리들을 완전히 멸하여 죄악과 반역이 다시는 인류세계에 들어오지 못하게 하는 것이다.

원수들을 완전히 박멸하여 불못에 던지는 것은 마지막 날에 이루어질 것이다.

2. 원수들을 완전히 박멸하는 목적은 하나님의 창조경륜을 이루어드려 하나님으로 만유 안에 만유가 되게 하시는 것이다.

만유 안에 만유가 되심은 삼위일체 하나님이 새 인류에게 충만히 거주하시므로 이루어진다.

■ **히 10:14** 저가 한 제물로 거룩하게 된 자들을 영원히 온전케 하셨느니라

10:14 γὰρ μιᾷ προσφορᾷ τετελείωκεν εἰς τὸ διηνεκὲς τοὺς ἁγιαζομένους.

히 10:14 그가 한 제물로 거룩하게 된 자들을 영원히 온전하게 하셨습니다.

1. 거룩하게 된 자들은 그리스도의 피로 죄가 씻어져서 깨끗해진 사람들을 말한다.

구약의 제사로는 죄를 없이하지 못하였다. 그리스도의 단번에 드린 제사로 모든 죄가 용서되고 제거되었다. 사람들이 죄를 벗으므로 양심이 깨끗해져서 하나님께 아무런 거리낌 없이 나아간다. 곧 그들은 거룩해진 자들이다. 죄를 벗었으므로 거룩하게 되었다.

2. 죄에서 깨끗해진 자들을 온전하게 한다는 것은 곧 죄의 찌꺼기를 벗어버리고, 옛사람의 관습을 벗어나서 거룩하게 되므로 하나님 앞에 살 수 있게 하는 것을 말한다.

범죄한 백성들은 그리스도의 피로 씻어졌어도 옛사람의 법과 관습을 갖고 있으므로 아직도 온전히 거룩하게 되지 못하였다. 그러므로 그리스도는 성령을 믿는 자들에게 보내시므로 죄의 찌꺼기를 벗어버리고 거룩한 심성을 가지고 그리스도인으로서 살게 하는 일을 하신다.

옛사람을 벗는 일이 완전해질 때 (고후 10:6) 세상 역사가 끝이 나

고 영원한 세계가 전개될 것이다.

3. 한 제물로 온전하게 한다는 것은 반복적인 제사 없이 한 번의 속죄 제사로 거룩하고 온전하게 되는 일을 함을 말한다.

■ **히 10:15** 또한 성령이 우리에게 증거하시되

10:15 δὲ μαρτυρεῖ ἡμῖν καὶ τὸ πνεῦμα τὸ ἅγιον, γὰρ μετὰ τὸ εἰρηκέναι·

히 10:15 또한 성령이 우리에게 증거하시되

1. 이 말씀은 10:16, 17을 말씀하기 위해서 하신 말씀이다.

2. 새 언약을 세우시고 그리스도의 피로 백성들의 모든 죄를 다 용서 하셨으니 더 이상 제사가 필요가 없다는 것을 밝히기 위해서 도입부로 여기서 성령이 증거하셨다고 제시한다.

■ **히 10:16** 주께서 가라사대 그날 후로는 저희와 세울 언약이 이것이라 하시고 내 법을 저희 마음에 두고 저희 생각에 기록하리라 하신 후에

10:16 Αὕτη ἡ διαθήκη ἣν διαθήσομαι πρὸς αὐτοὺς μετὰ τὰς ἡμέρας ἐκείνας, λέγει κύριος, διδοὺς νόμους μου ἐπὶ καρδίας αὐτῶν, καὶ ἐπὶ τὴν διάνοιαν αὐτῶν ἐπιγράψω αὐτούς,

히 10:16 이것이 그날들 후에 내가 그들과 세울 언약이라고 주께서 말씀하시고, 내가 내 법들을 그들의 심장에 두고 또 그들의 마음에 새기리라고 말씀하셨습니다.

1. 돌비에 십계명을 새기고 두루마리에 율법을 적어 읽게 한 후 1500

년이 지났다.

하나님이 이스라엘을 애굽에서 인도해내신 후에 그들과 호렙산에서 언약을 체결하셔서 그들을 자기의 백성으로 삼으셨다. 이 백성에게 언약의 계명으로 십계명과 율법을 주셔서 그 법을 지키며 살게 하셨다.

2. 이스라엘 백성은 돌비에 새겨놓고 두루마리에 적어둔 율법의 계명들을 지키며 살 수 없었다.

돌비에 새기고 두루마리에 적어둔 율법은 멀리 있었다. 회당이나 성전에 가야 율법의 말씀을 들을 수 있었다. 이 정도의 가르침으로는 율법을 지킬 수 없었다. 더구나 율법의 계명들로 말미암아 무디어지고 굳어진 심장으로는 율법의 계명들을 지킬 수 없었다.

3. 율법을 지키려고 하면 죄성이 역사하여 계명과 반대되는 것을 하기 바란다.

그래서 열심히 율법을 지키려고 하면 율법을 어그러뜨리고 범하게 된다. 한 번 계명을 범한 후에는 범죄의 역학구조가 마음판에 새겨진다. 그래서 자동적이고 필연적으로 그 계명을 범하도록 역사한다.

4. 1500년 역사에서 이스라엘은 율법을 지키는 일에 완전히 실패하였다.

이것은 민족을 멸망으로 이끌었다. 자연적 능력으로는 율법을 결코 지킬 수 없었다. 성령이 오시기 전에는 율법을 지키는 것이 불가능함이 이스라엘의 역사에서 밝혀졌다.

5. 계명을 지키도록 하는 것은 영으로 계명들을 마음판에 적어두는 것이다.

영으로 마음판에 계명들을 적어두는 것은 잊어버릴 수 없게 하는 것이다. 언제든지 그 계명이 살아나서 지키지 않으면 안 되게 만드는 것을 말한다.

사람은 자기의 힘으로 율법의 계명들을 지킬 수 없다. 마음판에 적어둔 계명이고, 마음에 새겨져 있어도 스스로의 힘으로는 계명들을 지킬 수 없다.

6. 율법의 계명들은 영이 오셔야 그 영의 힘으로 지킬 수 있다.

사람은 새사람이 되어도 자연적인 힘으로는 계명들을 지킬 수 없다. 계명들을 지키려고 하면 율법의 법칙이 움직여서 지킬 수 없게 한다.

율법의 계명들은 오직 영의 힘으로만 지킬 수 있다. 새사람이 계명들을 지키려고 해도 옛사람의 법이 역사하여 도저히 지킬 수 없게 한다. 오직 성령의 힘으로만 계명들을 지킬 수 있다. 주 예수님을 모시고도 마음에 죄지을 생각을 하면, 그것은 어떤 계명을 범하는 것이 된다고 성령이 깨우쳐 주시므로 죄된 생각을 그치게 되는 것을 말한다.

7. 하나님은 계명들이 반드시 지켜지도록 하시려고 율법의 계명을 주셨다.

사람이 스스로의 힘으로는 율법의 계명들을 지킬 수 없기 때문에 그리스도께서 구속사역을 이루어내셨다. 그리스도는 율법의 요구를 다 이루셨다. 그리스도가 율법의 요구를 다 이루셨다는 것은 우리의 죗값을 대신 갚으셨음을 말한다.

그러므로 우리는 율법을 지킬 의무가 완전히 해소되었다.

8. 그리스도를 믿는 자들이 율법을 지킨다는 것은 범죄하지 않는 것을 말한다.

예수 믿는 자들이 범죄하지 않는다는 것은 율법의 계명들을 지키고 있다는 것을 말한다.

9. 여기의 새 언약은 예레미야의 예언의 성취이다.

예레미야 31:31-33은 새 언약에 대한 예언인데, 그중에 33절이 지금 히브리서 10:16에 인용된 성경이다.

이 예언이 예수 그리스도가 제자들과 세운 언약에서 완전히 이루어졌다.

이 언약으로 이스라엘만이 아니라 이방백성들이 하나님의 언약백성이 되었고, 또 끊임없이 하나님의 백성으로 편입될 것이다. 그리하여 이 새 언약으로 하나님의 창조경륜이 이루어진다. 창조경륜은 하나님이 자기 백성을 가지시고 그 백성 가운데 거주하시며 그들로부터 찬양과 경배를 받으시는 것을 말한다. 이 경륜이 창조 시에 나타났다.

■ **히 10:17** 또 저희 죄와 저희 불법을 내가 다시 기억지 아니하리라 하셨으니

10:17 καὶ τῶν ἁμαρτιῶν αὐτῶν καὶ τῶν ἀνομιῶν αὐτῶν οὐ μὴ μνησθήσομαι ἔτι·

히 10:17 또 그들의 죄와 그들의 불법을 내가 다시는 기억하지 아니하리라 하셨습니다.

1. 그리스도의 속죄사역은 백성들의 이전 범죄의 값을 다 치르심이었다.

그리스도께서 십자가에서 피 흘려 아담과 그의 후손들의 모든 죗값을 치르셨다. 죗값이 다 치러졌으므로 하나님이 백성들의 죄와 불법을 기억하실 수 없게 되었다.

2. 대제사장 예수의 속죄제사만이 아론의 제사직을 무효화할 수 있었다.

대제사장 예수의 속죄제사만이 죗값을 완전하게 치른 제사였기 때문이다. 또 앞으로 다른 제사를 더 이상 필요하지 않게 하였다.

3. 이스라엘은 하나님의 은혜를 입고도 하나님을 반역하는 일을 많이 하였다.

시내산에서부터 광야의 날들 동안과 그 후 사사시대와 왕정시대 내내 여호와 하나님을 반역하고 배반하여 이방신들과 우상숭배를 많이 하였다. 이로써 나라와 민족이 망하게 되었지만 그들의 죄는 남아 있게 되었다.

이제 그리스도께서 백성들의 모든 죄를 위하여 완전한 속죄제사를 하였으므로 죗값이 다 갚아졌다. 따라서 그들의 죗값을 물을 수 없게 되었다. 그들의 죄를 기억할 필요도 없게 되었다.

4. 새 언약으로 속죄가 다 이루어졌으므로 이전의 모든 죄들이 다 지워졌다.

히브리서 10:17의 말씀은 예레미야 31:34의 말씀의 글자대로의 인용이다.

새 언약에 의한 속죄제사로 모든 죄가 용서되었으니 더 이상 이전 죄악과 불법들을 기억할 이유가 없어졌다. 죗값이 지불되지 않았을 때는 그 죄가 지워질 수가 없어서 치부책에 기록되었고, 갚지 않은 빚으로 남아 있었다.

■ **히 10:18** 이것을 사하셨은즉 다시 죄를 위하여 제사드릴 것이 없느니라

10:18 δὲ ὅπου ἄφεσις τούτων, οὐκέτι προσφορὰ περὶ ἁμαρτίας.

히 10:18 이 죄들을 용서한 곳에는 다시는 죄를 위하여 제사를 드릴 것이 없습니다.

1. 구약의 제사는 죄가 용서되지 못하였으므로 반복해서 제사 드렸다.

구약 제사제도 아래서는 해마다 날마다 죄를 용서해 주시기를 위해 제사를 드렸다. 제사는 드렸지만 용서되었다는 확신이 없었고, 제사를 받지 않으실 단서들이 많이 붙어 있었다.

해마다 날마다 같은 범죄 때문에 제사를 거듭하였다. 죄가 용서되지 못하였고, 제사하여도 내 죄가 용서되었다는 확신이 없었다.

2. 이제 새 언약의 피 제사로 완전한 속죄제사를 하여 죗값을 다 갚아 죄가 완전히 제거되었다.

단 한 번의 완전한 속죄제사로 영원한 대제사장은 모든 죄의 값을 다 갚으셨다. 하나님이 죗값을 다 갚음 받으셨다. 더 이상 빚을 받을 명목이 없어졌다.

3. 모든 죄가 완전히 속량되어 용서되었으면 더 이상 죗값을 갚기 위해 제사를 드릴 필요가 전혀 없다.

그리스도의 완전 속죄제사로 모든 죗값이 갚아졌다. 더 이상 죗값을 물을 수 없게 되었다. 그의 속죄제사 후에는 레위 제사제도가 다 폐지되었다. 더 이상 제사드릴 것이 없기 때문이다.

■ **히 10:19** 그러므로 형제들이 우리기 예수의 피를 힘입이 성소에 들이갈 담력을 얻었나니

10:19 οὖν, ἀδελφοί, Ἔχοντες παρρησίαν εἰς τὴν εἴσοδον τῶν ἁγίων ἐν τῷ αἵματι Ἰησοῦ,

히 10:19 그러므로 형제들이여 우리가 예수의 피를 힘입어 성소에 들어갈 담력을 얻었습니다.

1. 이 절은 히브리서 4:16과 연결해서 이해하고 해석해야 한다.

히브리서 4:16에 '은혜의 보좌 앞에 담대히 나아갈 것이니라'고 되어 있다.

그러면 이 10:19의 성소는 예루살렘 성전에 있는 성소를 뜻하지 않는다. 땅 위에 있는 성소가 아니라 하늘에 있는 성소 곧 하나님의

얼굴 앞을 말한다.

2. 우리가 하나님의 얼굴 앞에 담대히 나아갈 수 있는 것은 예수의 피 때문이다.

예수 그리스도의 피가 우리를 모든 죄에서 깨끗하게 했기 때문에 우리는 의롭게 되었다. 의롭게 되었기 때문에 하나님의 얼굴 앞에 담대히 나아간다.

3. 구약백성들은 성전에 있는 성소에도 나아가지 못하였다. 성소 밖 뜰에 서서 제사가 다 끝나기를 기다렸다. 제사장이 성소에서 나와서 백성들에게 나타나면 그때에야 백성들이 안심하였다 (눅 1:19-22).

4. 우리는 예수 그리스도의 피 때문에 성전의 성소가 아니라 하나님의 얼굴 앞에 담대히 나아가서 모든 것을 구한다.

구약 때는 우리 이방인들은 이방인 뜰에만 나갈 수 있었다. 그런 이방인들이 그리스도의 피 때문에 이방인 뜰 정도가 아니고, 유대인들의 뜰도 아니고, 성소도 아니고, 지성소를 지나서, 하늘의 지성소 곧 하나님의 얼굴 앞에 담대히 나아간다.

5. 예수의 피는 도저히 가까이 갈 수 없는 하나님 얼굴 앞으로의 길을 열었다.

예수 그리스도의 피 흘림이 없었으면 죄로 말미암아 다 망하고, 하나님 앞에는 죄인이어서 아무도 나아갈 수 없었다. 이제 예수 그리스도가 피 흘려 죗값을 치르고 죄를 용서하시므로 모든 제약을 벗어나서 하나님의 보좌로 나아가게 되었다.

구약 때에도 족장들이 그리스도의 피를 힘입어서 하나님께 나아갔다.

■ **히 10:20** 그 길은 우리를 위하여 휘장 가운데로 열어 놓으신 새롭고 산 길이요 휘장은 곧 저의 육체니라

10:20 ἣν ἐνεκαίνισεν ἡμῖν ὁδὸν πρόσφατον καὶ ζῶσαν διὰ τοῦ καταπετάσματος, τοῦτ᾽ ἔστιν τῆς σαρκὸς αὐτοῦ,

히 10:20 그는 우리를 위하여 산 새로운 길을 휘장 곧 그의 몸을 통하여 열어놓으셨습니다.

1. 아담 이래 처음으로 예수 그리스도가 하나님께로 가는 길을 여셨다.

하나님이 천사를 보내사 에덴동산을 불 칼로 막은 이후 인류 중에는 아무도 하나님께로 갈 수가 없었다.

예수 그리스도가 인류 역사상 처음으로 피를 흘려 사람들의 죗값을 다 갚으시므로 죄를 제거하고 죽음을 없이하셨다. 따라서 죽음으로만 끝나던 사람들이 하나님께로 갈 수 있게 되었다.

2. 예수 그리스도는 그의 몸과 피로 제물을 삼아 죄를 속량하였으므로 그의 몸을 통하여 하나님께로 가는 길을 여셨다.

죄의 해결은 피로만 되는데 예수 그리스도가 그의 흠 없는 피를 흘려 죗값을 갚으셨다. 그리하여 하나님께로 가는 길을 여셨다. 오직 예수 그리스도만이 이 길을 여셨다. 이 진리를 그리스도 자신이 자기에 대한 진술로 명확하게 밝히셨다. '내가 곧 길이요 진리요 생명이니 나로 말미암지 않고는 아버지께로 올 자가 없느니라' (요 14:6).

3. 새롭고 살아 있는 길이라고 한 것은 율법으로 열린 길이 아니고, 그리스도의 피로 연 길이라는 뜻이다.

모세의 율법으로 사는 백성들은 율법을 잘 지키므로 하나님께로 갈 줄로 믿었다. 그러나 그 법으로는 결코 하나님께로 갈 수가 없었다.

4. 예수 그리스도가 하나님께로 가는 길을 열기 위해 세상에 구주로 오셨다.

그 새 길은 율법으로가 아니고, 그리스도의 피를 믿음으로 가는 새로운 길이었다. 이 새 길이 생명에 이르는 길이다. 그러므로 새롭고 살아 있는 길이라고 하였다.

5. 그의 몸을 휘장이라고 한 것은 그의 몸에 하나님이 충만히 거주하셨는데 그 몸만으로는 하나님의 거주를 쉽게 알지 못했기 때문이다.

하나님 자신이 예수 그리스도의 몸에 충만히 거주하셨다. 바울이 이 진리를 두 번이나 거듭 밝히고 있다. '아버지께서는 모든 충만으로 예수 안에 거하게 하시고' (골 1:19). '그 안에는 신성의 모든 충만이 육체로 거하시고' (골 2:9). 모든 충만이나 신성의 모든 충만이나 같은 뜻이다. 충만도 하나님 자신을 말하고 신성의 모든 충만도 하나님 자신을 말한다.

6. 하나님 자신이 그리스도의 몸에 거하셨다.

그리하여 하나님이 사람 속에 거하시므로 인류 가운데 오셨다. 그러나 몸 안에 계신 하나님을 잘 알아볼 수가 없었다.

7. 그의 몸은 그 안에 계신 하나님의 휘장 노릇을 하였다.

하나님이 계신 그 몸으로 하나님께로 가는 길을 열었으니 휘장을 통하여 길을 연 것이다.

■ **히 10:21** 또 하나님의 집 다스리는 큰 제사장이 계시매

10:21 καὶ ἱερέα μέγαν ἐπὶ τὸν οἶκον τοῦ θεοῦ,

히 10:21 우리는 하나님의 집 위에 계신 큰 제사장을 모셨으므로,

1. 여기 하나님의 집은 교회 곧 구원받은 백성들을 말한다.

하나님의 아들 대제사장이 피 흘려 백성을 죄와 죽음에서 구원하셨다. 이 구원받은 백성들이 모여 교회를 이루었다. 이 교회가 하

나님의 집이다.

2. 그리스도께서 피 흘려 백성을 구원하여 하나님께 나라와 제사장으로 삼으셨기 때문이다 (계 1:5-6).

'우리를 사랑하사 그의 피로 우리 죄에서 우리를 해방하시고 그 아버지 하나님을 위하여 우리를 나라와 제사장으로 삼으신 그에게'.

3. 하나님의 아들이 큰 제사장이신 것은 레위 제사장이 하지 못하는 온전한 속죄를 이루셨기 때문이다.

레위 제사장들은 1500년 동안 속죄제사를 하였지만 아무런 속죄도 이루지 못하였다. 그 제도는 본래 예표이고 그림자이기 때문이다. 그러나 하나님의 아들 예수 대제사장은 자기의 피로 단번에 완전한 속죄를 이루셨다. 그러므로 더 이상 속죄제사가 필요 없게 되었다.

4. 이 속죄제사로 하나님의 창조경륜을 이루실 수 있게 되었다.

그리스도의 피로 구속받은 백성들이 하나님의 백성과 나라가 되어 하나님이 그들 가운데 충만하게 거주하시게 되었기 때문이다.

5. 하나님의 집 위에 큰 제사장을 가졌다는 것은 교회를 구속하신 제사장이 그 교회를 붙드시고 다스림을 말한다.

하나님의 아들은 자기의 구속한 백성을 붙드시고 다스리신다. 그러므로 교회가 안전하고 평온하다. 자기의 피로 교회를 사신 이가 교회와 함께 하시고 지키시기 때문에 교회가 안전하고 평안하다.

- **히 10:22** 우리가 마음에 뿌림을 받아 양심의 악을 깨닫고 몸을 맑은 물로 씻었으니 참 마음과 온전한 믿음으로 하나님께 나아가자

  10:22 προσερχώμεθα μετὰ ἀληθινῆς καρδίας ἐν πληροφορίᾳ πίστεως, ῥεραντισμένοι τὰς καρδίας ἀπὸ συνειδήσεως πονηρᾶς καὶ λελουσμένοι τὸ σῶμα ὕδατι καθαρῷ·

히 10:22 우리 심장이 뿌림을 받아 악한 양심으로부터 씻어졌고 깨끗한 물로 몸이 깨끗해졌으므로 우리는 믿음의 확신에서 진실된 마음으로 나아갑시다.

1. 우리가 하나님의 보좌에 믿음의 확신으로 나아갈 수 있는 것은 그리스도의 뿌린 피로 우리의 양심이 깨끗해졌기 때문이다.

우리의 양심이 죄로 더러워져서 양심이 가책을 받는 상태에서는 하나님께로 나아갈 수가 없다. 사람에게 잘못하여도 양심의 가책을 받는데, 하물며 죄로 어두워지고 더러워졌으면 양심이 깨끗하지 못하여 하나님께 나아갈 수가 없다.

2. 그리스도의 흘린 피로 우리의 모든 죄가 다 씻어졌고, 더 이상 죄에 연연하지 않게 되었으므로 양심이 깨끗해진 것이다.

우리는 하나님의 보좌에 담대히 나아갈 수 있다. 구약 백성들은 죄를 위하여 속죄제사를 반복하였지만 죄가 완전히 씻어지지 못하였고, 용서받지 못하였으므로 죄인의 양심을 가져 지은 죄에 대하여 늘 가책을 받았다. 그러므로 하나님의 보좌 앞에 나아가는 것은 상상도 할 수 없는 일이었다.

3. 그리스도의 흘린 피로만 죄가 다 해결되었으므로 마음이 깨끗해져서 양심이 꾸짖음 받지 않고 하나님 앞에 담대히 나아갈 수 있다.

죄용서 받은 사람들에게는 꺼릴 것이 아무것도 없다.

4. 양심이 씻어지는 길은 오직 그리스도의 흘린 피뿐이다.

양심은 죄가 남아 있는 한 언제나 그 죄를 돌이켜 기억하고 그 죄에 대해 불안하다. 죄에 대한 형벌 의식이 심겨져 있기 때문이다. 죽음이 가까울수록 불안과 공포가 더 심해진다. 죽으면 창조주를 만날 것임을 의식하기 때문이다.

5. 그리스도의 흘린 피가 죄를 다 씻어버렸다.

믿는 자에게는 그 흘린 피가 양심에 뿌려져 죄가 다 용서되었다. 죄용서로 양심의 가책이 없어졌다. 하나님의 아들의 피로 죄를 용서 받았으니 벌 받을 책임이 전혀 없어졌기 때문이다. 내가 깨끗해서 벌 받을 책임이 없어지는 것이 아니라 그리스도의 흘린 피가 내 양심을 깨끗하게 씻었기 때문이다. 따라서 하나님 앞에 설 때에 벌 받을 자로 서는 것이 아니다. 그리스도의 피로 죄가 다 씻어지고 깨끗해졌으므로 사랑스런 아들로서 하나님 앞에 선다.

6. 악한 양심은 악한 습성이 가득한 일그러진 양심을 말한다.

사람이 죄짓기를 반복하면 담대해져서 더 악한 죄를 계획하고 실행한다. 악한 계획을 실행하여 성공하면 더 악한 죄를 꾀하고 집행해낸다. 그런 경우에는 죄짓는 것에 익숙해 있기 때문에 양심이 화인을 맞아 거의 마비되어 있다. 그러므로 선한 뜻은 전혀 없다.

이런 악한 양심이 깨끗해지는 길은 오직 그리스도의 흘린 피로 씻는 것뿐이다.

7. 깨끗한 물로 몸을 씻었다고 한 것은 세례와 성령으로 이제껏 이해하여 해석이 쉽지 않은 본문이다.

이 본문을 중세 이래 세례로 이해해왔다. 크리소스토모스도 세례로 간단하게 언급하면서 몸을 씻는 것이 아니라 영혼을 씻는 것으로 이해하였다. 그리고 구체적으로 성령으로 씻어짐은 말하지 않았다.

칼빈은 세례로 이해하는 것을 반대하였다. 오히려 에스겔 36:25에 나오는 하나님의 영을 뜻하는 것으로 이해하였다. 필립 휴즈도 그렇게 이해하는 것을 택하였다.

크로세이더 (F. W. Grosheide)도 깨끗한 물로 몸을 씻는다는 것을 그냥 고대 교회에서 시행했던 세례의 물을 지시하는 것으로 이해하였다. 그래서 그는 고대 교회가 흐르는 물로 세례 받았다고 언급하였다.

그러나 이 본문은 몸을 씻는데, 세례로 씻는 것을 뜻하지 않고 영으로 씻는 것으로 보아야 한다.

8. 여기 몸을 깨끗한 물로 씻는 것은 제사장들이 세마포 에봇을 입을 때 몸을 씻는 것에 상응한다 (레 16:4).

그리스도인들이 세례 받는 것은 육체의 더러움을 제하는 것이 아니고, 오직 선한 양심이 하나님을 찾아가는 것이라고 한 것과 동일하다 (벧전 3:21). 곧 그리스도의 속죄제사의 효험에 의해서 내적으로 깨끗해짐을 뜻한다. 여기서 몸은 사람의 전인격을 표현하는 것으로 이해해야 한다. 그리스도의 피로 사람이 온전히 깨끗해짐을 표현한다고 말해야 한다. 또 양심이 깨끗해짐도 그리스도의 피로 씻어짐으로 된다. 물론 그리스도의 피를 바르는 이는 성령이시므로 성령의 역사로 말미암아 그리스도의 피로써 양심과 전인이 깨끗해지는 것으로 이해해야 합당하다.

9. 믿음의 확신에서 참 마음으로 나아가는 것은 하나님의 현존으로 나아가는 것을 말한다.

구약 때는 대제사장만 하나님의 임재가 있는 지성소에 나아갈 수 있었다. 대제사장도 몸을 씻고 지성소에 나아갈 수 있었다. 그러나 지금 믿는 사람들은 그리스도의 흘리신 피로 깨끗하게 되었으므로 그의 피의 공효를 믿어서 담대히 하나님의 보좌 앞에 나아갈 수 있다.

10. 그리스도의 흘리신 피로 몸과 마음에서 죄와 죄의 더러움이 다 씻어졌다.

그러므로 아무런 두려움이나 주저함 없이 하나님의 보좌 앞에 담대히 나아갈 수 있다.

11. 참 마음으로 나아가는 것은 깨끗해진 심장으로 담대히 하나님께 나아가서 구한 모든 것을 받을 줄 확신하여 나아가는 것을 말한다.

신약의 믿는 사람들이 나아가는 곳은 구약의 지성소가 아니라 하나님의 얼굴 앞이다.

대제사장을 거치지 않고 직접 담대히 하나님 앞으로 나아가서 우리의 간구를 구할 수 있는 것은 그리스도의 흘린 피로만 이루어진 것이다.

12. 나아가자고 하면서 희랍어 본문에는 하나님을 말하지 않지만, 나아갈 곳은 하나님의 얼굴 앞임을 전제하고 있다.

■ **히 10:23** 또 약속하신 이는 미쁘시니 우리가 믿는 도리의 소망을 움직이지 말고 굳게 잡아

10:23 κατέχωμεν τὴν ὁμολογίαν τῆς ἐλπίδος ἀκλινῆ, γὰρ πιστὸς ὁ ἐπαγγειλάμενος·

히 10:23 약속하신 이는 미쁘시니 우리가 소망의 고백을 흔들림 없이 굳게 잡읍시다.

1. 여기 우리가 바라는 소망은 죄용서 받아 영생에 이르는 것이다.

우리의 소망은 주 예수를 믿음으로 죄용서 받고 영생을 얻는 것이다. 이것을 하나님이 약속하셨다 (요 3:16, 36; 10:38; 요일 5:12). 구속주 하나님 자신이 이렇게 믿는 자들에게 영생을 약속하셨다.

2. 소망의 고백은 우리가 주 예수를 믿을 때 한 고백이고, 세례 받을 때 죄용서와 영생을 약속받았다. 그리고 예배 때마다 사도신경을 고백하여 '죄를 사하여 주시는 것과 몸이 다시 사는 것과 영원히 사는 것을 믿습니다'라고 고백한다. 이 고백을 굳게 잡아야 믿음이 흔들리지 않는다.

3. 소망은 믿음에서 나왔지만 소망이 믿음을 자라게 하고 굳게 서게 한다.

믿음은 약속하신 이를 믿는 믿음을 말한다.

4. 우리가 소망하는 것을 고백하였으므로 이 소망을 흔들림 없이 굳게 붙잡아야 한다.

우리가 고백한 이 소망에 대한 믿음이 흔들리면 믿음에 머무를 수 없고, 결국 믿음에서 떨어져 나간다. 그러므로 우리가 고백한 소망을 굳게 믿어야 한다.

5. 약속하신 이는 미쁘시다.

하나님은 우리를 사랑하사 죄에서 구속하여 영생에 이르도록 하기 위해서 아들을 보내셨다. 그리고 그 아들이 우리의 죄용서와 영생을 위해서 십자가에서 피 흘리셨다. 그의 약속을 그의 피로 보증하셨으니 끝내는 그 약속을 이루실 것이다. 그러므로 우리의 구주 하나님과 아버지 하나님은 미쁘시다.

6. 미쁘심은 하나님이 약속하신 것을 끝까지 지키시는 것을 말한다.

하나님은 인간 당사자의 변덕과 무관하게 자기의 약속을 끝까지 지키신다. 그러므로 미쁘신 이시다.

7. 약속하신 이가 그의 약속을 끝까지 지키실 것이다.

그 약속을 받을 자들이 의심하고 믿지 못하면 약속하신 이의 인격을 가볍게 여기고 무시하는 것이다.

■ **히 10:24** 서로 돌아보아 사랑과 선행을 격려하며

10:24 καὶ κατανοῶμεν ἀλλήλους εἰς παροξυσμὸν ἀγάπης καὶ καλῶν ἔργων,

히 10:24 또 서로 돌아보아 사랑과 선한 행실들을 격려합시다.

1. 믿음으로 영생을 약속받은 사람들은 서로 사랑하고, 서로에게 대해

서와 밖의 사람들을 향하여 선한 일을 한다.

혼자서는 사랑과 선한 행실을 하기가 어려워서 낙심하기 쉬우므로 서로 격려하여 사랑하고 선한 행실을 하도록 해야 할 것이다.

2. 믿음, 소망 다음으로 사랑의 권고를 하고 있다.

하나님과 이웃을 사랑하고, 특별히 믿음의 가족들에게 사랑의 도움을 서로 베풀기를 권하고 있다.

그리하여 어려운 삶에서도 믿는 성도들의 사랑의 도움으로 말미암아 믿음에 굳게 설 수 있기를 권한다.

3. 그리스도인의 특징은 서로 사랑하는 것이고, 믿지 않는 사람들도 사랑하는 것이다.

그리스도께서 우리를 위해 죽으시면서까지 사랑하신 사랑을 받았으니, 우리는 그 사랑에 감동되어 늘 사랑하고 미워해서는 안 되는 것을 말한다.

4. 여기서 사랑과 선한 행실들은 다른 사람의 어려운 삶을 이어갈 수 있도록 돕는 것을 말한다.

■ **히 10:25** 모이기를 폐하는 어떤 사람들의 습관과 같이 하지 말고 오직 권하여 그날이 가까움을 볼수록 더욱 그리하자

10:25 μὴ ἐγκαταλείποντες τὴν ἐπισυναγωγὴν ἑαυτῶν, καθὼς ἔθος τισίν, ἀλλὰ παρακαλοῦντες, μᾶλλον καὶ τοσούτῳ ὅσῳ βλέπετε ἐγγίζουσαν τὴν ἡμέραν.

히 10:25 어떤 사람들의 습관처럼 모이기를 폐하지 말고, 서로 권면하여 그날이 가까움을 볼수록 더욱 모이는 것을 권합시다.

1. 아마도 어떤 그리스도인들은 교회를 떠나서 회당으로 돌아가는 일

이 있었던 것으로 보인다.

열심히 모이던 사람들이 열성이 식어서 모임에 빠지게 되기도 하였음을 보여준다. 성도들이 모이면 믿음과 기도에 열심하고, 서로를 사랑하는 마음이 일어나서 믿음의 불이 붙게 되므로 열심히 모이기를 권한다.

2. 모임을 게을리하면 말씀의 선포가 없어져서 믿음의 당위와 열정이 약하게 된다.

그러므로 성도들이 모일 때는 말씀과 함께 모이고, 사랑의 마음으로 모여야 한다. 그래서 서로를 보살피고 격려하여 믿음의 길에서 떨어져나가는 일이 없도록 돕게 된다.

3. 성도들이 모이면 서로 권하여 믿음의 길에 굳게 서도록 해야 한다.

혼자 있으면 믿음의 삶에 낙심하기 쉽고 사랑도 식는다. 그러므로 자주 모여 서로를 권하여 믿음에 굳게 서도록 하고, 바르게 자란 믿음생활을 서로 권면하고 가르치는 일을 해야 한다.

4. 여기 그날이 가까움을 본다는 것은 주의 재림의 날이 가까이 오고 있다는 것을 뜻한다.

1세기 그리스도인들은 자기들이 살아 있을 때 주께서 다시 오실 것으로 확신하였다. 그러므로 주의 재림의 날이 별로 멀지 않았다고 믿고 살았다. 따라서 더욱 열심히 모여야 할 것임을 강조한다.

■ **히 10:26** 우리가 진리를 아는 지식을 받은 후 짐짓 죄를 범한즉 다시 속죄하는 제사가 없고

10:26 γὰρ Ἑκουσίως ἁμαρτανόντων ἡμῶν μετὰ τὸ λαβεῖν τὴν ἐπίγνωσιν τῆς ἀληθείας, οὐκέτι περὶ ἁμαρτιῶν ἀπολείπεται θυσία,

히 10:26 우리가 진리를 아는 지식을 받은 후에 짐짓 죄를 범하면 다시 속죄하는 제사가 없습니다.

1. 의도적으로 죄를 지으면 용서가 없다.

그리스도인들도 연약하여 죄를 짓는다. 시험과 유혹을 받아 육신이 약하므로 육적 욕망에 끌려들어가서 범죄하기까지 한다.

그러나 의도적으로 짐짓 죄를 지으면 회개기도를 하기 어려움을 말한다.

'진리를 아는 지식을 받은 후'는 주 예수 그리스도가 우리를 죄와 죽음에서 구원하기 위해 피 흘리셨다는 것을 믿어 알게 된 후를 말한다.

2. 주 예수를 믿어 구속의 도리를 믿은 후에 탈락하여 그 구속을 부정하면 속죄를 받을 수 없다는 것을 강조한다.

믿은 후에 구속의 도리를 부정하는 상태에 머무르면 용서받을 수 있는 길이 없다. 그러나 다시 돌이켜 회개하고 믿으면 용서받을 수 있다.

3. 교회가 전체로 배도를 하여 그리스도의 구속사역과 그의 성육신의 진리를 부정하면, 아무런 용서 받을 기회도 없고 누구라도 그들을 위해서 속죄사역을 할 길도 없다.

4. 그리스도의 구속사역이 마지막 속죄사역이다.

다른 길로는 죄와 죽음에서 놓여나 영원한 생명에 이를 길이 전혀 없다. 교회가 전체로 배도를 하면, 이 구속사역을 말하고 믿게 할 기관이 없어진다. 그러므로 다시는 속죄하는 제사가 있을 수 없다.

■ **히 10:27** 오직 무서운 마음으로 심판을 기다리는 것과 대적하는 자를 소멸할 맹렬한 불만 있으리라

10:27 δέ φοβερὰ τις ἐκδοχὴ κρίσεως καὶ ζῆλος πυρὸς μέλλοντος ἐσθίειν τοὺς ὑπεναντίους.

히 10:27 오직 심판을 기다리는 무서움과 대적하는 자들을 삼킬 뜨거운 불만 있을 것입니다.

1. 우리의 구원은 다시 반복될 수 없는 마지막 구원이다.

그러므로 그리스도의 구속을 부정하고 배척하면, 그들을 용서하도록 할 제사가 있을 수가 없다. 곧 다른 구속사역이 불가하다. 마지막 구속사역을 버리고 짓밟았으니 남은 것은 심판을 기다리는 무서움만 있다.

2. 인류는 반역을 저질러 영원히 죽도록 저주를 받았다.

하나님은 반역한 백성을 불쌍히 여기셔서 그 죄를 용서하고 영원한 생명을 주시므로 다시 자기의 백성으로 돌이키도록 하나님 자신이 구속사역을 이루셨다.

3. 이 구속을 믿기만 하면 처음 반역과 모든 죄를 용서하고, 죄와 죽음에서 놓여나 영원한 생명에 이르게 하겠다고 약속하셨다.

그런데 그런 하나님의 큰 사랑까지 무시하고 짓밟았으니 더 이상 용서받을 길이 없다. 하나님이 친히 죗값을 갚으시므로 죄를 용서하고 영생을 주셨는데 이 사랑을 짓밟으면 더 이상 다른 길이 없다.

4. 모든 사랑을 고의로 부정하였으니 이제 남은 것은 무서운 심판만을 기다리는 것뿐이다.

자기를 희생하여 인류를 구원하신 하나님의 사랑을 내어던지고 짓밟았으니 남는 것은 이제 심판뿐이다. 그러므로 복음을 배척한 자들이 본능적으로 심판이 있을 것을 익히 알고 있다. 이 심판이 마지막이므로 그것을 빠져나갈 다른 길이 없다는 것도 마음 깊이 잘 알고 있다.

5. 대적하는 자들을 삼킬 뜨거운 불만 있다는 것은 불에 던져져서 불 가운데서 영원히 고통당할 것을 말하고 있다.

6. 노아 때는 물로 심판하셨다.

마지막 때는 불로 온 세상을 심판하실 것이다. 이 심판 날에 하늘과 땅이 불사르게 된다 (벧후 3:7). 이때 복음을 배반한 자들이 불에 삼켜져서 불 가운데서 나올 수 없게 된다 (계 21:8). 이로써 고통을 받되 끊임없이 받는다. 이것이 계시록이 말하는 둘째 사망이다.

■ **히 10:28** 모세의 법을 폐한 자도 두세 증인을 인하여 불쌍히 여김을 받지 못하고 죽었거든

10:28 τις ἀθετήσας νόμον Μωϋσέως χωρὶς οἰκτιρμῶν ἐπὶ δυσὶν ἢ τρισὶν μάρτυσιν ἀποθνῄσκει·

히 10:28 누구든지 모세의 법을 폐한 자는 두세 증인으로 말미암아 불쌍히 여김을 받지 못하고 죽었습니다.

1. 모세의 율법은 잠정적인 계명이다.

모세의 율법은 그리스도 오시기까지만 유효하다. 그리스도가 오셔서 모든 율법을 성취하시고 죗값을 다 지불하시므로 그 효력이 끝이 났다.

2. 효력이 끝난 후에는 율법은 더 이상 사람들을 정죄하고 저주하는 기능을 할 수 없게 되었다.

더구나 죽음에 이르게 할 수도 없다. 영생에 이르게 할 능력이 전혀 없고, 율법은 더 이상 정죄하고 죽게 하는 힘을 상실하였다.

3. 그런 율법이 효력이 있을 동안에는 두세 증인이 증거하면 율법을 범

한 죄인이 반드시 죽어야 했다.

계명을 범한 사람이 범행을 할 때 재판관이나 해당자 중에 직접 본 사람이 없었다. 그런 경우에는 두 사람이나 세 사람이 증거하면 그 증거에 의해서 범행한 것이 입증된 것으로 쳐서 죽게 되었다. 율법에 의한 판결에는 용서도 없고 정상을 참작해 주는 것도 없다.

두세 증인들이 말하여도 범한 계명대로 그 범죄 혐의자는 죽음으로 판정되고 죽임을 당하였다.

4. 그런데 하나님의 아들이 직접 피 흘려 이룩하신 구원을 발로 짓밟고 무시하면, 다른 용서의 길이 없다는 것을 밝히기 위해서 28절 말씀이 기록되었다.

하나님이 그리스도의 피로 사람들의 죄를 용서하시고 구원하신 것은 궁극적이다.

다른 새로운 마지막 구원의 방식은 없다. 궁극적인 죄용서와 구원사역은 종말론적인 사건이므로 반복이 있을 수 없다.

도저히 용서받을 수 없는 반역죄를 하나님은 자기의 피를 죗값으로 지불하시어 사람들을 용서하셨다. 이로써 처음 반역죄와 그 후의 모든 죄들을 다 용서하셨다.

그런 구원을 짓밟으면 다시는 그 죄를 용서받을 수가 없다.

■ **히 10:29** 하물며 하나님 아들을 밟고 자기를 거룩하게 한 언약의 피를 부정한 것으로 여기고 은혜의 성령을 욕되게 하는 자의 당연히 받을 형벌이 얼마나 더 중하겠느냐 너희는 생각하라

10:29 πόσῳ δοκεῖτε χείρονος τιμωρίας ἀξιωθήσεται ὁ τὸν υἱὸν τοῦ θεοῦ καταπατήσας, καὶ κοινὸν ἡγησάμενος τὸ αἷμα τῆς διαθήκης ἐν ᾧ ἡγιάσθη, καὶ τὸ πνεῦμα τῆς χάριτος ἐνυβρίσας.

히 10:29 하나님의 아들을 발로 짓밟고 자기를 거룩하게 한 언약의 피를 더러운 것으로 여기고 은혜의 성령을 욕되게 한 자가 마땅히 더 큰 형벌을 받아야 할 것을 여러분은 생각해보시오.

1. 하나님의 아들을 짓밟고 언약의 피를 더럽게 여긴 자는 그리스도의 구속을 버리고 유대교로 돌아간 사람을 말한다.

짐승의 피로는 결코 사람이 깨끗해질 수 없고, 죄용서를 받을 수 없다.

2. 하나님의 아들의 피만이 완전한 속죄제물이므로 사람의 모든 죄를 용서하고 깨끗하게 하였다.

그런데 그리스도의 피에 의한 언약과 죄용서를 받은 자가 이 구원을 버리고 유대교로 돌아가면 더 이상 사유함이 없다. 큰 형벌을 받는 길뿐이다.

3. 하나님의 아들은 인류의 구원을 위해 육신을 입고 오신 하나님이시다.

하나님이 범죄한 인류를 위해 죗값을 대신 치르시기 위해 사람이 되어 오셨다. 그리하여 사람의 자리에서 사람을 위해 대신 죗값을 치르시므로 하나님의 공의의 법을 만족시키셨다. 이와 같은 방식으로 하나님이 모든 사람들을 구원하셨다.

그런데 이런 큰 구원을 뒷발로 차면 어찌 용서가 가능할까?

4. 하나님의 아들을 발로 짓밟는 것은 하나님의 성육신과 그의 구원사역을 완전히 무시하고 부정하는 것을 말한다.

하나님은 사람이 도저히 이해하고 깨달을 수 없는 방식으로 구원을 이루셨다.

5. 유대교와 이방종교는 하나님의 성육신의 방식으로 세상을 구원하신 것을 이해하고 생각할 수도 없다고 주장해왔다.

그런데 이 신비를 믿을 수 없고 받아들일 수 없다고 차버리는 것은 하나님의 아들을 발로 짓밟는 것이다.

6. '언약의 피를 더러운 것으로 여기는 것'은 짐승의 피로 드린 제사여야 하고 그리스도의 피는 합당하지 않다고 거부하는 것을 말한다.

하나님은 사람이 되셔서 피 흘리시므로 사람들을 구원하기로 하셨을 때 그냥 피를 흘리신 것이 아니라 언약을 맺으셔서 그 언약대로 피 흘리셨다. 피 흘림이 있어야만 죄용서가 되기 때문이다 (레 17:11).

그런데 옛 언약을 세울 때 짐승의 피로 세웠기 때문에 짐승의 피로 새 언약을 세워야 한다고 여겼다.

7. 짐승의 피는 하나님의 아들의 피 흘림에 대한 사전표상이었다.

그런데도 짐승의 피 흘림을 죄용서를 위한 참 제사로 여겼다. 따라서 사람의 피로 속죄가 이루어짐을 받아들이기 어렵다고 보았다. 그러므로 유대교로 돌아간다고 하는 것은 죄용서를 저버리는 것을 뜻한다.

하나님의 아들의 피만이 참 언약의 피다. 그러므로 이 피에만 죄를 속량함이 있다. 따라서 그리스도가 많은 사람의 죄를 담당하시려고 단번에 드리신 바 되셨다 (히 9:28).

이 피를 거부하는 것은 이 피를 더러운 것으로 판정함이 된다.

8. 속죄제사의 제물이 될 언약의 피, 하나님의 아들의 몸은 성령으로 조성하신 것이다.

그런데도 아들의 피와 몸을 제물로 드린 것을 거부하고 배척하는 것은 성령의 역사를 모독하는 것이다.

9. 그리스도의 속죄제사의 제물을 마련하신 이가 성령이시다. 그 제물과 제사를 거부하고 배척하는 것은 성령의 역사를 욕하는 것이다. 따라서 성령 훼방죄는 그리스도의 구속을 끝까지 거부하는 것이다. 여기에는 죄용서가 불가하다. 그리스도의 구속사역을 전적으로 무시하고 배척하였기 때문이다.

10. 이렇게 그리스도의 구속사역을 배척하고 거부하는 반역은 모세의

율법을 어기므로 받은 죽음의 벌과 비교할 수도 없다. 그런 사람이 받을 벌은 그냥 죽음의 형벌이 아니라 영원한 형벌을 당하도록 되어 있다.

■ 히 10:30 원수 갚는 것이 내게 있으니 내가 갚으리라 하시고 또 다시 주께서 그의 백성을 심판하리라 말씀하신 것을 우리가 아노니

10:30 γὰρ οἴδαμεν τὸν εἰπόντα· Ἐμοὶ ἐκδίκησις, ἐγὼ ἀνταποδώσω· καὶ πάλιν· Κρινεῖ κύριος τὸν λαὸν αὐτοῦ.

히 10:30 원수 갚는 것이 내게 있으니 내가 갚으리라 하시고 또 다시 주께서 그의 백성을 심판하리라고 말씀하신 것을 우리가 압니다.

1. 원수 갚는 것이 주께 있다고 하시므로 우리는 전혀 원수 갚는 일을 할 수 없게 하셨다.

여기서 원수는 우리가 주 예수를 믿을 때 못 믿게 하는 자들과 핍박하는 자들을 말한다.

2. '원수 갚는 것이 내게 있으니 내가 갚으리라'고 하신 말씀은 신명기 32:35의 말씀의 인용이다.

이 말씀이 로마서 12:19에도 인용되어 있다.

3. 로마서 12:17부터 아무에게도 악을 악으로 갚지 말라고 한 말씀을 보아 원수를 갚으려는 마음이 유대 그리스도인들에게 있었음을 보여주는 것이다.

원수 갚는 것은 하나님의 일이므로 하나님이 공정하고 확실하게 하실 것이다. 그러므로 우리는 핍박받을 때 그것을 갚으려고 하면 안 된다. 하나님의 공의의 법에 맡겨야 한다.

4. 내가 당한 불의를 내 손으로 갚으려고 하면 안 된다.

주 예수를 믿음으로 당하는 고난과 불의와 핍박을 우리가 직접

갚을 수 없고, 갚아도 안 된다는 것을 강조하고 깨우치고 있다.

5. 주 예수를 믿으면 언제나 어디서나 고난을 받고 경멸받으며 불의와 압제와 폭행을 당한다.

이때 우리가 당하는 유혹은 우리 손으로 그 부당한 것을 갚으려고 하는 것이다. 어떤 경우에도 우리 손으로 직접 갚는 일을 하면 안 된다는 것을 밝히고 있다.

6. 즉각적으로는 아니어도 성도들을 핍박하고 불의와 폭력을 행사한 자들을 갚으시고 주께서 심판하실 것이다.

모든 사람의 심판주는 하나님이시다. 복음을 마련하신 이가 하나님이시므로, 복음 때문에 믿는 자들에게 악행을 하고, 죽이고, 재산을 빼앗는 일과 또 다른 모든 악행을 하나님이 마침내 갚으실 것이다.

우리가 사는 동안이나 또 우리가 당한 대로 우리 눈앞에서 갚으시지 않으셔도 끝내는 하나님이 갚으실 것이다. 마지막 날에 갚으실 것이다.

7. 억울하게 당한 고난으로 분노가 일어나서 복수하고 싶지만 창조주 하나님이 그것을 막으셨다.

어떤 경우에도 우리가 손에 기구를 들고 갚음을 할 수 없게 하셨다. 일차적으로는 정부가 시비를 가리고 정당한 결정을 할 것이다. 그렇지 못할 경우라도 우리의 손으로 폭력을 행사하여 공의를 행할 수 없다. 그것은 우리가 사법권을 행사하는 것을 말한다. 시민정부가 정당한 판결과 사법집행을 못해도 우리는 참을 수밖에 없다. 결국 의로우신 하나님이 그의 지혜로 공의를 행사하실 것이다.

8. 역사의 주재이신 하나님만이 모든 것을 심판하시고, 공정하고 합당하게 심판하실 것이다.

심판권은 하나님께 있으므로 비록 믿는 자라도 심판권을 행사하면 안 된다.

9. 모든 일의 심판주는 창조주요 섭리주 하나님이시다.

선악 간에 모든 일을 바르게 심판하실 이는 창조주이시며 역사의 주재이신 하나님뿐이시다. 따라서 이 심판권을 우리가 취하여 행사하면 안 된다. 이것은 하나님의 고유한 권세를 우리가 빼앗는 것이다.

10. 하나님은 공의로우시므로 선인과 악인을 다 심판하신다.

역사의 주재가 악인들과 핍박자들만 심판하시는 것이 아니라 자기의 백성도 심판하셔서 온전한 공의를 이루신다.

아우구스티누스는 '왜 하나님이 범죄한 자들의 죄를 지금 다 갚으시지 않는가? 지금 현생에서 그 행한 대로 다 갚으시면 심판 때 심판하사 벌하실 것이 없기 때문'이라고 하였다.

마지막 심판 때 모든 사람들에게 합당한 것을 갚아주신다. 그리하여 영원한 형벌과 죽음, 또 영원한 생명과 영광을 베푸신다. 이때가 모든 역사를 마감하시는 마지막 날이다.

이 공정한 심판이 빨리 이루어지지 않는다고 불평하거나 앞당겨서 사람이 심판을 하려고 하는 일을 하면 안 된다는 것을 강조한다.

11. 이 인용은 신명기 32:35-36 LXX의 선택적 인용이다.

이스라엘에게 행한 강대국의 악을 심판하실 것을 모세가 말한 것이다. 마침내는 이스라엘도 여호와 하나님을 버리고 이방신들을 섬긴 것을 심판하실 것임을 말하였다.

하나님이 심판하실 때 이방민족들만 심판하시는 것이 아니라 하나님의 백성인 이스라엘도 심판하셔서 선악 간에 판정하실 것임을 말한다. 이 동일한 것이 우리 그리스도인들과 교회에도 타당하다.

12. 29절과 30절을 연결하면 배도자가 받을 형벌이 큼을 말하고 있다. 이 상황 설명은 31절에 밝히고 있다.

또 주께서 그의 백성을 심판하시리라는 말씀은 신명기 32:36과 시편 135:14의 인용이다.

13. 주께서 그의 백성을 심판하신다는 말씀은 하나님이 그의 백성을 지키시고 다른 백성들과 구분하여 보호하심을 말한다.

하나님이 자기 백성에게 의를 행하심을 말한다. 그리하여 백성의 대적들에게서 지키신다. 또 그의 백성들 가운데 들어 있는 불의한 자들을 심판하심도 포함한다.

■ **히 10:31** 살아계신 하나님의 손에 빠져 들어가는 것이 무서울진저

10:31 φοβερὸν τὸ ἐμπεσεῖν εἰς χεῖρας θεοῦ ζῶντος.

히 10:31 살아계신 하나님의 손에 떨어지는 것이 두려운 일입니다.

1. 그리스도의 구속을 배반하는 것은 하나님의 손에 떨어지는 것을 말한다.

배도자는 반드시 심판과 형벌을 받는다. 그리스도를 믿다가 그 믿음을 버리는 것이 배도이다. 이 배도는 하나님의 큰 사랑을 짓밟는 것이다.

2. 배도는 교회가 예수 그리스도가 하나님의 아들이심과 그가 하신 구원사역을 부정하는 것을 말한다.

하나님이 친히 이룩하신 구원을 거부하는 것은 하나님의 인격의 위엄과 영광과 사랑을 짓밟는 것이므로 큰 배도이고, 반역이어서 반드시 심판과 형벌을 받는다.

3. 그리스도를 믿는 믿음을 저버리는 것은 심판을 가져오는 일이어서 곧바로 심판받으러 하나님의 손에 떨어지는 것을 말한다.

마지막 구원을 배척하였으니 남는 것은 멸망뿐이다. 하나님의 손에 떨어지는 것은 마지막 심판으로 판정되는 것을 말한다.

■ **히 10:32** 전날에 너희가 빛을 받은 후에 고난의 큰 싸움에 참은 것을 생각하라

10:32 δὲ Ἀναμιμνῄσκεσθε τὰς πρότερον ἡμέρας, ἐν αἷς φωτισθέντες ὑπεμείνατε πολλὴν ἄθλησιν παθημάτων,

히 10:32 전날에 여러분이 빛을 받은 후에 고난의 큰 싸움을 참은 것을 생각하시오.

1. 크리소스토모스는 이 절을 주해하여 특별하게 제시하였다.

좋은 의사는 깊이 절개하고, 상처로 아픔을 더한 후에 찢긴 부분을 가라앉힌 후에는 휴식과 원기를 북돋운 다음 두 번 찢지 않는다. 오히려 찢긴 부분을 부드러운 약으로 원기를 회복한다. 그리고 심한 고통을 가라앉히는 데 적합한 약을 쓴다고 말하였다.

2. 바울은 히브리서 10:31 말씀과 유사하게 데살로니가후서 2:8, 12에서 배도자의 멸망에 대해서 말한다.

바울은 하나님의 은혜를 무시한 자는 분명히 멸망 받을 것이라고 표명하였다. 또 바울은 모세의 율법에서 '그들은 멸망할 것이며 더 무섭게 망하되 다른 증거들' (신 8:19-20)로 그것을 확증하였다.

히브리서 저자는 '살아계신 하나님의 손에 떨어지는 것은 두려운 일입니다' (히 10:31)라고 말한다.

영혼이 과도한 두려움으로 낙심하여 심한 슬픔에 잠기지 않도록 하기 위해서 권면과 위로로 그들을 달랜다. 그래서 그는 말하기를 '이전 날들을 기억하라. 그때에 여러분이 빛을 받고 큰 고난의 싸움을 싸운 것을 기억하라'고 하였다.

3. 여기 큰 빛을 받은 것은 유대인들이 세례 받아 그리스도가 하나님의 아들로서 구주이심을 아는 것을 뜻한다.

유대인들이 모세의 법을 버리고 세례 받아 그리스도인이 된 것은 그들이 예수 그리스도가 하나님의 아들이심을 알았기 때문이다. 빛을 받았다는 것은 그리스도를 바르게 깨달음을 말한다.

4. 그들이 그리스도인들이 되어 많은 고난을 동료 유대인들로부터 당하였다.

유대인들이 모세의 법과 할례를 버리고 예수 그리스도를 하나님의 아들로 믿는 것은 쉬운 일이 아니었다. 그들이 세례 받아 그리스도인이 됨으로 동료 유대인들이 크게 핍박하였다. 따라서 고난의 큰 싸움이라고 한 것이다. 우리도 전통종교를 버리고 예수 믿음을 택했을 때 가족과 친척들이 핍박하였다.

■ **히 10:33** 혹 비방과 환난으로써 사람에게 구경거리가 되고 혹 이런 형편에 있는 자들로 사귀는 자 되었으니

10:33 μὲν τοῦτο τε ὀνειδισμοῖς καὶ θλίψεσιν θεατριζόμενοι, δὲ τοῦτο κοινωνοὶ τῶν οὕτως ἀναστρεφομένων γενηθέντες·

히 10:33 여러분은 때로는 비방과 환난으로써 세상에 구경거리가 되고 때로는 마찬가지로 수난당한 사람들과 사귀는 자들이 되었습니다.

1. 유대교에서 그리스도를 믿는 믿음으로 넘어갔을 때, 유대인들이 얼마나 유대 그리스도인들을 비방하고 조롱했는지를 말해준다.

유대교에 속해서 같이 종교생활을 하다가 그리스도를 믿는 믿음으로 넘어갔으니 비방을 받고 핍박을 받았다.

배신자이고 변절자라고 공개적으로 비방하고 핍박을 하므로 이방인들에게 구경거리가 되었다.

2. 이전에 그리스도 믿음으로 넘어가므로 고난당한 유대인들과 같은

처지가 되어 그들과 사귀는 자들이 되었다.

지금 히브리서를 받는 유대인들만 그리스도 믿음을 가진 자들이 아니다. 이전에도 예수 그리스도를 믿어서 유대교를 떠나 교회에 가입한 유대인들이 있었다.

히브리서를 받은 유대 그리스도인들은 그전에 믿은 사람들과 교제하였다. 그들도 동일하게 동료 유대인들로부터 비방을 받고 고난 받았다.

이 두 그룹은 같은 믿음을 가져 동료 유대인들로부터 비방과 핍박을 받으므로 같은 처지가 되었다. 그래서 두 그룹은 서로 사귀며 사는 그리스도인들이 되었다.

■ **히 10:34** 너희가 갇힌 자를 동정하고 너희 산업을 빼앗기는 것도 기쁘게 당한 것은 더 낫고 영구한 산업이 있는 줄 앎이라

10:34 γὰρ καὶ τοῖς δεσμίοις συνεπαθήσατε, καὶ τὴν ἁρπαγὴν τῶν ὑπαρχόντων ὑμῶν μετὰ χαρᾶς προσεδέξασθε, γινώσκοντες ἔχειν ἑαυτοὺς ὕπαρξιν κρείττονα καὶ μένουσαν.

히 10:34 여러분들이 갇힌 자들을 동정하고 여러분의 재산을 빼앗기는 것도 기쁘게 당한 것은 더 낫고 영구한 소유가 있음을 알기 때문이었습니다.

1. 그리스도를 믿는 믿음으로 넘어간 히브리인들이 비방과 조롱만 받은 것이 아니라 재산까지도 빼앗겼다.

그리스도를 믿는 유대인들이 비방과 조롱을 받고 또 그들은 자기들이 살 재산도 다 빼앗겼다.

2. 유대 그리스도인들은 재산을 빼앗겼어도 기쁘게 참았다.

율법주의 유대인들이 그리스도를 믿는 믿음으로 넘어간 사람들을 핍박하되 재산까지 빼앗았다. 재산을 빼앗기면 살 길이 없는데도 기쁘게 참아냈다. 보통 큰 믿음과 담력을 가진 것이 아니었다.

3. 재산을 빼앗겼어도 기쁘게 참을 수 있었던 것은 하늘에 영원한 소유가 있는 것을 알았기 때문이다.

땅 위에 살 때는 세상적인 물질이 있어야 한다. 그런 것이 다 없어지면 살기가 보통 어려워지는 것이 아니다. 그런데도 하늘의 소망을 두고 살았기 때문에 그런 고난과 핍박을 참아낼 수 있었다.

4. 주 예수를 믿음으로 기쁨과 위로와 소망이 넘쳐났고, 성령의 안위가 있었기 때문에 그렇게 참을 수 있었다.

주 예수를 믿음으로 재산도 다 빼앗기고 비방과 조롱을 받고 핍박을 받았다. 그런데도 참을 수 있었던 것은 예수 믿음에서 오는 기쁨과 평안과 성령의 안위 때문이다.

이런 영적 기쁨이 없었으면 심한 핍박을 참을 수 없었을 것이다.

5. 예수 믿음 때문에 옥에 갇힌 사람들을 동정하고 위로하였다.

이런 어려운 중에도 옥에 갇힌 유대 그리스도인들을 찾아보고 돌아보았다. 첫 유대 그리스도인들의 믿음이 대단하였음을 알 수 있다.

■ **히 10:35** 그러므로 너희 담대함을 버리지 말라 이것이 큰 상을 얻느니라

10:35 οὖν μὴ ἀποβάλητε τὴν παρρησίαν ὑμῶν, ἥτις ἔχει μεγάλην μισθαποδοσίαν,

히 10:35 그러므로 여러분은 담대함을 버리지 마시오. 이로써 큰 상을 받을 것입니다.

1. 지금 고난과 핍박을 받는 유대 그리스도인들은 처음 믿음대로 그 믿

음을 계속 가져야 함을 말하고 있다.

성도들이 처음에는 핍박과 고난도 달게 받다가 험한 날들이 오래 가면 걱정과 염려를 하다가 믿음이 흔들릴 수 있다. '과연 이래도 좋은 것인가? 유대교에 있을 때에도 여호와 하나님을 믿었는데 꼭 그리스도를 믿는다고 하여 이런 어려움을 당하고 살아야 할 것인가?' 하고 염려한다.

2. 그러므로 처음 믿음을 끝까지 붙잡는 담력을 강조하고 있다.

처음 믿음을 그대로 붙잡고 지키는 것이 핍박당하는 그리스도인들에게 참으로 중요하다. 아니면 중간에 믿음에서 탈락할 수 있기 때문이다.

3. 예수 믿는 담력을 끝까지 붙잡아야 마지막 구원에 이르고 영광을 볼 것이기 때문이다.

주 예수를 믿는 자는 그 믿음을 끝까지 붙잡는 인내와 용기가 절실히 필요하다.

■ **히 10:36** 너희에게 인내가 필요함은 너희가 하나님의 뜻을 행한 후에 약속을 받기 위함이라

10:36 γὰρ ὑπομονῆς χρείαν ἔχετε ἵνα τὸ θέλημα τοῦ θεοῦ ποιήσαντες κομίσησθε τὴν ἐπαγγελίαν·

히 10:36 여러분이 인내하셔야 함은 하나님의 뜻을 행한 후에 약속을 받기 위해서 입니다.

1. 핍박을 받을 때 육체적인 고통을 심하게 받으면 믿음을 포기하려는 마음이 많이 생긴다.

육체적 고문과 고통으로 핍박하면 참아내기가 힘들다. 육체적 고

통이 너무 크기 때문에 믿음을 포기하고, 그 전 상태로 돌아가기를 바란다. 성령이 붙드시지 않으면 육체적 고문과 고통으로 당하는 핍박을 견뎌내기 힘들다.

2. 그러나 끝까지 참아내야 영생과 영광을 얻는다 (마 10:22; 24:13).

잘 믿다가 핍박을 받아 믿음을 포기하면, 믿음의 결국 곧 영생과 영광을 받을 수 없다. 그러므로 어떤 역경에서도 끝까지 믿음을 지켜야 한다 (마 24:13).

3. 하늘의 영생과 영광은 끝까지 참는 자에게 약속되어 있다.

그러므로 지금 핍박당하여도 끝까지 참는 것이 참으로 중요하다 (마 24:13). 아브라함도 끝까지 참아 아들과 땅의 약속을 받았다.

■ **히 10:37** 잠시 잠깐 후면 오실 이가 오시리니 지체하지 아니하시리라

10:37 γὰρ ἔτι μικρὸν ὅσον ὅσον, ὁ ἐρχόμενος ἥξει καὶ οὐ χρονίσει·

히 10:37 잠시 잠깐 후면 오실 이가 오시리니 더디지 아니하실 것입니다.

1. 핍박받는 상황에 처한 성도들은 어서 주님이 오시기를 갈망한다.

지금 히브리서를 받는 유대 그리스도인들이 심한 핍박을 받고 있다. 그러므로 자연히 주님의 다시 오심을 열렬히 기다리고 있다.

2. 히브리서 저자는 주님이 얼마 되지 않아서 오실 것이라고 위로한다.

오실 분이라고 하여 오시기로 약속하신 이라는 것을 강조한다. 마태복음 24:3에 '주의 임하심에 무슨 징조가 있겠습니까?'라고 묻는 제자들에게 주의 오심을 확실히 약속하셨다.

주의 오심의 징조에 대한 물음에 주께서 싸움과 난리와 적그리스도들과 거짓 선지자의 출현과 시험과 유혹과 땅 끝까지 복음의

전파를 언급하였다 (마 24:3-14).

3. 번개가 동편에서 나서 서편까지 번쩍임같이 인자의 임함도 그러하리라 (마 24:27).

그리스도께서 이렇게 자기의 오심을 확실하게 약속하셨다. 오시기로 약속하신 그리스도는 반드시 오신다.

4. 그의 다시 오심이 더디다고 여길 수 있지만 꼭 오신다.

주의 다시 오심의 약속을 하시고 2000년이 지났지만 아직도 그리스도인들은 주의 오심을 기다린다. 곧 오실 것으로 기대하고 있다.

그러나 주께는 하루가 천년 같고 천년이 하루 같다 (벧후 3:8). 곧 오시는 이가 더디 오신다고 여겨지는 것은 주님 편의 날짜 개념과 다르기 때문이다.

주의 다시 오심을 애타게 기다리는 성도들에게 주의 오심은 더디지만 주는 많은 백성을 구원하시기 위해 기다리고 계신다.

5. 기다리는 사람들에게 2000년은 길지만 그것은 주께는 2일에 불과하다.

이 성경본문은 하박국 2:3 LXX의 인용이다. 'ὅτι ἐρχόμενος ἥξει καὶ οὐ χρονίσει· 속히 오시고 지체하지 않으시리라.'

히브리서는 '잠시 잠깐이면 오실 이가 지체하지 않으시리라.' 하박국 본문과 히브리서 본문이 조금 다르게 표현되었다.

■ **히 10:38** 오직 나의 의인은 믿음으로 말미암아 살리라 또한 뒤로 물러가면 내 마음이 저를 기뻐하지 아니하리라 하셨느니라

10:38 δὲ ὁ δίκαιός μου ἐκ πίστεως ζήσεται, καὶ ἐὰν ὑποστείληται, οὐκ εὐδοκεῖ ἡ ψυχή μου ἐν αὐτῷ.

히 10:38 오직 믿음으로 말미암아 의롭게 된 내 의인은 살리라 또한 그

가 뒤로 물러가면 내 마음이 그를 기뻐하지 아니하리라고 하셨습니다.

1. '믿음으로 의인 된 자가 살리라'가 문맥으로는 바른 번역이다.

희랍어 본문은 믿음으로 된 나의 의인은 살리라고 하였다. '의인은 믿음으로 살리라'고 번역된 신약 본문은 '믿음으로 의롭게 된 자가 살리라'로 원문에 표기되어 있다.

2. 로마서 1:17은 'Ο δὲ δίκαιος ἐκ πίστεως ζήσεται. (믿음으로 의로운 자가 살리라)'이다.

갈라디아서 3:11은 "Ο δίκαιος ἐκ πίστεως ζήσεται· (믿음으로 의로운 자가 살리라)'이다. 히브리서 10:38을 보면 'ὁ δὲ δίκαιός μου ἐκ πίστεως ζήσεται, (믿음으로 의로운 내 의인이 살리라)'이다.

3. 사람이 의롭게 되는 길은 오직 믿음으로 뿐이다.

율법을 지켜서는 의롭다 함을 얻을 육체가 없다 (갈 2:16; 롬 3:20). 사람이 의롭게 되는 것은 율법의 행위에 있지 않고 믿음으로 된다 (롬 3:28).

그냥 믿음이 아니라 그리스도 예수를 믿는 믿음으로 의롭다 하심을 얻는다 (롬 3:24).

4. 하나님께서 죄인을 의롭게 하시는 길로 그리스도의 구속사역을 세우셨다.

그러므로 사람은 그리스도의 구속사역을 믿음으로만 의롭게 된다. 그렇게 의롭게 된 자가 살 것이다.

5. 의인이 뒤로 물러가는 것은 율법의 행위로 돌아가는 것을 말한다.

믿음으로 의롭게 된 사람이 율법 행함으로 돌아가면, 하나님이 이루신 은혜의 구원을 다 부정하는 것이다. 그리하여 자기의 힘과 노력으로 율법을 지켜서 의롭게 되려고 하는 것이다. 이런 행함은 하나님이 그의 지혜와 큰 능력으로 이루신 은혜로 받은 의를 거부하는 것이다.

6. 종교개혁자들은 행함으로 구원을 얻는다고 하는 로마교회의 가르침을 그리스도의 구속사역을 완전히 헐어내리는 것으로 여겼다.

7. 율법의 행위로 돌아가는 것을 하나님은 기뻐하시지 않는다.

하나님이 역사의 시작부터 자기 자신이 의의 길을 내기로 하셨다. 마침내 아들 하나님이 오셔서 죗값을 치르는 십자가의 죽음으로 죄를 무효화하셨다. 하나님이 십자가의 죽음을 믿는 자들은 다 죄 없다고 선언하셨다. 곧 의롭다고 선언하셨다.

그런데도 다시 율법을 지켜서 의롭게 되려고 하는 것은 하나님의 구원경륜을 완전히 허는 것이므로 하나님이 기뻐하실 수 없다.

■ **히 10:39** 우리는 뒤로 물러가 침륜에 빠질 자가 아니요 오직 영혼을 구원함에 이르는 믿음을 가진 자니라

10:39 δὲ ἡμεῖς ἐσμὲν οὐκ ὑποστολῆς εἰς ἀπώλειαν, ἀλλὰ πίστεως εἰς περιποίησιν ψυχῆς.

히 10:39 우리는 뒤로 물러가 멸망에 이를 자들이 아니요 영혼을 구원할 믿음을 가진 자들입니다.

1. 39절의 이해는 38절과 연결해서만 바르게 밝힐 수 있다.

38절에는 의인은 믿음으로 살고, 뒤로 물러가면 내 마음이 그를 기뻐하지 않는다고 되어 있다.

뒤로 물러가는 것은 예수 그리스도를 믿는 믿음을 버리고 도로 과거 율법을 지키던 시절로 돌아감을 말한다.

2. 뒤로 물러가 멸망에 빠지는 것은 예수 그리스도를 믿는 믿음을 버리고 과거에 지키던 율법을 지키는 데로 돌아감을 말한다.

주 예수 그리스도를 믿는 믿음을 버리고, 율법 행함으로 의롭다 함을 얻으려는 것이 뒤로 물러가는 것이다.

완전 성화로 의롭다 함을 얻으려는 노력도 마찬가지이다. 결코 행함으로 완전 성화를 이룰 수 없다. 오직 구속의 말씀을 믿음으로만 거룩하게 되는 일을 할 수 있다. 요한일서 1:7의 적용과 활용으로 성화를 이룬다. 믿음을 버리고 율법 행함으로 의롭게 되려는 것은 멸망밖에 아무것도 남지 않는다.

3. 믿음을 굳게 붙드는 사람들은 믿음으로 영혼을 구원에 이르게 한다.

믿음만이 구원의 길이고 율법 지킴으로 돌아가는 것은 멸망뿐임을 우리의 저자 곧 히브리서 저자가 강조하여 10장을 마친다.

예수 믿음을 굳게 붙잡는 사람들은 믿음의 결국인 영혼의 구원을 얻는다.

히브리서

ΠΡΟΣ ΕΒΡΑΙΟΥΣ

제 11 장

신약과 구약의 성도들은 다 믿음으로 구원에 이름

히브리서

ΠΡΟΣ ΕΒΡΑΙΟΥΣ

낙원에서 노아 홍수까지 믿음의 용사들: 11:1–7

■ **히 11:1** 믿음은 바라는 것들의 실상이요 보지 못하는 것들의 증거니

11:1 δὲ Ἔστιν πίστις ἐλπιζομένων ὑπόστασις, ἔλεγχος πραγμάτων οὐ βλεπομένων·

히 11:1 믿음은 바라는 것들의 실체요 보지 못하는 것들의 증거입니다.

1. 믿음은 그리스도교의 시작이고 바탕이다.

그리스도교는 믿음으로 시작한다. 그리고 믿음을 터전 삼고 서 있다. 믿음이 없으면 그리스도교는 결코 성립할 수 없다.

그리스도교는 예수 그리스도가 하나님의 아들이시고, 그가 사람을 죄와 죽음에서 구원하기 위해서 십자가에서 피 흘리셨다는 진리를 믿는 믿음이다.

2. 믿음에는 약속이 함께 한다.

주 예수를 믿어 죄용서를 받고 하나님의 자녀들이 된다.

그러나 믿음에는 그것만 들어있는 것이 아니다. 주 예수를 믿으면 부활과 영생이 약속되어 있다. 주 예수를 믿음으로 지금 죄용서를 받고 그리스도의 피를 믿기 때문에 부활과 영생을 약속받았다.

죄용서 받아 하나님의 자녀가 되었으나 하나님의 자녀로서 누리는 영생은 부활로 온다. 부활은 역사의 마지막 날에 이루어진다.

3. 주 예수를 믿어 영생을 얻는 것은 하나님의 약속으로 확정되었다.

주 예수를 믿어 죄용서를 받은 사람들이 하나님의 자녀로서 누리는 영생은 부활로 이루어진다. 믿음에 부활과 영생이 약속되어 있다.

4. 믿음은 당연히 부활과 영생을 바라본다.

믿는 것은 보는 것으로 시작하지 않는다. 장차 일어날 일을 약속받아서 믿음이 생겨난다. 약속하신 이의 인격을 신뢰하여 믿는다. 약속된 내용이 미래에 일어날 것이기 때문이다.

믿음의 마지막과 성취는 부활로 영생에 이르는 것이다. 이로써 믿음의 마지막이 완전히 이루어진다.

5. 부활과 영생이 장래에 이루어질 것이므로 약속되었다.

그러나 이 약속이 말로만 이루어진 것이 아니고 성령의 내주로 확증되어 있다. 성령이 우리 안에 내주하시는 것은 내가 부활에 이르고 영생한다는 것을 보증하는 것이다.

6. 믿음은 미래의 일을 가장 확실한 것으로 붙든다.

믿는 자들이 바라는 부활과 영생은 혹 가능하면 이루어질 것으로 여기는 것이 아니다. 아직 이루어지지 않았지만 그것처럼 확실하고 분명한 것은 없다.

7. 믿음은 미래에 이루어질 것을 담보한다.

지금 받지 않았지만 가장 확실하고 분명한 것으로 굳게 붙든다. 믿음은 막연히 기대하는 것이 아니다. 확실한 약속을 확실한 것으로 인정하는 것이 믿음이다. 그러므로 믿음대로 약속이 이루어진다.

8. 믿음대로 부활과 영생이 가장 확실한 일로 일어날 것이다.

믿음은 미래에 일어날 것이 현재 확증되어 있는 것을 뜻한다.

이것이 믿음은 바라는 것들의 실체라고 한 말씀의 뜻이다.

9. 믿음은 아직 일어나지 않아서 보지 못한 것을 사실로 확증하는 증거이다.

보는 것은 실제로 일어나면 가능하다. 실제로 일어날 때 보게 된다. 실제로 일어났기 때문이다. 그런데 믿음은 아직 일어나지 않은 일을 사실로 확증하는 증거이다. 믿는 대로 일어날 것이기 때문이다.

10. 믿음은 약속하신 이를 믿는 것이다.

믿음은 약속하신 이가 하신 약속이 반드시 일어날 것임을 확신한다. 약속하신 이가 구속주이고 창조주이기 때문이다.

11. 반역하여 범죄한 백성을 다시 자기의 백성으로 돌이키셨다.

그냥 돌이키신 것이 아니라 피 흘리심으로 범죄한 백성을 구원하셨다. 부활과 영생은 자기의 피를 흘려 백성을 죄와 죽음에서 구출한 구속주가 하신 약속이다.

12. 그 약속이 이루어지지 않는다면 왜 구속주가 자기의 피로 사람들을 죄와 사망에서 구출하셨는가?

자기의 피로 구속받은 백성들에게 부활과 영생을 약속하셨다 (요 3:16-17). 구속주는 약속하신 것을 이루시기 위해 자기의 피로 보증하셨다.

13. 부활과 영생의 약속에 대한 보증금이 성령의 내주이다. 성령의 내주를 가진 자들은 반드시 부활하고 영생한다.

그러므로 믿음은 보지 못한 것에 대한 확실한 증거이다.

■ **히 11:2** 선진들이 이로써 증거를 얻었느니라

11:2 γὰρ ἐν ταύτῃ ἐμαρτυρήθησαν οἱ πρεσβύτεροι.

히 11:2 이로써 옛적 사람들이 증거를 얻었습니다.

1. '이로써'는 '믿음으로'를 뜻한다.

히브리서 11:1에서 믿음은 바라는 것들의 실상이요 보지 못하고 바라는 것들의 증거라고 하였다. 2절의 '이로써'는 믿음으로써 혹은 믿음 안에서 선한 역사를 이룬 조상들을 말하려고 하고 있다.

2. 옛적 조상들은 다 믿음으로 살았다.

그들의 믿음은 하나님의 약속을 믿는 것이었다. 단지 믿음으로 그 실재를 바라볼 뿐이었다. 그들은 하나님의 약속이 실재로 이루어질 것임을 확신하였다. 이렇게 그들은 다 믿음으로 약속의 증거대로 살았다.

3. 여기 우리 본문에 '선진들'로 번역된 단어는 '프레스뷔테로이'(πρεαβύτεροι)이다.

이 단어는 '장로들', '나이 많은 분들'을 뜻한다. 따라서 이 낱말은 '옛적 사람들'로 이해하는 것이 바르다. 선진은 지금 젊은이들이 이해하기 어려운 용어이다.

■ **히 11:3** 믿음으로 모든 세계가 하나님의 말씀으로 지어진 줄을 우리가 아나니 보이는 것은 나타난 것으로 말미암아 된 것이 아니니라

11:3 πίστει νοοῦμεν κατηρτίσθαι τοὺς αἰῶνας ῥήματι θεοῦ, εἰς τὸ μὴ ἐκ φαινομένων τὸ βλεπόμενον γεγονέναι.

히 11:3 믿음으로 우리는 모든 세계가 하나님의 말씀으로 지어진 것을 알고, 보이는 것은 나타난 것들로부터 된 것이 아닌 것을 압니다.

1. 하나님이 모든 세계를 지으신 것을 아는 길은 믿음으로만이다.

하나님 홀로 모든 세계를 다 지으셨다. 하나님의 창조사역을 볼 수 있는 증인은 없었다. 하나님만이 모든 세계를 창조하셨으므로

하나님이 그 창조를 계시하셔야 알 수 있다.

2. 하나님의 계시를 알 수 있는 길은 믿음뿐이다.

믿음으로만 하나님의 계시와 창조를 받을 수 있고, 이해할 수 있다.

3. 하나님 홀로 모든 세계를 창조하셨다.

하나님은 모든 일을 주권적으로 일하신다. 하나님은 모든 세계를 홀로 계획하시고, 계획한 대로 창조하셨다.

어떤 피조물을 먼저 만드셔서 그 피조물로 물리적 세계를 만들도록 하신 것이 아니다. 그러므로 천사들을 통하여 세계를 지으셨다고 보는 유대사상은 근본적으로 그릇되었다.

또 플라톤 철학에서처럼 데미우르고스 (Δημιουργός)가 자기보다 높은 이데아에 근거해서 천지를 창조하신 것이 결코 아니다. 하나님 홀로 계획하시고 홀로 창조사역을 완수하셨다.

4. 창조주만이 유일한 하나님이시므로 홀로 모든 것을 무에서 창조하셨다.

천지창조의 신은 구원의 신보다 낮은 것이 아니라 창조주와 구원주는 동일하다. 창조주와 구원주를 분리하는 것은 영지주의자들의 거짓 철학일 뿐이다.

5. 창조와 창조의 완성을 알리는 계시를 받는 유일한 손은 믿음이다.

하나님은 창조주로서 만물을 무에서 창조하셨다. 홀로 창조하셨으므로 하나님의 계시만이 창조를 바르게 아는 유일한 길이다.

6. 하나님의 창조를 아는 길은 하나님의 창조계시를 믿음으로 받는 길이다.

믿음만이 창조와 창조의 완성을 알 수 있는 유일한 길이다. 그리고 가장 확실하고 분명하게 알 수 있는 것도 계시를 통해서이다. 이 계시를 믿음으로 하나님의 창조를 잘 알 수 있다.

7. 계시에 근거해서 창조를 아는 길이 가장 확실하고 분명한 지식의 길

이다.

왜냐하면 하나님의 계시를 받는 것은 하나님의 지식을 받는 것이기 때문이다.

8. 모든 세계는 하나님이 말씀하시므로 생겨났다.

만물이 생기기 전에는 하나님 한 분뿐이었다. 그러나 말씀하셔서 만물을 무에서 창조하시어 무로 펼쳐 놓으셨다. 여기 지으셨다는 것은 이미 있는 물질로 만드신 것을 말하는 것이 아니다. 만물을 무에서 창조해 내시고, 무에다가 펼쳐 완전하게 하셨다.

9. 말씀하심이 하나님의 창조의 방법이다.

하나님은 무한한 지혜와 권능을 가지셨으므로 말씀만 하심으로 만물을 만드셨다. 하나님은 만물을 미리 작정하셨으므로 말씀으로만 만물창조를 이루셨다.

10. 하나님은 만물을 창조하실 때 그의 영원한 작정을 따라 지으셨다.

하나님은 만물을 만드실 것을 미리 다 정하셨다. 그의 지혜대로 모든 것을 미리 정하시고 그대로 창조하셨다. 작정대로 하나님이 무한한 권능을 펼치시므로 만물이 생겨났다.

11. '보이는 것은 나타나지 않은 것으로 만드셨다는 것'은 하나님의 작정과 경륜대로 만물을 지으셔서 펼쳐 놓으심을 뜻한다.

하나님이 창조하셔서 만물을 펼쳐 놓으시므로 우리는 지금 만물들을 눈으로 본다. 그리고 그것들을 탐구한다. 펼쳐 놓으심으로 우리 눈앞에 보이는 모든 것들은 하나님의 지혜의 작정과 경륜을 따라 지어짐을 뜻한다.

12. 하나님의 작정과 경륜은 만물과 함께 만물 안에 나타나지 않는다.

보이는 사물들을 보고서 하나님의 의장 곧 설계도는 추측할 수 있지만 작정과 경륜 자체는 결코 볼 수 없다.

■ **히 11:4** 믿음으로 아벨은 가인보다 더 나은 제사를 하나님께 드림으로 의로운 자라 하시는 증거를 얻었으니 하나님이 그 예물에 대하여 증거하심이라 저가 죽었으나 그 믿음으로써 오히려 말하느니라

11:4 Πίστει Ἄβελ πλείονα θυσίαν παρὰ Κάϊν προσήνεγκεν τῷ θεῷ, δι' ἧς ἐμαρτυρήθη εἶναι δίκαιος, μαρτυροῦντος ἐπὶ τοῖς δώροις αὐτοῦ τοῦ θεοῦ, καὶ δι' αὐτῆς ἀποθανὼν ἔτι λαλεῖ.

히 11:4 믿음으로 아벨은 가인보다 더 나은 제사를 하나님께 바쳐드림으로 의롭다는 증거를 받았습니다. 하나님이 그의 예물에 대해 증거하시고 계십니다. 또 그는 죽었으나 지금도 믿음으로써 말하고 있습니다.

1. 아벨은 하나님을 믿음으로 살았다.

믿음으로 드린 제사만이 하나님이 기뻐하시고 받으신다는 것을 믿음으로 알 수 있다. 그러므로 아벨은 믿음으로 하나님께 제사하였다. 아벨은 자기의 지성과 판단으로 사는 것이 아니고, 하나님을 전적으로 신뢰함으로 살았다.

비록 범죄하여 하나님을 반역하였지만, 하나님이 범죄한 백성을 구원하실 것임을 아벨은 믿었다. 그러므로 아벨은 속죄제사를 하나님께 드렸다. 그가 속죄제사를 드린 것은 하나님이 자기 부모가 범한 죄를 사하시고 구원해 주시기를 구하는 제사였다.

2. 아벨이 가인보다 더 나은 제사를 드렸다는 것은 가인이 그냥 형식적으로 아버지에게서 배운 제사를 드렸기 때문이다.

아벨은 속죄를 간구하는 제사를 드린 것이다. 그러므로 하나님이 받으실 만한 제사를 드렸다.

3. 가인은 제사하였지만 삶은 고치지 않았다.

가인은 죄악된 삶과 죄악된 마음을 품고 살았고, 제사는 제사대

로 하였다. 그러므로 하나님이 가인의 제사를 받으실 수 없었다.

4. 가인의 제사는 의례적인 것이었고, 삶과 아무 상관이 없는 것이어서 그의 제사를 받지 않으셨다.

하나님이 가인의 제사를 받지 않으신 것은 곡식으로 제사하고, 양과 짐승으로 제사하지 않았기 때문이라고 이제껏 생각해 왔다. 그것은 바른 이해가 전혀 아니다.

'네가 선을 행하면 어찌 낯을 들지 못하겠느냐 선을 행치 않으면 죄가 문에 엎드리느니라' (창 4:7). 이 말씀은 가인의 제사를 받지 않으신 것에 대한 하나님의 해명이다.

가인은 죄악된 삶을 이어가면서 때가 되면 제사만 드렸다. 그것은 망령된 제사였다.

5. 아벨은 하나님의 구속경륜을 믿어서 믿음으로 제사하였기 때문에 의롭다고 선언하신 하나님의 증거를 받은 것이다.

사람이 의롭게 되는 길은 믿음으로만이다. 제사만 한다고 죄를 용서받고 의롭게 되는 것이 아니라, 아벨은 하나님의 선한 구원섭리를 믿고 제사하여 의롭다는 선언을 받았다. 아벨이 의로운 행동을 하였기 때문에 의롭다고 선언 받은 것이 전혀 아니다. 하나님의 선한 구원섭리를 믿어 경륜에 합한 제사를 하였기 때문에 의롭다는 증거를 받은 것이다.

6. 하나님은 아벨의 제사를 받으신 표를 보이셨다.

가인은 자기 제사를 받지 않으셨다는 것을 즉각 알아차릴 수 있었다. 가인은 하나님이 자기 제사를 받지 않으신 것을 아벨 때문으로 여겼다. 아벨의 제사는 받고, 자기 제사는 받지 않았으므로 모든 책임을 아벨에게 돌렸다.

가인은 자기의 죄악된 삶과 하나님의 구원약속을 믿지 않은 불신앙의 자세를 깨닫지 못하였다. 가인은 불평만 하였다. 아마도 하나님은 아벨의 제사를 불로 응답하셨을 것이다.

7. 가인은 아벨을 죽여 없애면 하나님이 자기의 제사를 받지 않으실 수 없다고 판단한 것 같다.

아벨이 죽으면 제사를 할 사람은 자기 혼자뿐이기 때문에 하나님이 자기의 제사를 받으셔야만 하는 것으로 판단하였다.

가인은 자기의 죄를 회개하고 하나님의 선한 섭리를 받아들인 것이 아니고 죄 위에 죄를 더하였다. 가인에게 죄성이 역사하여 죄를 죄로 해결할 줄로 생각한 것이다.

8. 가인은 인류역사상 첫 살인자가 되었다. 그것도 형제를 죽이는 큰 죄를 저질렀다.

가인의 형제 살해 후 사람이 사람을 죽이는 일들 중 죄의식 없이 집행된 살인이 전쟁이다.

9. 아벨도 죄인이지만 하나님의 구원섭리에 맞는 제사를 하였다.

그러므로 하나님이 아벨의 제사를 받으셨다. 지금도 아벨의 제사는 하나님이 받으시는 제사의 표본이다.

10. 하나님이 받으시는 제사는 하나님의 구속경륜에 합한 제사이다. 곧 대신 속죄제사이다.

아벨은 짐승을 드리므로 하나님의 대신 속죄의 경륜을 이해하였다.

11. 대속적 제사는 믿음으로만 가능하고 믿음으로만 행할 수 있는 제사이다.

하나님은 대신 속죄로 세상을 구원하기로 하셨다. 아벨은 하나님의 구원경륜을 이해하고 대신 속죄의 제사를 하였다. 그것은 믿음으로만 알 수 있는 일이다. 또 믿음으로만 제사할 수 있는 법이다. 그러므로 하나님은 아벨의 제사를 받으셨고, 믿음으로 제사하였다고 증거하셨다.

■ **히 11:5** 믿음으로 에녹은 죽음을 보지 않고 옮기웠으니 하나님이 저를 옮기심으로 다시 보이지 아니하니라 저는 옮기우기 전에 하나님을 기쁘시게 하는 자라 하는 증거를 받았느니라

11:5 Πίστει Ἐνὼχ μετετέθη τοῦ μὴ ἰδεῖν θάνατον, καὶ οὐχ ηὑρίσκετο διότι μετέθηκεν αὐτὸν ὁ θεός· γὰρ πρὸ τῆς μεταθέσεως μεμαρτύρηται εὐαρεστηκέναι τῷ θεῷ,

히 11:5 믿음으로 에녹은 죽음을 보지 않고 옮겨졌으니 하나님이 그를 옮기셨으므로 다시 보이지 않았습니다. 그가 옮겨지기 전에 하나님을 기쁘시게 했다는 증거를 받았습니다.

1. 믿음으로만 하나님께 나아가고 제사로는 아니라는 것을 히브리서 저자는 강조하고 있다.

히브리서의 첫 수납자들은 제사로 하나님께 나아갈 수 있다고 확신하고 있었다. 성경저자는 그것은 전혀 불가능하다는 것을 강조하고 있다.

2. 에녹은 하나님의 구원경륜을 믿음으로써 알았다.

하나님이 대신 속죄제사로 세상을 구원하실 것임을 알고 있었다. 그러므로 에녹은 대속제사를 늘 하나님께 바쳐드렸다. 대속제사를 알고 있었으므로 에녹은 그 법으로 하나님을 섬겨 기쁘게 해드렸다.

에녹은 믿음으로 하나님의 구속경륜을 인지하였다. 대신 속죄로 세상을 구원하실 것임을 인지하였다. 그러므로 에녹은 구원받는 자가 되기 위해 자기의 노력을 할 필요가 없었다. 그것도 잘 인지하였다.

3. 하나님이 대신 속죄제사의 법으로 세상을 구원하실 것이다.

에녹은 이 제사의 법에 따라 대속제사를 드렸다. 따라서 그의 제사는 하나님의 마지막 대속제사의 예표일 뿐이었다. 하나님의 구원

경륜을 알고서 그에 맞게 살고 제사하였으므로 에녹의 삶은 하나님을 기쁘게 해드렸다. 그의 마음에 합하기 때문이다.

4. 하나님의 뜻을 잘 알고 그대로 산 에녹을 하나님이 기뻐하셨다.

에녹은 아벨처럼 하나님의 구속경륜을 알아듣고 속죄제사를 하여 그리스도의 대신속죄를 예표하므로 하나님이 기뻐하셨다.

5. 에녹은 모든 일에 하나님께 묻고 답을 받아서 그대로 살았다.

에녹은 자기의 뜻과 판단에 따라서 살 수 있는 올바른 인품을 지녔다. 자기의 판단과 뜻을 따라 살 수도 있었다. 그러나 에녹은 모든 것을 하나님께 물었다. 그리고 하나님이 답하시는 대로 살았다. 그의 삶은 다 하나님의 뜻대로 나아가고 이루어졌다. 그러므로 하나님이 기뻐하시고 만족해 하셨다.

우리 그리스도인들도 먼저 하나님께 묻고 그의 뜻대로 살아야 마땅하다. 그러나 우리는 내 판단과 지혜를 첫째로 삼는다.

그리스도인들은 많은 경우 실패를 반복한 후에 하나님께로 나아간다. 그때서야 하나님의 뜻을 묻고 인도하시기를 구한다.

이런 삶의 방식은 에녹의 삶과 전혀 다르다. 에녹은 하나님의 뜻을 먼저 묻고 답을 받아서 살았다. 모든 결정과 행동도 다 하나님의 뜻과 결정에 따라서 살았다.

이런 삶의 방식은 아담이 범죄하기 전에 살던 삶의 방식이었다. 그러므로 하나님이 에녹을 기뻐하셨다. 하늘에서 하나님의 뜻이 이루어지듯이 땅에서 에녹의 삶에서 그대로 이루어졌다. 에녹은 더 이상 땅 위에 살지 않아도 될 만큼 살았다. 그는 하나님의 얼굴 앞에서 살았다.

6. 하나님은 에녹을 자기의 보좌 앞으로 데리고 가셨다.

죽음을 경험하지 않고 하나님 앞으로 바로 간 첫 번째 사람이 에녹이었다. 에녹은 죽음의 고통을 겪지 않은 단 하나의 사람이었다.

그의 몸은 하나님의 얼굴 앞으로 가는 순간 영광의 빛 안에서 살 수 있도록 변화되었다.

7. 우리 그리스도인들은 죄의 오염과 부패가 심하여 죽어야 죄의 무거운 짐에서 벗어날 수 있다.

그리스도인들은 그리스도의 피로 씻음 받았어도, 죄의 오염과 부패가 너무 심하므로 죽음을 맛보아야 그 부패를 벗어날 수 있다. 이것이 그리스도인들이 구원을 얻었어도 죽어야 하는 이유이다.

■ **히 11:6** 믿음이 없이는 기쁘시게 못하나니 하나님께 나아가는 자는 반드시 그가 계신 것과 또한 그가 자기를 찾는 자들에게 상 주시는 이심을 믿어야 할지니라

11:6 δὲ χωρὶς πίστεως ἀδύνατον εὐαρεστῆσαι, γὰρ δεῖ πιστεῦσαι τὸν προσερχόμενον τῷ θεῷ ὅτι ἔστιν καὶ τοῖς ἐκζητοῦσιν αὐτὸν μισθαποδότης γίνεται.

히 11:6 믿음이 없이는 그를 기쁘게 하지 못합니다. 하나님께 나아가는 사람은 반드시 그가 계신 것과 그가 자기를 찾는 자들에게 상 주시는 분이심을 믿어야 합니다.

1. 다시 말하거니와 제사나 율법 행함이 아니라 믿음만이 하나님께로 가는 길임을 강조한다.

하나님께로 가는 길은 오직 믿음뿐이다. 모세가 전해 준 제사나 율법이 하나님께로 가는 길이 아니다. 오직 주 예수 그리스도를 믿는 믿음만이 하나님께로 가는 길이다.

2. 하나님을 믿는 것이 하나님을 기쁘시게 하는 길이다.

율법 행함이나 피 제사로는 하나님께 나아갈 수 없고, 오직 하나

님을 믿는 것만이 하나님께로 가는 단 한 길이다.

3. 하나님은 믿음을 기뻐하신다.

하나님은 영이시므로 제사나 율법의 행함으로가 아니라, 하나님을 믿는 믿음을 기뻐하신다. 그리고 믿는 자를 즐겨 받으신다.

4. 먼저 하나님이 계신 것부터 믿어야 한다.

하나님의 존재는 사람이 이성으로 증명할 수 없다. 이성의 영역을 뛰어넘는 믿음으로만 하나님의 존재를 확실하게 알 수 있다. 그러므로 믿음은 하나님의 존재를 믿는 믿음으로 시작한다.

5. 믿음으로만 확실하게 하나님께 나아갈 수 있다.

하나님이 기뻐하시는 것은 하나님을 믿는 것이다. 그러므로 하나님께 나아가는 길도 하나님을 믿는 것뿐이다. 믿음으로만 하나님께 확실하게 나아간다.

믿음으로 하나님께 나아가는 길은 하나님을 믿음으로 기도하는 것이다. 기도는 그리스도의 이름으로만 이루어져야 하므로 주 예수 그리스도를 믿는 믿음이 하나님께로 나아가는 유일한 길이다. 그래서 그리스도께서 내 이름으로 빌라고 하셨다 (요 14:13-14; 15:16; 16:23-24).

6. 믿음으로 하나님께 나아가는 사람은 하나님이 그런 자들에게 영원한 구원을 주신다는 것을 믿어야 한다.

예수 그리스도를 믿는 믿음으로 하나님께 나아가는 자들에게 하나님은 기뻐하시어 영원한 구원을 허락하셨다. 믿음으로 하나님께 나아오는 자들에게 이렇게 상을 주신다.

죄인들이 단지 믿음으로 하나님께 나아오기 때문에 그들에게 영생을 허락하시고 자녀들로 삼으신다. 믿음으로 나아오는 자들에게 하나님은 이렇게 큰 상을 주신다.

7. 큰 상급은 무한한 기쁨과 영생이다.

여기에 무엇을 더할 것인가? 여기에 유형적인 무엇을 더할 것인가?

■ **히 11:7** 믿음으로 노아는 아직 보지 못하는 일에 경고하심을 받아 경외함으로 방주를 예비하여 그 집을 구원하였으니 이로 말미암아 세상을 정죄하고 믿음을 좇는 의의 후사가 되었느니라

11:7 πίστει Νῶε χρηματισθεὶς περὶ τῶν μηδέπω βλεπομένων εὐλαβηθεὶς κατεσκεύασεν κιβωτὸν εἰς σωτηρίαν τοῦ οἴκου αὐτοῦ, δι' ἧς κατέκρινεν τὸν κόσμον, καὶ τῆς κατὰ πίστιν δικαιοσύνης κληρονόμος. ἐγένετο

히 11:7 믿음으로 노아는 아직 보지 못한 일들에 관해 가르침을 받아 하나님을 두려워함으로 방주를 지어 자기의 집을 구원하였습니다. 이로써 세상을 정죄하였습니다. 또 그는 믿음을 따라 의의 상속인이 되었습니다.

1. 노아는 믿음으로 큰일을 하였다.

방주를 지어 여덟 식구를 구원하고 새 인류의 조상이 되었다. 온 인류가 큰 비로 다 죽어 없어졌을 때 혼자 살아남아 가족을 구원하였으니 보통 큰일이 아니었다. 믿음 아니면 그렇게 오래도록 방주를 지을 수 없었다. 믿음으로 아니면 1년 6개월 동안 배 안에서 살아남지 못하였을 것이다.

2. 노아는 하나님의 말씀을 전적으로 믿었다.

비가 와서 세상이 완전히 멸망하고 다시 세상이 시작된다고 하신 말씀을 굳게 믿음으로 노아는 방주를 지었다. 오랜 세월 동안 많은 비난과 조롱을 참아내면서 그렇게 믿음의 확신대로 일하였다.

3. 노아는 비가 오지 않는 태평성대에 홍수로 세상이 다 망한다고 하는 경고를 받았을 때 믿음으로 온전히 순종하였다.

인간의 경험과 판단으로는 도저히 믿을 수 없는 일이었다. 비가

오지 않는 상황에 홍수가 나서 세상을 전멸한다는 경고는 인간으로서는 도저히 믿을 수 없었다.

4. 노아는 믿음으로 하나님의 계시를 겸손히 받았다.

하나님의 계시 곧 말씀이 왔을 때 인간의 지성과 판단으로 판정해 보고 가늠해 보는 것이 아니라 하나님의 말씀을 절대적인 말씀으로 받았다. 이것이 노아와 아담과의 차이점이다.

이 믿음 때문에 노아가 제2 조상이 되었다.

5. 노아는 가족과 온 가축과 짐승들을 살릴 방주를 지으라는 명령을 받아 그대로 순종하였다.

노아는 가족과 가축과 모든 짐승들을 다 구원할 큰 방주를 지으라고 말씀하셨을 때, 도저히 안 될 일이라고 의심하거나 염려한 것이 아니었다. 내일 큰 비가 올 것처럼 방주를 열심히 지었다. 모든 사람들이 비웃고 놀려대도 믿음으로 그 배를 열심히 지었다.

그리하여 새 인류의 조상이 되었다.

6. 노아는 하나님의 말씀을 믿는 믿음으로 의인이 되었고 의를 상속하였다.

노아에게는 믿는 것이 먼저였다. 믿음 다음 그 믿음대로 행동하였다. 노아는 전적으로 하나님의 말씀과 하나님을 믿었다. 그러므로 하나님은 그의 믿음을 의로 정하셨다. 노아는 아담 이래 첫 의인이었다. 그 이전에는 에녹이 있었다. 하나님은 의인 에녹을 자기 보좌 앞으로 데려가셨다.

7. 하나님은 세상을 멸망시키고 새로운 세상을 노아로 시작하셨다.

이렇게 노아로 세상을 새로 시작하신 것은 하나님의 말씀을 전적으로 믿는 믿음 때문이었다. 하나님의 말씀을 전적으로 믿는 믿음 때문에 하나님은 노아를 의인으로 정하셨다.

그리고 완전한 의를 이룰 세상 구세주의 첫 조상이 되었다. 이것이 노아가 의를 상속하였다는 말씀의 뜻이다.

8. 노아는 믿음으로 방주를 지어 자기의 가족을 구원하였고, 믿지 않는 세상은 정죄 받았다.

노아는 하나님의 말씀에 순종하여 방주를 지어 자기의 가족들을 방주에 태워 물에 휩쓸려가지 않게 한 것뿐이다. 모든 일은 하나님이 다 하셨다.

9. 노아와 그의 가족이 구원받으므로 믿지 않는 세상은 정죄되고 멸망되었다.

믿음대로 행한 것이 결국 노아가 세상을 정죄한 것이 되었다.

10. 앞으로 세상이 멸망되는 것은 노아를 통해서 약속하신 구세주를 믿지 않기 때문이다.

하나님의 구원의 말씀, 죄용서의 약속을 거부하여 믿지 않는 것 때문에 앞으로의 세상도 멸망하게 된다.

11. 노아가 의의 후사 곧 상속자가 된 것은 믿음으로이다.

노아는 하나님의 말씀을 믿어 구원에 이르렀다. 앞으로도 구원에 이르는 길은 오직 구세주를 믿음뿐이라는 것을 가르쳐 준다. 믿음으로만 의를 받는다. 그 면에서 노아가 첫 의인이 되었다.

족장시대의 믿음의 대장들: 11:8-22

- **히 11:8** 믿음으로 아브라함은 부르심을 받았을 때에 순종하여 장래 기업으로 받을 땅에 나갈새 갈 바를 알지 못하고 나갔으며

11:8 Πίστει καλούμενος Ἀβραὰμ ὑπήκουσεν ἐξελθεῖν εἰς τόπον ἤμελλεν ὃν λαμβάνειν εἰς κληρονομίαν, καὶ ἐξῆλθεν μὴ ἐπιστάμενος ποῦ ἔρχεται.

히 11:8 믿음으로 아브라함은 부르심을 받았을 때에 순종하여 장래 상속받을 곳으로 나아갔는데, 어디로 갈지 알지 못하고 나아갔습니다.

1. 아브라함은 온전히 믿음의 사람이었다.

아브라함은 갈대아 우르에 살았다 (창 11:28-31). 하나님이 그를 불러 가나안에 가서 살라고 하실 때, 분명 도시인 갈대아 우르를 떠나서 가나안으로 갔다.

하나님이 아브라함을 한 민족으로 만들어 세상을 구원하는 구원의 조상으로 삼기로 하셨을 때 아무 주저함도 없이 우르를 떠나 가나안으로 갔다. 아브라함은 하나님의 말씀을 전적으로 믿었다.

2. 아브라함은 갈대아 우르에서 하나님의 부르심을 받아 고향을 떠났다.

아브라함은 문명도시 우르에 살다가 하나님의 부르심을 받자 바로 그곳을 떠났다. 하란에 와서 거기서 데라가 죽으므로 모든 것을 정리하고 가나안으로 나아갔다.

3. 하나님이 하란에서 아브라함을 불러 내가 지시하는 땅으로 가라고 하실 때는 갈 곳을 밝히 말씀하지 않으셨다 (창 12:1).

그냥 '내가 네게 지시할 땅으로 가라'고 하나님이 아브라함에게 말씀하셨다. 지금 우리의 본문 히브리서 11:8이 이 말씀을 하고 있다. 그냥 아브라함을 불러 '내가 네게 지시할 땅으로 가라'고만 하셨다. 그런데도 아브라함은 이삿짐을 꾸렸다. 그리고 길을 떠났다. 갈 곳을 알지 못하고서 떠났다.

우리는 여행을 갈 때에 갈 곳을 정하고 떠난다. 하물며 이사 갈 곳을 말씀하시지 않았음에도 하나님이 명령하시니까 아브라함은 하란을 떠났다. 살 곳이 지정되지도 않았지만 하나님이 떠나라고 하시니 살던 곳을 떠났다. 아무도 할 수 없는 일을 아브라함은 행하였다. 오직 하나님의 말씀을 전적으로 믿음으로 행하였다.

4. 하나님은 아브라함에게 한 땅을 차지하게 하시겠다고 약속하셨다.

아브라함은 그 선한 약속을 믿음으로 받아들였다. 갈대아 우르에서 잘 살았고, 하란에서도 자리 잡고 살았다. 알지 못하는 새 곳으로 이사를 가는 일이 얼마나 어려운지를 잘 알았음에도 아브라함은 믿음으로 앞으로 받을 땅을 바라고 가나안으로 나아갔다.

5. 그 땅에서 자기의 자손들이 하늘의 별처럼 땅 위의 모래처럼 많아진다고 하신 약속을 아브라함은 믿었다.

하나님은 땅의 약속을 주시면서 아브라함에게 떠나라고 하셨다. '내가 너로 큰 민족을 이루고 네게 복을 주어 네 이름을 창대케 하리니 너는 복의 근원이 될지라' (창 12:2).

아직 한 명의 자식도 없을 때 아브라함은 땅의 약속과 자손의 번창 약속을 믿었다.

6. 땅과 자손의 번창의 약속이 세상을 구원하는 터전을 마련하심인 줄 아브라함은 믿고 이해하였다.

아브라함은 '너는 복의 근원이 될지라' (창 12:2)는 말씀에서 하나님의 구원경륜을 이해하였다. 하나님이 구원경륜을 이루심에 있어서 자기를 도구로, 동역자로 택하셨음을 이해하였다. 그러므로 아브라함이 한 민족을 이루려면 새로운 땅이 필요함을 똑바로 보았다.

7. 아브라함은 자기와 자기의 후손을 통하여 세상을 구원하시려는 하나님의 작정을 바르게 이해하였다.

하나님이 사람이 되어 오시는 통로로 자기의 후손들을 사용하기로 하셨음을 아브라함은 깨달았다. 이 목적으로 하나님이 자기에게 새로운 땅과 한 민족을 주시기로 하셨음을 똑바로 이해하였다. 하나님의 약속의 본뜻을 알았으므로 이사 갈 곳이 지목되지 않았어도 하나님의 명령대로 앞으로 나아갔다.

8. 이 본문에서 전하고자 하는 뜻은 히브리 그리스도인들이 아직 부

활하고 영생하는 일은 받지 못하였지만, 아브라함처럼 구원약속을 굳게 붙잡으라는 것이다.

■ **히 11:9** 믿음으로 저가 외방에 있는 것같이 약속하신 땅에 우거하여 동일한 약속을 유업으로 함께 받은 이삭과 야곱으로 더불어 장막에 거하였으니

11:9 πίστει παρῴκησεν εἰς γῆν τῆς ἐπαγγελίας ὡς ἀλλοτρίαν, ἐν σκηναῖς κατοικήσας μετὰ Ἰσαὰκ καὶ Ἰακὼβ τῶν συγκληρονόμων τῆς ἐπαγγελίας τῆς αὐτῆς·

히 11:9 믿음으로 아브라함은 약속의 땅에 거할 때 낯선 땅에서처럼 살았고 같은 약속의 상속자들인 이삭과 야곱과 함께 장막에 살았습니다.

1. 아브라함은 약속의 땅에 왔으나 낯선 사람처럼 살았다.

가나안에 왔을 때 거기는 이미 7족속들이 차지하고 살고 있었다. 아브라함이 장막을 치도록 한 평의 땅도 내어주지 않았다. 그러므로 자기의 땅이고 자손들의 땅이어도 손님처럼 살았다.

2. 믿음 아니면 도저히 감당할 수 없는 삶이었다.

아브라함은 하나님의 약속을 굳게 믿으므로 적대적인 사람들의 땅에서 담대히 살았다. 언제 죽임 당할지도 모르는 무시무시한 땅에서 또 가축을 기를 수 없는 지역에서 혼자 살았다.

어려움을 당해도 아무도 도와주지 않을 곳에서 아내와 함께 살았다. 그런데도 그곳이 약속의 땅이므로, 하나님께서 자손과 땅을 소유하게 하실 것을 믿고 살았다.

3. 땅을 실제로 받기까지는 외국인과 나그네로 살았다.

가나안 땅을 차지하러 왔다고 하면 사람들이 그를 죽일 수도 있

기 때문이다. 아브라함은 땅을 받기까지 자기 몸을 지키는 일에 최선을 다하였다.

4. 아브라함은 가나안에 살 때 외국인으로서 잠시만 살 사람처럼 장막을 치고 살았다.

가나안이 약속받은 땅이므로 집을 짓고 영구히 살 채비를 해야 할 터인데 얼마 살다가 다른 데로 갈 사람처럼 장막을 치고 살았다. 장막을 치고 살므로 원주민들의 미심쩍다는 의심을 벗을 수 있었다. 따라서 자기의 목숨을 지킬 수 있었다.

5. 그런 조치만으로는 부족하여 원주민들의 습격을 받아 죽을 수도 있기 때문에 이웃에 사는 형제들과 동맹을 맺었다. 아넬과 에스골과 마므레와 동맹을 맺었다. 그래서 어려움을 당하면 서로 도와주기로 하였다 (창 14:13).

6. 아브라함은 적대적인 세계에서 자기의 생명을 지키기 위해서 무사를 단련하여 318명으로 된 부대를 두었다 (창 14:14).

이 군대로 아브라함은 당대의 대국들의 연합군을 쳐서 물리쳤다. 그리고 롯과 소돔 사람들을 다 구출해 왔다 (창 14:14-16). 이때까지 아브라함은 상수리나무 밑에 장막을 치고 살았다. 그곳은 메마르고 기름기가 없어서 농사를 지을 수 없는 곳이었다 (창 18:1). 이런 척박한 땅에 살므로 가축을 기르기에 매우 힘들었다. 그래도 잘 참고 살아 땅을 점령하러 온 것이 아니라는 것을 드러냈다.

소돔과 고모라의 멸망 후에는 남쪽 브엘세바로 내려가서 살며 이삭을 얻었다.

7. 이삭이 출생한 후에는 아브라함이 그와 함께 장막에 살았다.

본격적으로 가나안을 상속받을 아들은 이삭이었다 (창 17:16-21). 이삭은 낳기 전부터 하나님이 그와 언약을 맺는다고 하시므로 이삭이 확실하게 출생할 것이고, 가나안을 상속받는 사람이 될 것을 아브라함은 알게 되었다 (창 17:19, 21). 그러므로 아브라함은 이삭과 함께 오래도록 장막에 살았다.

8. 야곱도 집을 짓지 않고 장막을 치고 살았다.

그 후 야곱이 출생하여 가나안의 상속자로 확정되었다. 야곱도 아버지와 할아버지의 땅인 가나안에서 살았다. 야곱도 가나안에 살 때는 장막을 쳤다 (창 33:17-19).

따라서 가나안을 약속받은 3대 곧 아브라함, 이삭, 야곱이 다 장막을 치고 살고 집을 짓지 않았다. 장막을 치고 살았다는 것은 3대가 어렵게 가나안에 살았다는 것을 표시한다. 얼마 살다가 이사 갈 나그네로 살았다는 것을 뜻한다.

가나안을 약속받은 3대는 가나안을 상속받지 못하였다. 가나안을 상속받기 위해 아브라함의 자손은 애굽에서 400여 년을 더 살아야 했다. 하나님의 뜻은 사람들의 기대보다 더 멀리 있었다.

■ **히 11:10** 이는 하나님의 경영하시고 지으실 터가 있는 성을 바랐음이니라

11:10 γὰρ ἐξεδέχετο τὴν τοὺς θεμελίους ἔχουσαν πόλιν, ἧς τεχνίτης καὶ δημιουργὸς ὁ θεός.

히 11:10 그는 터가 있는 도성을 바랐으니 그 성을 계획하시고 지으신 이는 하나님이십니다.

1. 아브라함은 가나안에 와서 가나안의 상속 약속을 기다리면서도 하늘의 영원한 도성을 바랐다.

아브라함은 가나안에 와서 100년을 살았다. 잠깐 애굽에 내려갔다 온 후에는 줄곧 가나안에 살았다. 그 사이에 이삭과 야곱이 출생

하였다. 백년을 가나안 땅에 살면서 가나안을 상속받기를 기다렸다.

그러나 아브라함은 가나안을 상속받는 것을 넘어서서, 하나님이 자기의 후손을 통해서 사람으로 오셔서 반역한 세상을 돌이켜 하나님의 백성 삼으실 것을 바라보았다.

이것이 히브리서 11:10이 전하고자 하는 말씀의 핵심이다.

2. 아브라함이 바란 도성은 가나안에 세울 도성이 아니라 하나님이 직접 계획하시고 세우시는 도성 곧 하늘의 예루살렘 도성이었다.

터가 있는 도성이라는 것은 가나안처럼 땅에 있어서 오래 지속되지 못할 도성이 아니라 영원한 하나님의 나라를 뜻한다.

가나안을 넘어 가나안에 약속된 아들들을 통해서 하나님이 사람의 자리에 오셔서 반역한 인류를 다시 돌이켜 하나님의 나라로 삼는 그 도성이 터가 있는 도성이다.

3. 하나님이 계획하셨다는 것은 반역한 백성을 다시 돌이키시되 사람이 되신 하나님이 피로 죗값을 지불하여 처음 창조경륜을 이루시기로 정하신 구원경륜을 말한다.

그 도성을 하나님이 지으셨다는 것은 하나님이 반역한 백성을 돌이키시기 위해 사람이 되셔서 피 흘리심으로 구원받은 백성들로 자기의 백성과 나라를 삼으심을 말한다.

4. 하나님이 작정하시고 이루셨으므로 지금 성경이 말한 그리스도교의 구원이 이루어졌다.

반역한 백성들을 다시 자기의 백성으로 삼으셨으니 하늘의 도성 곧 예루살렘 성은 하나님이 지으신 도성이다.

예루살렘 성은 돌과 나무로 지은 땅의 도시가 아니라, 그리스도의 피로 구속받은 백성들을 말한다. 새 예루살렘 성은 구원받은 새 백성을 뜻한다 (계 21:2-3).

5. 결론은 아브라함이 가나안 땅과 자기의 자손들에 대한 약속을 넘어

서서 자기 후손을 통해서 세상의 구주가 오셔서 세우실 영원한 나라 곧 새 예루살렘 성을 바라보았다.

■ **히 11:11** 믿음으로 사라 자신도 나이 늙어 단산하였으나 잉태하는 힘을 얻었으니 이는 약속하신 이를 미쁘신 줄 앎이라

11:11 πίστει καὶ αὐτὴ Σάρρα δύναμιν εἰς καταβολὴν σπέρματος ἔλαβεν καὶ παρὰ καιρὸν ἡλικίας, ἐπεὶ πιστὸν ἡγήσατο τὸν ἐπαγγειλάμενον·

히 11:11 사라 자신도 아기를 낳을 수 없었고 또 때가 다 지났지만, 믿음으로 씨의 터를 이룰 능력을 받았습니다. 이것은 그녀가 약속하신 이를 미쁘시다고 여겼기 때문입니다.

1. 사라는 본래 아기를 낳을 수 없는 여인이었다.

사라는 절세미녀여서인지는 모르지만 오래도록 아이를 낳을 수 없었다. 나이가 90이 되도록 아기를 낳는 일을 할 수도 없었고 바라기도 어려웠다.

2. 인간의 가능성이 다 끝난 후에 아들을 주시기로 하신 것은 세상 구원이 사람의 능력으로 되는 것이 아니고, 전적으로 하나님의 은혜로 되는 것임을 가르치시기 위해서였다.

가인박명이어서 아들을 낳을 수도 없었겠지만 하나님이 그녀로 오래도록 기다려서 아들을 낳을 수 있게 하신 것은, 하나님의 세상 구원이 전적으로 하나님의 은혜로 되고, 사람의 능력으로 되는 것이 아님을 가르치시기 위해서였다.

3. 사라는 여자의 정상적인 생산능력을 나타낼 나이를 훨씬 지나서 90세에야 아들을 낳을 수 있었다.

하나님은 정하신 때에 하나님의 방식으로 세상이 구원됨을 가르치시기 위해서 사라의 인간적 가능성이 다 끝날 때까지 기다리셨다.

4. 인간적으로는 불가능하지만 하나님의 약속을 믿음으로 사라는 마침내 아들을 받았다.

인간의 모든 가능성이 다 끝났지만, 하나님의 약속은 살아 있으므로 사라는 아들을 받을 것으로 확신하였다. 하나님의 약속을 믿음으로 마침내 아들을 받았다.

5. 이삭을 받으므로 씨의 터를 이룰 능력을 받았다는 것은 이삭으로 세상을 구원할 구세주가 오실 후손들을 마련할 수 있게 되었다는 것을 뜻한다.

이삭이 나오기 전에는 자손들을 갖는 것을 바랄 수도 없었다. 그러나 이삭을 받으므로 세상을 구원할 구주가 오실 수 있는 터전을 마련하게 되었다.

이삭이 야곱을 낳으므로 많은 자녀들이 생신되이 백성을 이룰 수 있게 되었기 때문이다. 이 백성을 통해서 이 세상을 구원할 구주가 올 수 있게 되었다. 이삭이 연약한 중에 출생하였어도 그가 민족의 조상이 되고, 구세주의 조상이 되었기 때문이다.

6. 사라는 씨의 터 곧 민족의 바탕을 이룰 수 있는 아들을 받았다.

사라는 완전히 늙어 생산 능력이 전혀 없었다. 또 본래가 불임이었다. 그의 90년의 세월은 죄의식과 양심의 가책과 남편에 대해 미안하고 죄송한 마음으로 사는 세월이었다.

그러나 미쁘신 하나님이 마침내 도저히 아들을 낳을 수 없는 사라에게 아들을 주셨다. 전적으로 은혜로 주셨다. 그것은 전능하신 하나님만이 하실 수 있는 일이었다.

7. 사라는 끝까지 아들을 주시기로 약속하신 여호와의 약속을 믿었다.

그의 미쁘심이 약속을 이루실 것임을 확신하였다. 그것은 그녀의 전적인 믿음이었다. 흔들림 없는 믿음이 그녀를 지탱하게 하였다. 믿음 자체가 이룬 것이 아니고 약속하신 하나님의 미쁘심이 일을 이루었다.

인간의 모든 불가능성 가운데서 하나님은 미쁘시어 자기의 약속을 기어이 사라의 몸을 통해서 이루어내셨다.

8. 여호와의 미쁘심은 사라로 하여금 하나님을 찬송하게 하였다.

'사라가 가로되 하나님이 나로 웃게 하시니 듣는 자가 다 나와 함께 웃으리로다' (창 21:6). 이 웃는 웃음은 사라 자신만의 것이 아니다. 사라의 믿음으로 말미암아 하나님의 딸들이 마지막 날에 사라를 둘러서서 '당신의 믿음이 우리로 당신과 함께 웃게 하였습니다. 당신의 믿음이 아니면 어떻게 당신의 씨로 온 구주를 믿어 이렇게 영광스런 자리에 이를 수 있었겠습니까?' 하고 그녀를 칭송하고 함께 웃음을 터트릴 것이다.

사라의 믿음이 사라 자신을 웃게 만들었고, 모든 구원 얻은 백성들로 웃게 만들었다. 이런 큰일을 사라는 믿음으로 받았다.

■ **히 11:12** 이러므로 죽은 자와 방불한 한 사람으로 말미암아 하늘에 허다한 별과 또 해변의 무수한 모래와 같이 많이 생육하였느니라

11:12 διὸ καὶ ἀφ' ἑνὸς νενεκρωμένου, ἐγεννήθησαν, καὶ ταῦτα καθὼς τὰ ἄστρα τοῦ οὐρανοῦ τῷ πλήθει καὶ ὡς ἡ ἄμμος ἡ παρὰ τὸ χεῖλος τῆς θαλάσσης ἡ ἀναρίθμητος.

히 11:12 그러므로 죽은 자와 같은 한 사람으로부터 하늘의 많은 별들과 바닷가의 모래같이 헤아릴 수 없는 많은 사람들이 출생하였습니다.

1. 여기 죽은 자와 같은 한 사람으로부터는 백세가 된 아브라함을 말

한다 (창 21:5).

아브라함은 85세 때에는 아들을 낳을 수 있었다. 그러나 15년이 지나 100세 때에는 남자의 모든 기능이 마쳤다. 그래서 아브라함은 사라와 장막을 따로 사용하였다 (창 24:67; 22:19). 사라도 아기를 밸 수 없었고, 아브라함도 남자로서의 기능이 다 끝이 났다. 그러므로 죽은 자와 같은 한 사람이다.

2. 이런 아브라함에게서 한 아들, 이삭이 나온 후 애굽에서 몇 백만이 넘는 민족이 되었다.

출애굽 할 때 칼과 활과 창을 들고 싸울 수 있는 남자들의 수가 60만이 넘었다. 이들이 다 결혼하여 자녀들을 낳았을 것이므로 장병 한 명당 가족 수를 계산하면 적어도 300만에서 500만은 되었을 것이다.

죽은 것과 같은 아브라함에게서 이렇게 많은 자손이 나왔으니 하늘의 별과 같고 바닷가의 모래같이 많은 수가 된 것이다.

3. 이렇게 한 사람의 씨를 큰 민족이 되게 하신 것은 하나님의 구원섭리 때문이다.

첫째로 가나안에 퍼져서 살려면 많은 인구를 필요로 한다. 둘째로 이렇게 많은 민족이 되므로 세상을 구원할 구주가 오시는 데 확실한 통로를 마련하시기 위해서이다.

수가 적으면 재난과 전쟁을 통해서 쉽게 없어질 수가 있다. 그러나 많은 수의 민족이면 그런 위기상황들을 이겨내고 한 민족으로 남아 구세주가 오시는 발판이 될 수 있기 때문이다.

4. 믿음으로 하나님의 약속을 굳게 붙든 아브라함은 한 민족의 조상이 되고, 세상 구세주의 조상이 되었다.

■ **히 11:13** 이 사람들은 다 믿음을 따라 죽었으며 약속을 받지 못하였으

되 그것들을 멀리서 보고 환영하며 또 땅에서는 외국인과 나그네로라 증거하였으니

11:13 Κατὰ πίστιν ἀπέθανον οὗτοι πάντες, μὴ λαβόντες τὰς ἐπαγγελίας, ἀλλὰ πόρρωθεν αὐτὰς ἰδόντες καὶ ἀσπασάμενοι, καὶ ὁμολογήσαντες ὅτι ξένοι καὶ παρεπίδημοί εἰσιν ἐπὶ τῆς γῆς.

히 11:13 믿음 안에서 이 사람들은 다 죽었고, 약속들을 받지 못하였지만 멀리서 그 약속들을 보고 기뻐 맞이하였으며 또 자기들은 땅에서는 낯선 사람들과 나그네인 것을 고백하였습니다.

1. 구약의 족장들은 다 믿음의 사람이었다.

구약의 족장들은 다 하나님의 약속을 굳게 믿은 믿음의 사람들이었다. 그들이 받은 것은 하나님의 약속뿐이었다. 하나님이 앞으로 이루어질 일을 약속하셨다.

족장들은 하나님의 약속을 곧 이루어질 것처럼 확실하게 믿고, 믿음대로 이루어질 것으로 기다렸다. 하나님은 미쁘시므로 약속대로 이루실 것을 확신하였다. 그리하여 다 믿음의 사람이 되었다.

2. 족장들은 약속이 성취되는 것을 보지 못하고 죽었으므로 그 약속을 믿는 믿음 안에서 죽었다.

하나님이 족장들에게 하신 약속은 몇 백 년 후에 이루어질 것이었다. 한 민족을 이루는 것과 땅을 차지하는 일들이 다 당장 이루어지는 것이 아니라 몇 백 년 후에 이루어질 것이었다. 그리고 자기들의 자손을 통해서 세상 구세주가 오시는 일은 몇 천 년 후에 이루어질 일이었다. 따라서 죽을 때 그들은 하나님의 약속의 성취를 보지 못하고 죽었다. 믿음 안에서 죽었다. 곧 믿음의 소망 가운데서 죽었다.

3. 멀리서 보고 그 약속들을 기뻐하였다는 것은 약속 후에 몇 백 년, 몇 천 년 후에 이루어질 일이기 때문이다.

한 민족을 이루는 것은 4, 5백 년 후에 이루어졌다. 그 민족에서 구세주가 오시는 일은 2천 년이 더 걸렸다. 그러므로 그들은 멀리서 하나님의 약속을 보고 그래도 기뻐하였다.

4. 족장들은 다 영원한 거소를 바랐으므로 이 세상에서는 잠깐 머무르는 낯선 사람이고 나그네임을 고백하였다.

땅의 약속을 자손들이 받아 한 민족을 이루고 살 것이지만 족장들은 이 땅에서는 나그네요 낯선 사람처럼 살았다.

견고한 집을 짓고 살거나 많은 토지를 가져 권세를 부리며 살지도 않았다. 오직 하나님의 약속이 이루어지기를 기다리는 나그네로 살았다.

■ **히 11:14** 이같이 말하는 자들은 본향 찾는 것을 나타낸이라

11:14 γὰρ οἱ τοιαῦτα λέγοντες ἐμφανίζουσιν ὅτι πατρίδα ἐπιζητοῦσιν.

히 11:14 이같이 말하는 사람들은 본향을 찾고 있다는 것을 나타냅니다.

1. '이같이 말하는 사람들'은 약속을 받지 못하였지만 멀리서 보고 기뻐 맞이하며 자신들은 낯선 사람들과 나그네라고 말하는 사람들을 말한다.

약속을 기다리면서도 땅 위에서는 낯선 사람이고 나그네라고 고백하는 사람들은 본향을 하늘에 둔 사람들이다.

2. 그렇게 말하는 사람들은 땅 위에서는 본향을 갖지 못하고 하늘에서 영원한 본향을 바라고 있다는 것을 밝히는 자들이다.

아브라함과 사라는 자손과 땅의 약속을 받은 사람들이다. 그러

나 그 약속을 받았어도 하나님이 주시기로 약속하신 땅과 본향은 하늘에 있는 영원한 처소임을 알고 밝혔다. 자손들과 땅의 약속을 받았어도 그 이후에 올 영원한 하늘의 처소를 알고 고백하였다.

■ **히 11:15** 저희가 나온 바 본향을 생각하였더면 돌아갈 기회가 있었으려니와

11:15 καὶ μὲν εἰ μνημονεύουσιν ἐκείνης ἀφ' ἧς ἐξέβησαν, ἂν εἶχον καιρὸν ἀνακάμψαι·

히 11:15 그들이 떠나온 본향을 마음에 두었더라면 돌아갈 때를 가졌을 것입니다.

1. 이스라엘의 족장들은 갈대아 우르에서 살다가 가나안으로 왔고, 가나안에 들어오기 전에는 하란에 살았다.

아브라함과 사라는 갈대아를 출발하여 가나안을 목표하고 하란으로 왔다. 하란에서 살 때 그곳에는 나홀이 먼저 와서 정착하였다. 그리고 자녀들을 낳아 큰 족속을 이루었다. 이곳이 아브라함과 이삭과 야곱의 고향일 수 있다. 이곳을 그들의 본향으로 여겼다면 그리로 돌아갔을 것이다.

2. 그러나 그들은 하나님의 약속을 받기 위해서 그전 살던 곳을 본향으로 여기지도 않았고 또 그리로 돌아갈 생각을 하지도 않았다. 그들은 하나님이 마련하신 영원한 본향을 바랐다.

그 본향은 그리스도의 구속사역으로 이루어질 영생하는 하늘나라였다.

■ **히 11:16** 저희가 이제는 더 나은 본향을 사모하니 곧 하늘에 있는 것이

라 그러므로 하나님이 저희 하나님이라 일컬음 받으심을 부끄러워 아니 하시고 저희를 위하여 한 성을 예비하셨느니라

11:16 δὲ νῦν ὀρέγονται, κρείττονος τοῦτ᾽ ἔστιν ἐπουρανίου. διὸ οὐκ ἐπαισχύνεται αὐτοὺς ὁ θεὸς θεὸς αὐτῶν, ἐπικαλεῖσθαι γὰρ ἡτοίμασεν αὐτοῖς πόλιν.

히 11:16 사실 그들은 더 나은 본향을 열망하였으니 곧 하늘 본향이었습니다. 그러므로 하나님이 그들의 하나님이라고 불리는 것을 부끄러워하지 아니하시고 오히려 그들을 위하여 한 도성을 마련하셨습니다.

1. 족장들은 땅의 약속과 자손들의 약속을 받았어도 땅 위의 고향을 자기들이 돌아갈 고향으로 전혀 생각하지 않았다.

아브라함, 이삭, 야곱은 가나안 땅을 반복적으로 약속받았다. 또 자손들이 하늘의 별처럼 바닷가의 모래처럼 많아지게 하시겠다고 약속하셨다 (창 12:2; 13:14-16; 15:5; 17:5-6; 22:17; 26:3-4, 24; 28:3-4, 14; 46:3). 그러나 족장들은 가나안 땅을 영구한 자기들의 처소로 생각한 것이 아니라 하늘의 영원한 집이 있음을 믿고 바랐다.

2. 가나안에서 자손이 많아지고 열매를 맺어 수가 많아지고 나라를 이룰 것이라는 약속을 받았어도 족장들은 하늘에 있는 영원한 집을 바랐다.

따라서 땅 위에서 사는 삶은 나그네요 낯선 사람으로 사는 것으로 여겼다 (히 11:13; 창 23:4; 시 39:12). 땅의 약속과 많은 자손들을 약속받았어도 그들은 하나님을 영원히 모시고 살 하늘의 집을 바라고 살았다.

땅의 약속을 반복적으로 받았어도 하늘의 집을 바라고 살았다는 것이 기이한 일이다.

3. 하나님은 족장들의 하나님이심을 기뻐하셨다.

하나님은 족장들의 하나님이심을 부끄러워하지 않으시고 그들의 이름으로 자기의 신분을 확인하셨다 (출 3:6, 15). 그래서 그리스도도 하나님을 신분 확인하실 때 '아브라함의 하나님, 이삭의 하나님, 야곱의 하나님'이라고 하셨다 (마 22:32; 막 12:26; 눅 20:37; 행 3:13; 7:32).

신구약을 통해서 하나님은 자신을 창조주 하나님, 전능하신 하나님이라고 하시기보다 '아브라함과 이삭과 야곱의 하나님'이라고 자기 신분을 확증하셨다.

세상적으로 보면 그들은 왕도 아니고 매우 어려운 중에 출생한 사람들이었다. 하나님이 복을 내려 재산은 많이 가졌지만 평탄한 삶을 살지 못한 사람들이었다. 그런데도 하나님은 그들의 하나님이심을 부끄러워하지 않으셨다. 왜냐하면 그들의 후손을 통해서 하나님이 세상에 오실 것이고, 그들의 후손으로 와서 세상을 구원하실 것이기 때문이다.

4. 하나님이 마련하신 도성은 가나안이 아니라 하늘의 도성을 말한다.

아브라함은 땅과 자식들을 약속하신 하나님을 믿었다 (창 15:4-6). 그리고 이삭을 제사한 후에 '네 씨로 말미암아 천하 만민이 복을 얻으리니' (창 22:18)라는 말씀을 받았다. 이것은 하나님이 자기의 후손으로 오셔서 세상을 구원하실 것임을 뜻한다.

따라서 아브라함과 이삭과 야곱은 자기들의 후손으로 오실 그리스도를 믿었다 (요 8:56). 그리스도는 하나님으로서 세상의 구주로 오셨다. 족장들은 하나님의 계시로 하나님이 사람이 되어 자기들의 후손을 통하여 세상의 구주로 오실 것을 알았다.

그들은 하나님의 품으로 갔다. 하나님이 하늘에 마련하신 집으로 돌아갔다.

■ **히 11:17** 아브라함은 시험을 받을 때에 믿음으로 이삭을 드렸으니 저는

약속을 받은 자로되 그 독생자를 드렸느니라

11:17 Πίστει προσενήνοχεν Ἀβραὰμ τὸν Ἰσαὰκ πειραζόμενος, καὶ τὸν μονογενῆ προσέφερεν ὁ τὰς ἐπαγγελίας ἀναδεξάμενος,

히 11:17 아브라함은 시험을 받았을 때 믿음으로 오직 독생한 한 아들 이삭을 드렸는데, 이삭은 약속을 받은 자였습니다.

1. 하나님은 아브라함과 이삭을 통하여 세상을 구원하기로 작정하셨다.

하나님은 그 뜻을 아브라함이 이삭을 제사한 후에 밝히셨다. '네 씨로 말미암아 천하 만민이 복을 얻으리니' (창 22:18).

여기서 '네 씨'는 이삭을 가리킨다. 이삭을 통해서 올 아들로 한 민족을 이룬다. 그리고 하나님이 이삭의 후손으로 사람이 되어 오셔서 온 세상을 구원하실 것이다.

하나님은 이 약속을 아브라함과 이삭에게 하셨다. 여호와께서 이 말씀을 선언하셔서 이삭도 듣게 하시므로 이삭의 씨로 세상을 구원하실 것임을 밝히신 것이다.

그러므로 그리스도는 이삭의 씨로 오셨고, 이삭의 재현으로 오셨다. 이삭이 순종의 사람이었던 것처럼 그리스도도 전적으로 아버지 하나님의 뜻에 순종하였다. 이삭이 전적으로 하나님의 은혜로 혹은 성령으로 낳은 것처럼 (갈 4:28-29), 그리스도도 전적으로 은혜로 곧 성령의 역사로만 사람이 되어 오셨다 (눅 1:35).

이삭이 아버지의 명령을 순종하여 번제물이 된 것처럼 그리스도도 아버지 하나님의 정하신 뜻대로 (눅 22:22; 막 14:21; 마 26:24) 십자가에 달려 속죄제사의 제물이 되셨다 (히 10:10-12; 9:14).

이삭이 죽음에까지 순종했듯 그리스도도 십자가의 죽음에까지 순종하셨다. 이삭의 순종은 하나님이 마지막에 막으셨지만 그리스도의 순종은 하나님이 끝까지 이루게 하셨다.

하나님이 막으시는 것이 아니라 끝까지 순종이 이루어지도록 하나님이 아들의 간구를 듣지 않으셨다 (마 26:39-44; 막 14:36; 눅 22:42-44). 그리하여 그리스도는 이삭의 제사에서 미리 보인 속죄제사를 완성하여 세상 구원을 이루셨다.

2. 믿음 아니면 아브라함은 도저히 이삭을 번제로 바칠 수 없었다.

아브라함은 믿음의 사람이었다 (창 15:6). 아브라함이 가나안에서 하나님의 약속을 처음 받았을 때만 믿은 것이 아니라 그의 삶 전체에서 믿음으로 진행하였다. 여러 환경들에서 단련을 많이 받아 전적으로 하나님만 믿고 의지하게 되었다.

그래도 자기의 아들, 이삭을 번제로 바치는 일은 사람으로서는 도저히 할 수 없는 일이었다. 아브라함이 백세가 되어서 얻은 아들이어서가 아니라 땅과 자손의 약속이 이삭을 통해서 이루겠다고 하나님이 약속하셨기 때문이다 (창 17:16-19; 18:10-15; 21:12).

이삭을 번제로 바쳐드리면 하나님이 이삭을 통해서 이루시겠다고 하신 약속이 다 어디로 가는가? 이삭으로 말미암아 민족을 이루어 세상을 구원하시려는 하나님의 계획이 어찌 될 것인가?

청천벽력이고 하늘이 무너지고 땅이 꺼지는 일이 바로 이삭을 번제로 바쳐드리는 것이다. 이삭을 번제로 바쳐드리면, 가정도 깨어지고 집 전체도 박살이 나서 산산조각이 날 것이다. 아브라함도 제사 후에는 도저히 정상적인 삶을 살 수 없게 될 것이다. 제사 후 얼마 못가서 죽을 것이 확실하다.

3. 그런 것을 다 내다보았어도 아브라함은 하나님의 명령을 순종하여 자기보다 천만 배 더 귀중한 외아들 이삭을 번제로 바쳐드렸다.

도저히 믿을 수도 없고, 헤아릴 수도 없는 일이었지만 아브라함은 하나님의 명령에 전적으로 순종하였다 (창 22:3-12).

4. 하나님이 자기의 약속을 이삭을 통해서 다 이루시려면 이삭을 죽음에서 곧 재에서 다시 살리실 줄 믿었다 (히 11:19).

자기 목숨은 내어놓을 수 있고 순교하는 일도 할 수 있지만, 자기의 외아들을 번제로 바쳐드리는 일은 도저히 할 수 없는 일이다. 이삭을 번제로 바쳐드리면, 아브라함은 하나님이 재에서 아들을 다시 살리실 줄 믿었다 (히 11:19). 거룩한 믿음이다. 아브라함만이 가질 수 있는 믿음이었다.

5. 이삭이 모든 약속을 받은 아들이므로 이삭을 번제로 바쳐드리면 하나님의 모든 약속이 허사가 되는 것임에도 불구하고, 모든 인간적인 계산과 이해를 넘어서 아브라함은 믿음의 결단을 하였다.

아브라함의 순종에 상응하게 하나님은 자신의 아들을 세상의 속죄제물로 내어놓으셨다.

6. 하나님은 아브라함의 믿음대로 세상을 구원하는 법을 믿음에다 두셨다.

■ **히 11:18** 저에게 이미 말씀하시기를 네 자손이라 칭할 자는 이삭으로 말미암으리라 하셨으니

11:18 πρὸς ὃν ἐλαλήθη ὅτι Ἐν Ἰσαὰκ κληθήσεταί σοι σπέρμα,

히 11:18 아브라함에게 말씀하시기를 이삭 안에서 네게 씨가 있을 것이라고 하셨습니다.

1. 하나님이 아브라함에게 처음 아들을 약속하셨을 때도 이삭을 염두에 두셨음을 말한다.

하나님이 아브라함에게 하란을 떠나 가나안으로 가라고 하시면서 '내가 너로 큰 민족을 이루고' (창 12:2)라고 말씀하셨을 때, 이삭

을 통해서 큰 민족을 이루시겠다고 하셨음을 나타낸다.

아브라함이 가나안에 도착하였을 때 하나님이 그에게 나타나시어 '내가 이 땅을 네 자손에게 주리라' (창 12:7)고 하셨을 때도 이삭을 통해서 자손을 이루실 것임을 뜻하셨다.

또 롯과 헤어져서 아브라함 홀로 되었을 때도 여호와 하나님이 그에게 말씀하시기를 '보이는 땅을 내가 너와 네 자손에게 주리니 영원히 이르리라' (창 13:15)고 하셨을 때에도 이삭을 마음에 두셨음을 히브리서가 말하고 있다.

아브라함이 롯을 구출한 후에도 하나님이 그에게 말씀하시기를 '네 몸에서 날 자가 네 후사가 되리라' (창 15:4)고 하셨을 때도 하나님은 온전히 이삭을 마음에 두셨음을 히브리서 저자가 말하고 있다.

2. 아브라함이 99세가 되어 더 이상 아들을 낳을 능력이 없어진 때에 '여호와 하나님이 내가 내 언약을 나와 너 사이에 세워 너로 심히 번성케 하리라' (창 17:2-8)고 하시면서 이삭을 통해서 일을 이루실 것임을 뜻하셨다고 이 성경저자가 말하고 있다.

3. 하나님이 이삭을 통해서 아브라함에게 씨를 이어서 주시고 넘치게 많아질 것을 말씀하셨다.

아브라함의 자손은 이삭을 통해서이고, 이스마엘을 통해서는 아니라고 저자가 강조하고 있다.

■ **히 11:19** 저가 하나님이 능히 죽은 자 가운데서 다시 살리실 줄로 생각한지라 비유컨대 죽은 자 가운데서 도로 받은 것이니라

11:19 λογισάμενος ὅτι καὶ ἐκ νεκρῶν ἐγείρειν δυνατὸς ὁ θεός· ὅθεν αὐτὸν καὶ ἐν παραβολῇ ἐκομίσατο.

히 11:19 하나님이 죽은 자들 가운데서 능히 일으키실 수 있는 줄로

여겼으니 그러므로 비유하면 그를 죽은 자들 가운데서 도로 받은 것입니다.

1. 아브라함이 이삭을 번제로 바치라는 명령을 받았을 때, 그의 믿음이 대단하여 이삭을 죽은 자들 가운데서 다시 살리실 줄로 믿었다.

하나님은 이삭을 통해서 땅의 약속과 자손의 약속을 이루시겠다고 거듭 아브라함에게 약속하셨다 (창 17:16-21; 18:10-14; 21:12).

그러므로 이삭을 번제로 바쳐드리라는 명령을 받았을 때, 비록 이삭을 번제로 바쳐드려도 하나님이 재 가운데서 이삭을 다시 일으켜서 자기의 약속을 이루실 줄을 확신하였다 (창 22:1-2).

이삭을 번제로 제사한 후에 사람이 다시 사는 것이 인간적으로는 절대로 불가능하지만 하나님은 전능하시므로 이삭을 다시 살리실 것을 아브라함은 확신하였다.

2. 하나님은 아브라함이 이삭의 목을 치려는 순간 그것을 막으시므로 다시 살리신 일을 하셨다.

아브라함 같은 믿음은 이전에도 없었고 이후에도 없었다.

3. 아브라함이 이렇게 믿었으므로 그를 세상 구주의 조상으로 세우셨다.

하나님은 아브라함의 믿음을 따라서 세상을 구원하기로 하셨다. 또 아브라함의 믿음 때문에 아브라함을 세상의 구세주의 조상으로 세우시고, 그 후손에서 하나님의 아들이 구세주로 오시게 작정되었다.

아브라함의 믿음이 창세기 15:6에만 국한한 것이 결코 아니다. 아브라함의 믿음은 이삭을 통해서 약속을 다 이루신다는 것을 믿었다. 또 그 믿음은 이삭을 제사함에서도 전혀 흔들리지 않았다. 아브라함의 믿음이 세상으로 구원받게 하였다.

■ **히 11:20** 믿음으로 이삭은 장차 오는 일에 대하여 야곱과 에서에게 축복하였으며

11:20 Πίστει καὶ περὶ μελλόντων εὐλόγησεν Ἰσαὰκ τὸν Ἰακὼβ καὶ τὸν Ἠσαῦ.

히 11:20 믿음으로 이삭은 장래 일들에 관하여 야곱과 에서에게 축복하였습니다.

1. 이삭은 믿음으로 에서를 축복하였다.

에서는 야곱에게 장자권과 아버지의 축복을 다 빼앗겼다. 그러나 이삭은 아들 에서에게 땅의 기름짐과 이슬이 내려 곡식을 생산하므로 그것들로 살 것을 축복하였다. 그로 땅의 산물과 기름진 것들 곧 가축들과 짐승들을 길러 살도록 허락하였다.

2. 비록 에서는 구세주의 조상 되는 축복에서는 제외되었으나 땅의 소산과 가축들과 짐승들을 길러서 먹고 살게 복을 받았다 (창 27:39).

그리고 '칼을 믿고 생활하겠고'라고 하여 에서는 칼로 다른 나라들을 정복하여 영토를 확장하여 살 것을 허락받았다. 에서는 세일산을 정복하고 (창 36:8) 거기에 정착하여 큰 나라와 민족을 이루었다 (창 36:20-30). 12아들들을 낳아 12족장을 세우고 나라의 기틀을 굳게 세웠다 (창 36:15-19, 40-43).

3. 에서에게 신령한 축복은 허락되지 않았지만 세일산을 나라의 터전으로 삼고 살며 식량에 부족함이 없이 살 수 있게 되었다. 또 많은 가축과 짐승들을 길러 살 수 있었다.

에서의 후손도 그리스도의 구속사역으로 하나님 나라에 편입될 족속들이므로 이렇게 생존과 번창이 약속되었다. 왕들이 나서 다스리는 복을 받았다 (창 36:31-39).

4. 이삭은 야곱에게 구세주의 조상 될 복을 빌었다.

이삭은 족장으로서 하나님의 약속을 받은 자 (창 17:19-21; 18:10-14) 또 선지자로서 아브라함의 상속자로서, 야곱을 축복하였다. 이삭은 하나님과 특별 언약을 맺은 복받은 족장이었다 (창 17:19-21; 18:10-14). 특별히 아브라함으로 하여금 이삭을 제사하게 하시고, 하나님은 이삭에게 복을 내리사 그를 모든 민족들을 구원할 구세주의 조상으로 삼으셨다 (창 22:16-18).

5. 이삭은 아브라함만큼 큰 믿음의 사람이었다 (창 22:6-10).

아버지 아브라함이 이삭을 잡아 번제로 드릴 때 모든 것에 순종하였다. 자기의 목숨을 내어놓는 일에까지 순종하였다. 아브라함으로 하여금 사랑하는 단 하나의 아들을 제사할 수 있도록 허용하고 순종하였다 (창 22:9-12).

6. 이런 큰 믿음의 사람은 아브라함과 이삭 외에 다시는 없었다.

아브라함과 이삭은 한마음이 되어 죽음에 이르는 제사에까지 순종하였다. 이런 큰 믿음과 순종의 사람 아브라함과 이삭 때문에 하나님이 세상을 구원하시기로 계획하실 때 하나님이 그들의 후손으로 오시기로 하셨다.

이렇게 하여 아브라함을 대신하여 이삭이 야곱에게 민족의 복과 구세주를 주시는 약속과 축복을 할 수 있었다.

7. 이삭이 야곱에게 내린 복

이삭이 야곱에게 내린 첫 축복은 넘치는 생산을 내는 땅의 약속이었다 (창 27:28; 28:3-4). 가나안이 야곱의 소유로 확정되었다 (창 12:7; 13:14-17; 28:3-4, 13-14). 땅의 약속은 아브라함과 이삭에게 반복되었지만 실제로 야곱의 땅으로 확정되었다 (창 28:3-4).

야곱이 이삭으로부터 받은 둘째 큰 복은 큰 민족을 이룬 다음 (창 27:29; 28:3-4, 13-14) 천하 만민이 이삭의 씨로 말미암아 구원받는 구세주의 약속이었다 (창 28:14).

8. 하나님은 이 약속을 이루시기 위해서 야곱이 한 민족의 기초를 이루도록 많은 자녀들을 갖게 하셨다.

그리고 야곱과 그 자손들을 애굽으로 내려보내셔서 본격적으로 큰 민족을 이루도록 하셨다. 그 민족에서 세상을 구원할 구주가 나셔야 하기 때문이다. 하나님의 약속대로 세상을 구원할 구세주가 하나님 자신이 되시되 야곱의 씨로 오시기로 하셨다.

9. 장래 일들은 야곱과 에서가 각각 민족을 이룰 것과 야곱의 자손에서 세상의 구주가 오시는 것을 말한다.

하나님은 야곱에게서 세상을 구원하는 일을 본격적으로 시작하셨다. 야곱을 한 민족이 되는 기본으로 삼으셨다. 그래서 그에게 12 아들들을 주셨다. 이 아들이 기초가 되어 이스라엘이 애굽에서 한 민족으로 성장하였다.

이 민족에게서 세상 구세주가 오셔서 이스라엘과 전 세계 족속들을 구원하실 것이다. 이런 깊은 하나님의 역사 섭리와 작정을 이삭은 야곱에게 알리고 설명해 주었다.

10. 이 모든 일을 알리고 야곱을 축복할 때 이삭은 하나님의 약속과 언약을 믿었다.

이삭은 하나님이 왜 아브라함을 택하시고 부르셔서 가나안으로 옮기셨는지, 또 왜 이삭 자신을 제물로 바쳐드리게 하셨는지를 깨달아 알았다. 자기가 실제 체험한 일들의 관점에서 장래 일들을 말하므로 하나님의 언약을 굳게 믿었다. 하나님이 약속하신 대로 이삭은 야곱을 축복하였다.

■ **히 11:21** 믿음으로 야곱은 죽을 때에 요셉의 각 아들에게 축복하고 그 지팡이 머리에 의지하여 경배하였으며

11:21 πίστει Ἰακὼβ ἀποθνῄσκων ἕκαστον τῶν υἱῶν Ἰωσὴφ εὐλόγησεν, καὶ προσεκύνησεν ἐπὶ τὸ ἄκρον τῆς ῥάβδου αὐτοῦ.

히 11:21 믿음으로 야곱은 죽을 때에 요셉의 각 아들에게 축복하고 자기 지팡이 꼭대기에 기대어 경배하였습니다.

1. 믿음으로 야곱은 요셉의 아들들에게 축복하여 아들들의 순위를 바꾸고 둘째 아들 에브라임을 맏아들로 세웠다.

야곱은 나이 들고 병들어 죽게 되었다 (창 48:1-2). 이때 요셉이 바쁜 정무를 뒤로 하고 두 아들을 데리고 아버지에게 작별 인사를 하러 왔다 (창 48:1). 이때 야곱은 므낫세와 에브라임의 순위를 바꾸어 에브라임을 맏아들로 세웠다 (창 48:13-20).

또 야곱은 므낫세와 에브라임을 자기의 친아들들의 반열에 두었다 (창 48:5-6). 그래서 열두 지파를 세는데 에브라임과 므낫세지파를 넣어 수를 세었고, 레위지파는 별도로 제사장 가문으로 세웠다.

그리고 에브라임을 므낫세보다 앞세워 큰 민족이 되도록 축복하였다 (창 48:14-20). 야곱의 이 축복대로 에브라임은 나라가 남북으로 나뉠 때 북쪽 이스라엘의 큰 지파로 실질적인 주도권을 행사하였다. 그리고 에브라임지파에서 왕들이 많이 나왔다 (창 48:19).

2. 야곱이 므낫세와 에브라임을 축복하면서 12아들들 중에서 요셉을 맏아들로 굳게 세웠다.

요셉은 출생 순서로는 11번째 아들이다 (창 30:22-24). 그러나 야곱의 정부인인 라헬의 첫 아들이므로 야곱의 맏아들이 되었다. 더구나 이스라엘을 구원하여 한 민족이 되는 기초를 이루었으므로 요셉이 법적으로 맏아들 됨이 합당하다.

3. 야곱은 요셉의 두 아들을 열두 지파에 넣어 요셉에게 다른 지파보

다 한 지파를 더 주었다.

맏아들이기 때문에 다른 형제들보다 한 몫을 더 받았다 (창 48:22). 야곱은 그냥 요셉에게 두 몫을 줄 수 없기 때문에 요셉의 두 아들들을 열두 지파의 반열에 놓아 두 몫을 받게 하였다.

4. 야곱은 가나안 중부지역 좋은 땅을 요셉의 아들 에브라임지파에 배정하였다.

여호수아가 가나안을 정복할 때 자기 지파를 위해서 가나안 중부지역을 먼저 정복하여 에브라임지파의 것이 되게 하였다 (수 16:1-10; 24:29-33).

5. '에브라임지파에서 이스라엘의 반석인 목자가 나오도다' (창 50:24-26)라고 한 대로 여호수아가 에브라임지파였고, 북이스라엘의 첫 여로보암이 에브라임지파였다. 그 후에도 북이스라엘의 왕들이 에브라임지파에서 여럿이 나왔다.

6. 장래에 될 일을 야곱이 족장으로서 뿐만 아니라 선지자로서 아들들에게 믿음으로 예언하였다.

야곱은 단련을 많이 받은 믿음의 사람이었다. 야곱은 에서를 만나기 전에 자기의 죽고 사는 문제가 하나님께 달린 줄을 잘 알고 결사적으로 기도하였다 (창 32:22-32).

7. 하나님은 야곱의 기도를 받으시고 에서의 마음을 감화하셔서 물처럼 녹게 만드셨다 (창 33:1-4).

야곱이 에서를 만났을 때 하나님은 에서의 마음에 있는 모든 원한과 증오심을 다 풀게 하셨다.

8. 그 뒤부터 야곱의 삶의 방식이 전적으로 변화되었다.

자기의 힘과 지혜로 문제들을 해결하는 것이 아니라 하나님의 섭리에 다 맡겼다.

마지막 순간 아들들에게 장래 일들을 말할 때는 전적으로 하나님의 섭리와 작정을 믿으며 축복하였다. 그리하여 12아들들이 다 자기의 분량에 맞게 아버지 야곱으로부터 복을 받았다. 그리고 그대로 되었다.

9. 야곱의 축복 속에 기이한 것은 요셉의 지파를 구세주가 나올 지파로 지목하지 않은 점이다.

유다지파에 모든 축복을 다 모았다. 왕들이 유다지파에서 나오고(창 49:8-10), 구세주도 유다지파에서 나올 것으로 정하였다(창 49:10).

10. 야곱은 모든 축복을 믿음으로 베풀었다.

야곱은 믿음의 사람이었다. 아브라함과 이삭의 믿음에는 미치지 못하지만 야곱이 한 민족을 이루는 기초로 세워졌다. 그리고 구세주의 조상이 되어 만세 동안 그리스도와 떼어서는 생각할 수 없게 되었다.

■ **히 11:22** 믿음으로 요셉은 임종시에 이스라엘 자손들의 떠날 것을 말하고 또 자기 해골을 위하여 명하였으며

11:22 πίστει Ἰωσὴφ τελευτῶν περὶ τῆς ἐξόδου τῶν υἱῶν Ἰσραὴλ ἐμνημόνευσεν, καὶ περὶ τῶν ὀστέων αὐτοῦ ἐνετείλατο.

히 11:22 믿음으로 요셉은 죽을 때 이스라엘의 아들들의 떠날 것을 말하고 또 자기의 뼈들에 대해서 명하였습니다.

1. 요셉은 이스라엘의 장래에 대해서 말하고 죽은 마지막 족장이다.

야곱의 아들들이 애굽으로 내려올 때 전부 12명이었다. 그리고 모든 자녀들은 70명이었다. 요셉은 이스라엘 백성이 출애굽할 것을 말하고, 그때 자기의 뼈를 가지고 가나안에 가라고 명령하였다.

이렇게 자기 뒤에 살아남은 백성들에게 축복하고 예언한 사람은

12형제들 가운데서 요셉뿐이었다.

2. 믿음의 사람 요셉은 친히 하나님의 구원경륜에 봉사한 선지자이다.

요셉이 꾼 꿈은 하나님의 구원섭리를 보는 꿈이었다. 하나님이 이스라엘을 한 민족으로 이루어 그 민족에게서 세상을 구원할 구주가 오실 것임을 깨달은 것이 요셉의 꿈이었다.

하나님이 세상을 구원하시되 아브라함의 씨로 구주가 오셔서 세상을 구원하실 것임을 요셉은 꿈으로 이해하였다.

3. 세상 구세주가 오시려면 아브라함의 아들들이 한 민족을 이루어야 한다.

그러려면 이스라엘이 한 민족으로 자랄 땅이 필요하다. 하나님은 애굽을 민족의 양육지로 정하셨다. 야곱의 아들들을 애굽에서 길러 한 민족이 되도록 하기 위해서 요셉을 미리 보내어 자기 가족을 맞이할 준비를 하게 하셨다.

4. 야곱의 아들들을 맞아들일 준비가 되자, 요셉은 자기 아버지의 가족들을 다 애굽으로 초청하였다.

비옥한 땅인 고센 지방에 살게 하므로 그곳에서 식량에 대한 염려가 없이, 또 전쟁에 대한 염려 없이 잘 살 수 있었다.

야곱의 아들들이 민족을 이루면 그들은 다시 가나안 땅으로 돌아가야 한다. 가나안을 하나님이 이스라엘의 항속적인 거주지로 정하셨기 때문이다 (창 12:1-5; 13:14-15; 15:7-16; 28:12-15; 46:1-4).

5. 하나님의 구원섭리를 깨달은 요셉은 이 섭리가 이루어지도록 모든 섬김을 다하였다.

요셉은 형들의 미움과 학대 그리고 애굽으로 자기를 판 것을 하나님의 구원섭리의 관점에서 이해하였다 (창 45:5-8; 50:17-20). 그러므로 형들의 악행을 다 용서하고 그들을 큰마음으로 품었다.

6. 하나님이 이스라엘을 큰 민족으로 만드시려고 요셉 자신을 미리 보

내신 것을 잘 이해하였다 (창 45:5-8; 50:17-20).

요셉은 모든 어려움과 괴로움 가운데서도 죄짓지 않고 자기의 힘을 다해 하나님의 뜻이 이루어지도록 섬겼다. 그리고 민족이 크게 될 때는 하나님이 이스라엘을 애굽에서 구출하여 가나안으로 데리고 가실 것을 잘 깨달았다 (창 50:24).

때가 차면 하나님이 이스라엘을 애굽에서 가나안으로 데리고 가실 것을 잘 알므로 장래 일을 미리 말하고 자기의 뼈가 가나안 곧 조상들의 땅에 묻혀야 할 것을 강하게 명하였다 (창 50:25).

7. 요셉은 이스라엘의 장래를 말하고 그들을 축복한 마지막 족장이다 (창 50:24-25).

요셉은 하나님의 구원섭리를 믿었으므로 장래 일을 예언하고 축복하고 권고할 수 있었다. 요셉은 믿음으로 마지막을 마감하였다.

출애굽 시 믿음의 장부들: 11:23-31

■ **히 11:23** 믿음으로 모세가 났을 때에 그 부모가 아름다운 아이임을 보고 석 달 동안 숨겨 임금의 명령을 무서워 아니하였으며

11:23 Πίστει Μωϋσῆς γεννηθεὶς ἐκρύβη τρίμηνον ὑπὸ τῶν πατέρων αὐτοῦ, διότι εἶδον ἀστεῖον τὸ παιδίον καὶ οὐκ ἐφοβήθησαν τὸ διάταγμα τοῦ βασιλέως.

히 11:23 믿음으로 모세가 났을 때 부모가 그 아기가 아름다운 것을 보고 석 달을 숨겼으니 임금의 명령을 무서워하지 아니하였기 때문입니다.

1. 모세가 태어났을 때에 남자 아이는 다 죽이거나 나일강에 던지라는

임금의 명령이 내려져서 시행되던 때였다 (출 1:15-16, 22).

이스라엘이 애굽을 떠나 가나안에 돌아가서 정착할 때가 가까워지므로 이스라엘은 큰 민족이 되었다. 이스라엘이 오히려 애굽 백성만큼 많아지므로, 애굽 사람들과 임금은 걱정과 근심이 많아졌다.

2. 바로는 이스라엘이 나라를 차지하고 새로운 왕조를 세울 것으로 여기게 되었다.

이전 힉소스 왕조가 시리아 가나안 지역에서 침입하여 왕조를 세웠다. 이스라엘도 백성이 많아지면 또 그런 일이 생길까봐서 염려가 커졌다.

3. 이스라엘이 많아지지 못하게 하여 종으로 부려먹기 위해서 이스라엘 백성의 수를 줄이기로 하였다.

그래서 이스라엘 남자가 나면 죽이거나 나일강에 던지라고 명령하였다. 처음에는 바로가 산파로 하여금 남자 아이는 죽이라고 명령을 내렸다. 그 후에는 애굽 백성들이 직접 이스라엘 남자 아이들을 나일강에 던지라고 명령을 내려 (출 1:22) 이 명령이 잘 지켜지고 있었다. 이럴 때 모세가 레위지파에서 나왔다.

4. 모세의 부모가 아기가 비상한 것을 보고 (출 2:2) 바로의 명령을 어겨 죽이지도 않고 나일강에 던지지도 않았다.

이런 일은 하나님의 구원섭리를 믿는 믿음이 아니면 도저히 할 수 없는 일이었다.

하나님의 구원섭리를 알고 믿었으므로 모세의 부모들은 모세를 서슬이 시퍼런 임금의 명령에도 불구하고 석 달이나 집에 숨겨 키웠다. 아기의 우는 소리가 새어나가면 애굽의 군대와 경찰세력이 와서 아이도 죽이고 부모도 잡아가 감옥에 가둘 것은 뻔한 일이었다.

5. 하나님의 구원섭리를 믿고 알므로 모세의 부모들은 그런 무모한 일을 하였다. 오직 믿음으로만 그렇게 하였다.

믿음으로 담대하여 모세의 부모들은 임금의 명령을 두려워하지 않고 아기를 석 달이나 잘 숨겨 키웠다 (출 2:2).

- **히 11:24** 믿음으로 모세는 장성하여 바로의 공주의 아들이라 칭함을 거절하고

11:24 πίστει Μωϋσῆς μέγας γενόμενος ἠρνήσατο λέγεσθαι υἱὸς θυγατρὸς Φαραώ,

히 11:24 믿음으로 모세는 커서 바로의 딸의 아들로 불리는 것을 거절하였습니다.

1. 모세는 어머니의 가르침을 따라 믿음으로 자랐다.

모세는 갑자기 바로의 딸의 아들이 되었지만, 하나님의 섭리와 작정으로 자기를 낳은 어머니에게 양육 받았다.

따라서 3개월부터 모세는 어머니의 젖을 먹으며 어머니의 가르침을 받았다.

2. 모세의 어머니 요게벳은 (출 6:20) 아들 모세에게 하나님의 구원섭리를 잘 가르쳤다.

이스라엘이 애굽에서 크게 자라 한 민족을 이루게 되면, 하나님이 이스라엘을 애굽에서 구출해내어 가나안에 정착하게 하실 것이다. 요게벳은 모세를 교육시켜 '네가 커서 하나님의 구원경륜에 봉사해야 한다'고 하였다.

3. 모세는 어머니의 품을 떠나 바로의 궁에서 자랐어도 어머니의 교육대로 살았다.

4. 때가 차서 모세는 형제들을 돌아볼 마음을 불같이 가졌다 (행 7:22-27).

모세는 하나님이 이스라엘을 애굽에서 구출해내기 위해서 모세를 세상에 나게 하셨음을 잘 이해하였다. 그러므로 기회만 되면 애굽에서 고생하는 자기의 동족을 구출해낼 수 있기를 바랐다 (행 7:30-34).

5. 모세는 하나님의 구원경륜을 잘 이해하고 있었으므로 바로의 딸의 아들로서 궁중에서 편안하게 사는 것을 거절하고, 자기 동족을 위해서 고생을 기꺼이 감당하기로 하였다 (행 7:22-29; 출 2:10-12).

모세가 조용히 바로의 궁에 살았으면, 왕자로서 큰 대접을 받으며 호화로운 삶을 살 수 있었을 것이다. 그런데 하나님의 구원섭리를 알고 있었으므로 궁중의 호화로운 삶을 버릴 수 있었다. 민족을 위해서 일할 마음을 장성하여 드러내었다 (출 2:11-12).

6. 그리스도의 구원을 바라본 모세는 세상의 삶의 호화로움을 버리고 고난의 길로 들어섰다.

40년 동안 궁중에서 살았던 모세는 살인자가 되어 40년 동안 미디안에서 유배생활을 하였다 (출 2:14-25).

자기의 동족을 빨리 고난에서 구원하기 위해서 성급하게 일하다가 일을 저질렀다. 그리하여 40년 동안 미디안에서 궁중의 삶과는 정반대되는 삶을 살면서 모든 것을 하나님께만 매어 달렸다. 하나님께서 자기의 뜻대로 백성을 구출하실 것임을 모세는 믿었다.

7. 이스라엘을 애굽에서 구출하여 가나안으로 가는 40년 동안 모세는 말할 수 없는 고난을 당하였다.

그러나 이 백성에게서 세상을 구원할 구주가 나실 것이므로 모든 것을 참고 백성을 잘 섬겼다. 백성 때문에, 백성을 위해서 당하는 모든 고난은 곧 그리스도의 나심을 위해서 수고하고 섬긴 일이었다.

■ **히 11:25** 도리어 하나님의 백성과 함께 고난 받기를 잠시 죄악의 낙을

누리는 것보다 더 좋아하고

11:25 ἑλόμενος μᾶλλον συγκακουχεῖσθαι τῷ λαῷ τοῦ θεοῦ ἢ πρόσκαιρον ἔχειν ἁμαρτίας ἀπόλαυσιν,

히 11:25 오히려 하나님의 백성과 함께 고난 받는 것을 잠시 죄악을 누리는 것보다 더 좋아하였습니다.

1. 모세는 하나님의 구원섭리를 어머니로부터 잘 가르침 받았다.

모세는 어머니 요게벳으로부터 믿음과 말씀교육을 잘 받았다. 가르침 받은 대로 모세는 하나님의 구원섭리에 봉사하기 바랐다. 그의 눈은 멀리 세상을 구원하시는 하나님의 구원섭리에 있었다.

하나님이 사람이 되어 오실 때 이스라엘 민족을 통해서 오실 것을 배웠으므로 이 장엄한 구원섭리에 봉사하는 것을 최선의 삶으로 여겼다. 더구나 하나님이 세상에 오실 때 그 통로로 이용하실 이스라엘 민족에 대한 사랑도 극진하였다.

2. 바로의 궁중에서의 삶은 세상적인 삶이다.

모세가 바로의 궁중에서 사는 동안 바르게 하나님을 섬길 수 없었다. 아브라함과 이삭과 야곱이 섬기고 제사했던 방식으로 하나님을 섬길 수 없었다. 잘 먹고 잘 입고 호화로운 삶을 사는 것이 궁중 삶이다.

바로는 태양신 라의 아들로 여겨졌으므로 거의 신적인 존재로 경배 받고 섬김 받았다. 이런 바로와 함께 궁중에 사는 것은 온전히 하나님만 섬기는 삶을 살 수가 없다.

3. 모세가 궁중의 호화로운 삶을 떠나 고난 받는 백성과 함께 살고 그들을 위해서 일하는 것은 그리스도를 위해서 일하는 것이었다.

모세는 백성과 함께 살기를 더 바랐고, 고난 받는 백성을 구출해내는 일을 하기 바랐다. 그래서 궁중의 삶을 버리고 백성들의 어려움을 덜어주는 일을 하기 바랐다. 모세의 120년의 삶은 모두 그리스도를 통하여 세상을 구원하여 다시 자기의 백성으로 돌이키시려는 하나님의 구원작정을 섬기는 것이었다.

모세는 어머니의 가르침과 양육으로 말미암아 자기 삶의 본분을 바로 깨달았다. 그래서 민족을 위해서 일생을 바치기로 하고, 그 방식으로 하나님의 구원경륜을 이루어드리기로 하였다.

■ **히 11:26** 그리스도를 위하여 받는 능욕을 애굽의 모든 보화보다 더 큰 재물로 여겼으니 이는 상 주심을 바라봄이라

11:26 μείζονα πλοῦτον ἡγησάμενος τῶν Αἰγύπτου θησαυρῶν τὸν ὀνειδισμὸν τοῦ Χριστοῦ, γὰρ ἀπέβλεπεν εἰς τὴν μισθαποδοσίαν.

히 11:26 그리스도를 위해서 받는 치욕을 애굽의 보화보다 더 큰 재물로 여겼으니 상 주심을 바라보았기 때문입니다.

1. 모세가 바로의 궁궐에서 그냥 살았으면 호화를 극도로 누리고 많은 재물을 상속받았을 것이다.

히브리인들은 거의 노예 수준으로 살았는데, 모세는 그들과 함께 어려운 삶을 살려고 작정하였다.

2. 모세는 자기 백성 이스라엘을 위해서 궁중의 영화를 버리는 것이 그리스도를 위함인 것을 알았다.

모세는 선지자이므로 이스라엘을 통해서 그리스도가 오실 것을 알았다. 그러므로 이스라엘을 위해서 일하고 그들과 함께 고난 받으며, 백성을 잘 준비시키는 것이 그리스도의 오심을 준비하는 것임을

잘 알았다.

3. 모세가 이스라엘과 함께 살고 일하는 것은 가난과 고통과 치욕의 삶뿐이었다.

모세는 이렇게 이스라엘을 위해서 치욕을 받으며 노예처럼 사는 것이 결국 그리스도 오심의 준비인 줄 알았다.

모세는 하나님이 이스라엘을 애굽에 두신 선하신 뜻을 알고 있었다. 하나님이 애굽에서 민족을 기르시기로 한 뜻을 모세는 잘 깨달았다. 그러면 이스라엘을 위해서 일생을 살도록 마음을 정하는 것이 정당하다.

4. 그리스도가 오셔서 세상을 죄와 죽음에서 구원하실 것을 모세는 잘 깨달았다.

모세는 이 진리를 깨달았으므로 장차 이루어질 그리스도의 구원을 위해서 고난 받기로 하였다.

■ **히 11:27** 믿음으로 애굽을 떠나 임금의 노함을 무서워 아니하고 곧 보이지 아니하는 자를 보는 것같이 하여 참았으며

11:27 πίστει κατέλιπεν Αἴγυπτον, μὴ φοβηθεὶς τὸν θυμὸν τοῦ βασιλέως, γὰρ τὸν ἀόρατον ὡς ὁρῶν ἐκαρτέρησεν.

히 11:27 믿음으로 모세는 임금의 노함을 무서워 아니하고 애굽을 떠났으니, 보이지 않는 자를 보는 것처럼 참았기 때문입니다.

1. 모세가 이스라엘을 이끌고 애굽을 떠났을 때 바로는 결코 이스라엘을 놓아 보내려고 하지 않았다 (출 5:1-13:16).

이스라엘은 400년 동안 종살이하여 애굽의 국고성과 여러 성들을 쌓았다. 그리고 온갖 궂은일을 다하여 애굽인들로 평안하게 살

게 해주었다. 애굽이 이스라엘을 종으로 부리므로 편안한 삶을 살고 애굽을 부하게 만들었다. 바로는 이런 백성을 놓아 보내려고 하지 않은 것이다.

2. 이스라엘을 강제로 애굽에서 끌어내는 자는 죽이는 것이 합당하였다.

모세가 처음 애굽 사람을 죽여 미디안으로 피난갔지만 (출 2:11-15) 돌아오면 그 죄를 물어 죽였을 것이다.

그런데 이스라엘을 애굽에서 끌어내어 다 데리고 나가면, 그런 사람은 살려 둘 수가 없다. 그래서 바로는 모세를 죽이는 협박을 많이 했을 것으로 볼 수 있다 (출 10:28).

어둠의 재앙이 임하였을 때 바로가 모세와 아론에게 말하기를 '다시 내 얼굴을 보지 말라 내 얼굴을 보는 날에는 죽으리라' (출 10:28)고 죽음으로 협박하였으니 다른 재앙 때도 죽음의 형벌로 협박하였음을 알 수 있다.

3. 살기와 협박이 가득한 바로의 명을 어기고 이스라엘을 애굽에서 인도해냈으니 잡히면 죽는 것은 당연하였다.

그런 것을 개의하지 않고 모세가 이스라엘을 애굽에서 인도하여 내었다. 바로가 군대를 몰고 와서 잡으면 당장 죽음을 맞는 것이 확실하다. 그런데도 하나님을 믿음으로 담대히 애굽에서 나올 수 있었다.

4. 여호와 하나님은 모세에게 말씀만 하셨고, 그 얼굴을 나타내지는 않으셨다.

그런 하나님을 전적으로 믿고 그 명령대로 행한다는 것은 참으로 어려운 일이다. 모세는 여호와 하나님을 실제로 눈앞에 모시고 보는 것처럼 행동하였다.

보이는 것은 애굽의 왕 바로이고 그 군대이다. 이 무서운 세력을 앞에 놓고 말씀만 하시는 여호와 하나님을 전적으로 믿고 행한다는 것은 참으로 어려운 일이다.

5. 하나님이 일하셔서 큰 역사를 이루셔도 다음 단계에서는 그렇게 하신다는 보장이 없다.

그런데도 모세는 보이지 않는 하나님을 눈에 마주 대하는 바로와 그 군대보다 더 신뢰하였다. 보통 사람으로는 할 수 없는 일이다. 이런 믿음의 행동은 전적으로 하나님을 믿는 믿음의 담력을 가져야 할 수 있는 일이다.

6. 그리스도에 대한 계시를 받았으므로 그 소망 때문에 보이지 않는 하나님을 보는 것처럼 행동하고, 믿고 모든 것을 참았다.

모세는 자기 민족을 섬김이 그리스도 때문임을 잘 알았으므로 모든 것을 참고 바로의 협박도 두려워하지 않았다.

만일 죽을 수도 있는 상황에서도 하나님이 다 구해주실 것을 확신하였다. 마치 보이는 든든한 구조자가 옆에 있는 것처럼 하나님을 전적으로 신뢰하였다.

- **히 11:28** 믿음으로 유월절과 피 뿌리는 예를 정하였으니 이는 장자를 멸하는 자로 저희를 건드리지 않게 하려 한 것이며

  11:28 πίστει πεποίηκεν τὸ πάσχα καὶ τὴν πρόσχυσιν τοῦ αἵματος, ἵνα μὴ ὁ ὀλοθρεύων τὰ πρωτότοκα θίγῃ αὐτῶν.

  히 11:28 믿음으로 그는 유월절과 피 뿌리는 것을 세운 것은 처음 난 자들을 멸하는 자로 하여금 그들을 만지지 못하게 하려고 함이었습니다.

1. 유월절은 대신속죄를 가르치기 위해서 하나님이 이 절기를 세우도록 하셨다.

모세는 여호와 하나님의 명을 받아 유월절과 피 뿌리는 예식을

세웠다. 하나님은 이스라엘을 애굽에서 구출해내시는데 이스라엘의 생명의 속량을 위해서 애굽의 장자들을 대신 제물로 바치게 하셨다 (출 11:4-6).

그렇지 않고는 도저히 애굽이 이스라엘을 놓아 보내려고 하지 않았기 때문이다. 이스라엘 백성을 애굽의 종노릇하는데서 놓여나는 일이 하나님의 권능으로 이루어졌다. 그러나 매인 자들을 인도하여 나오는 일에는 이스라엘의 생명을 위해서 애굽 백성의 처음 난 자들을 바치는 일이 있어야 함을 가르치시는 것이다 (출 12:26-30).

2. 이스라엘을 애굽에서 속량해내는 일은 애굽의 처음 난 자들을 대신 속량물로 바치게 함으로 이루어졌다.

여호와의 사자가 애굽의 처음 난 자들을 치므로 바로가 이스라엘을 내어놓았다 (출 12:31-41). 애굽의 처음 난 자들을 속량물로 바치게 하고서 이스라엘이 구출되었으므로 유월절은 이스라엘이 대대로 지킬 명절이 되었다 (출 12:24, 42).

이스라엘을 하나님의 장자 백성으로 삼으시기 위해서 애굽의 처음 난 자들을 대신 속량물로 바치게 하셨다. 애굽이 그 처음 난 자로 이스라엘을 위해 속죄해야 하는 이유는 그들이 하나님의 백성을 억압하고 종노릇하게 하였기 때문이다. 이것이 큰 죄이다.

3. 이스라엘이 놓여나올 때 애굽은 죗값을 대신 갚아야 했다. 그것은 애굽 사람들의 생명으로 갚는 것이다. 여기서도 대신 속죄의 도리를 가르친다.

4. 이스라엘이 이 명절을 지킬 때는 어린양을 대신 잡아 제사하므로 사람의 죄를 속량 받게 하셨다 (출 12:2-24).

유월절을 세우던 첫날밤은 어린양을 잡아 고기를 먹고, 그 피를 문설주에 발라 이스라엘로 망하지 않게 하셨다. 이것은 어린양의 피로 이스라엘의 생명을 대신하게 하셨음을 보이신 것이다.

5. 이것은 참 어린양이신 예수 그리스도의 피로 이스라엘과 온 세상의 죄가 용서되는 것임을 보이기 위해서였다 (고전 5:7).

사탄의 종노릇하며 죄만 짓고 살다가 그리스도의 피로 죄를 씻음 받고 깨끗해져서 하나님의 백성이 되는 것을 보인 것이다.

6. 사람은 죄 때문에 다 멸망당해야 하지만 어린양의 피를 바르는 자는 죽지 않고 살게 되었다 (출 12:3–13).

피를 바르지 않는 자는 다 멸망시키는 자에 의해서 혹은 여호와에 의해서 죽게 되어 있다 (출 12:12-13).

7. 피로 속량 받는 것은 이스라엘과 애굽에만 해당되는 것이 아니다.

그리스도의 피를 바른 사람들은 다 죽지 않고 살게 되며 영생을 얻는다 (요 3:16; 롬 6:23; 8:1-2; 벧전 1:18-19). 따라서 이스라엘은 유월절 절기를 그리스도가 오시기까지 지켜야 했다.

8. 사람들이 죽는 것을 막는 길은 그리스도의 피를 표시하는 어린양의 피를 바르는 것뿐이었다.

사람의 죗값은 죽음이다 (롬 6:23). 죽음을 면하는 길은 오직 흠 없는 피로 죗값을 갚는 길이다. 그 피는 하나님의 어린양 예수 그리스도의 피이다.

9. 그리스도의 피를 하나님이 세상 죄를 속량하는 속전으로 세우셨다 (출 30:12; 마 20:28; 막 10:45; 딤전 2:6; 히 9:12, 14).

그러므로 그리스도의 피를 바른 자들은 죽음이 만지지 못한다.

10. 출애굽 때에는 어린양의 피를 문설주와 인방에 발라 죽음을 면하게 하였다 (출 12:21–23).

어린양의 피를 바른 것은 임시방편이었다. 그것은 그리스도의 피로만 죄가 속량되고, 그리스도의 피를 바른 사람은 죽음이 만지지도 못함을 미리 보인 것이다.

11. 하나님이 이스라엘을 애굽에서 나오게 하신 것은 종살이와 모든

속박에서 풀어내신 것이다.

이스라엘은 거의 400년간 애굽에서 종노릇하며 매여 살았다. 여기서 놓여나오는 일이 생명의 핏값을 지불하고서만 가능함을 가르치시는 것이다. 애굽의 처음 난 자들로 이스라엘을 대신하여 죽게 하므로 속박의 집에서 이스라엘이 나올 수 있었다.

12. 피로 속량되었음을 밝히 알게 하시기 위해서 유월절에 어린양의 피를 뿌리게 하셨다.

■ **히 11:29** 믿음으로 저희가 홍해를 육지같이 건넜으나 애굽 사람들은 이것을 시험하다가 빠져 죽었으며

11:29 Πίστει διέβησαν τὴν Ἐρυθρὰν Θάλασσαν ὡς διὰ ξηρᾶς γῆς, ἧς πεῖραν λαβόντες οἱ Αἰγύπτιοι κατεπόθησαν.

히 11:29 믿음으로 그들은 홍해를 마른 땅처럼 건넜으며 애굽 사람들은 이것을 시험하다가 물에 빠져 죽었습니다.

1. 이스라엘은 하나님이 무사히 홍해를 건너게 하실 것을 굳게 믿음으로 바다 가운데 물 벽이 양쪽에 서 있는 곳을 건넜다.

이스라엘은 전적으로 하나님을 믿었다. 애굽에서 구출하신 하나님이 무사히 가나안에 도착하도록 모든 일을 다 하실 것을 굳게 믿었다.

2. 갈라진 홍해 가운데가 말라서 맨발로 걸어갈 수 있었다. 양쪽에 물이 벽을 이루고 서 있으니 언제 무너질지 모를 일이다. 그러나 이스라엘은 하나님의 권능과 미쁘심을 믿음으로 아무런 염려 없이 안심하고 물 벽 사이로 건넜다. 믿음으로 이스라엘은 홍해를 무사히 건넜다.

3. 전적으로 하나님을 믿음으로 홍해를 건넜다.

언제 물의 벽이 흘러내리고 물이 넘칠지 모르는 곳을 아무런 염려와 근심 없이 평안히 건넜다. 하나님의 권능과 사랑을 믿었으므로 건너는 중에 아무런 일이 없을 것을 확신하고 건넜다. 믿음만으로 이스라엘은 홍해를 건넜다.

4. 애굽 사람들도 이스라엘이 무사히 홍해를 건너자, 이스라엘을 사로잡는 데만 눈이 팔려 따라 잡으려고 홍해로 들어섰다.

목표를 이루려고 하는데 아무런 반성이나 논의가 없었다. 바다 가운데서 이스라엘을 잡으면 쉽게 잡고, 잡은 자들을 애굽으로 무사히 끌고 갈 수 있을 것으로 생각하였다.

자연적으로 그런 일이 일어났으면 당연히 이스라엘을 추격해도 된다고 할 수 있다. 하나님이 큰 권능으로 애굽의 왕 바로 앞에서와 온 애굽 나라에 행하신 기사와 권능은 생각하지도 않고, '이스라엘이 들어간 곳에 우리라고 왜 못 들어가느냐?' 하고 들어갔다가 다 망하였다.

5. 하나님은 이스라엘과 애굽을 완전히 단절하기 위해 애굽 군대를 홍해로 몰아넣으셨다.

이스라엘이 아라비아쪽 언덕에 도착하자 하나님은 물로 애굽 군대를 완전히 덮으셨다. 더 이상 애굽이 이스라엘을 잡아다가 종으로 부려먹을 생각을 완전히 버리도록 바로와 군대를 완전히 물 가운데 묻으셨다.

6. 애굽은 이스라엘을 건드리면 망하는 것밖에 없다는 것을 잘 깨달았다.

후대에 이르러 애굽의 바로 느고가 중동지역을 치러 가면서 길을 좀 빌려달라고 한 것 외에는 (대하 35:20-24) 애굽이 이스라엘을 넘보고 침략하려고 하지 못한 것도 출애굽 시 홍해 도하 참사에서 배운 큰 교훈이다.

■ **히 11:30** 믿음으로 칠 일 동안 여리고를 두루 다니매 성이 무너졌으며

11:30 πίστει τὰ τείχη Ἰεριχὼ ἔπεσαν κυκλωθέντα ἐπὶ ἑπτὰ ἡμέρας.

히 11:30 믿음으로 여리고성벽들이 이레 동안 둘러싸인 후에 무너졌습니다.

1. 사람이 돌기만 해도 견고한 성벽이 무너져 내린다는 것은 도저히 이해하거나 상상할 수도 없는 일이었다.

이스라엘은 하나님의 권능과 기적들을 많이 체험하였으므로, 하나님의 말씀을 믿고 여리고성을 이레 동안 돌므로 성벽들이 무너져 내렸다.

2. 이스라엘이 한 일은 하나님의 말씀을 믿는 것뿐이었다.

하나님의 명령이 있었으므로 그 말씀을 전적으로 믿었다. 그리고 하나님의 명령대로 이레 동안 여리고성을 돌았다.

3. 그런데 그 견고한 여리고성에 화살 한 방, 창 하나도 던지지 않았는데 성이 저절로 무너져 내렸다.

하나님이 그 견고한 성벽이 무너져 내리게 하셨기 때문이다. 하나님이 이스라엘에게 바라신 것은 하나님의 말씀을 믿는 믿음뿐이었다. 하나님이 모든 일을 다 하시므로 이스라엘은 하나님의 말씀을 믿고 성을 도는 것뿐이었다.

4. 이레 동안 이스라엘이 여리고성을 돌았기 때문에 무너진 것이 아니다.

그렇게 성이 무너지는 것은 인류역사상 지금까지 없던 일이다. 앞으로도 그런 일은 생기지 않는다. 오직 창조주 하나님이 이스라엘로 믿게 하시고 성이 무너져 내리게 하셨다.

하나님의 권능이 얼마나 큰지를 이스라엘은 조금은 깨닫게 되었다.

5. 이스라엘의 믿음을 따라 여리고성벽이 저절로 무너지게 하시므로 가나안 정복도 하나님이 다 하실 것임을 보이신 것이다.

■ **히 11:31** 믿음으로 기생 라합은 정탐꾼을 평안히 영접하였으므로 순종치 아니한 자와 함께 멸망치 아니하였도다

11:31 πίστει Ῥαὰβ ἡ πόρνη οὐ συναπώλετο τοῖς ἀπειθήσασιν, δεξαμένη τοὺς κατασκόπους μετ᾽ εἰρήνης.

히 11:31 믿음으로 기생 라합은 정탐꾼을 평안히 맞아들였으므로 순종하지 않는 자들과 함께 망하지 아니하였습니다.

1. 라합은 믿음으로 이스라엘의 하나님이 참 하나님이시고 창조주이심을 알아 이스라엘의 정탐꾼들을 받아들여 숨기었다가 무사히 돌아가게 하였다.

믿음이 아니고는 도저히 생길 수 없는 일이다. 라합은 이방여인이고 기생이지만 이스라엘의 하나님이 참 하나님이시고 창조주이심을 알고서는 그 믿음으로 행하였다.

그뿐만 아니라 이스라엘을 애굽에서 구출하여 내신 하나님이 가나안 땅도 다 이스라엘에게 배분하실 것임을 잘 알았다. 그러므로 믿음으로 행동하였다. 따라서 여리고 왕의 명령을 무서워하지 않았다. 참 하나님을 믿음으로 그런 담력을 가질 수 있었다.

2. 여리고성이 무너져 내릴 때 그곳 거주민들을 다 죽이도록 명령하셨다 (수 6:21).

이스라엘 군대가 성이 무너져 내릴 때, 성으로 들어가서 사람들과 우양과 나귀를 다 칼로 죽였다.

3. 그러나 정탐꾼들을 살려 보내준 라합은 죽이지 못하도록 하였다

(수 3:12-16; 6:22-23, 25).

여리고성이 무너져 내릴 때에 그 안에 사는 많은 사람들과 짐승들이 다 죽임을 당하였다 (수 6:21). 정탐꾼들을 지켜 살아 돌아가도록 한 라합은 그의 가족과 함께 살림을 받았다.

4. 믿음으로 라합은 하나님의 백성, 이스라엘에 편입되었다 (수 6:25).

라합은 이방인이지만, 믿음으로 하나님의 백성을 인정하고 그들의 정착을 도왔으므로 살아남아 이스라엘의 일원이 되었다.

5. 믿음의 여장부 이방인은 다윗의 족속에 편입되어 그리스도의 조상이 되었다 (룻 4:20-21; 마 1:5).

라합은 믿음으로 구출 받아 이스라엘의 백성으로 살게 되었을 뿐 아니라 다윗왕의 계보에 속하게 되었다. 살몬이 이 기생 라합을 아내로 삼아 그에게서 다윗의 할아버지 보아스를 낳은 영광의 어머니가 되었다.

6. 라합의 예는 이방인이라도 믿기만 하면, 그리스도의 구원에 참예하여 영광의 백성이 되는 것임을 미리 보이고 있다.

라합은 이방인들이 믿음으로 하나님의 백성 됨을 보여주는 첫 번째 사례이다. 라합의 뒤를 이어 룻이 믿음으로 하나님의 백성으로 편입되어 그리스도의 조상까지 되었다.

그리스도가 오신 이후에는 모든 이방인들이 믿음으로 그리스도의 백성이 되었다. 그리스도를 믿는 믿음으로 거룩한 하나님의 백성이 되었다. 이 일의 시작이 라합이다.

사사시대와 그 후 왕정시대의 믿음의 대가들: 11:32-40

■ **히 11:32** 내가 무슨 말을 더 하리요 기드온, 바락, 삼손, 입다와 다윗과

사무엘과 및 선지자들의 일을 말하려면 내게 시간이 부족하리로다

11:32 Καὶ τί ἔτι λέγω; γὰρ ἐπιλείψει ὁ χρόνος με διηγούμενον περὶ Γεδεών, Βαράκ, Σαμψών, Ἰεφθάε, τε Δαυίδ καὶ Σαμουὴλ καὶ τῶν προφητῶν,

히 11:32 이제 내가 무슨 말을 더 하리요? 기드온, 바락, 삼손, 입다, 다윗과 사무엘과 선지자들에 대해 말하려면 내게 시간이 모자랄 것입니다.

1. 히브리서 11장은 믿음의 용장들을 말하는 장이다.

아담의 범죄 이후 믿음으로 하나님을 섬긴 아벨, 전심으로 믿어 하나님을 섬긴 에녹, 믿음으로 인류의 제2의 조상이 된 노아, 믿음의 조상 아브라함, 믿음의 장부들인 이삭과 야곱과 요셉, 믿음으로 이스라엘을 애굽에서 구출해낸 모세, 믿음으로 홍해를 건넌 이스라엘, 이방인이 믿음으로 하나님의 백성이 된 라합을 말하다보니 한 장을 다 썼다.

그 후의 믿음의 용사들을 다 말하면 시간이 모자랄 것을 히브리서 저자는 잘 알고 있었다.

2. 기드온은 300명의 군사로 7년간 이스라엘을 압제한 미디안 백성과 그 군대를 몰아냈다 (삿 6:1-7:25).

오직 여호와를 믿는 믿음으로 그렇게 하였다.

3. 바락은 드보라와 함께 가나안의 왕 야빈의 군대장관 시스라의 군대를 물리쳤다 (삿 4:2-16).

오직 믿음으로 그렇게 하였다.

4. 입다는 길르앗의 아들이지만 기생을 통해서 나온 아들인데 (삿 11:1-3), 암몬 자손들을 다 물리쳤고 그의 딸을 약속대로 번제로 바쳐드렸

다 (삿 11:1-12:7).

오직 믿음으로 입다는 그렇게 하였다.

5. 삼손은 블레셋 여인과 결혼하여 블레셋 사람을 한 손으로 쳐 죽이고, 그 후에 죽으면서도 많은 블레셋 사람들을 죽였다 (삿 13:1-16:31).

삼손도 믿음으로 그런 큰일을 하였다.

6. 다윗은 전적인 믿음의 사람이었다. 믿음으로 사자도 죽이고 골리앗도 쳐 죽였다 (삼상 17:1-58).

다윗은 믿음으로 모든 환난을 이겨내고, 드디어 이스라엘의 왕이 되어 아브라함과 이삭과 야곱에게 하신 땅의 약속을 다 이루어드렸다 (삼하 1:1-10:19). 인간적으로는 전적으로 불가능한 일을 다윗은 믿음으로 다 행하였다.

7. 선지자들은 다 믿음으로 그리스도의 강생과 구속사역을 예언하였다.

■ **히 11:33** 저희가 믿음으로 나라들을 이기기도 하며 의를 행하기도 하며 약속을 받기도 하며 사자들의 입을 막기도 하며

11:33 οἳ διὰ πίστεως κατηγωνίσαντο βασιλείας, εἰργάσαντο δικαιοσύνην, ἐπέτυχον ἐπαγγελιῶν, ἔφραξαν στόματα λεόντων,

히 11:33 그들은 믿음으로 말미암아 나라들을 쳐부수고 공의를 세우고 약속들을 받았으며 사자들의 입을 막기도 하였습니다.

1. 33절은 기드온, 바락, 삼손, 입다와 다윗 또 사무엘의 행적을 개괄적으로 말하고 있다.

이들이 행한 큰일들은 다 믿음으로 행한 일들이다. 하나님의 약속을 믿는 믿음을 굳게 하여 보통 사람으로는 할 수 없는 큰일들을 하였다. 하나님의 약속을 믿는 믿음 아니면 도저히 불가능한 일들

을 해내었다.

인간적으로는 그렇게 대단한 자연적인 능력을 가진 사람들이 아니었다. 그런데 하나님의 언약백성을 향한 약속을 믿고 담대히 행하여 큰일들을 행하였다. 하나님이 주신 힘으로 그렇게 하였다.

2. 나라들을 쳐부수고 왕들을 발아래 둔 믿음의 장부들은 기드온, 바락, 삼손, 다윗 등이다.

기드온은 300명의 적은 수의 군대로 미디안의 군대를 다 물리쳤다. 믿음으로 그렇게 하였다.

바락은 적은 수의 군대로 가나안의 왕 야빈의 군대장관 시스라의 군대를 물리쳤다. 하나님이 친히 싸워서 적의 군대를 물리치실 것을 믿었기 때문이다.

입다는 기생의 아들이어도 암몬의 군대를 물리쳤다. 하나님께서 친히 싸우시므로 자기가 이기게 하실 것임을 믿었다.

삼손은 자기의 한 손으로 하나님의 능력을 의지하고 믿음으로 블레셋 사람들을 많이 죽일 수 있었다. 하나님이 이스라엘을 구원하시기 위해서 자기 손을 쓰시고 계신다는 것을 믿었다.

다윗은 여호와 하나님을 믿는 믿음으로 한 손으로 골리앗 장수를 쳐서 죽였다. 그리고 블레셋 군대를 물리칠 수 있었다. 그 후에도 다윗은 자기 주변의 여러 나라들을 쳐서 자기에게 굴복시키므로 하나님이 아브라함과 이삭과 야곱에게 약속하신 땅을 확보하였다.

인간적으로는 도저히 할 수 없는 일이었지만 이스라엘을 향하신 여호와 하나님의 약속을 믿음으로 그렇게 큰일을 할 수 있었다.

3. 공의를 세움은 나라를 세워서 공정한 재판이 이루어지게 하여 백성들로 편안한 삶을 살게 해주는 것으로 이해해야 한다.

그런 일을 한 사람은 사무엘과 다윗임을 본문의 문맥에서 알 수 있다.

4. 여기 '약속들을 받았으며'라는 말씀은 아브라함과 이삭과 야곱에게 약속하신 땅의 약속과 백성의 약속을 말한다.

출애굽기 23:31과 여호수아 1:4은 땅의 약속이 표시되어 있다. 애굽 하수에서 유브라데스강 유역까지 하나님이 약속하셨는데 이 약속이 다윗 때 거의 다 이루어졌다.

열왕기상 4:20-25에서는 백성이 많아져서 아브라함과 이삭과 야곱에게 약속하신 땅과 백성의 약속이 다 이루어졌음을 말한다. 이 약속이 성취된 것이 솔로몬 때임을 열왕기는 기록하고 있다.

5. 사자들의 입을 막은 경우는 삼손과 다윗과 다니엘의 경우에 일어났다.

사사기 14:5-7; 삼손이 사사가 되어 이스라엘을 다스릴 때 블레셋 여자와 결혼하기 위해 내려갈 때 사자를 만나 손으로 찢었다.

사무엘상 17:34-36; 다윗이 베들레헴 들에서 아버지의 양을 칠 때 사자나 곰이 와서 양을 잡아가면 쫓아가서 양을 빼앗고 사자를 찢었다.

다니엘 6:1-27; 다니엘이 바벨론에 포로가 되어 왕궁에서 일할 때 그를 시기해서 사자 굴에 던졌지만 하나님이 지키셨다. 믿음으로 하나님께 의지하였더니 그가 사자의 입을 봉하시므로 잡혀 먹히지 않았다.

6. 믿음의 대장부들은 사자보다 하나님을 더 두려워하여 믿음으로 그렇게 할 수 있었다.

■ **히 11:34** 불의 세력을 멸하기도 하며 칼날을 피하기도 하며 연약한 가운데서 강하게 되기도 하며 전쟁에 용맹되어 이방 사람들의 진을 물리치기도 하며

11:34 ἔσβεσαν δύναμιν πυρός, ἔφυγον στόματα μαχαίρης, ἐδυναμώθησαν ἀπὸ ἀσθενείας, ἐγενήθησαν ἰσχυροὶ ἐν πολέμῳ, παρεμβολὰς ἀλλοτρίων· ἔκλιναν

히 11:34 불의 기운을 끄며 칼날을 피하고 약한 데서 힘을 얻게 되고 큰 싸움에서 강하게 되어 이방사람들의 진들로 달아나게 하였습니다.

1. '불의 기운을 끄며'는 다니엘 3:17-27의 사드락과 메삭과 아벳느고가 묶여 풀무 불에 던져졌지만 전혀 타지 않고 무사히 나온 것을 말하고 있다.

우상 섬기기를 거부하고 참 하나님 여호와만 믿고 섬기기로 하므로, 하나님이 능히 풀무 불에서도 구원하실 것을 굳게 믿었다. 그렇게 담대하게 믿음을 지켰다. 불에 타 죽는 고문에도 여호와 하나님을 믿는 믿음을 저버리지 않았다. 하나님이 구해주시지 않아도 하나님 섬김을 버리고 우상을 섬길 수 없다고 하였다. 보통 믿음으로는 도저히 감당할 수 없는 일이었다.

2. '칼날을 피하고'는

사무엘상 19:1-26:25; 다윗이 사울에게 쫓겨 다닐 때 사울의 칼날을 여러 차례 피한 것을 지시한다.

열왕기상 19:1-18; 엘리야도 이세벨의 칼을 피해 미디안으로 도망한 경우도 포함시켰다.

열왕기하 6:8-23; 6:31-7:20; 엘리사도 아람 군대가 와서 그를 포위하여 잡으려고 하였지만 무사하였고, 아람 왕 벤하닷이 사마리아를 포위하였을 때 이스라엘의 왕이 엘리사를 죽이겠다고 하였지만 무사하였다.

3. '약한 데서 힘을 얻고'는

사사기 16:20-30; 삼손은 죽기 전에 눈을 뺏으나 힘을 얻어 다곤 신전을 무너뜨려 많은 블레셋 사람들을 죽인 경우를 지시하는 것으로 볼 수 있다.

열왕기하 20:1-13; 히스기야가 병들어 죽게 되었지만 믿음으로 나음을 얻고 수명 15년 연장한 것을 마음에 둔 것으로 보인다.

에스더 5:1-7:9; 에스더도 연약한 왕후인데 믿음으로 담대해져서 모르드개를 죽이도록 한 것을 뒤집어 오히려 하만을 죽이도록 한 사건을 마음에 둔 것으로 보인다.

4. '큰 싸움에서 강하게 되어'는

시편 18:29, 34-35, 46-48은 다윗의 찬송시를 반영하고 있다. 모든 전쟁에서 이기게 하신 여호와를 다윗이 찬양하였다.

5. '이방 사람들의 진들로 달아나게 하였으며'는

필립 휴즈 (Philip Edgcumbe Hughes)는 막카비 가문이 헬라 시리아의 안티오코스 에피파네스의 군대와 싸워 그들을 물리친 것을 인용한다.

그러나 위 본문 내용은 이스라엘의 역사에서 일어난 전쟁들의 경우에 적용하는 것이 합당하다.

역대하 14:9-15; 아사왕은 구스의 왕 세라가 백만의 군대로 유다를 치러 올라왔을 때 믿음으로 기도하여 백만 군대를 물리쳤다.

히브리서 저자는 이 사건을 특별히 마음에 두었다고 본다.

■ **히 11:35** 여자들은 자기의 죽은 자를 부활로 받기도 하며 또 어떤 이들은 더 좋은 부활을 얻고자 하여 악형을 받되 구차히 면하지 아니하였으며

11:35 ἔλαβον γυναῖκες ἐξ ἀναστάσεως τοὺς νεκροὺς αὐτῶν· δὲ ἄλλοι ἐτυμπανίσθησαν, οὐ προσδεξάμενοι τὴν ἀπολύτρωσιν, ἵνα κρείττονος ἀναστάσεως τύχωσιν·

히 11:35 여자들은 자기들의 죽은 자들을 부활로 받기도 하였으며 다른 이들은 고문을 받았으나 더 나은 부활을 받기 바라서 놓여남을 받지 않았습니다.

1. 여기 '여자들은 자기들의 죽은 자들을 부활로 받았다'고 하는 경우는 구약과 신약에 몇 사건이 있다.

사르밧 과부는 엘리야의 기도로 죽은 아들이 다시 살림을 받았다 (왕상 17:17-24).

수넴 여인은 아들이 없다가 엘리사의 말대로 아들을 얻었지만 죽었다. 그러나 아이의 어머니 곧 수넴 여인의 간구를 따라 엘리사가 기도하므로 아들이 죽었으나 살아났다 (왕하 4:14-37). 죽은 아들이 다시 살아났다.

신약에서도 나인성 과부의 죽은 아들이 주님의 손으로 살림을 받았다 (눅 7:11-16). 마르다와 마리아의 죽은 오라비도 주의 손으로 다시 살림 받았다 (요 11:11-44). 욥바의 과부들이 죽은 도르가가 다시 살아나는 기적을 보았다 (행 9:36-42).

이 경우들에 여자들이 죽은 자들을 다시 살림 받았다는 것이 확실하다. 오직 하나님의 능력을 굳게 믿음으로 그런 기적을 맛보았다.

2. '다른 이들은 고문을 받았으나'

칼빈은 이 성경본문을 안티오코스 왕 아래서 당한 모진 고문을 언급한다.

필립 휴즈는 안티오코스 에피파네스 (Antiochos Epiphanes) 왕의 통치 때 유대인들이 모진 고문을 당한 것에 연관시킨다. 그런 심한 고문에도 불구하고 하나님 믿는 믿음을 저버리지 않고 고난 받아 죽은 것을 지시하는 것으로 해석한다.

3. '더 나은 부활을 받기 바라서 놓여남을 받지 않았다'는 것은

모진 고문을 당할 때 여호와 하나님을 믿는 믿음을 버리기로 하면 놓여나게 되는 것을 말한다.

그러나 고문 받는 유대인들은 모진 고문을 받아 죽어가면서도 결코 여호와 하나님을 믿는 신앙을 버리지 않았다. 그들은 여호와 하

나님을 믿는 믿음 때문에 부활할 것을 기대하였다.

4. 이 본문의 마지막 부분을 막카비 시대에 당한 고난에 적용하면, 이 때에도 벌써 부활신앙을 가졌음이 분명하다.

시리아 헬라제국은 안티오코스 왕조가 다스리며 그에 부속된 유다를 헬라화하려는 대대적인 시도를 하였다. 이때 유대인들이 헬라화에 반대하므로 많은 핍박과 고문과 살해를 당하였다.

이 헬라화 정책을 강화하는 안티오코스 에피파네스 왕조에 대항하여 유대인들이 율법준수를 고집하며 헬라화에 반대하였다. 그래서 제사장 마따디아스 (Mattathias)가 다섯 아들과 함께 시리아제국에 대항하여 BC 167부터 봉기를 일으켜 게릴라전을 펼쳤다. 다섯 형제 중 유다스 (Judas) 마카베오스 (Makkabeos)가 지도자가 되어 게릴라전을 펼쳐서 마침내 유다를 시리아의 속박에서 해방시켜 하스모니안 왕조를 세웠다 (BC 163-37).

이 일이 일어나기 전 헬라화에 반대한 유대인들이 모진 고문과 박해를 받아 죽었다. 이때에 고문과 태장과 채찍을 받으면서도 전통적인 신앙을 지켜 많은 사람들이 죽임을 당하였다.

- **히 11:36** 또 어떤 이들은 희롱과 채찍질뿐 아니라 결박과 옥에 갇히는 시험도 받았으며

  11:36 δὲ ἕτεροι ἐμπαιγμῶν καὶ μαστίγων πεῖραν ἔλαβον, δὲ ἔτι δεσμῶν καὶ φυλακῆς·

  히 11:36 또 다른 사람들은 놀림과 채찍질을 받았고 또 사슬에 매임과 옥에 갇히는 일을 당하였으며,

1. 미가야가 옥에 갇히고 고생의 떡과 고생의 물을 마셨다 (왕상

22:26-27; 대하 18:25-26).

2. 예레미야가 유다의 멸망을 예언할 때 여러 번 착고에 채이고 채찍에 맞으며 옥에 갇히고 종일 놀림과 욕을 당하였다 (렘 20:1-18; 37:13-21; 38:5-13).

3. 바스훌은 여호와의 전의 유사장 (총감독)인데, 예레미야의 예언을 듣고 그를 때리고 착고에 채웠다 (렘 20:1-3).

예레미야 자신의 말을 들어보자. '여호와의 말씀으로 하여 내가 종일토록 치욕과 모욕거리가 됨이니이다' (렘 20:8). '나는 무리의 비방과 사방의 두려움을 들었나이다' (렘 20:10).

4. 우리를 죄와 죽음에서 구원하기 위해서 그리스도께서 당하신 십자가의 고난과 모욕과 놀림과 비교될 것은 아무것도 없다.

■ **히 11:37** 돌로 치는 것과 톱으로 켜는 것과 시험과 칼에 죽는 것을 당하고 양과 염소의 가죽을 입고 유리하여 궁핍과 환난과 학대를 받았으니

11:37 ἐλιθάσθησαν, ἐπρίσθησαν, ἐν φόνῳ μαχαίρης ἀπέθανον, περιῆλθον ἐν μηλωταῖς, ἐν αἰγείοις δέρμασιν, ὑστερούμενοι, θλιβόμενοι, κακουχούμενοι,

히 11:37 돌로 쳐 죽임을 당하고, 톱으로 몸이 둘로 켜지고, 칼로 죽임을 당하고, 양가죽과 염소 가죽을 걸치고 떠돌아다니고, 심히 가난하였으며, 괴롭힘을 당하고 아주 잔인하게 당하였으니,

1. 고난당한 예들은 다음과 같다.

대제사장 여호야다의 아들 스가랴가 돌에 쳐 죽임을 당하였다 (대하 24:20-22).

전통에 의하면 예레미야가 애굽에 끌려가서 동료 유대인들에 의

해서 돌로 쳐 죽임 당한 것으로 보고되었다 (Hippolytus, de Christo et Antichristo 31).

선지자 이사야가 톱으로 몸이 둘로 썰어져서 죽은 것으로 전통이 전한다 (Justinus, Ioustinos, Dialogus cum Trypho 120, 유스티노스는 나무 톱으로 썰어졌음을 말함; Origenes, epistula ad Africanus 9; Hippolytus, de Christo et Antichristo 30).

2. '시험과 칼에 죽는 것을 당하고 양과 염소의 가죽을 입고 유리하여 궁핍과 환난과 학대를 받았으니'

이 부분은 주석가들이 일반적으로 하나님을 잘 믿기 때문에 고난 받은 성도들에게 적용하였다.

핍박받고 굶주리고 험한 염소가죽으로 몸을 덮고 핍박을 받으면 산으로 굴로 피하여 험하게 살았지만, 하나님을 믿는 바른 믿음을 버리지 않았음을 제시한다. 일시적인 육신의 삶을 더 이어가기 위해서 구차하게 믿음을 버리고, 고통을 면하려고 하지 않았다는 사실을 강조한다. 영원한 하나님 나라에서 영원한 삶을 바라보았기 때문에 험한 핍박과 고문에도 믿음을 버리지 않았음을 말한다.

■ **히 11:38** (이런 사람은 세상이 감당치 못하도다) 저희가 광야와 산중과 암혈과 토굴에 유리하였느니라

11:38 πλανώμενοι ἐπὶ ἐρημίαις καὶ ὄρεσι καὶ σπηλαίοις καὶ ταῖς ὀπαῖς τῆς γῆς· ὧν οὐκ ἦν ἄξιος ὁ κόσμος

히 11:38 이런 사람들은 세상이 감당할 수 없습니다, 들에서 헤매었고 산중과 땅굴과 땅의 터진 틈으로 돌아다녔습니다.

1. 세상은 의롭고 바르게 믿는 사람들을 받아들일 수 없다.

세상은 믿는 자들의 믿음과 소망을 도저히 이해할 수 없다. 그들의 사는 방식도 세상과는 전혀 다르기 때문이다.

핍박받는 신자들이 구하고 바라는 것은 하늘나라이고, 하늘의 위로와 소망이기 때문이다.

2. 세상은 그들에게 합당한 거처를 허락하지 않는다.

그래서 그들은 산골 굴이나 땅굴 속에서 하나님의 나라에 도달할 날을 기다리며 연명한다.

3. 핍박받은 그리스도인들은 정상적인 의식주의 문제를 해결할 수가 없다.

그런데도 인격의 존엄성을 지키며 선한 삶을 살았다.

■ **히 11:39** 이 사람들이 다 믿음으로 말미암아 증거를 받았으나 약속을 받지 못하였으니

11:39 καὶ πάντες μαρτυρηθέντες διὰ τῆς πίστεως οὐκ ἐκομίσαντο τὴν ἐπαγγελίαν,

히 11:39 이 사람들은 다 믿음으로 말미암아 증거를 받았으나 약속은 받지 못하였습니다.

1. 구약의 신앙조상들은 다 하나님의 약속을 믿음으로 살았다.

그들에게 주신 하나님의 약속은 그리스도께서 오셔서 죄용서와 구원을 베푸신다는 말씀이다. 그들은 멀리서 이 약속이 성취될 것을 바라보고 살았다. 그리스도께서 사람으로 오셔서 구원사역을 이루시므로 죄용서와 부활과 영생을 이루실 것을 믿음으로 확신하였다.

2. 구약의 믿음의 장부들은 약속을 받고 기뻐하였지만 실제로는 죄용서와 영생을 누릴 수 없었다.

그들은 약속을 받고서 죽었고, 신약시대까지 살 수 없었다.

구약성도로는 안나와 시므온만이 그리스도의 출생을 보았다 (눅 2:25-38). 그러나 시므온과 안나도 그리스도의 출생은 보았어도 그리스도의 구속사역의 성취와 성령 임하심은 경험할 수 없었다.

■ **히 11:40** 이는 하나님이 우리를 위하여 더 좋은 것을 예비하셨은즉 우리가 아니면 저희로 온전함을 이루지 못하게 하려 하심이니라

11:40 τοῦ θεοῦ περὶ ἡμῶν κρεῖττόν τι προβλεψαμένου, ἵνα μὴ χωρὶς ἡμῶν τελειωθῶσιν.

히 11:40 하나님이 우리를 위하여 더 좋은 것을 마련하신 것은 우리 없이는 그들로 온전함을 얻을 수 없게 하셨기 때문입니다.

1. 하나님이 구약의 선지자들과 족장들과 왕들을 통해서 예언하신 구원은 예수 그리스도의 출생과 그의 구원사역이다.

2. 구약은 예식과 제사로 그리스도의 구원을 보였다.

구약의 제사와 속죄제사는 다 그림자로서, 그리스도가 이룩하실 영원한 구원을 예시한 것이다. 하나님은 구약의 의식법으로 그리스도가 이루실 구원이 어떤 것인지를 어렴풋이 알게 하셨다.

3. 신약시대에 이르러 그리스도의 강생과 구속사역이 이루어지게 하심은 우리로 영원한 구원을 얻게 하시려고 함이었다.

모든 구원은 그리스도의 피로만 성취되는 것을 보이시기 위해서 신약의 백성들이 먼저 그리스도의 피로 구속받게 하셨다.

4. 구약백성들도 그리스도의 피의 적용에 의해서 신약백성들처럼 구원 얻게 하시려고 우리 신약의 백성들로 먼저 그리스도의 피로 구속받게 하셨다.

구약백성들은 그리스도께서 피 흘리시기 전에 살았지만 그리스도의 흘리신 피가 시간에 역행해서 그들의 제사에 적용되어 구원 얻게 하셨다.

5. 사람이 구원 얻는 것은 오직 그리스도의 피로만 되는 것임을 밝히 보이시기 위해서 신약의 성도들이 먼저 그리스도의 피의 공효를 맛보게 하셨다.

제 12 장

하나님이 자녀를 징계하심

히브리서

ΠΡΟΣ ΕΒΡΑΙΟΥΣ

■ **히 12:1** 이러므로 우리에게 구름같이 둘러싼 허다한 증인들이 있으니 모든 무거운 것과 얽매이기 쉬운 죄를 벗어버리고 인내로써 우리 앞에 당한 경주를 경주하며

12:1 Τοιγαροῦν καὶ ἡμεῖς, ἔχοντες τοσοῦτον περικείμενον ἡμῖν νέφος μαρτύρων, ἀποθέμενοι ὄγκον πάντα καὶ τὴν εὐπερίστατον ἁμαρτίαν, δι᾽ ὑπομονῆς τρέχωμεν τὸν προκείμενον ἡμῖν ἀγῶνα,

히 12:1 이러므로 우리는 우리를 둘러싸고 있는 많은 증인들을 구름떼 같이 갖고 있습니다. 모든 거리끼는 것들과 얽매이기 쉬운 죄를 벗어버리고 인내로써 우리 앞에 놓인 경주를 하며

1. 우리 그리스도인들을 둘러싼 많은 증인들은 이방인들을 말하는 것으로 이해하는 것이 합당하다.

여기에 유대인들도 포함시킬 수 있다. 그러나 구름처럼 많은 증인들은 이방인들로 보아야 합당하다.

모든 이방인들은 그리스도를 믿는 사람들이 어떻게 사는지 곧 그들의 동작과 행동을 다 지켜본다. 이방신들을 섬기다가 그리스도를 믿게 되었으므로 어떻게 하는지를 면밀히 관찰한다. 관찰로 주

예수를 믿으려고 하는 것이 아니라 흠을 잡기 위해서 그렇게 한다.

2. 그리스도를 믿는 사람들은 사소한 죄에도 흠 잡히므로 사소한 죄들도 벗어버려야 한다.

그리스도인이 되기 전에는 아무런 문제가 되지 않았던 일들이 그리스도인이 된 후에도 이런 것들을 행하면, 이방인들이 입을 벌려 욕을 하고 험담을 한다. '예수 믿는 자들도 전처럼 행동하면 예수 믿는 것이 무슨 소용이 있는가?' 하고 의아해 한다. 그리스도인들의 행동은 무수히 많은 이방인들 앞에서 행해지고 있다는 사실을 기억해야 한다.

그러므로 아무리 사소한 것이라도 이방인들에게 욕을 먹고 수다의 대상이 되는 행동을 하면 안 된다.

3. 그리스도인들은 사소한 것 곧 아무 거리낌 없이 쓰던 말과 행동들도 다 복음에 합하도록 바꾸어야 한다.

가령 쉬운 거짓말 혹은 밀을 바꾸는 짓, 화투하는 일, 투견, 투계 등과 군사적 행동에 해당하는 싸움, 술을 마시는 것, 여인들과 놀아나는 것, 주일날 오락을 즐기는 일 등도 삼가야 한다. 이런 일들도 아무런 생각 없이 반복적으로 하다보면 거기에 얽매이어서 벗어나기 어렵다. 이런 것들이 거리끼는 것과 얽매이기 쉬운 일들이다.

다 복음의 정신에 합하게 바꾸어야 한다.

4. 그리스도인들은 죽어서 하나님 앞에 도달하기까지 꾸준히 경주하는 삶을 살아야 한다.

세상에 살면서 세상과 달리 사는 것을 경주에 비겼다. 경주하는 사람은 앞만 보고 가야 한다.

그리스도인들도 앞에 놓인 푯대를 향해서 달음질해야 한다. 달리면서 세상의 오락을 즐길 수 없다. 오직 푯대만 향해서 달려야 한다. 달리는 과정에서 세상과 타협하고 세상을 따라가면 안 된다. 그것은 뒤로 물러나는 것이다.

5. 그리스도인들은 하나님께 이르기까지 모든 것을 참아내야 한다.

그리스도인으로 사는 것은 참으로 어려운 길이다. 세상에 살면서 세상과 합해질 수도 없고, 세상을 따라가서도 안 된다. 이 어려운 삶을 사는 길은 참아내는 것이다. 참음으로 삶의 경주를 끝까지 달려가야 한다.

■ **히 12:2** 믿음의 주요 또 온전케 하시는 이인 예수를 바라보자 저는 그 앞에 있는 즐거움을 위하여 십자가를 참으사 부끄러움을 개의치 아니하시더니 하나님 보좌 우편에 앉으셨느니라

12:2 ἀφορῶντες εἰς τὸν τῆς πίστεως ἀρχηγὸν καὶ τελειωτὴν Ἰησοῦν, ὃς ἀντὶ τῆς προκειμένης αὐτῷ χαρᾶς ὑπέμεινεν σταυρὸν αἰσχύνης καταφρονήσας, τε ἐν δεξιᾷ τοῦ θρόνου τοῦ θεοῦ κεκάθικεν.

히 12:2 믿음을 시작하시는 이요 온전하게 하시는 이인 예수를 주목합시다. 그는 자기 앞에 있는 기쁨을 위하여 십자가를 참으시고 부끄러움을 마음에 두지 않으셨더니 하나님의 보좌 우편에 앉으셨습니다.

1. '믿음의 주요, 온전케 하시는 이인 예수'라고 개역판은 번역하였는데 '믿음을 시작하시는 이요, 온전하게 하시는 이인 예수'라고 번역함이 합당하다.

그냥 믿음의 주가 아니라 믿음을 시작하시는 이와 온전하게 하시는 이인 예수라고 해야 두 단어가 합치한다.

2. 믿음을 시작하시는 이도 예수 그리스도요, 믿음을 온전하게 하시는 이도 예수 그리스도이시다.

우리는 통상 그리스도는 구원사역을 완수하시고, 사람들로 믿게 하는 일은 성령에게 위탁하신 것으로 이해하고 있다.

그러나 사람들로 자기의 구원사역을 믿게 하시는 이가 예수 그리스도이시다. 그리고 그 믿음을 계속하게 하시는 이도 예수 그리스도, 믿음의 시발자이시다. 그리고 그 믿음을 끝까지 붙들어 온전한 믿음에 도달하여 영생에 이르게 하시는 이도 예수 그리스도이시다.

그리스도가 구원을 완수하시고 그 구원을 받도록 믿음을 주시고 끝까지 믿게 하신다. 그리스도인들의 믿음생활에 있어서 그리스도가 알파요 오메가이시다. 그가 사람들로 자기의 구원사역을 믿게 하시고 끝까지 믿음에 머무르게 하신다.

3. 믿음을 온전하게 하심은 믿는 자로 끝까지 믿음에 머무르게 하여 영생에 이르게 함을 말한다.

믿음의 과정에서 여러 어려움을 만나면 사람들이 믿음에서 떠나고 믿음을 버릴 수 있다. 그러나 예수 그리스도는 믿는 사람들로 끝까지 믿음에 머무르게 하여 영생에 이르게 하신다.

4. '예수를 주목합시다'는 눈을 예수에게 고정하자는 뜻이다.

믿음을 시작하시고 온전하게 하시는 예수를 한두 번 보는 수준이 아니라 눈이 늘 예수에게 부착해 있어야 함을 말한다.

늘 그리스도 예수만 주목해야 믿음에서 떨어지지 않고, 온전한 믿음의 결론에 이른다. 곧 영생에 이른다.

5. 예수 그리스도는 최대의 치욕인 십자가를 지되 아무런 불평과 거절함이 없이 그 고통을 다 감당하셨다.

믿음의 처음과 나중인 예수 그리스도의 구원사역 과정이 어떠하였는가를 밝힌다.

그리스도는 우리를 죄와 죽음에서 구원하여 영생에 이르도록 하기 위해서 극심한 고통의 십자가를 감당하셨다. 십자가의 고통은 감당하기가 극히 어려운 고통이다. 죽어 숨을 거둘 때까지 살이 찢어지는 아픔, 뼈가 부서지는 아픔, 피를 계속 흘리므로 목마름의 고통, 죽기까지 고통과 함께 배고픔의 고통이 끊이지 않는다.

십자가 형벌은 인격체인 사람을 짐승보다 못하게 만들고, 인격을 완전히 파괴하는 형벌이다. 인격이 완전히 부서져서 사람이기를 그치게 하는 형벌이다.

그리스도는 자기 때문에 이런 고통과 모욕을 받은 것이 아니라 우리의 구원을 위해서 그렇게 말로 표현할 수 없는 고통과 인격적인 모독을 당하셨다.

6. 십자가 형벌은 극단적인 형벌이어서 고통과 인격적인 수치를 당함은 누구도 감당할 수 없는 경지였다.

모든 사람들이 조롱하고 놀려댔다. 그의 인격적인 존재를 완전히 무시하였다. 천하의 죄인 중의 죄인으로 단정하였다.

7. 예수 그리스도는 이런 극단적인 고통과 수치를 아무것도 아닌 것처럼 참으셨다.

많은 사람들과 제사장들과 서기관들과 바리새인들과 백성들이 그를 조롱하였다. 그들은 예수가 그냥 사람인 주제에 하나님의 아들이라고 한다고 놀려댔다.

성전을 헐고 3일에 짓는다고 했으면 그런 능력을 보여 주라고 놀려댔다. '하나님의 아들이면 십자가에서 내려올 수 있을 것이다. 하나님이 그를 기뻐하시니 십자가에서 내려와서 하나님의 아들임을 증명하라'고 놀려댔다. 아무도 편들어주지 않는 상황에서 일방적으로 놀려댐을 당했고, 아무런 대꾸나 해명도 할 수 없는 상황에서 그렇게 했다.

모든 인격적인 모독을 예수 그리스도는 참아내셨다.

8. 고난 후에 십자가에서 피 흘리셔서 하나님의 백성을 회복하여 하나

님이 자기 백성을 가지고 찬양과 경배를 받으실 것이므로 모든 것을 참으셨다.

그리스도만이 유일한 구주이시므로 이런 참혹한 고통과 모욕을 당하셨다. 아무 사람도 그런 경험을 결코 할 수 없었고 앞으로도 전혀 그런 일은 불가능하다.

그리스도만이 하나님의 아들이시므로 세상 죄를 속량하여 백성들을 구원하시는 일을 하여 하나님의 창조경륜을 이루셨다.

9. 그리스도는 십자가에서 죽고 장사되었다가 부활하여 하나님의 보좌에 앉으심으로 온 세상을 다스리셨다. 그는 전능한 통치자로 그 권능을 행사하신 것이다.

■ **히 12:3** 너희가 피곤하여 낙심치 않기 위하여 죄인들의 이같이 자기에게 거역한 일을 참으신 자를 생각하라

12:3 Ἀναλογίσασθε γὰρ τὸν ὑπομεμενηκότα τοιαύτην ὑπὸ τῶν ἁμαρτωλῶν εἰς ἑαυτὸν ἀντιλογίαν, ἵνα μὴ κάμητε ταῖς ψυχαῖς ὑμῶν ἐκλυόμενοι.

히 12:3 여러분이 지치고 힘을 잃지 않도록 하기 위해서 죄인들이 자기에게 대해 그렇게 적개심을 드러낸 것을 참으신 이를 생각하시오.

1. 그리스도 예수께서 이렇게 험한 고통과 인격적인 모독과 수치를 참으신 것은 죄인들을 구원해내시기 위해서 참으신 것이다.

아무도 고통과 치욕을 당하고 싶지 않다. 그런데 예수 그리스도는 말없이 그런 고통과 치욕을 당하시고 참으셨다.

이렇게 함으로만이 죗값을 지불하고, 죄인들을 죄와 죽음에서 구원하실 수 있었기 때문이다.

2. εἰς ἑαυτὸν ἀντιλογίαν (에이스 헤아우톤 안티로기아)이므로 거역이나 반박이라고 번역하는 것이 글자대로는 합당하지만, 거역보다 적개심으로 이해하는 것이 바르다.

예수 그리스도는 단 하나의 의인으로서 세상 죄를 담당하고 십자가에 죽으셨다. 의인을 십자가에 못 박는 것도 극악한 죄악인데 거기에 더해서 말할 수 없는 욕설들을 퍼부어댔다 (마 27:39-44; 막 15:29-32; 눅 23:35-43). 그를 미워함이 얼마나 컸는지를 말해준다.

죄인들은 예수 그리스도가 하나님의 아들이시고, 하나님의 성육신인 줄을 잘 알고 있었다. 그러나 그가 사람들을 죄와 죽음에서 구원하려고 오셨다는 것을 알므로 그렇게 핍박하고 욕하였다. 그를 미워함이 극에 달한 것이다.

사탄의 부추김을 받아서 하나님의 아들을 미워함이 극에 달하였음을 보여준다.

3. 예수 그리스도는 십자가의 험한 고통만 참으시는 것이 아니라 온갖 모욕과 인격적인 경멸을 다 감당하셨다.

그들의 욕설과 저주에 대해서 아무런 협박이나 저주로 되갚지 않으셨다. 모든 것을 다 참아내셨다.

욕하고 멸시하고 조롱하는 죄인들을 심판의 협박으로 갚으셨다면, 십자가의 고난을 감당하지 못하였을 것이다. 예수를 하나님의 아들로 알았다면, 그를 십자가에서 내려놓았을 것이다.

예수 그리스도는 사람들이 하나님을 반역하므로 얻은 모든 모욕과 멸시와 조롱을 다 감당하셨다.

4. 죗값에는 모욕과 부끄러움도 함께 들어간다.

죗값을 갚으심에 있어서 고난 받아 피 흘리심으로만 되는 것이 아니다. 죗값을 갚으심에 있어서 인격적인 모독과 조롱과 부끄러움을 당하는 것도 다 포함된다.

그러므로 그리스도께서 죄인들이 소리쳐 조롱하고 모욕하는 모든 수치를 다 담당하셨다. 그리스도께서 이렇게 고난당하시므로 온전한 구원을 성취하셨다.

5. 여기서 죄인들은 그리스도를 십자가에 못 박는데 결정적인 역할을 한 대제사장들과 제사장들과 서기관들과 바리새인들을 포함한다.

이들은 결코 구원에 이르도록 회개할 수 없는 사람들이었다. 그러므로 그들은 완전한 죄인으로 자기들의 삶을 마감하였다.

6. 우리의 구주가 이렇게 고난당했으면 예수 믿어 당하는 고난과 핍박과 조롱을 기꺼이 감당해야 할 것이다.

고난을 당하면 그것처럼 감당하기 어려운 일이 없다. 부끄러움을 당하면 그것처럼 감당하기 어려운 모욕이 없다. 그러나 그리스도의 거룩한 구원 때문에 핍박받고 욕을 먹으므로 온전히 끝까지 참아내야 한다.

이런 어려움 때문에 예수 믿음을 중간에서 버리면, 이제껏 당한 고난도 헛것이 되고 구원에서 탈락한다.

7. 지금 편지를 받는 유대 그리스도인 혹은 히브리 그리스도인들이 그리스도를 믿는 믿음 때문에 핍박도 받아 지치고 힘을 잃고 있는 상황이다.

그러므로 이 믿음을 버리고 본래 히브리 신앙의 방식 곧 율법을 지키며 사는 삶으로 돌아가려고 하는 마음이 많이 생겼다. 그러면 안 된다는 것을 히브리서 저자는 강조하고 있다.

우리의 구원은 그리스도께서 피 흘리시고 온갖 욕을 먹으며 이루신 구원이다. 그러므로 믿는 자들도 고난당하고 핍박을 받는 것이 당연하다. 따라서 율법의 길로 돌아가려고 하면 안 된다는 것을 강조한다.

■ **히 12:4** 너희가 죄와 싸우되 아직 피흘리기까지는 대항치 아니하고

12:4 οὔπω μέχρις αἵματος ἀντικατέστητε πρὸς τὴν ἁμαρτίαν ἀνταγωνιζόμενοι,

히 12:4 여러분이 죄와 싸우는 일에 있어서 아직 피 흘리는 데까지는 이르지 않았습니다.

1. 히브리 그리스도인들이 죄와 싸우는 일에 있어서 피 흘리기까지는 아직 이르지 않았다.

이전 성도들은 믿음을 위한 싸움에서 재산도 몰수당하고, 사는 집에서 쫓겨나고 또 죽음을 당하기도 하였다.

그러나 지금 히브리 그리스도인들은 죄와 싸움에서 그렇게 모진 고난을 당하지 않았다. 피 흘려 죽음에 이르기까지 고난 받고 핍박 받지 않았음을 말하고 있다.

2. 여기 비유는 권투장에서 두 선수가 서로 치고 싸우면서 주먹을 받아 얼굴에 피 흘리는 일이 일어나는 것을 염두에 두고 있다.

히브리 그리스도인들은 죄와의 싸움 때문에, 정확하게는 그리스도를 믿는 믿음 때문에 죽음을 당하지는 않았다.

3. 죄와 싸움에 있어서 피 흘리기까지 싸우는 것은 목숨을 내어놓고 믿음을 지키는 것을 뜻한다.

■ 히 12:5 또 아들들에게 권하는 것같이 너희에게 권면하신 말씀을 잊었도다 일렀으되 내 아들아 주의 징계하심을 경히 여기지 말며 그에게 꾸지람을 받을 때에 낙심하지 말라

12:5 καὶ ἐκλέλησθε τῆς παρακλήσεως, ἥτις ὑμῖν ὡς υἱοῖς διαλέγεται, Υἱέ μου, μὴ ὀλιγώρει παιδείας κυρίου, μηδὲ ἐκλύου ὑπ' αὐτοῦ ἐλεγχόμενος·

히 12:5 또 아들들에게 말씀하신 것같이 여러분에게 하신 권면을 잊어버렸도다. 이르기를 내 아들아 주의 훈계를 가볍게 여기지 말고 주께 꾸지람을 들을 때에 낙심하지 마시오.

1. 지금 받는 고난과 어려움은 주께서 훈계 혹은 훈련하시는 것으로 보아야 함을 제시하고 있다.

지금 히브리 그리스도인들이 당하는 어려움과 고난은 주께서 그들을 사랑하셔서 온전하게 하기 위해서 보내신 단련임을 말하고 있다.

2. 그런데 그들은 이 단련을 위해서 주신 권면을 잊어버렸다.

따라서 불평하고 낙심하여 유대교로 돌아갈 생각을 많이 하고 있다. 그리스도를 믿는 믿음은 고난을 통해서 단련되고 온전해진다는 것을 교훈하고 있다.

3. 주님은 사랑하시는 자들을, 아들을 훈계하시는 것처럼 훈계하신다.

훈계를 받는 것은 주님이 사랑하신다는 증거이다.

4. 훈계 혹은 단련을 받음으로 죄짓지 않게 되어 사랑하는 자녀들임이 증명된 것이다.

아버지는 자기의 친자식들을 훈계하고 징계한다. 잘못하면 회초리로 때려서 다시는 같은 잘못을 저지르게 하지 않는다. 자기의 친아들이기 때문이다.

마찬가지로 그리스도인들을 훈계하고 징계하시는 것은 그들이 하나님의 아들들이 되었기 때문이다. 이렇게 징계하고 훈련받게 하여 죄짓는 데 이르지 못하게 하신다. 이것은 하나님이 그리스도인들을 자기의 친자식으로 삼으셨음을 뜻한다.

5. 친자식을 훈계하고 징계하여 잘못된 길로 가지 않게 하는 것처럼 지금 고난 받는 그리스도인들이 훈계를 받고 있으므로 낙심하지 말아야 한다.

버림받는 것이 아니고 하나님이 사랑하셔서 훈계하고 징계하시는 것이다.

■ 히 12:6 주께서 그 사랑하시는 자를 징계하시고 그의 받으시는 아들마다 채찍질하심이니라 하였으니

12:6 γὰρ ὃν ἀγαπᾷ κύριος παιδεύει, δὲ μαστιγοῖ πάντα υἱὸν ὃν παραδέχεται.

히 12:6 주께서 사랑하시는 자를 훈계하시고 그가 받으시는 아들마다 채찍질하신다고 하였습니다.

1. 이 절은 12장 5절의 연속이지만 5절에서 말한 사랑하는 아들을 채찍질하심을 강조한다.

아버지가 사랑하는 아들을 훈계하여 잘못된 길로 가지 않고 바른 사람이 되게 하는 것처럼, 하나님도 아들로 받은 자들을 사랑하시기 때문에 훈계하신다.

그리하여 범죄의 길로 들어서지 못하게 하신다.

2. 주께서 받으시는 아들은 주 예수를 믿어 하나님의 아들과 딸이 된 사람을 말한다.

이렇게 주 예수를 믿는 사람을 아들로 받으셨으니, 잘못하면 채찍질하신다. 채찍질하심은 바른길로 가며 세상으로 돌아가지 않도록 하기 위해서 하시는 것이다.

■ 히 12:7 너희가 참음은 징계를 받기 위함이라 하나님이 아들과 같이 너희를 대우하시나니 어찌 아비가 징계하지 않는 아들이 있으리요

12:7 εἰς παιδείαν ὑπομένετε· ὡς υἱοῖς ὑμῖν προσφέρεται ὁ

θεός· γὰρ τίς υἱὸς ὃν οὐ παιδεύει πατήρ;

히 12:7 훈계를 받고 참으시오, 하나님이 여러분을 아들들처럼 대하시니 아버지가 훈계하시지 않는 아들이 누구이겠습니까?

1. 지금 받고 있는 고난이 하나님이 내리시는 훈계이므로 잘 참아야 할 것을 말한다.

하나님이 여러분을 아들들로 대하시므로 훈계를 잘 참고 견뎌야 할 것을 강조한다. 우리가 받는 고난이 하나님이 우리를 아들로 삼으시고, 아들로 바르게 서도록 하는 훈계로 알아 잘 참고 견뎌야 한다.

2. 그런데 이 훈계를 핍박으로 여겨서 이 믿음을 떠나려고 하면 안 될 것을 말하고 있다.

아버지가 아들을 채찍질하여 바르게 되도록 하는 것이 아버지의 첫째 의무이고 책임이다. 잘못한 아들을 회초리로 쳐서 잘못 가지 않게 하는 것이 아버지의 일차적인 책임이다.

3. 지금 하나님 아버지가 믿는 사람들을 자기의 친아들로 삼아 훈계하고 채찍질하신다.

■ **히 12:8** 징계는 다 받는 것이거늘 너희에게 없으면 사생자요 참 아들이 아니니라

12:8 δὲ εἰ ἐστε χωρίς παιδείας ἧς μέτοχοι γεγόνασι πάντες, ἄρα νόθοι καὶ οὐχ υἱοί ἐστε.

히 12:8 징계가 여러분에게 없으면 여러분은 사생아요 아들들이 아닙니다.

1. 모든 그리스도인들이 하나님의 자녀가 되어서 징계를 받았고 또 받고 있는데, 여러분이라고 징계가 없으면 하나님의 아들들이 아님을 말한 것이다.

믿는 자들을 하나님이 자기의 아들들로 삼으셨으므로 때때로 징계하신다. 그래서 여러분 그리스도인들도 징계를 받고 있다. 징계를 받는다는 것은 여러분 그리스도인들이 합당한 아들들임을 밝히 말해주는 것이다.

2. 아들로서 받는 징계를 그리스도인이 됨으로 오는 핍박으로 여겨 믿음을 바꾸려고 하면 안 된다는 것을 반복적으로 강조한다.

3. 징계가 없으면 사생아임이 분명하다.

징계를 받고 있다는 것은 하나님의 아들로서 하나님의 사랑을 받고 있다는 것을 증명하는 것이다.

■ **히 12:9** 또 우리 육체의 아버지가 우리를 징계하여도 공경하였거든 하물며 모든 영의 아버지께 더욱 복종하여 살려 하지 않겠느냐

12:9 μὲν εἶτα τοὺς τῆς σαρκὸς ἡμῶν πατέρας εἴχομεν παιδευτὰς καὶ ἐνετρεπόμεθα· οὐ πολὺ μᾶλλον ὑποταγησόμεθα τῷ πατρὶ τῶν πνευμάτων καὶ ζήσομεν;

히 12:9 그런데 우리는 육신의 아버지들이 우리를 훈계하였어도 그들을 존경하였는데, 하물며 영들의 아버지께 순종하여 살아야 하지 않겠습니까?

1. 우리 육신의 아버지는 10절 말씀대로 일시적으로 자기 기분대로 우리를 훈계한다.

그래도 아버지이므로 존경하고 따랐다.

2. 우리를 훈계하고 징계하시는 하나님을 순종하여 살므로 죽음에 이르지 않아야 한다.

우리를 훈계하고 징계하시는 이는 모든 영들의 아버지이시다. 곧 모든 영들을 창조하신 하나님이시다. 이런 창조주 하나님의 징계를 잘 따르고 순종하여 죄를 범하지 않고 영생에 이르도록 해야 한다.

■ **히 12:10** 저희는 잠시 자기의 뜻대로 우리를 징계하였거니와 오직 하나님은 우리의 유익을 위하여 그의 거룩하심에 참예케 하시느니라

12:10 γὰρ μὲν οἱ πρὸς ὀλίγας ἡμέρας κατὰ τὸ δοκοῦν αὑτοῖς ἐπαίδευον, δὲ ὁ ἐπὶ τὸ συμφέρον εἰς τὸ μεταλαβεῖν τῆς ἁγιότητος αὐτοῦ.

히 12:10 그들은 일시적으로 자기들 마음 내키는 대로 훈계하였으나 하나님은 우리로 그의 거룩에 동참하는 데 유익되도록 훈계하십니다.

1. 우리 육신의 아버지는 일관된 뜻과 결정도 없이 일시적으로 마음 내키는 대로 우리를 훈계하고 징계한다.

하나님의 훈계와 징계는 하나님의 거룩에 동참하도록 하시는 목적으로 이루어진다.

그냥 일시적인 훈계여서 얼마큼 하다가 진보가 없으면 포기하는 방식이 육신의 아버지의 훈계법이다.

그러나 하나님은 우리가 범죄하지 않고 하나님의 거룩에 이르도록 훈계하고 징계하신다.

하나님의 훈련은 우리로 거룩하게 하여 영생에 이르게 하는 것이므로 우리의 영원한 행복을 위해서 이루어진다.

영원한 형벌을 받지 않고 영생과 영광에 이르도록 하려고 하나님

은 우리를 훈계하고 징계하신다. 따라서 이것처럼 큰 유익은 없다.

■ **히 12:11** 무릇 징계가 당시에는 즐거워 보이지 않고 슬퍼 보이나 후에 그로 말미암아 연달한 자에게는 의의 평강한 열매를 맺나니

12:11 δὲ πᾶσα παιδεία μὲν πρὸς τὸ παρὸν δοκεῖ οὐ χαρᾶς εἶναι ἀλλὰ λύπης, δὲ ὕστερον καρπὸν εἰρηνικὸν δικαιοσύνης. τοῖς δι' αὐτῆς γεγυμνασμένοις ἀποδίδωσιν

히 12:11 모든 훈계가 당장에는 기쁨이 아니고 슬픔으로 보이나 후에는 그로 말미암아 단련 받은 자들에게는 의의 평강한 열매로 갚아줍니다.

1. 훈계는 잘못한 것을 고치는 가르침 혹은 나무람이다.

훈계를 통상 책망과 징계로 이해하면, 징계를 받을 때 기뻐할 사람이 없다. 어떤 행동을 잘못했다고 나무라거나 고치도록 말을 하면 아무도 기뻐하지 않는다.

2. 따라서 훈계를 듣는 그 자리에서 기뻐하지 않고 슬퍼한다.

낮은 사람이 높은 사람으로부터 심한 책망과 훈계를 받으면 훈계 받는 사람이 기뻐하는 것이 아니라 애통하고 슬퍼한다.

3. 훈계로 잘못을 고치게 되면 그 잘못을 반복하지 않게 되는 것이 하나님의 계명을 이루는 것이 되므로 의가 된다.

그러면 허물과 실수와 범죄를 하지 않게 된다. 그것은 하나님의 계명대로 사는 것이 된다. 그것이 의를 이루는 것이다.

4. 훈계를 받아 고치면, 다시 범죄하지 않게 되므로 평화를 누리게 된다.

죄가 들어오면 개인이나 사회나 국가나 평안하지 않게 된다. 그러나 법을 지켜 죄를 범하지 않으면 다 평안하게 된다. 이것이 평화를 이루는 열매를 말한다.

5. 잘못을 고쳐 죄짓지 않으면 평안한 삶을 누리게 된다.

그리스도인이 하나님의 훈계를 받아 잘못된 것을 고쳐서 죄를 짓지 않으면, 하나님의 계명을 지키게 되어 의를 이루는 것이다.

■ **히 12:12** 그러므로 피곤한 손과 연약한 무릎을 일으켜 세우고

12:12 Διὸ τὰς παρειμένας χεῖρας καὶ τὰ παραλελυμένα γόνατα ἀνορθώσατε,

히 12:12 힘 풀린 손과 힘없는 무릎을 일으켜 세우고

1. 달음질하다가 손이 풀리고 무릎이 힘을 잃으면 잘 달릴 수가 없다.

믿음의 경주를 할 때 지치고 힘을 잃으면 마땅한 경주를 계속할 수 없다.

2. 그러므로 풀린 손과 힘없는 무릎을 다시 일으켜 세워야 한다.

신앙의 경주에서 낙심하여 손이 풀리고 힘이 없어진 무릎을 다시 굳게 해야 한다.

3. 힘을 다시 회복하는 길은 복음의 말씀과 기도로 된다.

힘을 회복하고 새 힘을 얻어 달음질해야 한다.

■ **히 12:13** 너희 발을 위하여 곧은길을 만들어 저는 다리로 하여금 어그러지지 않고 고침을 받게 하라

12:13 καὶ τροχιὰς ὀρθὰς ποιεῖτε τοῖς ποσὶν ὑμῶν, ἵνα μὴ τὸ χωλὸν ἐκτραπῇ, δὲ ἰαθῇ μᾶλλον.

히 12:13 여러분의 발을 위하여 달리는 길을 곧게 만들어서 저는 다리가 마디에서 빠지지 않게 하고 오히려 고침을 받도록 하시오.

1. 힘을 잃은 발이 굽은길을 달리면 매우 힘들다.

지쳐서 힘이 없는 다리로 굽은길들을 달리는 것은 보통 어려운 일이 아니다.

2. 따라서 달리는 길을 곧게 해야 한다.

믿음생활에 있어서 하나님의 말씀에 맞지 않는 길을 가는 것은 매우 힘든 일이다. 그리스도인은 그런 어그러진 길을 가면 믿음생활을 그치게 된다. 그러므로 말씀에 맞는 곧 복음에 합한 길로 행해야 한다.

3. 이방인으로 행하던 길을 버리고, 복음의 바른길로 살아야 한다.

처음에는 복음의 법대로 사는 것이 참으로 어렵고 힘들게 느껴져도, 복음의 길로 살면 담대하고 당당하게 살 수 있다. 죄짓지 않고 허물되는 삶을 버리면 가볍고 힘을 얻는다. 반대로, 옛날 죄짓고 살던 방식을 그대로 답습하면 결국은 올무에 걸려서 헤어나지 못한다. 마침내 죄짓고 욕을 먹는 삶을 살게 되어서 거기서 나올 수 없게 된다.

4. 그러므로 새로운 사람으로 지어진 발과 다리로 걸어야 하고 마디에서 빠져나오지 않게 해야 한다.

그것은 그리스도에게 접붙임을 굳게 하는 것이다. 곧 예수를 믿는 믿음고백을 굳게 하고, 지난날에 살던 방식을 버리는 것이다. 이것이 마디에서 빠져나오지 않게 하는 것이다.

그럴 뿐만 아니라 그리스도와 접붙임에서 떨어졌던 것을 다시 회복하여 새롭게 하는 것이다. 곧 죄 된 삶을 고치고 새 힘을 얻어서 굳게 믿음의 길로 행하는 것이다.

■ **히 12:14** 모든 사람으로 더불어 화평함과 거룩함을 좇으라 이것이 없이는 아무도 주를 보지 못하리라

12:14 διώκετε μετὰ πάντων, Εἰρήνην καὶ τὸν ἁγιασμόν, οὗ χωρὶς οὐδεὶς ὄψεται τὸν κύριον,

히 12:14 모든 사람들로 더불어 화평함과 거룩함을 좇으시오 이것이 없이는 아무도 주를 보지 못할 것입니다.

1. 모든 사람들과 더불어 화평함을 좇는 것은 할 수 있는 대로 다투지 않고 조용히 사는 것을 말한다.

여러 사람들과 함께 살면 이해관계로 말다툼을 벌이고 싸우게 된다. 또 이해관계에 있어서 시비를 따지고 자기 이익만 생각하면 싸움이 난다. 그러므로 다툼과 싸움이 나지 않도록 양보하고 말을 참아야 한다. 사람들과 싸우고 눈을 흘기고 욕을 하지 않고 살도록 지혜를 쓰는 것이 모든 사람과 더불어 화평함을 좇는 것이다.

2. 거룩함을 좇는 것은 죄악 된 관습을 버리고 깨끗하게 사는 것을 말한다.

특별히 음탕한 것을 버리고, 깨끗하고 신령한 것을 사모하는 것이다. 주 예수를 믿는 믿음고백을 하여 새 힘을 얻어 지난날에 즐기던 음탕함을 버리는 것이다.

성령께서 역사하시므로 죄 된 욕망을 멀리하고 즐기지 않도록 해야 한다. 또 그리스도의 피의 권세를 의지하고 피의 효능을 힘입으므로 죄의 욕망과 욕망을 즐기려는 마음을 버리는 것이다.

3. 따라서 믿지 않는 사람들과 함께 일할 때 여러 불협화음이 날 수 있지만, 그런 것들을 참아내고 잘 살펴서 각자의 몫이 공평하게 배분되도록 힘을 써서 싸움과 말다툼이 나지 않도록 해야 한다.

4. 그리스도인들은 이방인들의 삶의 방식인 음탕함과 더러움을 버리고 거룩한 복음의 도를 따라서 살아야 한다.

그리스도인의 삶의 목표는 죄 된 욕망을 버리고 깨끗하게 되는 것이다. 이것이 그리스도인들이 좇을 거룩함이다. 그리스도인의 종국은 죄 된 욕망들을 다 벗고 마침내 주를 보는 것이다. 곧 주 앞으로 가게 된다.

■ **히 12:15** 너희는 돌아보아 하나님 은혜에 이르지 못하는 자가 있는가 두려워하고 또 쓴 뿌리가 나서 괴롭게 하고 많은 사람이 이로 말미암아 더러움을 입을까 두려워하고

12:15 ἐπισκοποῦντες μή τις ὑστερῶν ἀπὸ τῆς χάριτος τοῦ θεοῦ, μή τις ῥίζα πικρίας ἄνω φύουσα ἐνοχλῇ καὶ δι᾽ αὐτῆς μιανθῶσιν πολλοί,

히 12:15 여러분은 돌아보아 아무도 하나님의 은혜에 이르지 못할까 두려워하고 또 쓴 뿌리가 자라나서 괴롭힘을 입어 많은 사람들이 이로 말미암아 더럽혀지지 않게 해야 합니다.

1. 히브리서 12:15은 신명기 29:18의 말씀의 인용으로 보아야 한다.

'너희 중에 남자나 여자나 가족이나 지파나 오늘날 그 마음이 우리 하나님 여호와를 떠나서 그 모든 민족의 신들에게 가서 섬길까 염려하며 독초와 쑥의 뿌리가 너희 중에 생겨서'

여기 여호와 하나님을 떠나면 다른 신들을 섬기게 되고, 그래서 독초와 쑥의 뿌리가 난다고 되어 있다.

2. 여호와를 떠나면 이방신들 곧 귀신들을 섬기게 된다.

하나님의 은혜에서 떠나면 곧 그리스도의 구원은혜에서 떠나면 이방신들을 섬기는 데로 돌아간다.

하나님의 구원은혜를 떠나면 중립적이 되는 것이 아니라 이방신

들에게로 곧 귀신들에게로 돌아간다.

그러면 구원은혜로 얻은 새 생명과 거룩함과 의로움이 다 없어져서 더러워지고 음탕해지며 더 깊은 죄악에 탐닉하게 된다.

3. 하나님의 은혜에서 떨어지는 것은 죄의 욕망을 성취하는 것에 모든 주의를 집중함으로 생긴다.

기도하기를 소홀히 하고, 복음 선포를 듣는 일을 등한히 하면 삶이 예전 방식으로 돌아가게 된다. 그래서 구원은혜와 상관없는 삶을 살게 된다. 아직 본격적으로 죄짓는 데 이르지 않았어도 자연인의 상태로 산다.

4. 하나님의 은혜와 상관없는 삶을 오래 살면 그리스도교의 교리들의 일부를 이방종교의 가르침과 합쳐서 혼합종교를 만들게 된다.

5. 쓴 뿌리가 나서 괴롭게 하는 것은 이단적인 사상으로 바른 믿음의 삶을 살지 못하게 하고, 그리스도인들을 괴롭혀서 바른 구원의 길에 이르지 못하게 하는 것을 말한다.

쓴 뿌리가 나서 많은 사람들을 괴롭게 하고 더럽게 하는 것은 근본적으로는 배도를 수행하게 하는 것이다. 그것은 은혜에서 완전히 떨어지는 것이어서 죄 된 삶으로 돌아가는 것이다.

■ **히 12:16** 음행하는 자와 혹 한 그릇 식물을 위하여 장자의 명분을 판 에서와 같이 망령된 자가 있을까 두려워하라

12:16 μή τις πόρνος ἢ βέβηλος ὡς Ἠσαῦ, ὃς ἀντὶ βρώσεως μιᾶς ἀπέδετο τὰ πρωτοτόκια ἑαυτοῦ.

히 12:16 누구나 음행하는 자가 되지 않도록 하며 혹 음식 한 그릇 때문에 그의 장자권을 판 에서처럼 속되지 않도록 해야 할 것입니다.

1. 배도하면 제일 먼저 범하는 죄가 음란죄이다.

믿음의 길을 떠나는 첫 번째 올무는 음란이다. 믿음의 길을 떠났기 때문에 제재가 없어져서 육적 욕망을 따라 음행하게 된다. 그리고 그것을 즐기며 산다.

2. 그러므로 믿음의 사람은 음란하게 되지 않도록 주의하고 조심해야 한다.

육의 욕망이 일 때마다 그리스도의 피에 호소하여 욕망을 물리쳐 깨끗함을 지켜야 한다.

3. 에서는 사냥하고 돌아올 때 완전히 지치고 힘을 잃었다. 그래서 한 그릇의 식사에 목숨이 달려 있을 정도였다. 그래서 야곱의 꼬임에 빠져 장자의 권리를 팔아넘겨 자기의 상속을 받을 수 없게 되었다 (창 25:27-34). 그리고 언약의 집에서 쫓겨났다.

4. 이 사건이 교훈하는 것은 일시적인 육체적 필요를 채우기 위해서 진리와 생명을 팔아넘기면 안 된다는 것을 강조한다.

조금의 돈 때문에 지조와 바른 신학과 신앙을 팔아넘기면 안 된다. 아무리 어려워도 영생의 도리와 구원받은 자가 의지해서 살아야 할 원칙을 돈이나 명예 때문에 팔아넘기면 안 되는 것을 강조한다.

■ **히 12:17** 너희의 아는 바와 같이 저가 그 후에 축복을 기업으로 받으려고 눈물을 흘리며 구하되 버린 바가 되어 회개할 기회를 얻지 못하였느니라

12:17 γὰρ ἴστε ὅτι καὶ μετέπειτα θέλων κληρονομῆσαι τὴν εὐλογίαν ἀπεδοκιμάσθη, γὰρ μετανοίας τόπον οὐχ εὗρεν, καίπερ μετὰ δακρύων ἐκζητήσας αὐτήν.

히 12:17 여러분이 아시는 대로 그 후에 그는 축복을 상속받기를 바랐

지만 버림받았습니다. 비록 눈물로 축복을 구하였지만 회개가 아무 소용이 없었습니다.

1. 에서가 야곱에게 장자의 권리를 판 이후에 야곱은 맏아들이 되었으므로 모든 축복을 받도록 조치를 다하였다 (창 27:1-30).

장자권 (맏아들로서의 권리)을 받았으므로 그 권리대로 모든 복이 오도록 야곱은 조치하였다. 하나님의 약속과 해명을 받은 리브가가 (창 25:22-23) 야곱이 모든 축복을 받도록 열심히 도왔다 (창 27:5-17).

믿음의 여인 리브가는 아브라함에게 약속하신 복을 상속받으려고 이삭에게로 시집왔다. 그리고 그 약속이 야곱에게서 성취되도록 일하였다.

2. 하나님은 야곱에게 모든 복이 돌아가도록 역사하셨다 (창 27:1-30).

하나님은 이삭에게 아들을 약속하시면서 야곱을 상속자로 정하셨다 (창 25:22-23). 그러므로 야곱에게 모든 약속이 성취되도록 이삭을 통하여 복을 내리시고 약속하셨다.

3. 이삭은 눈이 어두워 야곱을 에서와 분별하지 못하였지만 하나님이 정하신 야곱에게 모든 복이 가도록 복을 빌었다 (창 27:26-30).

이삭은 눈이 어두워 자기의 뜻에 어긋나게 야곱에게 축복하였지만, 하나님이 정하신 야곱에게 모든 복이 가도록 축복하였다. 하나님의 도구로서 이삭이 일하였다.

4. 야곱이 합당히 맏아들로서 모든 상속을 약속받았다 (창 27:28-29).

야곱은 가나안 땅의 소산을 확실하게 약속받았다. 하나님은 아브라함과 이삭과 야곱에게 가나안 땅을 약속하셨다. 이 약속이 야곱에게 이르러서 성취될 기초가 놓였다. 70명의 자녀들을 가지므로 가나안 땅을 차지할 민족을 이룰 수 있게 되었다. 야곱의 자손들이 가나안에 살 때에 그 땅이 양식을 생산하여 민족이 살 수 있는 터전이 마련되었다. 이렇게 확실한 식량을 약속해주시므로 민족으로 살아남을 수 있게 하셨다.

5. 야곱은 많은 나라들 위에 왕 노릇 하는 복을 받았다.

왕 노릇 하는 복은 무력으로 제압하여 다스리는 것이 아니라 야곱의 자손을 통하여 온 인류가 구원받게 하는 것을 말한다.

6. 야곱이 형제들의 주로 세워졌으니 (창 27:29) 장자로서 형제들의 생사여탈권을 갖게 되었다.

이것은 야곱이 에서를 종으로 부리는 방식으로 이루어진 것이 아니다. 야곱의 후손 중에서 세상의 구주가 나와서 세상을 구원함을 말한다.

7. 아브라함에게 약속하신 모든 복이 야곱에게 다 부어진 후에는 (창 27:28-29) 더 이상의 축복은 약속되지 않았다 (창 27:37).

하나님의 섭리가 확정되었다. 아브라함에게 처음 약속한 자손과 땅의 약속이 야곱에게 다 이루어지게 하셨다 (창 28:3-4).

8. 에서에게는 다른 축복도 없었다 (창 27:37).

에서가 아무리 통곡하여도 하나님이 약속하신 땅과 민족과 세상 구원의 복을 받을 길이 없게 되었다 (창 27:39-40). 오직 생존과 곡식의 복만을 허용하셨다.

9. 하나님의 약속과 작정이 사람의 행동으로 변경될 수 없다.

■ **히 12:18** 너희의 이른 곳은 만질 만한 불 붙는 산과 흑운과 흑암과 폭풍과

12:18 γὰρ Οὐ προσεληλύθατε ψηλαφωμένῳ καὶ κεκαυμένῳ πυρὶ καὶ γνόφῳ καὶ ζόφῳ καὶ θυέλλῃ

히 12:18 여러분은 손으로 만질 수 있는 곳과 불타는 곳과 검은 구름과 어두움과 폭풍에 이르지 못하였습니다.

1. 여기의 본문은 출애굽기 19:12-20을 인용하였다.

2. 시내산에 이를 때에 백성들이 참으로 두렵고 떨었다 (출 19:12-13, 16).

인류역사상 창조주 하나님이 사람들과 처음으로 시내산에서 얼굴과 얼굴을 마주하고 말씀하셨다. 하나님이 그의 신성과 영광과 능력과 위엄을 나타내시므로 백성들이 두려워하고 떨 수밖에 없었다.

3. 하나님이 시내산에 내려오실 때 불과 검은 연기 가운데 오셨다 (출 19:18).

하나님은 무한한 영이시므로 사람이 결코 볼 수 없다. 하나님을 보면 죽는 법이다. 그래서 하나님은 얼굴을 감추시기 위해 불과 검은 연기 가운데 내려오셨다.

산꼭대기에는 불이 무섭게 타고 있었고, 검은 연기가 산을 덮어 하나님이 내려오심을 알 수 없게 하셨다. 여호와 하나님이 강림하실 때 불과 연기로 산을 덮으셨다. 따라서 들리는 목소리로만 모세와 말씀하셨다.

4. 그리고 하나님이 내려오신 산 둘레에 3km 간격을 두고 돌로 막아 사람들이 접근하지 못하게 하였다.

하나님이 시내산에 내려오실 때 아무도 산에 가까이 갈 수가 없었다. 산을 만지면 죽게 되어 있었기 때문이다 (출 19:12-13).

5. 출애굽기 19장에는 하나님이 폭풍 가운데 오셨다는 보고가 없지만 우뢰와 번개와 빽빽한 구름이 산위에 있었으니 심한 폭풍이 있었음이 확실하다 (출 19:16).

시내산에 하나님이 내려오셨지만 백성들은 하나님의 얼굴을 볼 수도 없었고, 산에 가까이 이르러 갈 수도 없었다.

따라서 지금 히브리 그리스도인들도 그런 산에는 이르러 갈 수가 없다.

6. 마지막 날 그리스도께서 심판하시러 오실 때는 택함 받아 구원 얻

은 백성들은 하나님 앞에 가까이 나아가서 그의 얼굴을 직접 보게 될 것이다.

■ **히 12:19** 나팔 소리와 말하는 소리가 아니라 그 소리를 듣는 자들은 더 말씀하지 아니하시기를 구하였으니

12:19 καὶ σάλπιγγος ἤχῳ καὶ φωνῇ ῥημάτων, ἧς οἱ ἀκούσαντες παρῃτήσαντο μὴ προστεθῆναι αὐτοῖς λόγον·

히 12:19 또 나팔소리와 말씀하시는 목소리에 나아가지 못하였으나, 그 목소리를 듣는 자들은 자기들에게 더 말씀하지 아니하시기를 간절히 청하였습니다.

1. 백성들은 나팔소리가 나는 곳에도, 말씀하시는 이의 목소리에도 가까이 가지 못하였다 (출 19:16-19).

백성은 나팔소리도 듣고 말씀하시는 이의 목소리도 들었지만 가까이는 결코 갈 수가 없었다. 산에는 결코 올라갈 수도 없었고, 올라갈 생각도 할 수 없었다 (출 19:23). 나팔소리가 날 때 백성들은 두려워 떨기만 하였다 (출 19:16).

2. 산꼭대기에서 들리는 여호와의 목소리만 들어도 두렵고 떨려서 더 이상 자기들이 듣는 데서 말씀하시지 않기를 구하였다.

산에 가까이도 나아가지 못할 뿐 아니라 말씀하시는 것을 가까이서도 들으면 죽을까 두려워하였다. 여호와 하나님의 영광과 엄위가 너무나 크므로 백성들은 도저히 가까이 나아가는 것을 바라거나 생각할 수도 없었다.

■ **히 12:20** 이는 짐승이라도 산에 이르거든 돌로 침을 당하리라 하신 명

을 저희가 견디지 못함이라

12:20 οὐκ ἔφερον γὰρ τὸ διαστελλόμενον· Κἂν θηρίον θίγῃ
τοῦ ὄρους, λιθοβοληθήσεται·

히 12:20 왜냐하면 그들은 짐승이라도 산에 닿으면 돌로 쳐 죽이라고 하신 명을 견디지 못하였기 때문입니다.

1. 여호와 하나님이 시내산에 내려오실 때, 사람만이 아니라 짐승이라도 가까이 오거나 산으로 들어가면 돌로 치거나 화살로 쏘아 죽이라고 하셨다 (출 19:13).

거룩하신 하나님이 산에 내려오시는데 죄 있는 사람들이 호기심이 생겨서 하나님의 얼굴이나 모습을 보려고 하는 것은 큰 죄악이고 불경건이다.

그럴 경우 그런 사람들을 돌로 쳐서 죽게 하거나 화살로 쏘아 죽여야 마땅하다. 하나님의 얼굴을 보고 살 사람이 아무도 없기 때문이다.

산에 사는 짐승이라도 거룩하고 엄위로우신 하나님이 산에 내려오실 때 그 산에 들어가서는 살아남을 수 없다 (출 19:13).

2. 이런 무서운 명령을 받은 백성들이 여호와 하나님의 말씀을 받는다는 것은 죽음의 공포에 사로잡혀 모든 정신을 잃게 하는 일이다.

더 이상 여호와 하나님이 백성들이 듣는 중에 말씀하시면 죽을까 두렵고 떨려서 도저히 여호와의 말씀하심을 직접 감당할 수 없다고 하였다.

3. 모세는 중보자이므로 그만이 여호와 하나님과 직접 말씀하는 특권을 허락받았다.

그도 죄인이므로 그런 엄위로운 일을 할 수가 없지만, 은혜로 그의 죄를 다 사하시고 깨끗하게 하셨으므로 중보자로서 직임을 감당하도록 허락하셨다.

■ **히 12:21** 그 보이는 바가 이렇듯이 무섭기로 모세도 이르되 내가 심히 두렵고 떨린다 하였으나

12:21 καί, οὕτω φοβερὸν ἦν τὸ φανταζόμενον, Μωϋσῆς εἶπεν· εἰμι Ἔκφοβός καὶ ἔντρομος.

히 12:21 보이는 것도 이렇게 무서웠으므로, 모세가 이르기를 나도 심히 두렵고 떨렸다고 하였습니다.

1. 은혜를 입은 모세도 하나님의 엄위 앞에 두렵고 떨릴 수밖에 없었다(신 9:19).

모세가 중보자로 세워졌지만 그도 죄인이다. 은혜로 하나님과 백성 사이에 중보자로 세워졌다. 하나님의 특별하신 은혜로 죄를 용서받고 하나님의 종으로 세워졌다. 그러나 그도 사람이고 죄인이므로 하나님 앞에 쉽게 설 수 없는 법이다.

2. 모세는 하나님과 사람 사이의 유일한 중보자인 예수 그리스도의 예표로 세워졌다.

모세가 중보자로 세워졌으므로 하나님은 모세와만 말씀하셨다. 또 모세만이 하나님께 나아갈 수 있었다. 백성들의 죄를 속량해 주시라고 간구하였다.

모세의 간구가 응답을 받은 것은, 그의 자격과 가치 때문이 아니고 전적으로 그리스도의 구속사역의 예표였기 때문이다.

3. 보이는 것은 하나님의 영광과 권세의 극히 일부가 밖으로 나타난 것을 말한다.

하나님이 자신의 신성과 영광을 다 드러내시면, 그 앞에 설 수 있는 사람이 아무도 없다. 감당할 피조물도 전혀 없다.

오직 하나님만이 하나님으로 역사하시고 서로 상대하신다.

■ **히 12:22-23** 그러나 너희가 이른 곳은 시온산과 살아계신 하나님의 도성인 하늘의 예루살렘과 천만 천사와 23 하늘에 기록한 장자들의 총회와 교회와 만민의 심판자이신 하나님과 및 온전케 된 의인의 영들과

12:22-23 ἀλλὰ προσεληλύθατε Σιὼν ὄρει καὶ πόλει θεοῦ ζῶντος, Ἰερουσαλὴμ ἐπουρανίῳ, καὶ μυριάσιν ἀγγέλων, πανηγύρει 23 καὶ ἐκκλησίᾳ πρωτοτόκων ἀπογεγραμμένων ἐν οὐρανοῖς, καὶ κριτῇ πάντων, θεῷ καὶ πνεύμασι δικαίων τετελειωμένων,

히 12:22-23 그러나 여러분은 시온산과 살아계신 하나님의 도성 곧 하늘의 예루살렘과 천만의 천사들과 23 하늘에 기록된 맏아들들의 잔치 모임과 교회와 만민의 심판주 하나님과 완전하게 된 의인들의 영에 이르렀습니다.

1. 그리스도의 피로 구속받은 사람들은 아라비아에 있는 시내산에 이른 것도 아니고, 예루살렘의 성전의 성소가 아니라 하늘에 있는 도성에 이르렀다.

모세와 온 이스라엘은 두려워 떨며 하나님의 강림의 광경을 멀리서 바라볼 뿐이었다. 그들은 산에도 올라갈 수 없었다.

그러나 모세도 두려워 떨며 산으로 올라갔고, 하나님과 말씀을 나눌 때도 두렵고 떨며 말씀을 받았다 (신 9:19).

2. 그리스도의 피로 구속받은 신약의 백성들은 아라비아에 있는 시내

산이 아니라 하늘의 도성 곧 하늘의 예루살렘에 이르렀다.

그것은 신약의 백성들이 구약백성보다 더 가치와 자격이 있어서가 아니라, 전적으로 그리스도의 구속사역으로 구속받았기 때문이다.

신약의 그리스도인들도 구약백성처럼 죄인임에는 아무런 차이가 없다. 그런데 신약의 그리스도인들은 그리스도의 피로 죄가 씻어지고 깨끗해졌다. 오직 그리스도의 피의 공효 때문에 하나님이 친히 계시는 시온산, 하늘의 도성 곧 하나님의 보좌 앞에 담대히 나아간다.

3. 성전이 있을 동안에 지성소는 하나님이 그의 임재를 두신 곳이었다.

그런 지성소에도 일 년에 꼭 한 번 대제사장만이 온 백성의 속죄를 위해서 들어갈 수 있었다.

4. 시온산은 하나님의 보좌 앞을 말한다.

그리스도의 피로 구속받은 백성들은 구약백성들과 제사장들이 상상도 할 수 없었던 하나님의 보좌로 담대히 나아갈 수 있게 되었다. 땅 위에 있는 지성소가 아니라 하늘에 있는 지성소 곧 하나님의 보좌 자체로 나아갈 수 있다.

5. 하늘에 있는 하나님의 보좌로 나아갈 때는 오직 예수 그리스도의 이름과 그의 피를 힘입어 나아갈 수 있다.

그리스도의 피로 구속받은 백성들이 특권을 입어 담대히 하나님 앞에 나아갈 수 있다.

그러나 그리스도의 피로 구속받은 백성도 자기의 본성의 힘으로 나아가는 것이 결코 아니다. 오직 예수 그리스도의 이름과 그의 피의 권세를 힘입어서만 나아갈 수 있다.

6. 하늘의 도성에 이르렀다는 것은 하늘에 살 하나님의 백성이 되었다는 뜻이다.

하늘의 도성 곧 하늘의 예루살렘은 그리스도의 피로 구속받은 백성만이 될 수 있다.

7. 하늘의 도성 곧 하늘의 예루살렘은 범죄하지 않은 천사들과 그리스도의 피로 구속받은 백성들로 구성된다.

하늘의 도성은 타락하지 않은 천사들과 구속받은 백성들로 이루어진 하늘의 백성을 말한다.

8. 하늘의 도성에 이르렀으므로 거기서 하늘 도성을 이룬 천군천사들을 만나는 것을 말한다.

천사들이 하나님을 옹위하고 있는데 거기에 그리스도인들이 도달함을 말한다. 곧 천군천사들에 이른다는 것은 하나님의 면전에서 하나님을 찬양하는 천사무리에 합치는 것을 말한다.

9. 천만의 천사들은 무수히 많은 천사들을 뜻한다.

μυριάς (뮈리아스)는 천만으로 번역하고 이해하지만 무수히 많은 수를 표현하는 단어이다.

마태복음 26:53에 열두 영 더 되는 천사들을 보낸다고 되어 있다. 이 열두 영은 로마의 군단의 조직을 따라서 말하고 있을 뿐이다. 로마군단에서 제일 큰 단위가 영 (legio, λεγιῶν)인데, 영은 6,000명 단위의 군대조직이다. 그러면 열두 영은 72,000명이 된다. 이 말은 천사들의 수가 72,000명이란 말이 아니다. 열두 영 더 된다고 하였으니 헤아릴 수 없이 많은 천사들이 하늘에서 하나님을 찬양하고 경배하고 있음을 말한다.

10. 하늘에 등록된 맏아들들의 잔치 모임은 구속받은 백성들이 기뻐하여 모인 모임을 말한다.

여기의 맏아들들은 그리스도의 구속받은 백성들을 말한다. 그들이 그리스도의 피로 구속받았으므로 하나님의 백성을 이루는 맏아들들이다. 구속받은 백성들은 다 하늘의 생명책에 기록되어 있다 (눅 10:20; 계 3:5; 20:12, 15).

잔치 모임은 구속받은 모든 백성들이 기뻐하여 찬송하며 하나님과 그리스도 앞에 모이는 것을 말한다. 모든 구속받은 백성들이 다 모였으므로 교회로 완전하게 나타나고 총회로 모이게 되었다.

11. 만민의 심판주이신 하나님은 예수 그리스도의 복음으로 모든 인류를 다 심판하셨다.

그리스도를 믿어 그의 피로 구속받은 사람들은 영생을 얻었으므로 하늘의 맏아들들의 총회에 모이고, 믿지 않아서 지옥에 떨어질 사람들은 그리스도의 구속을 믿지 않았으므로 영원한 형벌을 받게 하나님이 판정하셨다.

12. 하나님의 인류심판은 처음이고 마지막 심판이다.

인류역사 마지막에 하나님이 온 인류를 심판하시어 그들을 영원한 구원과 영원한 형벌로 판정하시는 일은 단 한 번 이루어진다.

13. 온전하게 된 의인들의 영들이라고 한 것은 부활 이전의 상황을 말씀하고 있기 때문이다.

그들은 성화 노력으로 완전하게 된 의인이 아니라 그리스도의 구속사역으로 완전하게 되었다. 그리스도의 구속은혜가 구속받은 사람들을 완전하고 의롭게 만들었다.

■ **히 12:24** 새 언약의 중보이신 예수와 및 아벨의 피보다 더 낫게 말하는 뿌린 피니라

12:24 καὶ διαθήκης νέας μεσίτῃ Ἰησοῦ, καὶ αἵματι ῥαντισμοῦ κρεῖττον λαλοῦντι παρὰ τὸν Ἄβελ.

히 12:24 새 언약의 중보이신 예수와 아벨의 피보다 더 힘 있게 말하는 뿌린 피에 이르렀습니다.

1. 마지막에 도달할 곳은 중보자 곧 구속주이신 예수에게 이르는 것이다.

주 예수 그리스도에게 모든 백성들이 이르므로 완전한 구속을 확약 받는 것이고, 그의 구속으로 말미암아 기뻐하고 즐거워하며 감사하고 찬양을 넘치게 하게 된 것을 말한다.

2. 새 언약은 주 예수 그리스도가 새 인류의 대표 혹은 교회의 대표와 그의 피로 맺은 언약이다 (마 26:26-28; 막 14:22-25; 눅 22:14-20; 히 12:24).

하나님은 창조경륜을 이루시기 위해서 아담과 언약을 체결하셨다 (창 2:17). 이 언약체결로 하나님은 아담과 그의 후손들을 자기의 백성 삼기로 하셨다.

언약체결 후 아담은 하나님의 언약백성으로 창조주 하나님을 잘 섬겼다. 만물을 탐구하면서 하나님의 창조지혜와 권능을 늘 찬양하고 감탄하고 경배하였다.

그러다가 아담이 유혹을 만나 창조주 하나님 섬김을 거부하고, 자주자로 서기로 하므로 언약이 파기되었다. 그래서 언약의 법대로 창조주 하나님은 아담과 모든 후손들에게 죽음과 저주를 내리셨다.

그러나 하나님은 반역한 백성을 다시 돌이켜서 자기의 백성으로 삼으시고, 그 백성 가운데 거하시며 찬양과 경배를 받으시기로 하셨다. 이 일을 성취하려고 아담의 반역을 무효화하는 죗값을 지불하도록 하셨다. 죗값은 범죄한 사람이 지불해야 하는 것이 하나님의 공의의 법이다.

그러나 아담의 후손은 아무도 죗값을 지불할 수 없다. 다 죄인이기 때문이다. 죗값을 지불하지 않으면 모든 사람들은 다 죽어 영원한 멸망에 이르도록 벌을 받았다.

3. 하나님이 사람의 죗값을 대신 지불하기로 정하셨다.

그리하여 하나님이 사람이 되시어 사람의 자리에 오셨다. 그가 예수 그리스도이시다. 그가 자기의 피로 새 언약을 체결하셔서 범죄한 인류를 다시 하나님의 백성으로 돌이키기로 하셨다. 이 일을 위해서 십자가에서 피 흘리셨다.

피 흘려 백성을 구원하시는 것을 확실하게 하기 위해 그리스도께서 자기의 피로 언약을 맺으셨다. 그리고 그 언약대로 피 흘리심으로 세상 죄를 다 속량하셨다.

이로써 죄와 영원한 죽음 아래 있는 백성들을 구원하여 하나님의 백성으로 돌이키시므로 하나님의 창조경륜을 이루셨다.

이렇게 창조경륜을 성취하기 위해서 처음 언약을 회복시키는 일을 하므로 새 언약이라고 명하였다.

4. 주 예수가 새 언약의 중보이신 것은 그가 피 흘리시므로 백성들을 회복하여 완전한 구원을 이루실 것을 그의 피로 보증하시기 때문이다.

예수 그리스도는 새 언약의 설립자이시다. 언약의 설립자가 그의 피로 새 언약을 보증하셨다. 그러므로 예수 그리스도가 새 언약의 보증이시다.

범죄 이후에 언약은 피로 체결되었는데, 그리스도께서 자기의 피로 새 언약을 설립하시고, 백성을 완전히 구원하실 것을 피로 보증하셨다. 피로 새 언약을 보증하셨기 때문에 그리스도께서 백성을 완전히 구원해내셨다.

5. 히브리서 저자는 여기 새 언약은 시내산 언약보다 첫 언약을 전제하고 있다.

아벨의 피와 그리스도의 피를 대조하면서 이 사실을 표시하고 있다. 이스라엘과 맺은 언약이면 어린양의 피와 대조해야 할 것이다.

그러나 저자는 첫 언약 후에 일어난 가인과 아벨의 사건을 들어서 그리스도의 피가 얼마나 더 힘 있는지를 말하고 있다.

6. 그리스도의 피는 아벨의 피보다 더 거룩하고 흠 없는 완전한 피로 죄를 완전히 속량하는 완전한 제물이다.

아담의 후손으로서 의인으로 죽은 첫 사람이 아벨이다. 아담의 범죄 후에 죽임을 당하였지만, 아벨이 흘린 피는 죄의 오염과 부패가 가장 적은 피였다. 아벨은 죄의 오염이 가장 적었어도, 그의 피로 세상을 구원하는 일을 하지 못하였다.

그리스도는 성령으로 잉태되었으므로 죄의 전가와 죄의 오염이 완전히 배제 (排除)되었다.

그리스도의 피만이 세상의 모든 죄를 완전히 속량하였다. 그의 피의 능력은 말로 다 표현할 수 없다. 따라서 오직 그리스도의 피만이 세상을 능히 구원하고 죄를 완전히 씻어내었다.

그리스도의 피를 어찌 아벨의 피와 견줄 수 있겠는가?

■ **히 12:25** 너희는 삼가 말하신 자를 거역하지 말라 땅에서 경고하신 자를 거역한 저희가 피하지 못하였거든 하물며 하늘로 좇아 경고하신 자를 배반하는 우리일까 보냐

12:25 Βλέπετε μὴ παραιτήσησθε τὸν λαλοῦντα· γὰρ εἰ οὐκ ἐξέφυγον ἐκεῖνοι παραιτησάμενοι τὸν ἐπὶ γῆς χρηματίζοντα, πολὺ μᾶλλον ἡμεῖς οἱ τὸν ἀπ᾽ οὐρανῶν ἀποστρεφόμενοι·

히 12:25 말씀하신 이를 거절하지 않도록 하시오. 땅에서 권고한 자를 거역한 저희들이 피하지 못하였으면 하물며 하늘로부터 권고한 이를 거역하는 우리들은 어떠하겠습니까?

1. 땅에서 이스라엘을 권고한 자들은 모세와 선지자들이었다.

모세는 시내산에서 말씀을 받아 백성들에게 권고하였다. 모세를 거부한 백성들이 끝내는 다 망하였다. 광야에서 이스라엘 백성은 다 쓰러져 죽었다.

2. 하늘로부터 우리를 권고하신 이는 하나님의 아들 구주 예수 그리스도이시다.

예수 그리스도는 하늘에서 오셔서 이스라엘을 권고하여 죄악을 떠나고, 주 예수 자신을 하나님의 아들로 하나님의 성육신으로 믿도록 권고하셨다.

3. 대부분의 이스라엘 백성과 그 지도자들이 이 권고를 거절하였다.

따라서 이스라엘이 다 망하였다. 로마 군인의 손에 예루살렘과 유다 전체가 망하였다.

4. 지금 편지를 받은 자들은 히브리 그리스도인들인데 예수 그리스도와 그의 피 흘리심으로 구원하신 것을 거부하면 영원한 멸망밖에 없음을 강조하고 있다.

히브리인들이 하늘에서 오셔서 권고하신 이를 거부하는 것은 그의 구원을 버리고 유대교로 되돌아가는 것을 말한다.

이런 일이 일어나면 다시는 죄용서도 없고 사죄도 없음을 강조하고 있다.

- **히 12:26** 그때에는 그 소리가 땅을 진동하였거니와 이제는 약속하여 가라사대 내가 또 한 번 땅만 아니라 하늘도 진동하리라 하셨느니라

  12:26 οὗ ἡ φωνὴ τὴν γῆν ἐσάλευσεν τότε, δὲ νῦν ἐπήγγελται λέγων· Ἔτι ἅπαξ ἐγὼ σείσω οὐ μόνον τὴν γῆν ἀλλὰ καὶ τὸν οὐρανόν.

  히 12:26 그의 목소리가 그때는 땅을 흔들었지만 이제 약속하셔서 말씀하시기를 또 한 번 내가 땅만 아니라 하늘도 떨게 하리라 하셨습니다.

1. 하나님의 목소리가 땅을 떨게 할 때는 이스라엘이 시내산에 도달하

였을 때인데, 하나님이 시내산에 강림하실 때였다 (출 19:18; 시 68:8; 삿 5:4).

인류역사상 처음으로 이스라엘이 시내산 곧 호렙산에 도달하였을 때, 하나님이 땅 위에 내려오셨다. 그때 온 산이 크게 떨었다. 언약설립을 위해서 하나님이 직접 호렙산에 내려오셨다. 그러므로 호렙산 곧 시내산이 하나님의 강림에 떨었다.

하나님은 이때 이스라엘과 언약을 체결하셔서 그들을 하나님의 백성으로 삼으셨다. 그때 하나님이 목소리로 친히 말씀하셨다. 그 말씀에 산이 크게 떨었다.

2. 하나님이 예수 그리스도로 땅에 강림하실 때는 땅이 진동하지 않았다.

그러나 그리스도께서 십자가에 달리셔서 세상 죄과를 다 해결하실 때는 십자가가 선 자리 곧 시온산이 떨렸다 (마 27:50-54).

3. 또 한 번 땅과 하늘을 떨게 하는 것은 마지막 날 그리스도께서 다시 오셔서 창조경륜을 성취하시어 하나님의 백성을 완전히 모으실 때이다.

그리스도께서 창조경륜을 성취하기 위해서 오실 때는 옛 세상을 심판하시어 악을 사람들의 처소에서 완전히 제거하실 때이다. 그러므로 완전히 새롭게 된 세상을 만드신다.

4. 그리스도께서 다시 오실 때 하늘이 먼저 떨린다.

천체들의 위치와 운동을 과격하게 변화시켜서 (벧후 3:7, 10; 계 20:11; 21:1-4) 새 인류의 거소로 합당하게 만드실 때이다.

주께서 다시 오실 때 하늘의 천체들 곧 별들과 별자리들이 먼저 떨고 움직여서 구조와 운동방향을 완전히 바꿀 것이다.

5. 주의 재림 때 먼저 하늘의 천체들이 떨고 위치를 바꿀 것이므로 큰 소리로 진동한다.

지구의 모양도 완전히 바꾸실 것이므로 전체적으로 진동하고 자리를 옮길 것이다.

6. 하늘과 땅이 떨 것을 미리 약속한 선지자는 학개이다 (학 2:6).

■ **히 12:27** 이 또 한 번이라 하심은 진동치 아니하는 것을 영존케 하기 위하여 진동할 것들 곧 만든 것들의 변동될 것을 나타내심이니라

12:27 δὲ τὸ Ἔτι ἅπαξ δηλοῖ τῶν σαλευομένων μετάθεσιν ὡς πεποιημένων, ἵνα μείνῃ τὰ μὴ σαλευόμενα.

히 12:27 또 한 번이라고 하심은 떨리지 아니한 것들을 늘 있도록 하기 위해서 떨리는 것들 곧 만드신 것들을 옮기실 것임을 밝히 보이심입니다.

1. 또 한 번이라고 말씀하시므로 (학 2:6) 마지막 심판 때 하늘과 땅이 전체로 떨 것을 말씀하신 것이다.

'나 만군의 여호와가 말하노라 조금 있으면 내가 하늘과 땅과 바다와 육지를 진동시킬 것이요'.

2. 두 번째로 하늘과 땅이 떨 것을 말씀하신 것은 주 예수 자신이시다.

마태복음 24:29; 그날 환난 후에 즉시 해가 어두워지며 달이 빛을 내지 아니하며 별들이 하늘에서 떨어지며 하늘의 권능들이 흔들리리라.

여기 '권능들'은 하늘의 별자리들을 말한다고 보아야 한다. 하늘의 별들과 권능들이 흔들릴 때 주 예수께서 다시 오신다.

3. '한 번 더' 하늘과 땅이 떨 때는 창조의 완결이다.

그리스도께서 다시 오실 때 모든 창조의 구조가 바뀌므로 하늘의 별들이 대대적으로 이동한다.

그때는 지금의 우주의 구조로 존속하는 것이 아니다. 하나님이 새 인류에게 충만히 오셔서 거주하시므로 지금의 우주체계가 바뀐다. 그래서 주께서 다시 오실 때 별들이 흔들려 새로운 구조로 우주

가 재정비되는 것을 말해준다.

그리스도께서 새 인류를 모아 하나님의 임재를 충만하게 도입하므로 창조가 완성되어 하나님이 만유 안에 만유가 되신다.

하나님이 새 인류에게 오셔서 충만히 거주하실 때 창조의 변환을 하늘과 땅을 떨게 한다고 표현하였다.

4. 그리스도의 재림 시 하늘의 별자리들이 다시 조정되면 더 이상의 변동이 없게 될 것이므로, 새 구조의 우주가 늘 있도록 한다고 말씀하고 있다.

첫 인류의 범죄로 하늘의 별자리들이 많이 옮겨졌다. 별자리들이 마지막 날 곧 심판 날에 굳게 세워질 것이므로 그것들은 더 이상 변동이 없을 것이다.

천사들의 타락 이후 그들이 임시로 거주하였던 별들은 다 그 자리를 옮길 것이다.

5. 하늘의 별자리들이 굳게 되어 다시는 움직임과 옮겨짐이 없게 될 때, 굳게 자기들의 자리를 지킨 천사들과 새 인류가 창조주 하나님 곧 구속주 하나님을 찬양하는 데 하나가 될 것이다.

그리하여 온 누리에 창조주 하나님 곧 구속주 하나님을 찬양하는 찬양이 넘치게 될 것이다.

■ **히 12:28** 그러므로 우리가 진동치 못할 나라를 받았은즉 은혜를 받자 이로 말미암아 경건함과 두려움으로 하나님을 기쁘시게 섬길지니

12:28 διὸ βασιλείαν ἀσάλευτον παραλαμβάνοντες ἔχωμεν χάριν, δι᾽ ἧς λατρεύωμεν εὐαρέστως τῷ θεῷ μετὰ εὐλαβείας καὶ δέους,

히 12:28 그러므로 우리는 움직일 수 없는 나라를 받았으니 감사합시다. 이로써 우리는 경건과 두려움으로 하나님을 섬길 수 있습니다. 그 섬

김을 하나님이 기뻐 받으십니다.

1. 새 인류가 하나님을 모시고 영원히 사는 나라가 움직일 수 없는 나라이다. 하늘의 천체들은 마지막 날 옮기게 되지만, 새 인류로 이루어진 하나님의 나라는 결코 옮길 수 없는 마지막 나라이다. 영원히 하나님을 찬양하고 경배하는 나라는 창조 때부터 하나님이 목표하신 나라이다. 여기에는 아무런 옮김이나 변경이 있을 수 없다.

예수 그리스도의 구원이 영원하므로 새 인류가 누리는 영원한 생명과 은혜는 변동이 있을 수 없다.

2. 이런 나라 곧 영원한 구원을 얻었으므로 구원 얻은 백성은 감사함이 마땅하다.

이런 큰 구원을 단지 은혜로만 얻었다. 무슨 공적이나 행함도 없이 단지 은혜로 얻었으니 구원받은 백성이 할 일이란 감사와 찬송뿐이다.

3. 감사와 경건과 두려움으로 하나님께 합당한 섬김을 바쳐드린다.

우리의 구원에 대해 하나님께 감사하는 것밖에 다른 감사법이 없다. 감사만 아니라 경건과 두려움으로 하나님을 섬기고 경배해야 바른 섬김이다.

4. 경건은 구원받은 자가 죄를 멀리하고 하나님을 섬기는 섬김이다.

두려움은 사람이 창조주 하나님의 엄위와 사랑을 대할 때 드러내는 합당한 반응이다.

5. 하나님을 찬양하고 경배할 때 거룩하고 깨끗한 마음과 두려움을 가지고 경배해야 합당하다.

경건과 두려움이 없으면 하나님을 가볍게 여기게 된다. 또 하나님의 엄위와 사랑을 가볍게 여기게 된다. 타락한 사람의 마음은 두려움이 없으면 창조주의 엄위와 사랑을 가볍게 여기게 된다. 그래서 친구정도로 생각하게 된다.

■ 히 12:29 우리 하나님은 소멸하는 불이심이니라

12:29 γὰρ καὶ ὁ θεὸς ἡμῶν πῦρ καταναλίσκον.

히 12:29 우리 하나님은 사르는 불이시기 때문입니다.

1. 이 본문은 하나님이 어떤 존재인지 모세가 말한 것을 반복하고 있다.

신명기 4:24; 네 하나님 여호와는 소멸하는 불이시요 질투하는 하나님이시니라

신명기 9:3; 오늘날 너는 알라 네 하나님 여호와께서 맹렬한 불과 같이 네 앞에 나아가신즉

신명기 4:24의 말씀은 이스라엘 백성이 여호와 하나님을 버리고 이방신들을 섬기면, 하나님이 이스라엘을 불살라 없어지게 하리라는 말씀을 하고 있는 것이다.

2. 하나님의 택하시고 언약을 맺으신 백성이 하나님을 버리고 이방신들을 섬기면, 언약백성을 용서하시지 않겠다고 하신 말씀이다.

지금 그리스도인들은 유대인이거나 이방인이거나 간에 하나님과 언약을 맺어 창조주 하나님만 섬기도록 정해진 백성이다. 그러므로 언약의 하나님만 섬겨야 함을 강조하고 있다.

3. 언약백성 곧 언약을 맺어 자기의 백성으로 삼은 백성은 창조주 하나님, 구속주 하나님 곧 언약주 하나님만 섬겨야 하고 다른 생각을 하면 안 된다는 것을 말한다.

곧 피 흘려 사람들을 죄와 죽음에서 구출해내신 그리스도만 섬겨야 한다. 다른 길은 멸망뿐임을 강조한다.

히브리서

ΠΡΟΣ ΕΒΡΑΙΟΥΣ

제 13 장

구원 얻은 자들의 삶의 방식

히브리서

ΠΡΟΣ ΕΒΡΑΙΟΥΣ

■ 히 13:1 형제 사랑하기를 계속하고

13:1 Ἡ φιλαδελφία μενέτω.

히 13:1 형제 사랑하기를 계속하시오.

1. 우리는 그리스도의 사랑으로 구원받았으므로 서로 사랑하는 일을 끊이지 말아야 한다.

형제 사랑은 끊임없이 계속해야 하지만 결코 쉬운 일이 아니다. 서로의 이해가 부딪쳐서 마음이 상하고 얽힐 경우 처음 믿을 때 사랑하던 순전한 사랑을 계속하기가 어렵다.

그런 경우 때문에 '형제 사랑을 계속하도록 하시오'라고 권하고 있다.

■ 히 13:2 손님 대접하기를 잊지 말라 이로써 부지중에 천사들을 대접한 이들이 있었느니라

13:2 τῆς φιλοξενίας μὴ ἐπιλανθάνεσθε, γὰρ διὰ ταύτης ἔλαθόν τινες ξενίσαντες ἀγγέλους.

히 13:2 손님 대접하기를 잊지 마시오 이로써 어떤 사람들이 알지 못하

고서 천사들을 접대하였습니다.

1. 이 본문은 창세기 18:1-8과 창세기 19:1-3의 두 사건을 두고서 말하고 있다.

창세기 18:1-8에는 처음 여호와 하나님과 천사들이 아브라함의 장막에 찾아오셨을 때 아브라함이 모셔다가 대접을 하였다.

세 사람의 모습으로 오신 이가 하나님과 천사들인지도 모르고 아브라함은 접대하였다. 식사 후에는 아브라함이 자기에게 오신 손님이 여호와 하나님과 천사들임을 알게 되었다.

창세기 19:1-3에서도 두 천사가 소돔성에 이르렀을 때, 롯이 그들이 천사들인지 모르고 모셔다가 접대하였다. 낯선 분들을 접대하였는데 그들이 천사인 줄은 처음에는 전혀 알지 못하였다. 식사 후 소돔 사람들의 행패 때 두 사람이 여호와가 보내신 천사인 줄을 알게 되었다 (창 19:12-22).

아브라함과 롯이 손님들을 접대할 때는 여호와이시고 천사들임을 전혀 알지 못하였다.

2. 어려운 시기에는 손님 접대가 매우 불편하고 힘든 일이다. 그러나 손님 접대를 잘하여 아들을 약속받고, 소돔의 멸망에서 구원 받았다.

3. 우리 그리스도인들은 본래 나그네를 접대해야 하지만, 손님 접대를 잘하면 생각지 못한 선한 일을 만나게 된다.

그러므로 우리 그리스도인들은 보상을 바라서가 아니고, 베푸는 정신으로 나그네를 대접하면 그들이 주 예수를 믿는 일이 일어날 것이다.

■ **히 13:3** 자기도 함께 갇힌 것같이 갇힌 자를 생각하고 자기도 몸을 가졌은즉 학대받는 자를 생각하라

13:3 μιμνῄσκεσθε τῶν δεσμίων ὡς συνδεδεμένοι, τῶν κακουχουμένων ὡς καὶ αὐτοὶ ὄντες ἐν σώματι.

히 13:3 함께 매인 자들로서 갇힌 자들을 생각하고 자기도 몸을 가진 자들로서 학대받는 사람들을 생각하시오.

1. 히브리서 13:2에서는 어려운 나그네를 대접하라고 하였는데, 여기 13:3에서는 핍박받아 갇힌 성도들과 학대받는 사람들을 생각하라고 권하고 있다.

2. 나그네는 돈이 없어서 굶주리고, 잠자리도 없어서 바깥 들에서 잠을 잔다. 그러다가 추워지면 얼어 죽는다.

이런 비참한 사람들이 나그네인데, 이들을 접대하여 굶어죽지 않게 하는 것이 우리가 할 합당한 일이다.

3. 옥에 갇힌 사람들은 몸의 자유가 전혀 없다.

제대로 먹지 못하고 배설도 제대로 할 수가 없다. 필요한 영양분을 공급받을 수가 없으므로 기관들이 병들고 쉽게 망가지게 된다.

그리고 육체적인 움직임이 없으므로 심장이 제일 먼저 약해져서 자극과 충격을 만나면 쉽게 죽게 된다. 또 몸의 각 부분들이 약해져서 기능을 제대로 할 수 없게 된다. 또 강제노역과 채찍이 늘 따라다닌다. 사람은 몸으로 사는데 옥에 갇히면 몸으로 사는 일을 할 수가 없게 되어 죽음에 이른다.

4. 초대교회 때 핍박을 받아 옥에 갇힌 성도들이 많은 고초를 당하였다.

정치권력이 핍박하는 경우에는 도울 수가 없다. 하소연할 곳도 없어서 속으로 병을 앓아 죽게 된다.

5. 옥에 갇혀 몸으로 온갖 고초를 당하는 성도들을 생각해야 할 것을 권한다.

지금도 정치적, 경제적, 종교적으로 어려움을 당하여 옥에 갇힌 사람들을 돌보고 보살피는 일을 해야 한다.

내가 편안한 삶을 살기 때문에 옥에 갇히거나 어려움 당한 사람들을 생각하기가 쉽지 않다. 그러나 어려움 속에 사는 사람들을 돌보는 일을 그리스도인들이 해야 한다. 교회와 상관없는 사람들이 당하는 어려움도 보살펴야 한다.

■ **히 13:4** 모든 사람은 혼인을 귀히 여기고 침소를 더럽히지 않게 하라 음행하는 자들과 간음하는 자들을 하나님이 심판하시리라

13:4 τίμιος ὁ γάμος ἐν πᾶσιν καὶ ἡ κοίτη ἀμίαντος, γὰρ πόρνους καὶ μοιχοὺς κρινεῖ ὁ θεός.

히 13:4 모든 사람은 혼인을 귀중하게 여길 것이고 침소는 더럽히지 않아야 할 것이요. 음행하는 자들과 간음하는 자들을 하나님이 심판하실 것입니다.

1. 결혼은 창조주가 마련하신 제도이다.

하나님은 창조경륜을 이루시기 위해서 사람을 남녀로, 인격체로 지으시고 둘을 결합하여 한 몸을 이루므로 삶을 정당하고 떳떳하게 살게 하셨다.

2. 혼인은 하나님이 많은 백성을 가지시려고 세우신 제도이다.

하나님은 사람을 남자로만 짓지 않으시고 남자와 여자로 지으셨다. 그리고 둘을 혼인하게 하셔서 자녀들을 많이 생산하게 하셨다.

자녀들은 언약백성을 이룰 자들이므로 거룩하고 흠 없게 낳아야 한다. 하나님은 깨끗한 백성을 자기의 백성으로 삼기로 하셨으므로 혼인은 언제나 처음 결합된 남녀 간에 진행되어야 한다.

결혼한 남녀 간에 자녀를 낳아야 순전하고 떳떳한 자녀들을 낳을 수 있다. 정당하지 못한 남녀 간의 관계에서 자녀들이 출산되면 그들은 늘 죄의식으로 살고 부끄러워하며 숨어 사는 자리에 있게 된다.

3. 혼인은 귀중하고, 그러므로 귀중하게 여겨야 한다.

혼인으로 남녀가 바른 인격으로 자라나고 정당한 삶을 살 수 있다.

4. 남자 혼자로는 결코 온전한 사람이 될 수 없으므로 창조주는 여자를 남자에게 붙여 온전한 인격으로 성숙하게 하셨다.

사람을 사람 되게 하는 것이 혼인제도이다. 그러므로 혼인은 참으로 귀중한 일이다.

5. 혼인의 침소를 더럽히면 온갖 병이 생겨나고, 온갖 악감정이 생겨서 정상적인 자녀들이 나올 수 없다.

성병을 얻어서 인생을 망치게 된다. 지금 세대는 후천성 면역 결핍증으로 비참하게 살고, 몸과 인격이 파괴된다.

6. 침소를 더럽히는 것, 곧 결혼하지 않은 사이에 관계하여 자녀를 낳으면 천한 백성을 출산하게 된다.

그러므로 남녀 간의 잠자리는 언제나 혼인한 부부간에만 이루어져야 한다.

7. 하나님이 세우신 결혼제도를 헐면 하나님이 반드시 심판하신다.

현세에서도 죄의식으로 살고 결국 멸망하게 된다. 그리고 바울은 음행하는 자들이 하나님의 나라를 상속하지 못한다고 단정하였다 (엡 5:5; 고전 6:9-10).

간음죄는 몸에 지니므로 드러나지 않아도 (고전 6:18) 심판 때는 하나님이 다 드러내실 것이다.

■ 히 13:5 돈을 사랑치 말고 있는 바를 족한 줄로 알라 그가 친히 말씀하시기를 내가 과연 너희를 버리지 아니하고 과연 너희를 떠나지 아니하리라 하셨느니라

13:5 ἀφιλάργυρος ὁ τρόπος· ἀρκούμενοι τοῖς παροῦσιν· γὰρ αὐτὸς εἴρηκεν· Οὐ μή σε ἀνῶ οὐδ' οὐ μή σε ἐγκαταλίπω·

히 13:5 삶의 방식은 돈을 사랑하지 말고, 가진 것을 넉넉한 것으로 여기시오. 그가 친히 말씀하시기를 내가 너를 결코 버리지 않으며 결코 너를 떠나지 아니하리라 하셨습니다.

1. 돈은 삶에 필수적이다.

돈이 있어야 살 수 있다. 돈으로 양식과 옷을 사고 집도 산다. 또 사람도 사귀고 모든 활동을 할 수 있다. 돈이 없으면 거지가 되어 건강을 망치고 간신히 목숨을 이어간다.

돈이 있어야 학업도 하고, 돈이 있어야 결혼도 할 수 있다. 또 모든 사회생활도 돈이 있어야 한다.

2. 바울은 돈을 사랑함이 일만 악의 뿌리라고 하였다 (딤전 6:10).

돈이 있어야 살 수 있으므로 돈이 삶에 중요하고 필수적이다. 그러나 필요 이상으로 돈에 집착하면 정상적으로 돈을 버는 것이 아니다. 온갖 비리와 범죄를 통해서 돈을 벌게 된다. 그래서 돈에 집착하면 하지 못할 범죄가 없게 된다. 살인, 강간, 도적질 그리고 전쟁도 불사한다.

3. 여기서 돈을 사랑함은 돈에 전부를 거는 집착 곧 탐욕을 말한다.

사람들이 탐욕으로 모든 죄악들을 저지른다. 돈을 사랑함 곧 탐욕이 모든 악의 뿌리이다.

4. 종교인들이 돈에 집착하면, 믿음고백을 버리고 온갖 죄악을 저지르

게 된다.

종교인들이 돈 때문에 믿음을 저버린다. 많은 액수의 돈을 받고 믿음을 저버리게 되면, 마음에 갈등과 근심이 늘 일어나서 평안할 수가 없다.

믿음을 저버리는 것은 자기를 사신 주를 부인하는 것이다. 그 다음부터는 그런 종교인들은 순전히 돈을 위해서 종교 활동을 한다. 명목상으로는 믿음으로 일한다고 하고, 주를 위해서 한다고 하지만 결국 자기 배를 하나님으로 삼는 것이다. 배만 섬기는 것이다 (롬 16:18).

그래서 믿는 체하며 아첨하는 말과 공교하게 만든 말로 사람들을 잘못 가게 한다 (롬 16:18). 돈에 집착하는 종교인은 돈 때문에 모든 것을 외식으로 한다.

5. 돈은 수고의 대가이다.

돈은 정당한 노동으로 벌어야 한다. 그 외에는 다 사기이고 사취이다. 수고의 대가로 받는 돈만 정당한 돈이다.

6. '가진 것을 넉넉한 것으로 여기시오'는 자기가 번 것을 만족하며 살라는 말씀이다.

이것은 돈을 벌지 않고 부모로부터 받은 재산으로만 살라는 말이 아니다. 돈을 열심히 벌어야 한다. 손의 수고로 돈을 벌어야 한다.

그러나 아무리 벌어도 다른 사람처럼 많이 벌 수 없다. 그럴 경우 자기가 번 양으로 만족하고 살아야 할 것을 말한다. 자기의 능력을 넘어서 재물을 구하는 것은 탐욕일 뿐이다. 그러면 정상적인 삶이 무너진다.

7. '버리지도 않고 떠나지도 아니한다'고 하는 약속은 어떤 경우에도 하나님으로부터 버림받아 죽게 되는 일은 없다는 말씀이다.

핍박을 받아 굶어죽는 경우를 제외하면, 하나님은 믿는 사람들을 내버려두시지 않는다. 그리고 모른다고 외면하시지도 않는다. 그러므로 먹는 것이 모자라고 없어서 절망할 것이 아니다. 언제나 하나님의 선한 섭리를 믿고 기도하여 선한 인도를 바라야 한다.

막상 그런 경우를 당하면 매우 어렵고 절망적이지만 하나님이 결코 나를 버리시지 않고 떠나시지 않는다는 것을 굳게 믿어야 한다. 불가능한 경우에도 하나님은 기적적으로 먹이시고 입히실 것이다.

■ **히 13:6** 그러므로 우리가 담대히 가로되 주는 나를 돕는 자시니 내가 무서워 아니하겠노라 사람이 내게 어찌하리요 하노라

13:6 ὥστε θαρροῦντας ἡμᾶς λέγειν· Κύριος ἐμοὶ βοηθός, οὐ φοβηθήσομαι· τί ποιήσει μοι ἄνθρωπος;

히 13:6 그러므로 우리가 담대하여 말하기를 주는 나를 돕는 자이시니 내가 무서워하지 않겠노라 사람이 내게 어찌하리요라고 해야 합니다.

1. '주는 나를 돕는 자이시니 내가 무서워하지 않겠노라'는 말씀은 시편 118:6 LXX의 글자대로의 인용이다.

히브리어 성경에는 '여호와께서 나와 함께 계시니 내가 무서워하지 않겠노라, 사람이 내게 어찌 하리요'로 되어 있다.

Psalm 118:6 יְהוָ֣ה לִ֭י לֹ֣א אִירָ֑א מַה־יַּעֲשֶׂ֖ה לִ֣י אָדָֽם׃

2. 시편을 인용하여 어려움 당하는 히브리 그리스도인들을 위로하고 있다. 여호와 하나님이 함께 계시니 세상의 고난과 핍박을 두려워하지 말라고 권고하고 있다.

3. 하나님이 나를 돕는 자로 계시니 나를 안전하게 지키실 것이다.

그리스도인들이 핍박과 어려움을 당하는 중에도 하나님은 그들을 끝까지 지키실 것이다. 그냥 하나님이 손을 벌려 도우신다는 정도가 아니라 끝까지 안전하게 지키실 것임을 말한다.

4. 핍박하는 자들은 세상 권력자들이다.

모진 고통을 그리스도인들에게 가해도 믿음을 없애지 못할 것이다. 하나님이 창조주의 권세로 믿는 자들을 지키시므로 믿음을 버리지 못하게 하시기 때문이다.

5. 핍박과 환난에도 하나님이 믿는 자들을 지키시므로 믿음을 없애지 못한다.

그리스도인들이 핍박을 받고 많은 어려움을 당해도 구원주 하나님이 지키신다는 것을 믿고 세상을 무서워하지 말라고 권고한다.

하나님이 우리의 믿음을 돕고 계시므로 믿는 자에게서 믿음을 없애지 못한다.

6. 사람이 핍박하고 괴롭혀도 믿음을 없애지 못한다.

이것이 '사람이 내게 어찌하리요'라는 말씀의 뜻이다. 고통 받는 것이 없어지고, 핍박을 받지 않는다는 뜻이 아니다. 모든 것의 핵심인 믿음의 문제이다.

■ **히 13:7** 하나님의 말씀을 너희에게 이르고 너희를 인도하던 자들을 생각하며 저희 행실의 종말을 주의하여 보고 저희 믿음을 본받으라

13:7 Μνημονεύετε τῶν ἡγουμένων ὑμῶν, οἵτινες ἐλάλησαν ὑμῖν τὸν λόγον τοῦ θεοῦ, ὧν τὴν ἔκβασιν τῆς ἀναστροφῆς ἀναθεωροῦντες μιμεῖσθε τὴν πίστιν.

히 13:7 여러분을 인도하던 이들을 생각하시오 그들은 하나님의 말씀을 여러분에게 선포하였습니다. 또 저희들의 행실의 결말을 주의 깊게 살펴보고 저희들의 믿음을 본받으세요.

1. 여기 인도자들은 복음을 선포한 목회자들이다.

목회자들이 얼마나 신실하게 복음을 선포했는지를 기억하라고 권하고 있다.

그냥 ἐλάλησαν (엘라레산)이므로 '말하다'의 뜻이지만 목회자들은 복음을 선포했으므로 그냥 이야기 식으로 말한 것이 아니다. 따라서 말씀을 선포했다고 번역해야 합당하다.

2. 말씀의 선포자들이 누구였는지는 본문이 제시하지 않는다.

사도들은 아니고 사도들을 도와서 일하던 전도자들이었을 것이다. 말씀 선포자들은 지금 죽고 없다. 그러나 순교자로 죽었음은 말하지 않고 있다.

3. 말씀을 신실하게 선포했던 목회자들은 삶도 신실하여 순교자적인 삶을 살았다.

복음 선포자들의 믿음은 본받아야 할 모본이었다. 그들은 믿는 대로 살아 흠이 없었다. 그러므로 이들의 믿음을 본받으라고 권하고 있다.

따라서 처음 믿는 자들을 이은 사람들도 동일한 믿음을 받았으므로 그 믿음대로 살고 행해야 할 것을 강조하고 있다.

■ **히 13:8** 예수 그리스도는 어제나 오늘이나 영원토록 동일하시니라

13:8 Ἰησοῦς Χριστὸς ἐχθὲς καὶ σήμερον ὁ αὐτός, καὶ εἰς τοὺς αἰῶνας.

히 13:8 예수 그리스도는 어제나 오늘이나 영원토록 동일하십니다.

1. 우리의 믿음과 행실이 꼭 같아야 할 이유를 밝히고 있다.

우리가 믿는 예수 그리스도가 처음이나 지금이나 영원토록 동일하기 때문이다. 동일한 주 예수 그리스도를 믿는 자들은 믿음과 행

함이 변함이 있으면 안 될 것이다.

2. 이 본문은 예수 그리스도의 복음의 불변하는 동질성을 말한다.

복음의 내용에는 변동이 있을 수 없다. 그러므로 처음 전파 받은 복음대로 믿고 살아야 한다. 복음의 내용을 바꾸면 믿음이 변하고 구원의 확신이 없어진다.

3. 예수 그리스도가 어제나 오늘이나 영원토록 동일하다고 함으로 그의 신성과 인격의 불변성을 말하고 있다.

그리스도는 하나님이신데 성육신하셨으므로 그의 신성과 인격이 변할 수 없다. 동일을 말하면서 예수 그리스도의 구원의 불변성과 유일성을 말하고 있다. 오직 예수 그리스도에 의해서만 구원 얻는다는 것을 강조하고 있다.

그러므로 우리는 주 예수를 믿는 믿음이 변할 수 없고, 변해도 안 된다. 오직 주 예수 그리스도를 믿음으로 구원받는다.

■ **히 13:9** 여러 가지 다른 교훈에 끌리지 말라 마음은 은혜로써 굳게 함이 아름답고 식물로써 할 것이 아니니 식물로 말미암아 행한 자는 유익을 얻지 못하였느니라

13:9 διδαχαῖς ποικίλαις καὶ ξέναις μὴ παραφέρεσθε· γὰρ καλὸν χάριτι βεβαιοῦσθαι τὴν καρδίαν, οὐ βρώμασιν, ἐν οἷς οὐκ ὠφελήθησαν οἱ περιπατοῦντες.

히 13:9 여러 가지 교훈과 색다른 교훈에 끌려가지 말 것이요. 마음은 은혜로 굳게 함이 아름답고 식물로써 할 것이 아닙니다. 그렇게 행한 자들은 유익을 얻지 못하였습니다.

1. 철학적 이론과 이방종교의 주장과 율법에 의한 구원 얻음을 말하는

것이 여러 가지 교훈과 색다른 교훈이다.

예수 그리스도의 인격과 구원사역 외에 다른 주장들은 다 색다른 교훈이고 여러 가지 교훈이다.

예수 그리스도의 구원사역 이후에 많은 다른 구원론이 일어났다. 그러나 그런 것은 불가한 허구이고 색다른 교훈임을 말한다.

2. 우리의 마음은 하나님의 은혜로 굳게 함이 아름답다고 한 것은 우리의 구원은 하나님의 은혜로만 되는 것임을 말한다.

많이 먹어서 몸을 강하게 할 수 있고, 육체의 담력을 키울 수 있다. 그러나 우리의 믿음의 결국 곧 구원 얻음에 대한 확신은 은혜로만 된다.

3. 먹어서 육체적 담력을 얻으려고 하는 것은 결국 육체의 일로 끝나므로 신령한 세계에 도달할 수 없다.

은혜에 굳게 부착함으로만 우리의 구원을 확신할 수 있다. 은혜로 구원하셨으니 내 구원을 하나님이 끝까지 책임지실 것을 확신한다.

4. 은혜 외에 다른 방법으로는 구원의 확신을 얻을 수 없고 마음의 평안을 누릴 수 없다.

그러므로 그런 방식으로 유익을 보지 못하였다고 한 것이다.

- **히 13:10** 우리에게 제단이 있는데 그 위에 있는 제물은 장막에서 섬기는 자들이 이 제단에서 먹을 권이 없나니

  13:10 ἔχομεν θυσιαστήριον ἐξ οὗ φαγεῖν οὐκ ἔχουσιν ἐξουσίαν οἱ τῇ σκηνῇ λατρεύοντες.

  히 13:10 우리는 제단을 가졌습니다. 장막에서 섬기는 자들은 제단에서 먹을 권세가 없습니다.

1. 우리가 가진 제단은 구약제사의 제단과 유비로 말한다.

제단은 제물로 제사하는 단이다. 그리스도는 그의 몸으로 제사하였다. 그리스도는 그의 십자가를 제단삼아 피와 살을 제물로 바쳐드렸다. 그러므로 우리가 갖고 있는 제단은 그의 몸에서 살과 피를 기념해서 먹고 마시는 것을 뜻한다. 그것은 우리의 온전한 구속을 위해 그리스도께서 찢으신 몸과 흘리신 피에 동참임을 말한다.

2. 여기의 제단은 속죄사역을 이룬 그리스도의 몸을 말한다.

그리스도는 그의 몸을 드려 우리의 죄를 속량하는 제사를 드렸다. 그리고 성찬에서 그의 살과 피를 먹고 마시게 하셨다.

3. 레위 제사장들은 그리스도의 피로 이루어진 완전한 속죄를 알 수 없었다.

그들은 그리스도인들이 누리는 구속의 기쁨과 감격에 동참할 수 없었다. 그들은 피비린내 나는 제사만을 반복하였다.

4. 구약성전 곧 장막에서 일하는 제사장들은 그리스도의 몸으로 표시된 떡과 포도주를 마실 수 없었다.

구약제사장들은 결코 그리스도의 속죄제사를 인정하지 않았다. 그들은 성전제사만 고집하므로 그리스도의 구속에 참여할 수가 없었다. 따라서 그리스도의 피와 살을 상징하는 떡과 포도주를 마실 수 없었으므로 그의 구속사역을 기념할 수 없었다.

■ **히 13:11** 이는 죄를 위한 짐승의 피는 대제사장이 가지고 성소에 들어가고 그 육체는 영문 밖에서 불사름이니라

13:11 γὰρ εἰσφέρεται ὧν ζῴων τὸ αἷμα περὶ ἁμαρτίας εἰς τὰ ἅγια διὰ τοῦ ἀρχιερέως, τούτων τὰ σώματα κατακαίεται ἔξω τῆς παρεμβολῆς·

히 13:11 대제사장은 죄를 위한 짐승의 피를 성소로 들여가고 몸통은 진 밖에서 불사르기 때문입니다.

1. 레위 제사장들은 짐승의 피로만 제사하였으므로 그리스도의 구원 밖에 있었다.

그들은 옛 언약에 속하였으므로 짐승의 피로만 제사하여 그리스도의 피 제사를 알 수가 없었다. 피비린내가 나는 제사를 아무리 드려도 속죄의 확신을 가질 수 없었다. 그래서 그들은 그리스도의 구원 밖에 있었다.

2. 짐승의 피는 성소로 들여가서 속죄를 위해서 제단에 뿌렸다.

짐승의 피는 제단 뿔과 제단 밑에 뿌려지고 부어졌다. 그리고 범죄자의 속죄를 위해 그의 귀에 발랐다.

3. 몸통을 밖에서 불살랐으므로 살이 타는 역겨운 냄새를 감당하기 어려웠다.

이 계명은 레위기 16:27의 말씀을 재생산하고 있다. '그 가죽과 고기와 똥을 밖으로 내어다가 불사를 것이요.'

몸통은 진 밖에서 불살라 제사하므로 속죄제사를 완료한 것을 말한다. 이 말씀은 레위기 16:27에 근거하여 그리스도의 몸으로 드린 제사가 성소 밖에서 이루어졌음을 말한다.

그러나 짐승의 살과 피로 드린 제사로는 아무런 속죄도 이루어질 수 없었다. 그런데도 제사장들은 고역을 반복하였다.

■ **히 13:12** 그러므로 예수도 자기 피로써 백성을 거룩하게 하려고 성문 밖에서 고난을 받으셨느니라

13:12 διὸ καὶ Ἰησοῦς, ἵνα ἁγιάσῃ διὰ τοῦ ἰδίου αἵματος τὸν λαόν, ἔξω τῆς πύλης ἔπαθεν.

히 13:12 그러므로 예수도 자신의 피로 말미암아 백성을 거룩하게 하려고 성문 밖에서 고난 받으셨습니다.

1. 예수 그리스도는 십자가에서 흘리신 피로 백성들의 죄를 다 속량하셨다.

우리의 죄가 씻어지는 것과 재료는 오직 예수 그리스도의 피뿐이다.

2. 예수 그리스도는 그의 피로 백성들을 거룩하게 하신다.

사람이 거룩해지는 것은 그리스도의 피로 죄가 용서되고 씻어지는 것이다. 그리스도의 피로만 사람의 죄와 허물이 씻어지고 깨끗해진다. 이것이 거룩해지는 것이다.

3. 죄의 욕망에 빠져 들어가는 것을 막아서 죄짓지 못하게 하는 것도 예수 그리스도의 흘리신 피가 역사해서 이룬다.

그의 피를 의지함으로 죄의 욕망에 떨어지는 것을 막을 수 있다(요일 1:7). 이렇게 죄짓지 않게 되는 것이 거룩해지는 것이다. 이 목적으로 그리스도는 자기의 피를 흘리셔야 했다.

4. 그리스도는 예루살렘 성문 밖에서 십자가에 못 박혀 피 흘리셨다.

성막이 서 있을 때는 짐승을 진 밖에서 잡았고, 성전이 서 있을 때는 성전 경내에서 잡았다.

그리스도는 레위 제사의 제물일 수 없으므로 예루살렘 성문 밖에서 십자가에 못 박혀서 피 흘리셨다.

5. 그리스도가 피 흘려 백성들의 죄를 속량하고 거룩하게 한 곳은 아브라함이 이삭을 제물로 바쳐드린 그 자리이다 (창 22:2-10).

아브라함의 이삭 제사를 완성하기 위해서 그리스도가 그 동일한 산에서 자신의 몸을 제물로 바쳐드렸다.

그리스도의 피는 세상의 죄를 제거하고 백성을 거룩하게 하도록 약속된 피다. 그러므로 백성들의 죄를 속량하고 거룩하게 하기 위해서 모리아산에서 피 흘리셨다.

6. 그리스도는 자기의 피 흘리심으로 모든 백성의 죄를 다 속량하고 거룩하게 하셨다.

■ **히 13:13** 그런즉 우리는 그 능욕을 지고 영문 밖으로 그에게 나아가자
13:13 τοίνυν ἐξερχώμεθα πρὸς αὐτὸν ἔξω τῆς παρεμβολῆς, τὸν ὀνειδισμὸν αὐτοῦ φέροντες.

히 13:13 그런즉 우리는 그의 치욕을 지고 진 밖 그에게로 나아갑시다.

1. '진 밖 그에게로 나아가는 것'은 유대교 안에 안주하는 데서 그리스도의 십자가로 나아갈 것을 강하게 권하는 것이다.

원 히브리서의 독자들은 유대교와 성전제사로 돌아가기를 원하고, 그런 제사방식으로 살기를 원하였다.

2. 진 밖 그리스도에게로 나아가는 것은 유대교에 있을 때 없었던 치욕을 감내하는 것을 말한다.

그리스도의 십자가는 치욕의 전형이다. 노예들이 달린 십자가에 그리스도가 달렸으니 얼마나 치욕인가? 이런 치욕적인 십자가로 나아가는 것은 유대교와 완전히 단절하고 십자가만을 붙잡는 것을 뜻한다.

3. 진 밖으로 나아가는 것은 거룩한 성전에서 속된 곳으로 나아가는 것을 말한다.

거기서 제사할 짐승의 몸통을 태웠다. 지금 히브리 그리스도인들이 성전제사로 돌아가서 십자가의 치욕을 벗으려고 하고 있다. 그러면 안 된다. 십자가로 나아가야 한다. 성전과 성전제사도 완전하지 못하고 영구하지 못할 것을 말하고 있다 (히 13:14).

4. 진 밖 그리스도에게로 나아가는 것은 옛 제도와 질서와의 단절을

뜻한다.

땅 위의 제도와 질서는 영속적인 것이 아니다. 그러므로 성전제사와 성전제도에 대한 집착에서 벗어나야 할 것을 강조한다.

5. 그리스도의 속죄제사가 이루어졌으므로 성전제도와 성전제사는 오래가지 못할 제도임을 강조한다.

아직 성전이 서 있을 때이지만 성전이 오래가지 못할 제도임을 밝히고 강조하고 있다.

6. 성전이 오래가지 못한다고 욕하는 것은 돌에 맞아 죽을 일이었다.

그런데도 저자가 이 주장을 강하게 주창하는 것은 그리스도의 구속사역이 완성된 것에 근거하고 있다. 성전제사와 유대교의 의식으로 돌아갈 수 없다는 것을 단언하는 것이다.

7. 치욕을 지고 그리스도에게로 나아가는 것은 예수 그리스도를 믿음으로 그의 십자가에서 오는 치욕을 함께 그리스도께로 가지고 가야 할 것을 말한다.

그리스도가 십자가에 못 박히므로 온갖 치욕을 다 당하셨으므로 그에게로 가면 모든 치욕이 다 사라지고, 오히려 영광이 나타난다.

8. 모든 치욕을 지고 그리스도께로 나아가면 죄와 더러움과 욕을 벗고 영원한 영광의 구원에 이른다고 강조한다.

■ **히 13:14** 우리가 여기는 영구한 도성이 없고 오직 장차 올 것을 찾나니

13:14 γὰρ οὐ ἔχομεν ὧδε μένουσαν πόλιν, ἀλλὰ τὴν μέλλουσαν ἐπιζητοῦμεν·

히 13:14 우리가 여기서는 영존하는 도성을 갖지 않았고, 오직 장차 올 도성을 바랍니다.

1. 예루살렘 성전이 아직 서 있지만 곧 무너질 것을 예언하고 있다.

결코 무너지지 않을 줄 알고 있지만, 예루살렘 성전은 그 수명을 다했음을 말하고 있다. 그리스도의 구속사역이 완성되었으므로 성전제사와 성전이 더 이상 필요가 없음을 말한다.

2. 그리스도의 구속사역으로 완성된 새 하늘과 새 땅에서 곧 새 예루살렘 성에서 영구히 살 것을 말한다.

그러므로 장차 올 도성을 바라고 기다리고 있다.

■ **히 13:15** 이러므로 우리가 예수로 말미암아 항상 찬미의 제사를 하나님께 드리자 이는 그 이름을 증거하는 입술의 열매니라

13:15 οὖν δι' αὐτοῦ ἀναφέρωμεν διὰ παντὸς τῷ θεῷ, θυσίαν αἰνέσεως τοῦτ' ἔστιν καρπὸν χειλέων ὁμολογούντων τῷ ὀνόματι αὐτοῦ.

히 13:15 그로 말미암아 우리가 찬송의 제사를 항상 하나님께 드립시다. 이것이 그의 이름을 고백하는 입술의 열매입니다.

1. 여기 본문에 '그로 말미암아'는 현대 번역본 중 소수 번역본에서 '예수로 말미암아'로 되어 있다.

분명 본문이 뜻하는 것은 예수를 지목하고 있다. 히브리서 13:12에 예수가 나오고 이어서 '그'로 표기하고 있다.

2. 예수로 말미암아 항상 찬송의 제사를 하나님께 드리게 된 것은 예수 그리스도로 완전한 구원을 얻었음을 말하고 있다.

이런 구원을 계획하시고 아들로 집행하신 하나님을 찬송해야 마땅하다.

3. 하나님을 찬송하는 것은 하나님이 기뻐 받으시는 제사이다.

하나님은 처음 경륜에서 백성들의 찬양과 경배 가운데 살기를 목표하셨다. 그런데 이제 그리스도로 영원한 구원을 얻어 하나님을 모시게 되었으니 지금부터 하나님을 찬송하여 영원까지 이를 것이다. 따라서 하나님 찬송을 한시도 중단하면 안 된다.

4. 찬송의 제사는 성전제사에서 레위지파의 찬양대가 맡은 직임이다.

따라서 우리가 예배와 날마다의 삶에서 찬송을 계속하면, 레위지파의 직임을 계승하고 있는 것이다. 그래서 찬송을 제사라고 하였다.

5. 하나님을 찬송하는 것은 주 예수를 믿는 자들이 기뻐서 하는 일이다.

주 예수를 믿는다고 믿음을 고백하는 사람들은 늘 하나님을 찬양하게 되어 있다. 입을 벌려 하나님을 찬양하는 것이 확실하고 분명한 믿음의 열매이다.

주 예수를 믿는 자들은 성령의 감동으로 구원의 은혜를 인하여 하나님께 감사하고 찬송한다. 이것처럼 좋은 열매가 없다.

6. 입술로 하나님과 그리스도를 찬양하지 않으면 쓸데없는 말들을 하게 되어 있다.

그런 것은 아무 유익이 없고 덕을 세우지 못한다.

7. 찬양하는 자는 하나님을 찬양하는 합당한 일을 하고, 하나님께 영광을 돌리므로 마음이 기쁘고 즐겁다.

찬송은 입술의 좋은 열매이다.

- 히 13:16 오직 선을 행함과 서로 나눠주기를 잊지 말라 이같은 제사는 하나님이 기뻐하시느니라

  13:16 δὲ τῆς εὐποιΐας καὶ κοινωνίας μὴ ἐπιλανθάνεσθε, γὰρ τοιαύταις θυσίαις εὐαρεστεῖται ὁ θεός.

  히 13:16 선을 행함과 서로 나눠주는 것을 잊어버리지 마시오. 그런 제

사를 하나님이 기뻐하십니다.

1. 바울은 자기에게 보낸 빌립보교회의 예물을 하나님이 기뻐하신다고 치하하였다.

빌립보서 4:18에 빌립보교회가 어려운 삶을 살고 있는 바울에게 선물을 보냈다. 바울이 이 선물을 받고 받으실 만한 향기로운 제물이요, 하나님을 기쁘시게 한 것이라고 하였다.

2. 그리스도인은 선한 일을 하도록 창조되었다.

바울은 에베소서 2:10에서 '우리는 그의 만드신 바라 그리스도 예수 안에서 선한 일을 위하여 지으심을 받은 자니'라고 하였다.

그리스도인들은 선한 일을 행할 자들로 지어졌다.

3. 힘닿는 대로 어려운 사람들을 돕는 것이 그리스도인들이 발하는 향기이다.

가진 것을 다른 사람들과 나누는 것도 하나님이 기뻐 받으시는 일이다.

■ **히 13:17** 너희를 인도하는 자들에게 순종하고 복종하라 저희는 너희 영혼을 위하여 경성하기를 자기가 회계할 자인 것같이 하느니라 저희로 하여금 즐거움으로 이것을 하게 하고 근심으로 하게 말라 그렇지 않으면 너희에게 유익이 없느니라

13:17 Πείθεσθε τοῖς ἡγουμένοις ὑμῶν καὶ ὑπείκετε, γὰρ αὐτοὶ ἀγρυπνοῦσιν ὑπὲρ τῶν ψυχῶν ὑμῶν ὡς λόγον ἀποδώσοντες, ἵνα μετὰ χαρᾶς τοῦτο ποιῶσιν καὶ μὴ στενάζοντες, γὰρ ἀλυσιτελὲς ὑμῖν τοῦτο.

히 13:17 여러분을 인도하는 자들에게 순종하고 복종하시오, 그들은

여러분의 영혼을 위해 깨어있기를 자기들이 책임질 것으로 하고 있습니다. 그들로 이 일을 기쁨으로 하고 탄식으로 하지 않도록 하시오. 이런 것은 여러분에게 유익이 없습니다.

1. 교회를 책임 맡아 말씀으로 봉사하는 목회자들에게 순종하고 잘 따를 것을 권하고 있다.

순종할 뿐만 아니라 하고 싶지 않는 일을 권해도 잘 따를 것을 권한다.

2. 목회자들은 말씀의 권고로 회중이 말씀대로 살기를 원한다.

그 일이 기쁜 일이 아니고 옛 본성의 바람에 맞지 않을 수 있다. 그래도 가르침대로 살아야 할 것을 말한다.

3. 인도자들은 교회에 속한 모든 사람들이 믿음과 진리로 자라고 잘 살기를 위해서 온갖 수고와 어려움을 다 감당한다.

성도들은 인도자들의 가르침을 잘 따르고 또 싫어도 복종해야 한다.

4. 참 목회자들은 교회에 속한 모든 사람들의 영혼의 진보를 위해 애쓰고 말씀을 잘 깨닫게 되기를 위해 애쓴다.

교회가 목회자들의 가르침을 잘 따르지 않고 그대로 살지 않으면 탄식하며 일한다.

5. 이렇게 말씀 사역자와 교회 간에 마찰과 불평이 많으면 서로 간에 유익이 없는 것은 당연하다.

■ **히 13:18** 우리를 위하여 기도하라 우리가 모든 일에 선하게 행하려 하므로 우리에게 선한 양심이 있는 줄을 확신하노니

13:18 Προσεύχεσθε περὶ ἡμῶν, γὰρ πειθόμεθα ὅτι καλὴν συνείδησιν ἔχομεν, ἐν πᾶσιν καλῶς ἀναστρέφεσθαι. θέλοντες

히 13:18 우리를 위해 기도해주시오. 우리가 선한 양심을 가진 줄을 확신하고 모든 일에 선하게 행동하기를 바라고 있습니다.

1. 지금 권고가 선한 양심으로 하고 있다는 것을 알아주라는 권면이다.

교회를 향해서만 그리스도인의 양심으로 하라고 권하는 것이 아니고, 우리도 그리스도인의 양심대로 바른 권면을 하고 있다는 것을 말한다. 곧 우리가 권하는 것과 행동하는 것이 같다는 것을 밝히고 있다.

2. 성도들이 서로를 위해서 기도하는 것이 필요함을 강조하고 있다.

■ **히 13:19** 내가 더 속히 너희에게 돌아가기를 위하여 너희 기도함을 더욱 원하노라

13:19 δὲ περισσοτέρως παρακαλῶ τοῦτο ποιῆσαι ἵνα τάχιον ἀποκατασταθῶ ὑμῖν.

히 13:19 내가 더 속히 여러분에게로 돌아갈 수 있도록 기도해 주세요.

1. 저자는 자기의 편지를 받아 읽을 독자들에게로 빨리 가기를 간절히 바라고 있다.

빨리 가려면 교회가 자기를 위해 기도해 주어야 할 것임을 강조한다.

2. 하나님은 우리의 기도를 받으시고 일하시기 때문에 기도의 필요성이 더욱 크다.

■ **히 13:20** 양의 큰 목자이신 우리 주 예수를 영원한 언약의 피로 죽은 자 가운데서 이끌어 내신 평강의 하나님이

13:20 δὲ Ὁ θεὸς τῆς εἰρήνης, ὁ ἀναγαγὼν ἐκ νεκρῶν τὸν ποιμένα τῶν προβάτων τὸν μέγαν τὸν κύριον ἡμῶν Ἰησοῦν, ἐν αἵματι διαθήκης αἰωνίου,

히 13:20 양의 큰 목자이신 우리 주 예수를 영원한 언약의 피로 죽은 자들 가운데서 이끌어 내신 평강의 하나님이

1. 주 예수를 '큰 목자'라고 한 것은 그가 피 흘려 모든 백성을 죄와 죽음에서 구출해내셨기 때문이다.

주 예수는 자기의 백성을 인도하고 진리와 은혜로 기르신다. 그러므로 그가 큰 목자이시다.

2. 주 예수는 새 언약으로 제자들과 언약을 맺어 확실한 구원을 보증하셨다.

그리스도는 자기의 피를 걸어 제자들과 언약을 체결하시므로 확실하고 완전한 구원을 이루시기로 보증하셨다.

그리스도는 자기의 보증대로 이루시기 위해서 피 흘리셨다.

3. 하나님께서 주 예수를 죽은 자들 가운데서 이끌어내신 것은 그가 대신 속죄의 죽음으로 세상을 구원하셨기 때문이다.

하나님이 예수 그리스도를 부활시키지 않으셨다면, 그의 죽음은 죗값대로 정당한 죽음이 된다. 하나님이 주 예수를 부활시키시므로 그의 죽음이 대속적 죽음이었음을 확증하셨다.

4. 그리스도는 부활하여 생명의 주가 되셨으므로, 사람의 죽고 사는 것을 그가 결정하게 되었다.

그리스도는 대속적 죽음을 죽으시므로 부활하셨고, 부활로 구원을 완전히 성취하셨다. 이후로는 사람이 죽고 사는 것은 전적으로 그리스도에게 달렸다. 피 흘려 죄를 제거하신 그리스도만이 생명의

주이시다.

5. 그리스도는 그의 피로 죄를 정복하시므로 죽음을 해소하여 생명의 주가 되시고, 죽음의 정복자가 되셨다.

그리스도가 죄를 해결하지 않았으면, 인류가 다 죽음으로 마감하게 되었을 것이다.

이제 주 예수 그리스도를 믿는 자들은 죄와 죽음을 이기고 영생하여 창조주와 구속주를 영원히 찬양하게 되었다.

6. 평화의 하나님이신 것은 그리스도의 피로 세상 죄를 제거하시고 세상과 화해하셨기 때문이다.

주 예수의 흘리신 피만이 세상의 죄를 제거하여 하나님과 세상을 화해시킨다. 따라서 그리스도의 피로 하나님이 세상과 화해하셨다.

7. 그리스도의 피 때문에 하나님이 평화의 하나님이시다.

하나님은 그리스도의 피로 세상과 화목하셨으므로 그의 백성으로 참 평화 가운데 살게 하신다.

8. 하나님이 그리스도의 피로 죄를 해결하사 주 예수를 믿는 자들로 평안과 영생의 소망으로 살게 하셨다.

그의 피가 죽음과 영원한 형벌을 없이하였기 때문에 그의 백성들이 참 평안과 기쁨으로 살게 되었다.

9. 그리스도의 흘린 피로 하나님이 세상과 화해하셨으므로 그를 죽은 자들 가운데서 일으키셨다.

■ **히 13:21** 모든 선한 일에 너희를 온전케 하사 자기 뜻을 행하게 하시고 그 앞에 즐거운 것을 예수 그리스도로 말미암아 우리 속에 이루시기를 원하노라 영광이 그에게 세세무궁토록 있을지어다 아멘

13:21 καταρτίσαι ὑμᾶς ἐν παντὶ ἀγαθῷ εἰς τὸ ποιῆσαι τὸ θέλημα αὐτοῦ, ποιῶν ἐν ἡμῖν τὸ εὐάρεστον ἐνώπιον αὐτοῦ διὰ Ἰησοῦ Χριστοῦ, ᾧ ἡ δόξα εἰς τοὺς αἰῶνας· ἀμήν.

히 13:21 모든 선한 것들로 갖추게 하사 그의 뜻을 행하게 하시고, 그의 앞에 받으실 만한 것을 예수 그리스도로 말미암아 우리 안에서 행하실 것입니다. 그에게 영광이 세세무궁토록 있기를 바랍니다. 아멘.

1. 우리가 하나님의 뜻을 행할 수 있으려면 모든 선한 것들로 갖추어야 한다.

하나님이 우리에게 선한 것들로 갖추게 하시므로 하나님의 뜻을 행할 수 있다. 우리가 선한 것을 가지는 것은 전적으로 하나님의 은혜이다. 곧 하나님이 우리에게 선한 것을 주셔야 우리가 선해질 수 있고 선행을 할 수 있다.

선을 행할 수 있으려면 능력이 있어야 한다. 그 능력은 하나님의 은혜 베푸심이다. 그리고 선한 마음이 있어야 한다. 그 마음도 하나님이 주셔야 한다.

2. 선은 오직 하나님에게서만 온다.

하나님은 우리로 모든 선한 것들을 갖추게 역사하신다.

3. 하나님의 뜻을 행함은 하나님의 영광이 나타나도록 일함을 말한다.

이 본문을 얼른 보아서는 하나님의 뜻이 무엇인지 알기가 쉽지 않다. 그러나 문맥에 의해서 하나님의 뜻을 행함은 하나님의 영광이 나타나도록 일함을 말한다. 선한 일을 하는 것이 하나님께 영광이 된다.

4. 그리스도인들은 선한 일을 위해서 지음 받았다 (엡 2:10; 딛 2:14).

선한 일을 하게 하시려고 우리에게 은혜를 베푸셨다. 그리고 선행을 하므로 하나님의 은혜와 영광을 찬양한다 (고전 10:31; 엡 1:6). 하나님의 모든 사역의 목표는 하나님의 영광을 드러내고 찬양하는 것이다.

그러므로 모든 선한 것들로 갖추게 하는 목적은 하나님의 영광을 드러내는 일이다. 이것이 하나님의 뜻이다.

5. 그 앞에 받으실 만한 것은 하나님이 받으시기에 합당한 선행을 그리스도의 은혜로 행하는 것을 말한다.

선행은 하나님이 그리스도의 은혜를 베푸시므로 할 수 있는 일이다. 하나님께서 받으시기에 합당한 선행은 은혜 입은 그리스도인들이 행한다.

선행은 하나님이 은혜를 베푸셔야만 할 수 있다. 대부분의 주석가들이 이 부분을 생략하고 있다.

6. '그에게 영광이 세세무궁토록 있기를 바랍니다'는 그리스도께 돌린 영광송이다.

관계대명사 ᾧ (호)가 예수 그리스도를 직접 받고 있다.

7. 예수 그리스도가 사람이 되셔서 구속사역을 이루셨지만 그의 인격에서는 하나님이시다.

그러므로 하나님 아버지와 함께 영광을 받으시기에 합당하다. 그리스도가 구속주로서 세상 구원을 완성하셨으므로 영원히 찬송과 영광을 받으심이 합당하다.

8. 계시록에서는 영광과 찬송을 하나님 아버지와 그리스도께 돌린다(계 5:9-13; 7:10; 11:15; 12:10; 17:14; 19:16; 21:22-23; 22:3).

또 바울은 그리스도를 영원히 찬송 받으실 하나님으로 경배한다(롬 9:5). 그리스도는 영원히 찬송 받으실 하나님이시기 때문이다.

■ **히 13:22** 형제들아 내가 너희를 권하노니 권면의 말을 용납하라 내가 간단히 너희에게 썼느니라

13:22 δὲ Παρακαλῶ ὑμᾶς, ἀδελφοί, ἀνέχεσθε τοῦ λόγου τῆς

παρακλήσεως, γὰρ καὶ διὰ βραχέων ἐπέστειλα ὑμῖν.

히 13:22 형제들이시여 내가 여러분을 권하니 권면의 말씀을 용납하세요, 내가 간단히 여러분에게 썼습니다.

1. 히브리서 저자는 기본교리와 함께 믿음에 굳게 서고, 옛 유대주의로 돌아가면 안 될 것을 권면하였다.

2. 편지로는 긴 글이지만 권면의 말씀은 길지 않았음을 밝히고 있다.

저자는 권면의 말씀을 받아들여 믿음에 굳게 서라고 권하고 있다.

■ **히 13:23** 우리 형제 디모데가 놓인 것을 너희가 알라 그가 속히 오면 내가 저와 함께 가서 너희를 보리라

13:23 γινώσκετε τὸν ἀδελφὸν ἡμῶν Τιμόθεον ἀπολελυμένον, μεθ᾽ οὗ ἐὰν τάχιον ἔρχηται ὄψομαι ὑμᾶς.

히 13:23 우리 형제 디모데가 놓인 것을 여러분은 아셔야 할 것입니다. 그가 속히 오면 내가 그와 함께 가서 여러분을 볼 것입니다.

1. '형제 디모데가 놓였다'는 것은 바울이 목 베여 죽임 당한 후에 옥에 갇혔다가 놓여난 것을 말한다.

이 석방 소식을 독자들이 알게 되면 기뻐할 것으로 보아서 히브리서 저자도 바울의 동역자 중의 한 사람으로 일하였음을 알 수 있다.

2. 디모데가 저자의 거처에 오면 함께 가서 히브리 그리스도인들을 볼 것을 말하고 있다.

두 사람이 함께 가면 교회가 매우 기뻐하고 반길 것이 확실하다.

3. 그러면 바울의 최후 사정 곧 처형 상황을 교회가 알게 되어 감사하

며 그 믿음과 전도사역의 큰 업적을 기릴 것이다.

■ 히 13:24 너희를 인도하는 자와 및 모든 성도에게 문안하라 이달리야에서 온 자들도 너희에게 문안하느니라

13:24 ἀσπάσασθε πάντας τοὺς ἡγουμένους ὑμῶν καὶ πάντας τοὺς ἁγίους. ἀσπάζονται ὑμᾶς οἱ ἀπὸ τῆς Ἰταλίας.

히 13:24 여러분의 모든 인도자들과 모든 성도들에게 문안하세요. 이탈리아에서 온 성도들도 여러분에게 문안합니다.

1. 교회와 교회의 지도자들에게 인사하도록 부탁한다.

이탈리아에서 온 사람들도 편지 독자들에게 신실한 인사를 하고 있다.

2. 여기 이탈리아에서 온 사람들은 편지 저자와 함께 살고 있었다고 추론할 수 있다.

이탈리아에서 온 사람들이 다른 나라에 살았는지 아니면 로마에서 벗어난 다른 이탈리아 지역에 살았는지는 확실하지 않다.

3. 그러나 한 가지 확실한 것은 이탈리아에서 온 사람들은 편지 독자들과 같이 히브리 그리스도인들이다.

이탈리아에서 온 사람들은 '성도들'이라고 해야 합당하다.

인도자들과 성도들을 표기하는 같은 정관사를 사용하고 있기 때문이다.

■ 히 13:25 은혜가 너희 모든 사람에게 있을지어다

13:25 ἡ χάρις μετὰ πάντων ὑμῶν.

히 13:25 은혜가 여러분 모두에게 있을지어다.

1. 이 축복은 디도서 3:15처럼 간단하다.

히브리서와 디도서의 축복이 꼭 같은 단어들로 되어 있다. 디모데후서 4:22은 더 간단하여 '은혜가 여러분과 함께 있을지어다'이다.

2. 은혜는 하나님 아버지와 주 예수 그리스도로부터 흘러나와 성령 안에서 성도들에게 이른다.

바울의 인사법에서 독자들이 은혜의 출처를 잘 알고 있으므로 요약해서 '은혜가 여러분과 함께 있을지어다'로 표기하였다.

3. 성도들이 사는 양식은 하나님의 보좌에서 흘러나오는 은혜이다.

서철원 박사 성경 주석 시리즈

히브리서

1판 1쇄 인쇄 _ 2024년 2월 15일
1판 1쇄 발행 _ 2024년 2월 26일

지은이 _ 서철원
펴낸이 _ 이형규
펴낸곳 _ 쿰란출판사

주소 _ 서울특별시 종로구 이화장길 6
편집부 _ 745-1007, 745-1301~2, 747-1212, 743-1300
영업부 _ 747-1004, FAX 745-8490
본사평생전화번호 _ 0502-756-1004
홈페이지 _ http://www.qumran.co.kr
E-mail _ qrbooks@daum.net / qrbooks@gmail.com
한글인터넷주소 _ 쿰란, 쿰란출판사
페이스북 _ www.facebook.com/qumranpeople
인스타그램 _ www.instagram.com/qrbooks
등록 _ 제1-670호 (1988.2.27)

ISBN 979-11-6143-921-1 94230
979-11-6143-479-7 (세트)

책값은 뒤표지에 있습니다.